KB145102

암호 해킹으로 배우는
파이썬의 기초

암호 해킹으로 배우는 파이썬의 기초

암호학과 파이썬을 함께 배우자

알 스웨이가트 지음 신진철 옮김

i!i
에이콘

에이콘출판의 기틀을 마련하신 故 정완재 선생님 (1935-2004)

애런 스워츠(Aaron Swartz, 1986-2013)에게 바친다

애런은 시민군의 일원이다. 그는 우리가 권리와 의무에 대해서 이해하고, 우리의 권리와 의무를 널리 알려야 민주주의가 동작한다고 확신한다. 우리의 시민군은 부나 권력과 관계없이 모두에게 지식과 정의를 공평히 제공해야 한다. 그래야 우리 스스로를 더 현명하게 다스릴 수 있다. 우리 시민군을 볼 때마다 나는 애런 스워츠를 생각하며 가슴이 아프다. 우리는 진정 더 높은 곳의 천사 한 명을 잃은 것이다.

– 칼 말라무드(Carl Malamud)

| 지은이 소개 |

알 스웨이가트^{Al Sweigart}

소프트웨어 개발자이자 기술서 저자로 활동 중이며 미국 샌프란시스코에 살고 있다. 가장 좋아하는 프로그래밍 언어가 파이썬이며 몇몇 파이썬 오픈소스 모듈 개발자다. 저술한 다른 책들은 웹사이트(https://inventwithpython.com/)에서 크리에이티브 커먼즈 라이선스로 자유롭게 사용할 수 있다. 키우고 있는 고양이의 체중은 12파운드다.

| 감사의 글 |

이 책은 No Starch Press 팀의 협조 없이는 출간이 불가능했을 것이다. 먼저 나의 출간 담당자 Bill Pollock에게 감사드린다. 편집자 Riley Hoffman, Jan Cash, Annie Choi, Anne Marie Walker, Laurel Chun은 그 과정에서 많은 도움을 줬다. 기술 감수자 Ari Lacenski는 이 개정판에 도움을 줬고 이 책이 그저 인쇄물 더미일 때부터 Shotwell's에서 검토해준 바 있다. JP Aumasson은 '공개 키' 장에서 자신의 전문 지식을 발휘했다. 마지막으로 훌륭한 표지를 작업해준 Josh Ellingson에게 감사를 표한다.

아리 라센스키 Ari Lacenski

모바일 앱과 파이썬 소프트웨어를 개발한다. 미국 시애틀에 살고 있다.

장필리프 오미송 Jean-Philippe Aumasson

22~24장의 감수자로, 스위스 Kudelski Security의 수석 연구 엔지니어다. Black Hat, DEF CON, Troopers 및 Infiltrate와 같은 정보 보안 콘퍼런스에서 정기적인 연사로 활동 중이다. 『처음 배우는 암호화Serious Cryptography』(한빛미디어, 2018)를 썼다.

| 옮긴이 소개 |

신진철(keeptalk@gmail.com)
아주대학교에서 기계공학을 전공했으며, 한양대학교 전자공학 대학원을 졸업했다. 어울림 정보기술, 삼성 소프트웨어 멤버십, 삼성전자를 거쳐 현재는 SK플래닛에서 고성능 웹서빙과 데이터 관련 업무를 하고 있다. 주로 임베디드, OS, 시스템 프로그래밍 경험을 쌓았고 고성능 컴퓨팅 연구가 주요 관심사다.

이 책은 꽤 독특하다. 암호 해킹과 파이썬 코딩을 모두 맨땅에서 시작한다. 암호학도 파이썬도 모르는 사람뿐만 아니라 프로그래밍 경험이 거의 없는 사람도 볼 수 있는 책이다. 그러나 이 책은 프로그래밍의 기초에만 머무르지만은 않는다. 책의 후반에서는 현대 암호학의 정수인 공개 키 기반 암호까지 다룬다. 암호학과 파이썬을 학습하는 과정을 지루하지도 가파르지도 않게 구성한 훌륭한 안내서다.

하나의 프로그래밍 언어를 배우는 가장 좋은 방법은 특정 분야의 소프트웨어를 직접 개발해보는 것이다. 간단히 'Hello World'를 찍는 것, 프로그래밍 패턴을 공부하는 것을 넘어서 자신이 직접 쓰기 위한 소프트웨어를 개발해보는 것이 언어를 익히는 지름길이다. 지은이 알 스웨이가트의 이력을 보면, 훌륭한 파이썬 선생님인 동시에 대단한 파이썬 개발자다. 파이썬을 알파부터 오메가까지 점증적으로 안내하기보다는 소프트웨어의 개발 여정에 따라 요구되는 언어의 특징과 기능을 가르치는 방식을 선호한다. 이 책 역시 암호 해킹이라는 문제를 해결해 가는 길을 통해 파이썬을 즐기고 익힐 수 있도록 구성하고 있다.

파이썬은 최근 주목받는 인공지능/빅데이터를 중심으로 사용자층이 급성장하고 있는 언어다. 또한 웹 애플리케이션을 비롯해 광범위한 영역에서 사용되고 있다. 파이썬 자체로도 많이 쓰이고 두 개 이상의 언어를 복합적으로 사용하는 폴리글랏polyglot 개발에서도 가장 사용성이 좋은 언어다. 또한 파이썬은 사용 수준에 맞게 저마다의 깊이가 있는 언어다. 기본 기능만으로도 복잡한 문제를 해결하는 개발자도 있고, 파이썬의 숨겨진 저수준 기능부터 복잡한 프레임워크까지 사용하는 개발자도 있다. 객체지향으로 개발하는 개발자도 있고 절차적 또는 원시적인 스크립트 수준을 선호하는 개발자도 있다. 파이썬답게pythonic 파이썬을 사용하는 개발자가 있는 반면 익숙한 C나 자바JAVA 방식으로 개발하는 개발자도 있다. 특이한 것은 개발 철학이나 방법론, 파이썬에 대한 지식 수준이 서로 달라도 각자의 방식으로 프로페셔널이 될 수 있다는 것이다. 나는 이것이 파이썬의 가장 큰 매력이라고 생각한다.

이 책을 마쳤을 때 얻게 될 파이썬 지식은 이제 막 기초를 탈출한 수준일 것이다. 그러나 거의 무엇이든 만들 수 있는 수준이기도 하다. 공개 키 암호를 만들 수 있는 것이다. https로 시작하는 웹 페이지 통신과 공인인증서에서 쓰는 바로 그 기술이다. 한편으로 공개 키 암호를 이해했다는 것은 현대 암호학의 많은 부분을 이해했다는 뜻이기도 하다. 이 책은 파이썬에 이미 익숙한 독자에게도 유용하다. 파이썬 경험이 있는 독자는 이 책을 통해 빠른 속도로 암호학에 대한 지식을 독파해낼 수 있다.

그럼 즐거운 여정이 되기를!

| 차례 |

들어가며

1990년대 초반에는 RSA 암호의 일부를 구현하는 23장, '공개 키 암호를 위한 키 생성'의 내용을 미국 밖으로 수출하는 것은 불법이었다.

RSA로 암호화된 메시지는 해킹이 불가능하기 때문에 RSA와 같은 암호화 소프트웨어의 수출은 국가 보안 문제로 간주돼 국무부의 승인이 필요했다. 실제로 강력한 암호화 기술은 탱크, 미사일, 화염방사기와 같은 수준의 규제를 받았다. 1990년 캘리포니아대학교 버클리캠퍼스의 대니얼 번스타인Daniel J. Bernstein은 자신의 스너플Snuffle 암호화 시스템의 소스 코드를 담은 학술 논문을 발표하려고 한 적이 있다. 그러나 미국 정부는 소스 코드를 인터넷에 올리려면 무기 판매상 면허를 먼저 취득해야 할 것이라고 통보했다. 또한 그의 보안 기술이 매우 높은 수준이기 때문에 단 하나라도 허가를 요청한다면 수출 허가를 거부할 것이라고 말했다.

젊은 디지털 시민 자유 조직 전자프런티어재단Electronic Frontier Foundation은 번스타인과 미국의 대결에 있어서 번스타인 측을 대표했다. 처음에는 작성된 소프트웨어 코드가 헌법 수정 제1조에 의해 보호되는 언어이며 암호화에 대한 수출 통제법이 수정 헌법 제1조의 권리에 의해 번스타인의 권리를 침해한다는 법원의 판결이 나왔다.

이제 강력한 암호화 기술은 세계 경제의 상당 부분을 차지하고 있으며, 매일 수백만 명의 인터넷 쇼핑객이 사용하는 비즈니스 및 전자상거래 사이트를 보호하고 있다. 암호화 소프트웨어가 중대한 국가 안보 위협이 될 것이라는 정보 기관의 전망은 근거가 없었다.

그러나 1990년대와 마찬가지로 이 지식을 자유롭게 전파하면 (이 책과 마찬가지로) 무기 판매상들과 같은 취급을 받으며 감옥에 수감될 것이다. 암호화 기술 해방의 법적 전쟁에 대한 자세한 내용은 스티븐 레비Steven Levy의 책 『Crypto』(Penguin, 2001)을 참고하길 바란다.

이 책의 대상 독자

암호를 사용해 비밀 메시지를 작성하는 방법이 담긴 초보자를 위한 기술서는 많다. 암호를 해킹하는 방법을 담고 있는 입문서도 몇 권 있다. 그러나 암호 해킹을 위해 컴퓨터를 프로그래밍하는 법을 담은 초보자용 책은 없다. 이 책에서 그 간극을 메우고자 한다.

암호화, 해킹 또는 암호에 대해 궁금한 독자들을 대상으로 하는 책이다. 이 책의 암호(23장과 24장에서 다루는 '공개 키 암호'는 제외)는 이미 수세기 전에 작성됐지만 요즘에는 그와 같은 암호를 해킹할 수 있는 연산 능력을 모든 컴퓨터가 보유하고 있다. 오늘날의 조직이나 개인은 더 이상 그런 암호를 사용하지는 않지만 이를 학습해 암호 작성의 기초를 알 수 있고 해커가 암호의 취약점을 이용해 복호화해내는 원리를 학습할 수 있다.

NOTE 주의: 이 책을 통해 학습하는 암호는 즐기기에는 좋지만 진정한 보안을 제공하지는 않는다. 이 책의 암호화 프로그램을 사용해 실제 파일을 보호하려고 해서는 안 된다. 통상적인 기법으로 생성하는 암호는 신뢰할 수 없다. 실세계에서 암호를 사용하려면 전문 암호 작성자가 수년 동안 분석해야 사용할 만한 수준이 된다.

이 책은 프로그래밍을 해본 적이 없는 독자들을 위한 책이다. 먼저 초보자를 위한 최고의 언어 중 하나인 파이썬 언어로 기본 프로그래밍 개념을 학습한다. 파이썬은 모든 연령대의 초보자들이 익힐 수 있는 완만한 학습 곡선을 가지고 있지만 전문 소프트웨어 개발자들도 사용하는 강력한 언어이기도 하다. 파이썬은 윈도우, 맥OS, 리눅스 심지어 라즈베리 파이에서도 실행되며 무료로 다운로드해 사용할 수 있다(자세한 내용은 '파이썬 다운로드 및 설치' 참조).

여기서는 '해커'라는 용어를 자주 사용할 것이다. 이 단어에는 두 가지 정의가 있다. 해커는 시스템(예: 암호 또는 소프트웨어의 규칙)을 연구해 시스템의 원래 규칙에 의해 제한되지 않고 창의적인 방식으로 변경할 수 있을 만큼 잘 이해하고 있는 사람이다.

또한 해커는 컴퓨터 시스템에 침입해 사람들의 개인정보를 침해하고 피해를 입히는 범죄자이기도 하다. 이 책은 첫 번째 의미에서 '해커'라는 용어를 사용한다. 해커는 쿨한 사람이지만 범죄자는 물건을 부숴 놓고 영리하다고 생각하는 자이기도 하다.

이 책의 구성

초반에는 기본적인 파이썬과 암호 개념을 소개한다. 그다음부터는 일반적인 암호용 프로그램을 설명하고 암호를 해킹하는 프로그램을 설명하는 내용이 번갈아 등장한다. 각 장은 학습한 내용을 복습하는 데 도움이 될 만한 연습 문제를 포함하고 있다.

- 1장, '종이 암호화 도구 만들기' 컴퓨터가 등장하기 전에 암호화를 수행한 방법을 보여주는 간단한 종이 도구를 소개한다.
- 2장, '대화형 셸 프로그래밍' 파이썬의 대화형 셸을 사용해 코드를 한 번에 한 행씩 실행하는 방법을 설명한다.
- 3장, '문자열과 프로그램 작성' 전체적인 프로그램 작성법과 이 책의 모든 프로그램에서 사용한 문자열 데이터 유형을 다룬다.
- 4장, '뒤집기 암호' 첫 번째 암호를 구현하기 위한 간단한 프로그램 작성법을 다룬다.
- 5장, '카이사르 암호' 수천 년 전에 최초로 발명된 기본 암호를 설명한다.
- 6장, '무차별 대입법으로 카이사르 암호 해킹하기' 무차별 대입 해킹 기법과 암호화 키 없이 메시지를 해독하는 방법을 설명한다.
- 7장, '전치 암호' 전치 암호화와 그를 통해 메시지를 암호화하는 프로그램을 다룬다.
- 8장, '전치 암호 복호화' 전치 암호화의 남은 부분 즉, 키로 메시지를 해독하는 방법을 설명한다.

- 9장, '**테스트 프로그램 작성법**' 프로그램을 테스트하는 프로그래밍 기법을 소개한다.
- 10장, '**파일 암호화와 복호화**' 하드 드라이브에서 파일을 읽거나 쓰는 프로그램을 작성하는 방법을 다룬다.
- 11장, '**영어 문장 감지 프로그램**' 프로그램을 통해서 영어 문장을 감지할 수 있는 방법을 소개한다.
- 12장, '**전치 암호 해킹**' 11장의 개념을 결합해 전치 암호를 해킹해본다.
- 13장, '**아핀 암호를 구현하기 위한 모듈러 연산 모듈**' 아핀 암호의 수학적 개념을 설명한다.
- 14장, '**아핀 암호 프로그래밍**' 아핀 암호 프로그램을 작성하는 방법을 다룬다.
- 15장, '**아핀 암호 해킹**' 아핀 암호 해킹 프로그램을 작성법을 다룬다.
- 16장, '**단순 치환 암호 프로그래밍**' 간단한 치환 암호를 이용한 암호화 프로그램 작성 방법을 다룬다.
- 17장, '**단순 치환 암호 해킹**' 단순 치환 암호를 해킹하는 프로그램 작성 방법을 다룬다.
- 18장, '**비즈네르 암호 프로그래밍**' 좀 더 복잡한 치환 암호인 비즈네르^{Vigenère} 암호 프로그램을 다룬다.
- 19장, '**빈도 분석**' 영어 단어의 구조와 그것을 이용한 비즈네르 암호 해킹을 고찰해본다.
- 20장, '**비즈네르 암호 해킹**' 비즈네르 암호를 해킹하는 프로그램을 다룬다.
- 21장, '**일회용 암호**' 일회용 암호와 해킹이 수학적으로 불가능한 이유를 설명한다.
- 22장, '**소수 찾기 및 생성**' 숫자가 소수인지 빠르게 판단하는 프로그램을 작성하는 방법을 다룬다.
- 23장, '**공개 키 암호를 위한 키 생성**' 공개 키 암호화와 공개 및 개인 키를 생성하는 프로그램을 작성하는 방법을 다룬다.
- 24장, '**공개 키 암호 프로그래밍**' 단순한 노트북 컴퓨터로는 해킹할 수 없는 공개 키 암호 프로그램을 작성하는 방법을 다룬다.
- 부록 '**디버깅 파이썬 코드**' IDLE의 디버거로 프로그램의 버그를 찾고 잡는 방법을 다룬다.

이 책의 활용 방법

『암호 해킹으로 배우는 파이썬의 기초』는 완전한 프로그래밍 소스 코드에 초점을 맞추기 때문에 다른 프로그래밍 책들과는 다르다. 프로그래밍 개념을 가르치거나 자신만의 프로그램을 만드는 방법을 이해시키려 하기보다는 완전히 동작하는 프로그램을 보여주고 프로그램의 작동 원리를 설명하고 있다. 보통은 이 책의 각 장을 차례대로 읽는 것이 좋다. 여기서 등장하는 프로그래밍 개념은 이전 장의 나온 개념을 기반으로 한다. 그러나 파이썬은 처음 몇 장을 읽고 나면 바로 해석할 수 있는 언어이기 때문에 현재 보는 장에서 코드가 어떤 일을 히는지 그 앞 장을 같이 보고 파악할 수 있다. 앞 장을 보고 나서도 잘 기억이 나지 않는다면 더 앞부분으로 돌아가서 파악해본다.

소스 코드 입력하기

이 책을 읽으면서 소스 코드를 직접 입력해보는 것이 좋다. 그렇게 하는 것이 코드를 더 잘 이해할 수 있다. 소스 코드를 입력할 때 각 줄의 시작 부분에 있는 줄 번호는 입력하지 않는다. 이 숫자는 실제 프로그램의 일부가 아니며 코드의 특정 줄을 나타낼 때만 사용한다. 줄 번호를 제외하면 코드는 정확히 입력해야 하며, 대문자와 소문자를 구분해야 한다.

또한 어떤 줄은 코드가 가장 왼쪽 가장자리에서 시작하지 않고 4, 8 또는 그 이상의 공백으로 들여쓰기를 한다. 에러를 피하려면 각 행의 시작 부분에 정확한 공백 수를 입력해야 한다. 코드를 직접 입력하고 싶지 않다면 이 책의 웹사이트(https://www.nostarch.com/crackingcodes/)에서 소스 코드 파일을 다운로드할 수 있다.

에이콘출판사 도서정보 페이지 https//:www.acornpub.co.kr/book/cracking-codes-python에서도 동일 파일을 다운로드할 수 있다.

정오표

프로그램의 소스 코드를 직접 입력하면 파이썬을 배우는 데 도움이 되지만 에러를 일으키는 오타도 입력할 수 있다. 이러한 오타는 특히 소스 코드가 매우 길면 발견하기 어렵다. 입력한 소스 코드에서 실수를 빠르고 쉽게 확인하려면 이 책의 웹사이트(https://www.nostarch.com/crackingcodes/)의 온라인 diff 툴에 텍스트를 복사해 붙여 넣고 확인할 수 있다. diff는 이 책의 소스 코드와 독자가 입력한 소스 코드 사이에 다른 부분을 보여줄 것이다.

한국어판의 정오표는 에이콘출판사 도서정보 페이지 https://www.acornpub.co.kr/book/cracking-codes-python에서 볼 수 있다.

코딩 규칙

이 책은 레퍼런스 매뉴얼로 디자인된 책이 아닌, 초보자가 간단히 손에 들고 볼 만한 가이드다. 코딩 스타일이 모범 사례에 반하는 경우가 있지만 코드를 더 쉽게 익히기 위해 의도적으로 결정한 사항이다.

또한 이론적인 컴퓨터 과학 개념은 생략하고 있다. 숙련된 프로그래머는 이 책의 코드를 효율적으로 개선할 수 있는 방법을 지적할 수 있겠지만, 대부분의 프로그램을 최소한의 노력으로 동작하도록 하는 것에 중점을 둔다.

온라인 리소스

이 책의 웹사이트(https://www.nostarch.com/crackingcodes/)에서는 다운로드 가능한 프로그램 파일 및 연습 문제 예제 해답지를 포함한 유용한 리소스를 제공한다. 이 책은 고전적인 암호를 포괄적으로 다루지만, 그 이상의 것도 많으므로 여기서 소개한 다양한 주제와 관련 있는 더 많은 읽을거리도 제안하고 있다.

파이썬 다운로드 및 설치

프로그래밍을 시작하기 전에 파이썬 인터프리터를 설치해야 한다. 이 인터프리터는 파이썬 언어로 작성한 명령어를 실행해주는 소프트웨어다. 이후부터는 '파이썬 인터프리터'를 '파이썬'이라고 부르기로 한다.

윈도우, 맥OS 및 우분투용 파이썬을 https://www.python.org/downloads/에서 무료로 다운로드할 수 있다. 이 책의 모든 프로그램이 잘 동작하려면 최신 버전을 다운로드하는 것이 좋다.

주의: 파이썬 3(예: 3.6)를 다운로드한다. 이 책의 프로그램은 파이썬 3에서 실행하도록 작성했으며 파이썬 2에서 제대로 실행되지 않을 수 있다.

윈도우에 설치하기

윈도우에서는 .msi로 끝나는 파일 이름을 가진 파이썬 설치 프로그램을 다운로드하고 더블클릭한다. 설치 프로그램이 화면에 표시하는 안내를 보며 다음 순서에 따라 파이썬을 설치한다.

1. Install Now를 선택해 설치 시작한다.
2. 설치를 완료하면 Close를 클릭한다.

맥OS에 설치하기

맥OS에서는 웹사이트에서 맥OS 버전의 .dmg 파일을 다운로드하고 더블클릭한다. 설치 프로그램이 화면에 표시하는 안내를 보며 다음 순서에 따라 파이썬을 설치한다.

1. DMG 패키지를 새 창에서 열고 Python.mpkg 파일을 더블클릭한다. 컴퓨터의 관리자 암호를 입력해야 할 수 있다.
2. Welcome 섹션에서 Continue를 클릭하고 Agree를 클릭해 라이선스에 동의한다.
3. HD Macintosh(또는 하드 드라이브 이름)를 선택하고 Install을 클릭한다.

우분투에 설치하기

우분투를 사용하고 있다면 다음 순서에 따라 우분투 소프트웨어 센터Ubuntu Software Center에서 파이썬을 설치한다.

1. 우분투 소프트웨어 센터Ubuntu Software Center를 연다.
2. 해당 창 오른쪽 상단 모서리에 있는 검색창에 'Python'을 입력한다.[1]

---

1 우분투 소프트웨어 센터에서 검색되지 않으면 터미널을 열고 다음을 입력해 설치한다. "sudo apt-get install idle3"
  – 옮긴이

3. IDLE(파이썬 3.6 사용) 또는 최신 버전이 무엇이든 그것을 선택한다.
4. Install을 클릭한다.

설치를 완료하려면 관리자 암호를 입력해야 한다.

pyperclip.py 다운로드

이 책의 거의 모든 프로그램은 pyperclip.py라는 사용자 정의 모듈을 사용한다. 이 모듈은 프로그램에서 텍스트를 복사해 클립보드에 넣고 이를 나중에 붙여 넣을 수 있는 기능을 제공한다. 이 모듈은 파이썬과 함께 제공되지 않으므로 https://www.nostarch.com/crackingcodes/에서 다운로드해야 한다. 이 파일은 작성한 파이썬 프로그램 파일과 같은 폴더(디렉터리라고도 부른다)에 있어야 한다. 그렇지 않으면 다음과 같은 에러 메시지가 나타난다.

프로그램을 실행할 때의 모습이다.

```
ImportError: No module named pyperclip
```

이제 파이썬 인터프리터와 pyperclip.py 모듈을 다운로드하고 설치했으므로 프로그램을 어디에서 작성하는지 볼 차례다.

IDLE 시작

파이썬 인터프리터는 파이썬 프로그램을 실행하는 소프트웨어이지만 대화형 개발 환경
IDLE, interactive development environment 소프트웨어는 워드프로세서처럼 프로그램을 작성하는 곳이다. IDLE은 파이썬을 설치할 때 설치된다. IDLE을 시작하려면 다음 순서를 따른다.

- 윈도우 7 이상에서 화면의 왼쪽 하단에 있는 '시작' 아이콘을 클릭하고 검색창에 "IDLE"을 입력한 다음 IDLE(Python 3.6 64비트)을 선택한다.
- 맥OS에서 파인더를 열고 응용프로그램을 클릭하고 파이썬 3.6을 클릭한 다음 IDLE 아이콘을 클릭한다.

- 우분투에서 **응용프로그램 › 보조 프로그램 › 터미널**을 선택한 다음 IDLE3를 입력한다 (또한 화면 상단의 응용프로그램을 클릭하고 프로그래밍을 선택한 다음 IDLE3를 클릭해도 된다).[2]

어떤 운영체제를 사용하든 IDLE 창은 그림 1과 같은 모습이다. 초반에 나오는 텍스트는 특정 버전의 파이썬에 따라 약간씩 다를 수 있다.

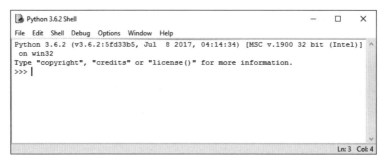

그림 1 IDLE 창

이 창을 대화형 셸이라고 부른다. 셸은 맥OS의 터미널이나 윈도우 명령 프롬프트와 마찬가지로 컴퓨터에 명령을 입력할 수 있게 해주는 프로그램이다. 때때로 전체 프로그램을 작성하지 않고 짧은 코드 조각을 실행해야 할 때가 있는데, 파이썬의 대화형 셸을 사용하면 컴퓨터가 즉시 읽고 실행하는 파이썬 인터프리터 소프트웨어로 명령어를 입력할 수 있다.

예를 들어 >>> 프롬프트 옆의 대화형 셸에 다음을 입력해본다.

```
>>> print('Hello, world!')
```

엔터 키를 치면 대화형 셸은 다음 응답을 출력한다.

```
Hello, world!
```

---

2   간단하게 하려면 터미널을 열고 idle3 또는 idle을 입력하면 프로그램이 가동된다. ― 옮긴이

요약

현대적인 암호학의 분야에 컴퓨터가 들어오기 전에는 연필과 종이만을 사용할 수 있었고 이를 통해 다양한 암호code를 깨는 것은 불가능했다. 예전의 고전적인 암호들은 컴퓨터를 사용하면서 공격에 상당 부분 노출됐지만 이를 배우는 것은 여전히 흥미로운 일이다. 이런 암호를 해독하는 복호화 프로그램 작성은 프로그래밍을 익히는 좋은 길이다.

1장에서는 컴퓨터를 사용하지 않고도 메시지를 암호화/복호화할 수 있는 몇 가지 기본 암호화 도구에 대해 설명한다.

이제 해킹을 시작하자.

1

종이 암호화 도구 만들기
MAKING PAPER CRYPTOGRAPHY TOOLS

암호 프로그램을 작성하기에 앞서 종이와 연필로 암호화하고 복호화하는 과정을 살펴볼 것이다. 이 과정을 통해 암호가 동작하는 방식과 비밀 메시지를 생성하는 수학적인 부분을 이해할 수 있다. 1장에서는 암호 작성이 의미하는 바를 배우고 코드가 암호와 다른 점을 학습한다. 그런 다음 카이사르 암호라고 부르는 간단한 암호화 기법을 사용해 종이와 연필만으로 메시지를 암호화하고 복호화할 것이다.

1장에서 다루는 주제

- 암호화란 무엇인가?
- 코드와 암호
- 카이사르 암호
- 암호 원반
- 산술 연산으로 암호 만들기
- 이중 암호화

암호화란 무엇인가?

역사적으로 첩자, 군인, 해커, 해적, 상인, 독재자, 정치 활동가와 같은 사람들은 비밀을 공유할 때 암호에 의존해 비밀을 지켰다. 암호는 비밀 코드의 과학이다. 먼저 다음 두 텍스트를 통해 암호화의 모습을 살펴보자.

```
nyrN.vNwz5uNz5Ns6620Nz0N3z2v          !NN2Nuwv,N9,vNN!vNrBN3zyN4vN
NyvNwz9vNz5N6!9Nyvr9                    N6Qvv0z6nvN.7N0yv4N4zzvNN
y0QNnvNwvtyNz                           vyN,NN99z0zz6wz0y3vv269
Nw964N6!9N5vzxys690,N.vN2z5u-          w296vyNNrrNyQst.560N94Nu5y
3vNzNrNy64v,N.vNt644!5ztrvNz           rN5nz5vv5t6v63zNr5.
N6N6yv90,Nr5uNzNsvt64v0N               N75sz6966NNvw6zu0wtNxs6t
yvN7967v9BN6wNr33QN-m63rz9v            49NrN3Ny9Nvzy!
```

왼쪽 텍스트는 암호화했거나 비밀 코드로 변환한 비밀 메시지다. 복호화 방법을 모르거나 원래 영어 메시지로 다시 되돌릴 수 없는 사람은 이 글을 절대 읽을 수 없다. 오른쪽 메시지는 숨겨진 의미가 없는 임의의 횡설수설이다.

암호화를 하면 어떤 사람이 암호화된 메시지를 손에 넣는다 해도 복호화할 수 없는 경우 그 비밀을 알 수 없다. 암호화한 메시지는 임의의 넌센스처럼 보일 뿐이다.

암호 작성자는 비밀 코드를 사용하고 연구한다. 물론 이런 비밀 메시지가 항상 비밀로 유지되는 것은 아니다. (코드 파괴자 또는 해커라고도 하는) 암호 해독가는 비밀 코드를 해킹하고 타인이 암호화한 메시지를 읽을 수 있다. 이 책은 다양한 기술로 메시지를 암호화하고 해독하는 방법을 설명한다. 하지만 불행히도 (또는 다행히도) 이 책에서 소개하는 해킹 유형은 법률 문제를 일으킬 만큼 위험하지 않다.

코드와 암호

코드는 암호와는 달리 누구나 이해할 수 있고 공개적으로 사용할 수 있도록 만든다. 코드는 메시지를 번역할 수 있는 기호로 변환한다. 19세기 초반 잘 알려진 코드 중 하나가 전기 전신의 개발 과정에서 등장했는데, 전선을 통해 대륙 간에 즉각적인 통신을 할 수 있었다. 전신으로 메시지를 보내는 것은 파발을 통해 편지를 보내는 종전의 방법보다 훨씬 빨랐다. 그러나 전신은 종이에 직접 쓴 편지를 보낼 수는 없었다. 대신 전기 펄스의 두 가지 유형, 즉 '점'이라고 부르는 짧은 펄스와 '선'이라고 부르는 긴 펄스를 보낼 수 있었다.

알파벳 글자를 이 점과 선으로 변환하려면 영어를 전기 펄스로 변환하는 인코딩 시스템이 필요하다. 영어를 점과 선으로 변환해 전신을 전송하는 과정을 인코딩이라고 하고 메시지 수신했을 때 전기 펄스를 영어로 번역하는 과정을 디코딩이라고 한다. 전신(훗날 전파)을 통해 메시지를 인코딩하고 디코딩할 때 사용한 코드를 표 1-1의 모스 부호라고 한다. 모스 부호는 사무엘 모스^{Samuel Morse}와 알프레드 베일^{Alfred Vail}이 개발했다.

표 1-1 국제 모스 부호 인코딩

글자	인코딩	글자	인코딩	글자	인코딩
A	● ━	N	━ ●	1	● ━ ━ ━ ━
B	━ ● ● ●	O	━ ━ ━	2	● ● ━ ━ ━
C	━ ● ━ ●	P	● ━ ━ ●	3	● ● ● ━ ━
D	━ ● ●	Q	━ ━ ● ━	4	● ● ● ● ━
E	●	R	● ━ ●	5	● ● ● ● ●
F	● ● ━ ●	S	● ● ●	6	━ ● ● ● ●
G	━ ━ ●	T	━	7	━ ━ ● ● ●
H	● ● ● ●	U	● ● ━	8	━ ━ ━ ● ●
I	● ●	V	● ● ● ━	9	━ ━ ━ ━ ●
J	● ━ ━ ━	W	● ━ ━	0	━ ━ ━ ━ ━
K	━ ● ━	X	━ ● ● ━		
L	● ━ ● ●	Y	━ ● ━ ━		
M	━ ━	Z	━ ━ ● ●		

전신 운영자가 버튼이 한 개 달린 전신기로 점과 선을 가볍게 누르면 전 세계의 상대방에게 영어 메시지를 거의 즉시 전달할 수 있다는 것이다! 모스 부호에 대한 자세한 내용은 https://www.nostarch.com/crackingcodes/를 참조한다.

코드와 달리 암호는 메시지를 비밀로 유지하는 특정 유형의 코드다. 이해할 수 있는 영어 텍스트인 평문^{plaintext}을 암호문^{ciphertext}으로 바꾸는 암호를 사용하면 메시지를 횡설수설처럼 보이는 텍스트로 바꿔서 비밀을 숨길 수 있다. 암호는 평문과 암호문을 변환하는 규칙의 집합이다. 이런 규칙은 보통 통신하는 사람들끼리만 알고 있는 암호화/복호화용 비밀 키를 쓴다. 이 책에서는 다양한 암호화를 학습하고 암호를 통해 텍스트를 암호화/복호화하는 프로그램을 작성한다. 일단은 먼저, 간단한 종이 도구를 사용해 손으로 메시지를 암호화해보자.

카이사르 암호

우리가 학습할 첫 번째 암호는 2000년 전에 이를 고안한 율리우스 카이사르^{Julius Caesar}의 이름에서 온 카이사르 암호다. 이 암호는 간단하고 쉽게 익힐 수 있다는 게 장점이지만 암호가 너무 간단해 쉽게 해독할 수 있다는 단점이 있다. 그러나 카이사르 암호는 여전히 쓸 만한 연습 문제로 활용할 수 있다.

카이사르 암호는 알파벳을 이동한 후 메시지의 각 글자를 새로운 글자로 바꾸는 방식으로 동작한다. 인례로 율리우스 카이사르는 알파벳 글자들을 3칸씩 이동한 다음, 메시지의 모든 글자를 3칸씩 이동한 알파벳으로 바꿨다.

예를 들어 메시지의 모든 A는 D로 바꾸고, 모든 B는 E로 바꾼다. 카이사르는 Y처럼 알파벳 끝에 있는 글자를 이동할 때 알파벳의 시작 부분으로 돌아가서 이동한 합이 3칸인 B로 이동하는 방식을 취했다. 이 절에서는 카이사르 암호를 사용해 메시지를 손으로 암호화해본다.

암호 원반

카이사르 암호로 평문을 암호문으로 쉽게 변환하려면 암호화 디스크라고 부르는 암호 원반을 사용하면 된다. 암호 원반은 두 개의 글자 고리로 구성된다. 각 고리는 26칸(알파벳 26글자)으로 구성된다. 바깥 고리는 평문 알파벳을 나타내고 안쪽 고리는 암호문의 해당 글자를 나타낸다. 안쪽 고리는 0에서 25까지의 숫자도 있다. 이 숫자는 암호화 키를 나타내며, 이 경우 A에서 안쪽 원반의 해당 글자로 이동하는 데 필요한 글자의 개수다. 원형이기 때문에 25보다 큰 키로 이동하면 알파벳이 한 바퀴 넘어가므로 26으로 이동하는 것은 0으로 이동하는 것과 같으며 27로 이동하는 것은 1만큼 이동하는 것과 같다.

온라인에서 가상 암호 원반을 사용할 수 있다(https://www.nostarch.com/cracking codes/). 그림 1-1은 암호 원반의 모습이다. 원반을 돌리려면 원반을 클릭한 다음 원하는 모양으로 될 때까지 마우스 커서를 움직이면 된다. 다시 마우스를 클릭하면 원반이 고정된다.

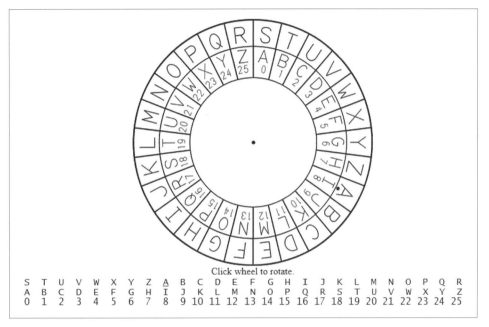

그림 1-1 온라인 암호 원반

이 책의 웹사이트에서도 인쇄할 수 있는 종이 암호 원반을 제공한다. 두 개의 동그라미를 잘라내 서로 위에 놓고 큰 동그라미의 가운데에 작은 동그라미를 놓는다. 핀 또는 가는 못을 두 원의 중심에 꽂아서 돌릴 수 있게 만든다. 이제 종이 암호 원반 또는 가상 암호 원반으로 비밀 메시지를 손으로 암호화할 수 있다.

암호 원반으로 암호화하기

암호화를 시작하려면 먼저 메시지를 영어로 종이에 쓴다. 이 예제에서는 "THE SECRET PASSWORD IS ROSEBUD"라는 메시지를 암호화할 것이다. 이제 바깥 고리의 칸과 안쪽 고리의 칸의 경계가 일치할 때까지 암호 원반의 안쪽 원반을 돌려본다. 바깥 고리에 있는 글자 A 옆의 점을 확인한다. 이 점 옆의 안쪽 고리에 있는 숫자를 메모해둔다. 이것이 암호화 키다.

예를 들어 그림 1-1에서 바깥 고리의 A는 안쪽 고리 번호 8위에 있다. 그림 1-2처럼 이 암호화 키를 사용해 메시지를 암호화한다.

T	H	E		S	E	C	R	E	T		P	A	S	S	W	O	R	D		I	S		R	O	S	E	B	U	D
↓	↓	↓		↓	↓	↓	↓	↓	↓		↓	↓	↓	↓	↓	↓	↓	↓		↓	↓		↓	↓	↓	↓	↓	↓	↓
B	P	M		A	M	K	Z	M	B		X	I	A	A	E	W	Z	L		Q	A		Z	W	A	M	J	C	L

그림 1-2 카이사르 암호 키가 8인 메시지 암호화

메시지의 각 글자를 바깥 고리에서 찾은 다음 안쪽 고리의 해당 글자로 바꾼다. 이 예에서 메시지의 첫 번째 글자는 T("THE SECRET..."의 첫 번째 T)이므로 바깥 고리에서 글자 T를 찾은 다음 안쪽 고리에서 해당 글자를 찾으면 B가 된다. 결국 비밀 메시지에서 T는 항상 B로 바뀐다(다른 암호화 키를 사용하면 평문의 모든 T는 다른 글자로 바뀔 것이다). 메시지의 다음 글자는 H이고 P로 바뀐다. 글자 E는 M으로 바뀐다. 바깥 고리의 각 글자는 항상 안쪽 고리에 대응하는 글자로 암호화된다. 시간을 절약하려면 "THE SECRET..."에서 첫 번째 T를 찾아 B로 암호화한 다음, 메시지의 모든 T를 B로 바꾸는 방식을 취하면 된다. 그러면 글자를 단 한 번만 찾아보면 된다.

메시지 전체를 암호화하고 나면 원래 메시지인 THE SECRET PASSWORD IS ROSEBUD가 BPM AMKZMB XIAAEWZL QA ZWAMJCL로 바뀐다. 공백 문자처럼 통상 글자가 아닌 특수문자는 바뀌지 않는다.

이제 암호화된 이 메시지는 다른 사람에게 보낼 수 있으며-또는 보관용으로 사용할 수 있다-비밀 암호 키를 말해주지 않는 한 누구도 읽을 수 없다. 암호화 키는 비밀이어야 한다. 메시지가 키 8로 암호화됐다는 사실을 알기만 하면 누구라도 암호문을 읽을 수 있기 때문이다.

암호 원반을 이용한 복호화

암호문을 해독하려면 암호문의 안쪽 고리에서 찾아 바깥 고리를 보면 된다. 암호문 IWT CTL EPHHLDGS XH HLDGSUXHW를 받은 경우를 가정하자. 키를 모르면 (또는 영리한 해커가 아니면) 메시지를 해독할 수 없다. 운 좋게도 친구가 이미 메시지에 키 15를 사용했다고 알렸다. 그림 1-3은 이 키에 대한 암호 원반이다.

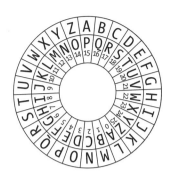

그림 1-3 키를 15로 설정한 암호 원반

이제 안쪽 고리에서 숫자 15(글자 P)를 찾아서 그 칸에 바깥 고리의 글자 A(아래에 점이 있다)를 맞춘다. 그런 다음 안쪽 고리에서 비밀 메시지의 첫 글자 I를 찾으면 바깥 고리의 T와 대응된다. 암호문의 두 번째 글자인 W를 찾으면 글자 H로 해독된다. 암호문의 나머지 글자를 평문으로 복호화하면 그림 1-4와 같이 THE NEW PASSWORD IS SWORDFISH라는 메시지를 얻을 수 있다.

I	W	T		C	T	L		E	P	H	H	L	D	G	S		X	H		H	L	D	G	S	U	X	H	W
↓	↓	↓	↓	↓	↓	↓	↓	↓	↓	↓	↓	↓	↓	↓	↓	↓	↓	↓	↓	↓	↓	↓	↓	↓	↓	↓	↓	↓
T	H	E		N	E	W		P	A	S	S	W	O	R	D		I	S		S	W	O	R	D	F	I	S	H

그림 1-4 카이사르 암호 키 15로 암호화한 메시지의 복호화

16과 같이 잘못된 키를 사용하면 복호화된 메시지는 읽을 수 없는 SGD MDV OZRR VNQC HR RVNQCEHRG로 변환된다. 올바른 키를 사용하지 않으면 복호화한 메시지는 이해할 수 없는 메시지가 된다.

산술 연산을 이용한 암호화 및 복호화

암호 원반은 카이사르 암호로 암호화하고 복호화할 수 있는 손쉬운 도구이지만 산술 연산으로도 암호화하고 복호화할 수도 있다.

먼저 A부터 Z까지의 알파벳 글자를 쓰고 각 글자 아래에 0에서 25까지의 숫자를 대응해 쓴다. A는 0으로, B는 1로, 끝까지 쓰면 Z는 25가 된다. 그림 1-5를 참고한다.

A	B	C	D	E	F	G	H	I	J	K	L	M	N	O	P	Q	R	S	T	U	V	W	X	Y	Z
0	1	2	3	4	5	6	7	8	9	10	11	12	13	14	15	16	17	18	19	20	21	22	23	24	25

그림 1-5 0에서 25까지 알파벳에 번호를 부여한 모습

이런 글자-숫자 코드를 사용해 글자를 숫자로 표현할 수 있다. 이것은 글자에 수식을 적용할 수 있으므로 꽤 강력한 방식이다. 예를 들어 CAT이라는 글자를 2, 0, 19 숫자로 표현했다면 3을 추가해 숫자 5, 3, 22를 얻을 수 있다. 이 새로운 숫자는 그림 1-5처럼 글자 FDW가 된다. cat이라는 단어에 3을 "추가"한 것뿐이다! 나중에 우리는 이런 수학을 이용해 컴퓨터 프로그램을 짤 수 있다.

산술 연산을 사용해 카이사르 암호로 암호화하려면 암호화할 글자 아래의 번호를 찾아 키 숫자를 더하면 된다. 결과 합은 암호화된 글자 아래의 숫자다. HELLO. HOW ARE YOU?를 암호화해보자(1에서 25까지 어느 숫자라도 키로 사용할 수 있다). 먼저 H 아래 숫자 7을 찾는다. 그런 다음 이 숫자에 13을 더한다(7 + 13 = 20). 숫자 20은 글자 U에 대응하므로 글자 H는 U로 암호화된다.

마찬가지로 글자 E(4)를 암호화하려면 13을 더해 4 + 13 = 17이다. 17 위에 있는 글자는 R이므로 E는 R로 암호화된다.

이런 방식은 글자 O까지는 잘 동작한다. O에 대응하는 숫자는 14이다. 그러나 14 + 13 = 27인데, 숫자 목록은 25까지만 있다. 글자에 대응하는 숫자와 키의 합이 26 이상이면 26을 빼야 한다. 여기에서 27 - 26 = 1이다. 숫자 1에 대응하는 글자는 B이므로 O는 키 13을 통해 B로 암호화된다. 메시지의 각 글자를 암호화하면 암호문은 URY YB. UBJ NER LBH?가 된다.

암호문을 복호화하려면 키를 더하는 대신 뺀다. 암호문 B에 해당하는 숫자는 1이다. 1에서 13을 빼면 -12이다. 암호화할 때 "빼기 26"을 적용했던 것처럼 복호화할 때 결과가 0보다 작으면 26을 더하면 된다. -12 + 26 = 14이므로 암호문의 글자 B는 O로 복호화된다.

NOTE **참고:** 음수가 나왔을 때 더하고 빼는 방법을 모르겠다면 https://www.nostarch.com/crackingcodes/에서 그에 관한 내용을 참고한다.

지금까지 살펴본 바와 같이 암호 원반이 없어도 카이사르 암호를 쓸 수 있다. 연필, 종이 한 장 그리고 간단하고 단순한 산술 연산만 할 줄 알면 된다.

이중 암호화가 동작하지 않는 이유

서로 다른 키 두 개로 메시지를 두 번 암호화하면 암호화 강도가 두 배가 된다. 그러나 이것은 카이사르 암호(그리고 대부분의 다른 암호들)의 경우에는 해당되지 않는다. 사실 암호화를 이중으로 한 결과는 암호화를 한 번 한 결과와 같다. 메시지를 이중 암호화해보고 그 이유를 알아보자.

예를 들어 키 3으로 KITTEN이라는 단어를 암호화하면 평문의 글자에 해당하는 숫자에 3을 더해서 결과적으로 암호문은 NLWWHQ이 된다. 그런 다음 NLWWHQ를 키 4로 암호화하면 평문의 글자에 해당하는 숫자에 4를 더해서 암호문은 RPAALU가 된다. 그러나 이것은 단어 KITTEN을 키 7로 암호화한 것과 같다.

대부분의 암호에 있어서 암호화를 두 번 이상 시행해도 추가적인 노력이 필요 없다. 사실, 더해서 26이 되는 키 두 개로 평문을 암호화하면 결과적으로 생성되는 암호문이 원래의 평문과 같다!

요약

카이사르 암호와 그 밖의 암호는 수세기 동안 비밀스러운 정보를 암호화하는 데 사용됐다. 그러나 책 전체와 같은 긴 메시지는 손으로 암호화할 경우 며칠 또는 몇 주가 필요하다. 이 문제를 프로그래밍을 통해 해결할 수 있다. 컴퓨터는 많은 양의 텍스트를 암호화하고 복호화하는 데 1초도 걸리지 않는다!

컴퓨터로 암호화를 수행하려면 컴퓨터가 이해할 수 있는 언어를 사용해야 하고 우리가 했던 것과 같은 과정을 수행하도록 컴퓨터를 프로그래밍하거나 명령 방법을 알아야 한다. 다행히 파이썬과 같은 프로그래밍 언어를 배우는 것은 일본어나 스페인어 같은 외국어를 배우는 것보다 쉽다. 또한 더하기, 빼기, 곱하기 외에 더 깊은 수학을 알 필요가 없다. 필요한 것은 컴퓨터와 이 책뿐이다.

이제 2장으로 넘어가 파이썬의 대화형 셸을 통해 한 번에 한 줄씩 코드를 수행하는 방법을 알아볼 차례다.

연습 문제

연습 문제의 정답은 이 책의 웹사이트 https://www.nostarch.com/crackingcodes/에서 제공한다.

1. 제공된 키로 Ambrose Bierce의 The Devil's Dictionary에서 다음 항목을 암호화하라.
   a. 키 4: "AMBIDEXTROUS: Able to pick with equal skill a righthand pocket or a left."
   b. 키 17: "GUILLOTINE: A machine which makes a Frenchman shrug his shoulders with good reason."
   c. 키 21: "IMPIETY: Your irreverence toward my deity."
2. 제공된 키로 다음 암호문을 복호화하라.
   a. 키 15: "ZXAI: P RDHIJBT HDBTIXBTH LDGC QN HRDIRWBTC XC PBTGXRP PCS PBTGXRPCH XC HRDIAPCS."
   b. 키 4: "MQTSWXSV: E VMZEP EWTMVERX XS TYFPMG LSRSVW."
3. 키 0으로 다음 문장을 암호화하라: "This is a silly example."
4. 다음에는 단어 몇 개와 그 암호문이 있다. 각 단어에 어떤 키를 썼는가?
   a. ROSEBUD – LIMYVOX
   b. YAMAMOTO – PRDRDFKF
   c. ASTRONOMY – HZAYVUVTF
5. 다음 문장은 키 8로 암호화돼 있다. 이 문장은 키 9로 복호화되는가?
   "UMMSVMAA: Cvkwuuwv xibqmvkm qv xtivvqvo i zmdmvom bpib qaewzbp epqtm."

2

대화형 셸 프로그래밍
PROGRAMMING IN THE INTERACTIVE SHELL

"해석 기관이라는 것은 (아무리 발전한다 해도)
무엇을 새롭게 창조하지는 못한다.
이 기계는 인간이 이미 알고 있는,
주어진 명령만을 수행할 뿐이다."

— 에이다 러브레이스(Ada Lovelace), 1842년 10월

암호화 프로그램을 작성하기 전에 몇 가지 기본적인 프로그래밍 개념을 알아야 한다. 값, 연산자, 표현식 및 변수가 바로 그것이다.

2장에서 다루는 내용

- 연산자
- 값
- 정수형과 부동소수점형 숫자
- 표현식
- 표현식 평가
- 변수에 값 저장하기
- 변수 덮어쓰기

이제 파이썬의 대화형 셸에서 간단한 수학식을 계산하는 법을 살펴보자. 이 책을 컴퓨터 곁에 두고 짧은 코드 예제를 입력한 다음 해당 코드의 기능을 확인한다. 프로그램을 직접 타이핑하면 기억을 근육에 저장하는 능력을 개발할 수 있다. 이를 통해 파이썬 코드가 어떻게 구성됐는지 기억하기 좋다.

간단한 수학 표현식 몇 가지

먼저 IDLE을 실행한다('IDLE 시작하기' 절 참조). 대화형 셸과 커서가 >>> 프롬프트 옆에 깜박일 것이다. 대화형 셸은 계산기처럼 쓸 수 있다. 셸에 2 + 2를 입력하고 키보드에서 엔터 키를 눌러본다(일부 키보드에서는 리턴RETURN 키다.) 컴퓨터가 그림 2-1과 같이 숫자 4를 표시하며 응답하면 정상이다.

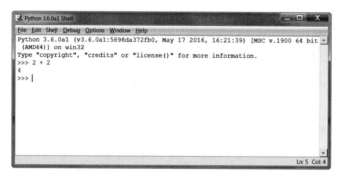

그림 2-1 셸에 2+2를 입력한 화면

그림 2-1에서 + 기호는 숫자 2와 2를 더하라고 컴퓨터에 지시한 것이다. 빼기 기호 (-)를 사용해 숫자를 빼고 별표(*)로 숫자를 곱할 수 있으며 슬래시(/)로 나누기를 수행한다. +, -, *, / 기호는 이런 수식에서 앞뒤 숫자에 대해 컴퓨터에 연산을 지시하기 때문에 연산자라고 부른다. 표 2-1은 파이썬 수학 연산자를 요약한 것이다. 화면에 나온 숫자 2개는 값이라고 부른다.

표 2-1 파이썬의 수학 연산자

연산자	연산
+	덧셈
-	뺄셈
*	곱셈
/	나눗셈

2 + 2 그 자체로는 프로그램이 아니다. 단지 하나의 명령어다. 프로그램은 이런 많은 명령으로 이뤄진다.

정수 및 부동소수점 값

프로그래밍에서 4, 0 및 99와 같은 수를 정수라고 한다. 소수점이 있는 숫자(3.5, 42.1, 5.0)를 부동소수점 숫자라고 한다. 파이썬에서 숫자 5는 정수이지만 5.0으로 쓰면 부동소수점 숫자다.

정수 및 부동소수점은 데이터 유형이다. 값 42는 정수 또는 int 데이터 유형의 값이다. 값 7.5는 부동소수점 숫자 또는 float 데이터 유형이다.

모든 값은 데이터 유형이 있다. 몇 가지 다른 데이터 유형에 대해 다룰 예정(3장의 '문자열' 절 등)이지만, 지금은 값을 언급할 때마다 그 값이 특정 데이터 유형의 값이라는 점을 상기한다. 값을 어떻게 썼는지 살펴보면 데이터 유형을 바로 알 수 있다. int는 소수점이 없는 숫자이고 float은 소수점이 있는 숫자다. 그러므로 42는 int고, 42.0은 float이다.

표현식

간단한 수식 한 개를 푸는 것보다 훨씬 더 많은 것을 파이썬으로 할 수 있다. 셸에 다음 수식을 입력하고 각 문제 다음에 엔터 키를 눌러본다.

❶ >>> 2+2+2+2+2
10
>>> 8*6
48

❷ >>> 10-5+6
11
❸ >>> 2 + 2
4

이런 수식을 표현식이라고 부른다. 컴퓨터는 몇 초에 수만 개의 수식을 계산할 수 있다. 표현식은 그림 2-2처럼 연산자(수학 기호)로 연결된 값(숫자)으로 구성된다. 연산자로 연결하기만 하면 원하는 만큼의 숫자로 표현식을 만들 수 있다 ❶. 표현식 한 개 ❷에서 여러 유형의 연사자를 사용할 수도 있다. 정수와 연산자 ❸ 사이에 공백을 넣어도 된다. 단, 행의 시작 부분의 공백은 파이썬이 명령을 해석하는 방법을 변경하기 때문에 앞에는 공백없이 행의 시작 부분부터 표현식을 입력해야 한다. 이에 대해서는 '블록' 절에서 줄 시작 부분의 공백에 대해 다룰 것이다.

그림 2-2 표현식은 값(2)과 연산자(+)로 구성된다.

연산자 우선순위

수학 수업에서 '연산자 우선순위'를 배운 것을 기억할 것이다. 예를 들어 곱셈은 덧셈보다 먼저 수행한다. 표현식 2 + 4 * 3은 14로 계산된다. 곱셈을 먼저 수행해 4 * 3을 계산한 다음 2를 더하기 때문이다. 괄호 안에 있는 연산자는 먼저 수행한다. 표현식 (2 + 4) * 3에서는 덧셈을 먼저 수행해서 (2 + 4)를 계산한 다음 그 합에 3을 곱한다. 괄호는 표현식을 14가 아니라 18로 계산하도록 만든다. 파이썬 수학 연산자의 연산자 우선순위는 수학과 비슷하다. 괄호 안의 연산을 먼저 수행한다. 그다음 *, / 연산자를 왼쪽에서 오른쪽 순서로 계산한다. 그 뒤 +와 - 연산자를 왼쪽에서 오른쪽으로 계산한다.

표현식 평가

컴퓨터가 표현식 10 + 5를 계산해 값 15를 얻으면 표현식을 평가했다고 칭한다. 표현식을 평가하면 표현식이 값 한 개로 줄어든다. 수식을 푸는 것과 그 문제를 숫자 한 개(계산의 답)로 줄이는 것은 같다.

표현식 10 + 5와 10 + 3 + 2는 둘 다 15로 계산되므로 값이 동일하다. 단일 값도 표현식으로 간주한다. 표현식 15는 값 15로 평가된다.

파이썬은 다음처럼 값이 하나가 될 때까지 표현식 평가를 계속한다.

```
(5 - 1) * ((7 + 1) / (3 - 1))
   │
   ▼
  4 * ((7 + 1) / (3 - 1))
          │
          ▼
  4 * ((  8  ) / (3 - 1))
                    │
                    ▼
  4 * ((  8  ) / (  2  ))
              │
              ▼
         4 * 4.0
            │
            ▼
          16.0
```

파이썬은 가장 안쪽, 가장 왼쪽 괄호로 시작하는 표현식을 평가한다. 괄호가 서로 중첩돼 있어도 마찬가지다. 내부 표현식의 각 부분을 동일한 규칙으로 평가한다. 따라서 파이썬이 ((7 + 1) / (3 - 1))을 계산할 때, 먼저 가장 안쪽 괄호 (7 + 1)의 표현식을 계산하고, 오른쪽의 식 (3 - 1)을 계산한다. 내부 괄호의 각 표현식을 값 한 개로 줄이면 바깥 괄호의 표현식을 평가한다. 나누기는 부동소수점 값으로 평가한다. 최종적으로 괄호 안에 표현식이 없으면 연산 순서대로 나머지 계산을 수행한다.

표현식에서는 두 개 이상의 값을 연산자들로 연결하거나 값 한 개를 갖는 것이 허용된다. 그러나 대화형 셸에 값 한 개와 연산자 한 개를 입력하면 에러 메시지가 출력된다.

```
>>> 5 +
SyntaxError: invalid syntax
```

이 에러는 5 + 가 표현식이 아니기 때문에 발생한 것이다. 표현식에 값이 여러 개가 있으면 각 값을 연결하는 연산자가 필요한데, 파이썬 언어에서 + 연산자는 두 값이 연결돼 있다고 약속돼 있다. 구문 오류^{Syntax Error}는 사용자가 입력을 잘못해서 컴퓨터가 명령어를 이해하지 못한다는 뜻이다. 이는 중요한 것이 아닐 수도 있지만, 컴퓨터 프로그래밍은 컴퓨터에게 무엇을 할 것인지 뿐만 아니라 컴퓨터가 해석할 수 있는 명령어를 올바른 방법으로 컴퓨터에게 전달하는 과정이다.

에러는 괜찮다!

에러를 만드는 것은 완전히 괜찮다! 에러가 발생하는 코드를 입력한다고 해서 컴퓨터가 손상되지는 않는다. 파이썬은 그저 에러 발생을 알려주고 >>> 프롬프트를 다시 표시한다. 그런 다음엔 대화형 셸에 새로운 코드를 계속 입력할 수 있다.

프로그래밍을 더 많이 경험하기 진까지는 에러 메시지가 그다지 의미 없을 수도 있다. 그러나 에러 메시지를 구글에서 검색해 그 에러에 관한 웹 페이지 결과를 살펴보는 습관을 생활화하는 것이 좋다. https://www.nostarch.com/crackingcodes/에는 일반적인 파이썬 에러 메시지와 그 의미를 담은 목록이 있다.

변수에 값 저장하기

프로그램에서 나중에 사용할 값을 저장해야 하는 일은 흔하다. = 기호(대입 연산자라고 함)를 사용해 변수에 값을 저장할 수 있다.

예를 들어 spam이라는 변수에 값 15를 저장하려면 셸에 spam = 15를 입력한다.

```
>>> spam = 15
```

변수라는 것은 값 15가 들어 있는 상자와 비슷하다고 생각해볼 수 있다(그림 2-3 참고). spam이라는 변수 이름은 상자의 이름이므로 다른 변수와 이 변수를 구분할 수 있으며 상자에 저장된 값은 상자 안에 있는 메모와 같다.

엔터 키를 누르면 빈 줄을 제외하고 아무 것도 표시되지 않는 방식으로 응답한다. 에러 메시지가 표시되지 않으면 성공적으로 명령을 실행한 것으로 간주하면 된다. 이제 >>> 프롬프트가 나타나면 다음 명령어를 입력할 수 있다.

이 명령어는 대입 연산자(할당문이라고 함)를 사용해 spam 변수를 생성하고 값 15를 저장한다. 표현식과 달리 명령문은 어떤 값으로 평가되지 않는 명령어다. 즉, 명령문은 단지 특정 행동을 수행한다. 셸의 다음 줄에 값이 표시되지 않는 이유가 그 때문이다.

그림 2-3 변수는 이름이 붙어 있는 박스 안에 값이 들어 있는 것과 같다.

어떤 명령어가 표현식이고 어떤 명령어가 명령문인지 파악하는 것은 헛갈리기 쉽다. 파이썬 명령어가 값 한 개로 평가되는 경우 표현식이고, 그렇지 않으면 명령문이라고 생각하면 쉽다.

할당문은 변수로 시작해서 = 연산자가 나오고 그 뒤에 표현식이 온다(그림 2-4 참조). 표현식에서 계산한 값은 변수 안에 저장된다.

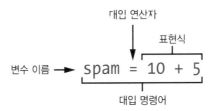

그림 2-4 할당문의 구성 요소

변수는 표현식이 아닌 값 한 개를 저장한다. 예를 들어 spam = 10 + 5 문을 입력하면 10 + 5라는 표현식을 15로 먼저 평가한 다음 값 15가 spam 변수에 저장된다. 셸에 변수 이름을 입력하면 변수 안에 저장된 값을 볼 수 있다.

```
>>> spam = 10 + 5
>>> spam
15
```

변수 그 자체는 변수에 저장된 값으로 평가되는 표현식이다. 값은 그 자체로 평가되는 표현식이다.

```
>>> 15
15
```

좀 더 신기한 것을 보자. 이제 셸에 spam + 5를 입력하면 정수 20을 얻을 수 있을 것이다.

```
>>> spam = 15
>>> spam + 5
20
```

보이는 바와 같이 표현식에서 변수를 값처럼 쓸 수 있다. spam의 값이 15이므로 spam + 5 표현식은 15 + 5 표현식으로 평가되고 결과적으로 20으로 평가된다.

변수 덮어쓰기

할당문을 새로 입력해 변수에 저장한 값을 변경할 수 있다. 다음을 입력해본다.

```
>>> spam = 15
❶ >>> spam + 5
❷ 20
❸ >>> spam = 3
❹ >>> spam + 5
❺ 8
```

먼저 spam + 5 ❶를 입력하면 값 15를 spam 변수에 저장해 표현식은 20 ❷으로 평가된다. 그러나 spam = 3 ❸을 입력하면 그림 2-5 처럼 값 15가 값 3으로 덮어 써진다(즉, 바뀐다). 이제 spam + 5 ❹를 입력하면 spam + 5가 3 + 5로 계산되므로 식은 8 ❺로 평가된다. spam의 이전 값은 사라졌다.

그림 2-5 spam 변수에 들어 있던 값 15가 값 3으로 덮어 써졌다.

spam 변수의 값으로 spam에 새 값을 할당할 수도 있다.

```
>>> spam = 15
>>> spam = spam + 5
>>> spam
20
```

할당문 spam = spam + 5는 "spam 변수의 새 값은 spam에 다섯을 더한 현재 값이다"라고 컴퓨터에 알린다. = 기호의 왼쪽 변수는 오른쪽 표현식의 값을 대입한다. 이런 과정을 반복하면 spam의 값을 5의 몇 배로 증가시킬 수 있다.

```
>>> spam = 15
>>> spam = spam + 5
>>> spam = spam + 5
>>> spam = spam + 5
```

```
>>> spam
30
```

spam의 값은 spam = spam + 5를 실행할 때마다 변경된다.

결과적으로 spam에는 30이 저장된다.

변수 이름

컴퓨터가 변수의 이름을 신경 쓰지는 않지만 이름을 짓는 일은 반드시 필요하다. 들어 있는 데이터 유형을 나타내는 변수 이름을 지정하면 프로그램에서 무슨 일을 하는지 이해하기 쉽다. 작성하는 프로그램이 Abraham Lincoln이나 monkey와 관련이 전혀 없어도 abrahamLincoln이나 monkey 같은 변수 이름을 부여할 수 있다 — 컴퓨터는 여전히 프로그램을 실행한다(abrahamLincoln 또는 monkey를 일관성 있게 사용하는 한). 그러나 오랜 시간이 흐른 후 프로그램을 다시 살펴볼 때 각 변수가 하는 일을 기억하지 못할 수도 있다.

좋은 변수 이름은 들어 있는 데이터를 설명한다. 새집으로 이사하고 이사한 모든 상자에 이름을 붙였다고 가정해보자. 독자는 아무것도 찾지 못할 것이다! 변수 이름 spam, eggs, bacon 등(몬티 파이썬Monty Python의 "Spam" 스케치에서 따온 것)은 이 책이나 많은 파이썬 문서의 예제에서 흔히 사용하는 이름이긴 하지만 변수를 설명하는 변수 이름을 쓰면 코드를 읽기가 더 쉽다. (파이썬의 다른 모든 곳에서도) 변수 이름은 대소문자를 구별한다.

대소문자를 구분하면 대소문자가 다른 변수 이름이 완전히 다른 변수로 간주된다. 예를 들어 spam, SPAM, Spam, sPAM은 파이썬에서 변수 네 개가 된다. 이 변수들은 각각의 값을 갖고 서로 섞어 쓸 수 없다.[1]

---

1   심지어 한글 이름의 변수도 가능은 하다. 하지만 추천하지 않는다. – 옮긴이

요약

자, 이제 암호화 프로그램을 언제쯤에나 만들 수 있을까 궁금한가? 바로 곧이다. 그러나 암호를 해킹하려면 프로그래밍 기본 개념을 좀 더 익혀야 하므로 몇 장 더 볼 것이다.

2장에서는 대화형 셸에서 파이썬 명령어를 작성하는 기본기를 학습했다. 컴퓨터는 아주 간단한 명령어만 이해하기 때문에 파이썬에서는 원하는 것을 정확한 방법으로 전달해야 한다. 파이썬은 표현식을 평가(표현식을 값 한 개로 줄이는 것)할 수 있고 표현식은 연산자(예: + 또는 -)와 값(예: 2 또는 5)을 결합한 것임을 알았다. 변수에 값을 저장해서 프로그램에서 다시 쓰는 법도 익혔다.

파이썬은 대화형 셸을 통해 배우는 것이 좋은데, 파이썬 명령어를 한 번에 하나씩 입력하고 결과를 볼 수 있기 때문이다.

3장에서는 프로그램을 작성할 것이다. 프로그램은 한 번에 하나씩 순서대로 실행하는 명령어를 다수 포함한다. 기본적인 개념을 조금 더 다룬 다음 첫 번째 프로그램을 작성할 것이다!

연습 문제

연습 문제의 정답은 이 책의 웹사이트 https://www.nostarch.com/crackingcodes/에서 제공한다.

1. 나눗셈 연산자는 /, \ 중에 무엇인가?
2. 다음 숫자는 정수인가 부동소수점 숫자인가?

```
42
3.141592
```

3. 다음 코드 줄은 표현식인가 아닌가?

```
4 x 10 + 2
3 * 7 + 1
2 +
42
2 + 2
spam = 42
```

(이어짐)

4. 대화형 셸에 다음 코드를 입력하면 ❶과 ❷에 어떤 값이 출력되는가?

```
    spam = 20
❶   spam + 20
    SPAM = 30
❷   spam
```

3

문자열과 프로그램 작성
STRINGS AND WRITING PROGRAMS

"새로운 프로그래밍 언어를 배우는 유일한 방법은
프로그램을 작성하는 것입니다."

−브라이언 커니핸(Brian Kernighan)과 데니스 리치(Dennis Ritchie),
『The C Programming Language(C 언어 프로그래밍)』 중에서

2장에서 정수와 수식에 대해 충분히 익혔다. 파이썬은 단순한 계산기 이상이다. 암호화는 평문을 암호문으로 변환하고 다시 읽어서 텍스트 값을 처리하는 작업이다. 따라서 3장에서 텍스트를 저장, 결합, 출력하는 방법을 다룰 것이다. 또한 "Hello, world!" 텍스트를 출력하고, 사용자가 자신의 이름을 입력할 수 있는 첫 번째 프로그램을 만들 것이다.

문자열 값으로 텍스트 다루기

파이썬에서는 문자열 값(또는 단순히 문자열)이라고 부르는 작은 덩어리를 사용한다. 암호와 해킹 프로그램은 모두 문자열 값을 처리해 'One if by land, two if by space'와 같은 평문을 'b1rJvsJo! Jyn1q, J702JvsJo! J63nprM'과 같은 암호문으로 변환한다. 평문과 암호문은 프로그램에서 문자열 값으로 표현되며, 파이썬 코드가 이런 값을 조작할 수 있는 방법이 다양하다.

정수와 부동소수점 값과 마찬가지로 변수에 문자열 값을 저장할 수 있다. 두 개의 작은따옴표(') 사이에 문자열을 위치하는 방식으로 문자열 시작과 끝 위치를 표시한다. 대화형 셸에 다음을 입력한다.

```
>>> spam = 'hello'
```

작은따옴표는 문자열 값의 일부가 아니다. 파이썬에서는 문자열을 따옴표로 묶고 변수 이름은 묶지 않기 때문에 'hello'는 문자열로, spam은 변수로 인식한다.

셸에 spam을 입력하면 spam 변수의 내용('hello' 문자열)이 출력된다.

```
>>> spam = 'hello'
>>> spam
'hello'
```

이것은 파이썬이 변수를 그 내부에 저장된 값으로 평가하기 때문이다. 여기에서는 'hello' 문자열이 그렇다. 문자열에는 키보드 문자의 대부분을 담을 수 있다. 다음은 모두 문자열 예제다.

```
>>> 'hello'
'hello'
>>> 'KITTENS'
'KITTENS'
>>> ''
''
>>> '7 apples, 14 oranges, 3 lemons'
'7 apples, 14 oranges, 3 lemons'
>>> 'Anything not pertaining to elephants is irrelephant.'
'Anything not pertaining to elephants is irrelephant.'
>>> 'O*&#wY%*&OcfsdYO*&gfC%YO*&%3yc8r2'
'O*&#wY%*&OcfsdYO*&gfC%YO*&%3yc8r2'
```

'' 문자열의 문자 개수는 0개이다. 작은따옴표 사이에는 아무것도 없기 때문이다. 이를 공백 문자열 또는 빈 문자열이라고 부른다.[1]

+ 연산자로 문자열 연결하기

문자열 두 개를 + 연산자를 통해서 새로운 문자열 한 개로 만들 수 있다. 이것을 문자열 연결Concatenation이라고 한다.[2] 'Hello,' + 'world'를 셸에 입력한다.

---

1   공백과 빈 문자열은 각각 blank와 empty에서 번역한 것이다. – 옮긴이

2   개발자들은 concat(콘캣)이라고 주로 표현한다. – 옮긴이

```
>>> 'Hello,' + 'world!'
'Hello,world!'
```

파이썬은 문자열을 연결할 때 공백 문자도 정확히 문자로 인식한다. 따라서 원하는 문자열에 공백을 넣으려면 원래의 두 문자열 중 하나에 공백이 존재해야 한다. 'hello'와 'world' 사이에 공백을 넣으려면, 다음처럼 두 번째 작은따옴표 앞인 'Hello' 문자열의 끝 부분에 공백을 넣으면 된다.

```
>>> 'Hello, ' + 'world!'
'Hello, world!'
```

+ 연산자는 정수 값 두 개를 더해서 새로운 정수 값(2 + 2를 4로)을 생성할 수 있다. 이처럼 문자열 값 두 개를 새로운 문자열 값 ('Hello,'world'에서 'Hello, world!')으로 연결할 수 있다. 파이썬은 + 값의 데이터 유형에 따라 연산자가 수행해야 할 작업을 판별한다. 2장에서 살펴본 것처럼 값의 데이터 유형을 보고 값이 어떤 종류의 데이터인지 알 수 있다.

데이터 유형이 일치하면 + 연산자를 두 개 이상의 문자열 또는 정수가 있는 표현식에서 쓸 수 있다. 문자열 한 개와 정수 한 개로 연산자를 사용하면 에러가 발생한다. 다음 코드를 대화형 셸에 입력해본다.

```
>>> 'Hello' + 42
Traceback (most recent call last):
File "<stdin>", line 1, in <module>
TypeError: must be str, not int

>>> 'Hello' + '42'
'Hello42'[3]
```

---

3   많은 파이썬 예제 코드에서 숫자 42를 사용하는데, 이것은 별표(*)의 아스키코드 혹은 더글러스 애덤스(Douglas Adams)가 쓴 SF 소설 『은하수를 여행하는 히치하이커를 위한 안내서』(책세상, 2005)에 등장하는 "궁극적인 해답의 수"에서 온 것이라고 추정하는 사람들도 있다. 이 숫자는 특정 실험의 결과를 일치시키기 위해 난수 생성 함수의 seed 값으로 자주 사용하는 숫자이기도 하다. – 옮긴이

'Hello'는 문자열이고 42는 정수이기 때문에 첫 행의 코드에서 에러가 발생했다. 그러나 두 행의 코드에서는 '42'가 문자열이므로 파이썬이 잘 연결했다.

* 연산자로 문자열 복제하기

문자열과 정수에 * 연산자를 사용해 문자열을 복제할 수 있다. 특정 문자열을 여러 번 복제(즉, 반복)할 수 있는데 횟수를 정수로 지정한다. 다음을 대화형 셸에 입력한다.

```
❶ >>> 'Hello' * 3
'HelloHelloHello'
>>> spam = 'Abcdef'
❷ >>> spam = spam * 3
>>> spam
'AbcdefAbcdefAbcdef'
```

문자열을 복제하려면 문자열을 다음에 * 연산자와 반복할 횟수를 입력한다 ❶. spam 변수를 사용했을 때처럼 문자열을 저장해두고 spam 변수를 복제할 수도 있다 ❷. 복제한 문자열을 같은 변수 또는 새 변수에 다시 저장해도 된다.

2장에서 살펴본 것처럼 * 연산자는 정수 값 두 개로 곱셈을 할 수 있다. 그러나 문자열 두 개에 이 연사자를 쓰면 다음과 같은 에러가 발생한다.

```
>>> 'Hello' * 'world!'
Traceback (most recent call last):
File "<stdin>", line 1, in <module>
TypeError: can't multiply sequence by non-int of type 'str'
```

파이썬의 연산자는 데이터 유형에 따라 다른 방식으로 동작한다는 것을 문자열 연결 및 문자열 복제를 통해서 알 수 있었다. + 연산자는 더하기 또는 문자열 연결을 수행할 수 있고 * 연산자는 곱셈 또는 문자열 복제를 수행할 수 있다.

문자열에서 인덱스로 문자 가져오기

암호화 프로그램은 문자열에서 인덱스를 통해 문자 한 개를 얻는 일이 자주 있는 편이다. 문자열 값의 끝에 대괄호 []와 숫자를 추가해(또는 문자열을 들어 있는 변수) 문자 한 개에 접근하는 방식이 인덱싱이다. 이때 대괄호 안의 숫자를 인덱스라고 하며, 문자열의 어디에 원하는 문자가 있는지 파이썬에게 알릴 수 있다. 파이썬의 인덱스는 0에서부터 시작하므로 문자열의 첫 번째 문자 인덱스는 0이다. 인덱스 1은 두 번째 문자를, 인덱스 2는 세 번째 문자를 가리킨다.

대화형 셸에 다음을 입력한다.

```
>>> spam = 'Hello'
>>> spam[0]
'H'

>>> spam[1]
'e'
>>> spam[2]
'l'
```

'H'는 문자열 'Hello'의 첫 번째 문자인데, 인덱스는 1이 아니라 0에서 시작하므로 표현식 spam[0]은 문자열 값 'H'가 된다(그림 3-1 참조).

그림 3-1 'Hello' 문자열과 인덱스

앞의 예제에서와 같이 문자열 값을 포함하는 변수와 인덱스를 다음과 같이 그 자체로 사용할 수도 있다.

```
>>> 'Zophie'[2]
'p'
```

표현식 'Zophie'[2]는 문자열의 3번째 값인 'p'를 얻는다. 'p' 문자열은 다른 문자열 값과 마찬가지로 변수에 저장할 수 있다. 대화형 셸에 다음을 입력한다.

```
>>> eggs = 'Zophie'[2]
>>> eggs
'p'
```

문자열에 비해 너무 큰 인덱스를 입력하면 파이썬은 "index out of range" 에러 메시지를 다음과 같은 모습으로 출력한다.

```
>>> 'Hello'[10]
Traceback (most recent call last):
File "<stdin>", line 1, in <module>
IndexError: string index out of range
```

'Hello' 문자열은 문자가 다섯 개인데, 인덱스 10을 사용하려고 했으므로 파이썬이 에러를 표시했다.

음의 인덱스

음의 인덱스는 문자열의 끝에서 뒤로 인덱스를 세는 방법이다. 음의 인덱스 -1은 문자열에서 마지막 문자의 인덱스이다. 인덱스 -2는 그림 3-2에 나와 있듯이 문자열의 마지막에서 두 번째 문자의 인덱스다.

대화형 셸에 다음을 입력한다.

그림 3-2 문자열 'Hello'와 음의 인덱스

```
>>> 'Hello'[-1]
'o'
```

```
>>> 'Hello'[-2]
'l'
>>> 'Hello'[-3]
'l'
>>> 'Hello'[-4]
'e'
>>> 'Hello'[-5]
'H'
>>> 'Hello'[0]
'H'
```

인덱스 -5와 0은 같은 문자를 가리킨다는 점을 주의한다. 보통은 양의 인덱스를 사용하는 코드를 작성하지만 음의 인덱스를 사용하는 것이 쉬울 때도 있다.

문자열 자르기를 이용해 문자 여러 개 얻기

문자열에서 문자를 두 개 이상 얻으려면 인덱싱 대신 자르기를 쓰면 된다. 문자열 자르기역시 대괄호 []를 사용하지만 정수 한 개가 아니라 두 개의 인덱스를 쓴다. 인덱스 두 개는 콜론(:)으로 구분하고 자를 문자열의 첫 번째와 마지막 문자의 인덱스를 파이썬에게알린다. 대화형 셸에 다음을 입력한다.

```
>>> 'Howdy'[0:3]
'How'
```

문자열 자르기로 얻는 문자열은 첫 번째 인덱스 값에서 시작해 두 번째 인덱스 값에서 끝나지만 두 번째 인덱스 값의 문자는 포함하지 않는다. 문자열 값 'Howdy'의 인덱스0은 H이고 인덱스 3은 d이다. 문자열 자르기의 인덱스 값이 증가하면서 두 번째 인덱스까지 도달하지만 두 번째 인덱스의 문자는 포함하지 않으므로 문자열 자르기 'Howdy'[0:3]은 문자열 값 'How'가 된다.

대화형 셸에 다음을 입력한다.

```
>>> 'Hello, world!'[0:5]
'Hello'
```

```
>>> 'Hello, world!'[7:13]
'world!'
>>> 'Hello, world!'[-6:-1]
'world'
>>> 'Hello, world!'[7:13][2]
'r'
```

표현식 'Hello, world!'[7:13][2]는 먼저 문자열을 'world!'[2]로 자른 다음 'r'을 얻는다.

보통 인덱스와는 달리 문자열 자르기의 인덱스를 범위보다 크게 지정해도 에러가 발생하지 않는다. 가능한 많이 일치하는 문자열 조각을 리턴한다.

```
>>> 'Hello'[0:999]
'Hello'
>>> 'Hello'[2:999]
'llo'
>>> 'Hello'[1000:2000]
''
```

표현식 'Hello'[1000:2000]은 인덱스 1000이 문자열의 끝보다도 뒤에 있기 때문에 공백 문자열을 리턴해 결과적으로 문자가 없다. 예제에서는 보여주지 않지만 변수에 저장한 문자열도 자르기를 할 수 있다.

인덱스를 생략하고 문자열 자르기

문자열 자르기에서 첫 번째 인덱스를 생략하면 파이썬은 첫 번째 인덱스에 인덱스 0을 자동으로 사용한다. 'Howdy'[0:3]과 'Howdy'[:3]은 같은 문자열을 얻는다.

```
>>> 'Howdy'[:3]
'How'
>>> 'Howdy'[0:3]
'How'
```

두 번째 인덱스를 생략하면 첫 번째 인덱스에서 시작하는 나머지 문자열을 얻도록 파이썬이 자동으로 처리한다.

```
>>> 'Howdy'[2:]
'wdy'
```

빈 인덱스는 여러 가지로 응용할 수 있다. 셸에 다음을 입력한다.

```
>>> myName = 'Zophie the Fat Cat'
>>> myName[-7:]
'Fat Cat'
>>> myName[:10]
'Zophie the'
>>> myName[7:]
'the Fat Cat'
```

예제에 나온 것처럼, 음의 인덱스와 빈 인덱스를 사용하는 것도 가능하다. 첫 번째 예제에서 -7이 시작 인덱스이므로 파이썬은 문자열의 끝에서 앞쪽으로 7번째 문자를 시작 인덱스로 사용한다. 그런 다음 두 번째 인덱스는 비어 있으므로 이후 문자열 끝까지 모든 문자를 얻는다.

print() 함수로 값 출력하기

파이썬 명령어 중 하나인 print() 함수에 대해서 알아보자. 대화형 셸에 다음을 입력한다.

```
>>> print('Hello!')
Hello!
>>> print(42)
42
```

함수(이 예제에서는 print( ))는 내부에 '화면에 값을 인쇄하기'를 수행하는 코드를 갖고 있다. 함수를 호출한다는 것은 함수 안의 코드를 실행하는 것과 같다. 파이썬은 편리한 기능을 다양하게 제공하고 있다.

이 예제에 나온 명령어는 괄호 사이의 값을 print( )에 전달하고 print( ) 함수는 값을 화면에 출력한다. 함수를 호출할 때 전달하는 값을 아규먼트^{Argument}라고 한다. 프로그램을 작성할 때 print( )로 화면에 텍스트를 출력할 수 있다.

print( )에 단일 값이 아니라 표현식을 전달할 수도 있다. print( )에 실제로 전달하는 값은 그 표현식을 평가한 값이기 때문이다. 다음 문자열 연결 표현식을 대화형 셸에 입력한다.

```
>>> spam = 'Al'
>>> print('Hello, ' + spam)
Hello, Al
```

'Hello,'+ spam 표현식은 'Hello,'+ 'Al'이므로, 'Hello, Al' 문자열 값이 된다. print( )를 호출하면 이 문자열 값이 전달된다.

이스케이프 문자 출력

파이썬에서 문자열에 바로 사용하면 에러가 발생하는 문자가 있다. 예를 들어 작은따옴표 문자를 문자열의 일부로 쓰고 싶을 때가 있다. 그러나 파이썬은 작은따옴표를 문자열이 끝으로 해서하고 그다음 문자열을 잘못된 파이썬 코드라고 해석하기 때문에 에러 메시지가 발생한다. 대화형 셸에 다음을 입력해 실제 에러를 살펴본다.

```
>>> print('Al's cat is named Zophie.')
SyntaxError: invalid syntax
```

이스케이프 문자를 쓰면 문자열에서 작은따옴표를 쓸 수 있다. 이스케이프 문자는 역슬래시 문자 다음에 다른 문자를 쓰는 방식으로 \t, \n, \' 같은 것들이 있다. 역슬래시는 역슬래시 뒤에 오는 문자가 특별한 의미가 있다는 것을 파이썬에게 알린다. 대화형 셸에 다음을 입력한다.[4]

```
>>> print('Al\'s cat is named Zophie.')
Al's cat is named Zophie.
```

이제 파이썬은 작은따옴표가 문자열의 끝을 표시하는 파이썬 코드가 아니라 문자열 값에 들어 있는 문자라는 것을 해석할 수 있다.

표 3-1은 파이썬에서 사용하는 이스케이프 문자 몇 종을 나타낸 것이다.

표 3-1 이스케이프 문자

이스케이프 문자	실제 출력
\\	역슬래시 (\)
\'	작은따옴표 (')
\"	큰따옴표 (")
\n	줄바꿈
\t	탭

역슬래시는 항상 이스케이프 문자 앞에 온다. 문자열에 역슬래시를 넣으면 다음 문자를 이스케이프 문자로 해석하기 때문에 역슬래시를 단독으로 추가할 수 없다. 그 예로 다음 코드는 정상 동작하지 않는다.

```
>>> print('It is a green\teal color.')
It is a green    eal color.
```

'teal'의 't'는 역슬래시 뒤에 있으므로 이스케이프 문자로 해석된다. 이스케이프 문자 \t는 키보드에서 탭Tab 키를 누르는 것을 시뮬레이션한다. 따라서 이렇게 입력한다.

---

4 윈도우나 기타 OS 환경에 따라 원화 기호로 표시될 수도 있다. – 옮긴이

```
>>> print('It is a green\\teal color.')
It is a green\teal color.
```

이번에는 문자열이 의도한 대로 출력된다. 문자열에 두 번째 역슬래시를 추가했으므로 역슬래시도 이스케이프 문자가 된다.

작은따옴표와 큰따옴표

파이썬에서 문자열을 항상 작은따옴표 두 개로 감쌀 필요는 없다. 큰따옴표도 사용할 수 있다. 다음 두 줄은 똑같은 내용을 출력한다.

```
>>> print('Hello, world!')
Hello, world!
>>> print("Hello, world!")
Hello, world!
```

그러나 작은따옴표와 큰따옴표를 섞어서 사용할 수는 없다. 다음 코드는 에러를 출력한다.

```
>>> print('Hello, world!")
SyntaxError: EOL while scanning string literal
```

나는 작은따옴표를 선호한다. 큰따옴표보다 입력하기 쉽기 때문이다. 파이썬은 어떤 방법이든 상관하지 않는다.

작은따옴표로 묶인 문자열 안에 작은따옴표를 넣을 때 이스케이프 문자 \'를 쓰는 것처럼 큰따옴표로 묶인 문자열에 큰따옴표를 넣고 싶다면 이스케이프 문자 \"를 써야 한다. 다음 두 줄이 그렇다.

```
>>> print('Al\'s cat is Zophie. She says, "Meow."')
Al's cat is Zophie. She says, "Meow."
```

```
>>> print("Zophie said, \"I can say things other than 'Meow' you know.\"")
Zophie said, "I can say things other than 'Meow' you know."
```

작은따옴표 문자열에서는 큰따옴표를 이스케이프할 필요가 없고 큰따옴표 문자열에서는 작은따옴표를 이스케이프할 필요가 없다. 파이썬 인터프리터는 시작한 따옴표와 다른 따옴표로 문자열이 끝나지 않는다는 것 정도는 당연히 파악한다.

IDLE 파일 편집기로 프로그램 작성하기

지금까지는 대화형 셸에 한 번에 하나씩 명령을 입력했지만, 명령어 여러 개를 입력하고 다음 명령을 기다리지 않고 바로 실행하도록 프로그램을 작성할 수도 있다. 첫 번째 프로그램을 작성할 시간이 왔다!

대화형 셸을 제공하는 소프트웨어 프로그램의 이름을 통합 개발 환경 즉, IDLE^{Integrated} Development Environment이라고 부른다. IDLE은 대화형 셸과 함께 파일 편집기도 있으며 이제 열어볼 차례다.

파이썬 셸 창 상단에서 File ❯ New Window를 선택한다. 그림 3-3의 모습처럼 새로운 창이 열리는데 이것은 프로그램을 입력할 수 있는 파일 편집기다. 파일 편집기 창 오른쪽 하단에는 현재 커서가 있는 행과 열이 표시된다.

그림 3-3 파일 편집기 창에 커서가 1행, 0열에 있다.

>>> 프롬프트를 보면 파일 편집기 창과 대화형 셸 창의 차이점을 알 수 있다. 대화형 셸은 항상 프롬프트를 표시하고, 파일 편집기는 그렇지 않다.

"Hello, World!" 프로그램 소스 코드

프로그래머가 새로운 언어를 배우는 전통이 있다. 다름 아닌 화면에 "Hello, world!" 텍스트를 출력하는 프로그램을 만드는 것이다. 이제 편집기에 새 창을 열고 텍스트를 입력해 "Hello, world!" 프로그램을 직접 만들 것이다. 이때 입력하는 텍스트를 프로그램 소스 코드라고 부른다. 파이썬이 프로그램의 동작 방식을 정확히 결정할 수 있도록 지켜야 할 명령어들을 담고 있기 때문이다.

https://www.nostarch.com/crackingcodes/에서 "Hello, world!" 소스 코드를 다운로드할 수 있다. 이 코드를 입력한 후 에러가 발생하면 온라인 diff 도구로 책에 나온 코드와 비교해본다('온라인 diff 도구로 소스 코드 확인하기' 절 참고). 행 번호는 입력하지 않는다. 행 번호는 이 책에서 설명할 때만 쓴다.

hello.py

```
1. # 이 프로그램은 hello를 출력하고 나의 이름을 질의한다.
2. print('Hello, world!')
3. print('What is your name?')
4. myName = input()
5. print('It is good to meet you, ' + myName)
```

IDLE 프로그램은 다양한 색상을 통해서 명령어 종류를 나타낸다. 이 코드를 입력하고 나면 그림 3-4와 같은 창을 볼 수 있다.

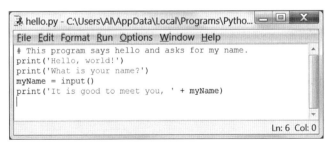

그림 3-4 코드를 입력한 후 파일 편집기 창의 모습

온라인 diff 도구로 소스 코드 확인하기

이 책의 웹사이트에서 hello.py 코드를 복사해 붙여 넣거나 다운로드할 수도 있지만 프로그램을 직접 입력하는 것을 권장한다. 프로그램 코드에 익숙해지려면 그렇게 하는 것이 좋다. 그러나 파일 편집기에 입력하면서 실수를 할 수도 있다.

이 책의 코드와 직접 입력한 코드를 비교하려면 그림 3-5의 온라인 diff 도구를 사용한다. 코드의 텍스트를 복사한 후 웹사이트(https://www.nostarch.com/crackingcodes/)에서 온라인 diff 도구로 들어간다.

드롭다운 메뉴에서 hello.py 프로그램을 선택하고 왼쪽의 텍스트 필드에 코드를 붙여 넣은 다음 Compare 버튼을 클릭한다. diff 도구는 이 책의 코드와 입력한 코드의 차이점을 보여준다. 이를 통해 프로그램에서 에러를 일으키는 오타를 쉽게 찾을 수 있다.

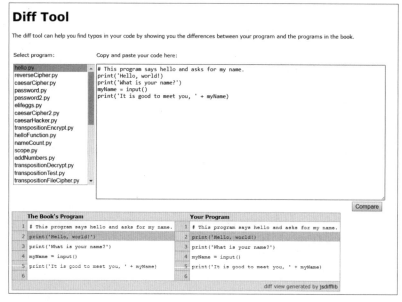

그림 3-5 온라인 diff 도구

IDLE에서 작성한 프로그램을 나중에 다시 보려면

프로그램을 작성할 때 특별히 긴 프로그램을 입력했다면 이를 저장했다가 나중에 다시 볼 수 있다. 워드프로세서가 문서를 저장했다가 다시 열어볼 수 있는 것처럼 IDLE도 프로그램 저장 및 열기 기능이 있다.

프로그램 저장하기

소스 코드를 입력한 후에는 그것을 저장해둘 수 있다. 이렇게 하면 실행할 때마다 프로그램을 다시 입력하지 않아도 된다. 파일 편집기 창의 맨 위에 있는 메뉴에서 File > Save As를 선택한다. 그림 3-6과 같이 Save As 대화 상자가 열린다. File Name 필드에 hello.py를 입력하고 Save를 클릭한다.

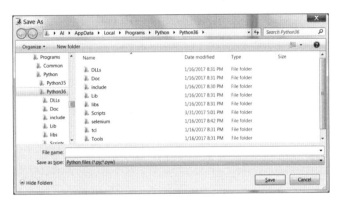

그림 3-6 프로그램 저장하기

컴퓨터가 멈췄거나 우발적으로 IDLE을 끝낼 때에도 작업을 잃지 않으려면 프로그램을 입력할 때 자주 저장해야 한다. 윈도우와 리눅스에서는 단축키로 CTRL-S를, 맥OS에서는 ⌘-S를 눌러 파일을 저장할 수 있다.

프로그램 실행하기

이제 프로그램을 실행할 때가 왔다. Run ➤ Run Module을 클릭하거나 키보드 F5 키를 누른다. 작성한 프로그램은 IDLE이 처음 시작될 때 보이는 셸 창에서 실행해야 한다. 대화형 셸의 창이 아니라 파일 편집기 창에서 F5를 눌러야 한다는 점을 주의한다.

프로그램이 이름을 요청하면 그림 3-7과 같이 입력한다.

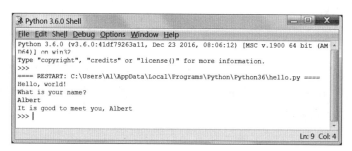

그림 3-7 "Hello, world!" 프로그램을 실행한 화면은 대화형 셸에서 실행한 화면과 비슷하다.

이제 엔터 키를 누르면 프로그램이 이 프로그램을 사용하는 사용자에게 이름을 부르며 인사할 것이다. 첫 프로그램을 작성한 것을 축하한다! 이제부터는 초급 컴퓨터 프로그래머다. F5 키를 다시 누르면 원할 때마다 프로그램을 다시 실행할 수 있다.

화면과 달리 다음과 같은 에러가 발생하면 파이썬 3가 아니라 파이썬 2로 프로그램을 실행하고 있는 것이다.

```
Hello, world!
What is your name?
Albert
Traceback (most recent call last):
File "C:/Python27/hello.py", line 4, in <module>
myName = input( )
File "<string>", line 1, in <module>
NameError: name 'Albert' is not defined
```

이 에러는 파이썬 2와 3에서 다르게 동작하는 input( ) 함수 호출 때문에 발생한다. 이 책을 따라서 파이썬 프로그래밍을 계속하려면 '파이썬 다운로드 및 설치' 절의 설명에 따라 파이썬 3를 설치한다.

저장한 프로그램 열기

맨 위쪽 구석에 있는 X를 클릭해 파일 편집기를 닫는다. 저장한 프로그램을 다시 로드하려면 메뉴에서 File ❯ Open을 선택한다. 곧 나타나는 창에서 hello.py를 선택한 후, Open 버튼을 클릭한다. 저장했던 hello.py 프로그램이 파일 편집기 창에 열릴 것이다.

"Hello, World!" 프로그램은 어떻게 동작하나

"Hello, world!" 프로그램의 각 행은 파이썬이 정확히 무엇을 해야 하는지 전달하는 명령어다. 컴퓨터 프로그램은 레시피와 꽤 비슷하다. 첫 번째 단계에서 두 번째를 거쳐 마지막 단계에 이를 때까지 계속 수행한다. 프로그램이 명령어를 단계별로 진행할 때 그것을 프로그램 이행이라고 부르거나 줄여서 그냥 이행이라고 부른다.[5]

각 명령어는 프로그램의 맨 위에서 시작해 명령어 목록을 처리하면서 차례차례 진행된다. 프로그램 이행은 코드의 첫 행에서 시작해 아래쪽으로 이동한다. 그러나 프로그램 이행은 위에서 아래로 이동하지 않고 건너뛸 수도 있다. 이 방법은 4장에서 다룬다.

이제 "Hello, world!" 프로그램이 1행에서 시작해 무엇을 하는지 한 번에 한 줄씩 살펴볼 것이다.

주석

해시 기호(#) 뒤에 나오는 텍스트는 주석이다.

---

1. **#** 이 프로그램은 hello를 출력하고 나의 이름을 질의한다.

---

5   대개 마이크로 코드에서 통칭 '익스큐션'이라고 칭하는 편이나 이 절에서는 execution을 '프로그램 이행'으로 번역했다. — 옮긴이

주석은 컴퓨터가 아니라 프로그래머를 위한 것이다. 컴퓨터는 이를 무시한다. 주석을 통해서 프로그램 동작을 상기할 수 있고, 이 코드를 보는 다른 사람들에게 코드가 무엇을 하는지 설명할 수 있다.

프로그래머는 보통 코드 상단에 넣는 주석으로 프로그램 제목을 부여한다. IDLE 프로그램은 주석을 표시할 때 눈에 띄도록 빨간색 텍스트로 표시한다. 프로그램을 테스트하면서 잠시 코드를 실행하지 않고 넘어가도록 코드 줄 앞에 #을 붙일 때도 종종 있다. 이것은 코드를 주석 처리하는 것으로서, 프로그램이 동작하지 않는 이유를 알아낼 때 유용하다. 나중에 #을 삭제하면 원래 코드 줄을 되돌릴 수 있다.

사용자에게 사용법 출력하기

다음 두 줄은 print() 함수로 사용자에게 사용법을 출력한다.

함수 하나는 프로그램 내부의 작은 프로그램이나 마찬가지다. 함수를 사용하면 함수가 무엇을 하는지 몰라도 된다는 것이 가장 큰 장점이다. 예를 들어 print()가 화면에 텍스트를 표시한다는 것은 알아야 하지만, 이를 수행하는 함수 내부의 코드는 정확히 몰라도 된다. 함수 호출이라는 것은 함수 내부의 코드를 실행하도록 프로그램에 지시하는 코드 조각이다.

hello.py의 2행은 print()(괄호 안에 인쇄할 문자열을 넣음)를 호출한다. 3행은 또 다른 print() 호출이다. 3행에서는 프로그램이 'What is your name?'을 표시한다.

```
2. print('Hello, world!')
3. print('What is your name?')
```

코드에서는 함수 이름 끝에 괄호를 추가했는데, 이것은 print가 변수가 아니라 print() 함수를 참조하고 있음을 명확하게 한 것이다.

함수 끝에 있는 괄호는 파이썬에게 함수를 사용한다는 것을 알린다. 이것은 숫자 '42'를 둘러싼 작은따옴표가 정수 42가 아니라 문자열 '42'임을 파이썬에게 알리는 것과 비슷하다.

사용자 입력 받기

4행에는 변수(myName)와 새로운 함수 호출인 input( )을 이용한 할당문이 있다.

---

4. myName = input( )

---

input( )을 호출하면, 사용자가 텍스트를 입력하고 엔터 키를 누를 때까지 프로그램이 기다린다. 사용자가 입력하는 텍스트 문자열(사용자 이름)은 myName에 문자열 값으로 저장된다.

표현식과 마찬가지로 함수 호출도 값으로 평가된다. 함수 호출로 평가되는 값을 리턴 값이라고 부른다(사실 함수 호출에 있어서 "리턴returns"과 "평가evaluates"는 같은 의미나 마찬가지다).

여기에서는 input( )의 리턴 값은 사용자가 입력한 문자열이며 즉, 이름이다. 사용자가 Albert를 입력하면 input( ) 호출은 'Albert' 문자열을 평가(리턴)한다.

print( )와는 다르게 input( ) 함수는 아규먼트가 필요하지 않으므로 괄호 사이가 비어 있다.

hello.py 코드의 마지막 줄도 print( ) 호출이다.

---

5. print('It is good to meet you, ' + myName)

5행의 print( ) 호출에서는, 더하기 연산자(+)로 'It is good to meet you' 문자열과 myName 변수에 저장한 (사용자가 프로그램에 입력한 이름) 문자열을 연결한다. 여기까지가 프로그램이 사용자 이름을 써서 환영 인사를 출력한 흐름이다.

프로그램 종료

마지막 줄을 프로그램 이행하면 프로그램이 멈춘다. 이 시점에서 프로그램을 종료하거나 탈출하면, myName에 저장한 문자열을 포함해 컴퓨터의 모든 변수를 잃는다. 프로그램을 다시 실행하고 다른 이름을 입력하면 그 이름이 출력된다.

```
Hello, world!
What is your name?
Zophie
It is good to meet you, Zophie
```

컴퓨터는 정확하게 프로그램한 것만 수행한다는 것을 기억한다. 이 프로그램에서는 이름을 질의하고 문자열을 입력한 다음 입력한 문자열로 환영 메시지를 출력한다.

한편으로 컴퓨터는 바보다. 사용자의 이름, 다른 누군가의 이름, 또는 이상한 무엇을 입력하든 프로그램이 신경 쓰지 않는다. 사용자가 어떤 것을 입력하든 컴퓨터는 그것을 같은 방식으로 다룰 것이다.

```
Hello, world!
What is your name?
poop
It is good to meet you, poop
```

요약

프로그램을 작성한다는 것은 단지 컴퓨터의 언어로 대화하는 법을 익히는 것과 같다. 2장에서 이 과정의 일부를 익혔고, 이제는 사용자의 이름을 물어보고 사용자에게 환영 메시지를 출력하는 완전한 프로그램을 만들 수 있는 파이썬 명령어들에 대해 알았다.

3장에서는 문자열을 연결하는 + 연산자를 비롯해 문자열을 조작하는 기술들을 새로 익혔다. 인덱싱과 자르기를 이용하면 특정 문자열의 부분들로 새로운 문자열을 만들 수도 있다.

이 책의 남은 프로그램들은 더 복잡하고 높은 수준이지만 모두 한 줄 한 줄씩 설명할 것이다. 명령어를 완전한 프로그램에 적용하기 전에 대화형 셸에 입력하면 그 명령어가 무엇을 하는지 확인할 수 있다.

4장은 첫 번째 암호화 프로그램인 뒤집기 암호 프로그램 작성으로 시작한다.

1. spam = 'Cats'로 할당했을 때 다음 행들은 무엇을 출력하는가?

```
spam + spam + spam
spam * 3
```

2. 다음 행들은 무엇을 출력하는가?

```
print("Dear Alice,\nHow are you?\nSincerely,\nBob")
print('Hello' + 'Hello')
```

3. spam = 'Four score and seven years is eighty seven years.'로 할당했을 때 다음 각 라인들은 무엇을 출력하는가?

```
print(spam[5])
print(spam[-3])
print(spam[0:4] + spam[5])
print(spam[-3:-1])
print(spam[:10])
print(spam[-5:])
print(spam[:])
```

4. 어떤 창에 >>> 프롬프트, 대화형 셸이나 파일 편집기가 표시되는가?

5. 다음 행은 무엇을 출력하는가?

```
#print('Hello, world!')
```

4

뒤집기 암호
THE REVERSE CIPHER

"모든 사람은 자발적인 스파이들인
이웃으로 둘러싸여 있다."
– 제인 오스틴(Jane Austen),
「노생거 사원(Northanger Abbey)」중에서

뒤집기 암호는 역순으로 인쇄하는 방법으로 메시지를 암호화한다. "Hello, world!"를 "! dlrow, olleH"로 암호화하는 식이다. 암호를 해독하거나 원본 메시지를 얻으려면 암호화한 메시지를 단순히 뒤집으면 된다. 암호화와 복호화의 과정은 같다.

그러나 이런 뒤집기 암호는 취약하므로 평문을 쉽게 알아챌 수 있다. 암호문을 단지 살펴보는 것으로 메시지가 역순이라는 것을 알 수 있다.

.syas ti tahw tuo erugif llits ylbaborp nac uoy ,detpyrcne si siht hguoht
neve ,elpmaxe roF

어쨌든 뒤집기 암호화 프로그램 코드는 쉽게 작성할 수 있으므로 첫 번째 암호화 프로그램으로 쓸 것이다.

뒤집기 암호 프로그램 소스 코드

IDLE에서 File ➤ New Window를 클릭해 새 파일 편집기 창을 생성한다. 다음 코드를 입력하고 reverseCipher.py로 저장한 다음 F5 키를 눌러 실행해본다.

reverseCipher.py

```
1. # 뒤집기 암호
2. # https://www.nostarch.com/crackingcodes/ (BSD Licensed)
3.
4. message = 'Three can keep a secret, if two of them are dead.'
5. translated = ''
6.
7. i = len(message) - 1
8. while i >= 0:
9.     translated = translated + message[i]
10.    i = i - 1
11.
12. print(translated)
```

뒤집기 암호 프로그램의 실행 예제

reverseCipher.py 프로그램을 실행하면 다음과 같은 출력을 볼 수 있다.

```
.daed era meht fo owt fi ,terces a peek nac eerhT
```

이 메시지의 암호를 해독하려면 .daed era meht foftf 메시지를 하이라이트로 만든 후 윈도우나 리눅스에서는 CTRL-C를, 맥OS에서 ⌘-C를 눌러서 그 메시지를 클립보드에 복사한다. 그런 다음 4행의 message에 저장할 문자열 값으로 윈도우나 리눅스에서는 CTRL-V를, 맥OS에서는 ⌘-V를 눌러서 붙여 넣는다. 문자열 앞뒤로 작은따옴표가 있어야 한다. 4행을 바꾸고 나면 다음과 같이 보일 것이다(바꾸면 굵게 표시됨).

```
4. message = '.daed era meht fo owt fi ,terces a peek nac eerhT'
```

이제 reverseCipher.py 프로그램을 실행하면 원본 메시지로 복호화한 출력이 나온다.

```
Three can keep a secret, if two of them are dead.
```

주석과 변수 설정하기

reverseCipher.py의 처음 두 줄은 프로그램이 무엇인지 설명하는 주석과 이 프로그램을 찾을 수 있는 웹사이트다.

```
1. # 뒤집기 암호
2. # https://www.nostarch.com/crackingcodes/ (BSD Licensed)
```

BSD 라이선스 부분은 원저작자의 저작권 정보를 건들지 않는다면 이 프로그램을 누구나 자유롭게 복사하거나 수정할 수 있음을 의미한다(여기에서는 두 번째 행에 있는 이 책의 웹사이트 https://www.nostarch.com/crackingcodes/). 나는 BSD 라이선스 정보를 파일에 담는 것을 좋아한다. 이렇게 하면 프로그램이 인터넷을 통해 복사될 때 다운로드하는 사람이 어디서 소스 원본을 찾아야 할지 언제든 알 수 있기 때문이다. 또한 이 프로그램이 오픈소스 소프트웨어이고 누구에게나 무료로 배포할 수 있다는 사실을 알 수 있다.

3행은 그냥 빈 줄이고, 파이썬은 그냥 건너뛴다. 4행에서는 message라고 명명한 변수에 암호화할 문자열을 저장한다.

```
4. message = 'Three can keep a secret, if two of them are dead.'
```

새로운 문자열을 암호화하거나 복호화할 때마다 4행의 코드에 문자열을 직접 입력한다.

5행의 translated 변수는 이 프로그램이 문자열을 뒤집어 저장하는 곳이다.

```
5. translated = ''
```

프로그램을 시작할 때, translated 변수는 빈 문자열이다. 빈 문자열은 큰따옴표가 한 개가 아니라 작은따옴표 문자 두 개임을 유의한다.

문자열 길이 알아내기

7행은 i라고 명명한 변수에 값을 저장하는 할당문이다.

```
7. i = len(message) - 1
```

이 표현식은 변수에 len(message) - 1을 평가해 저장한다.

이 표현식의 첫 번째 부분인 len(message)은 len( ) 함수를 호출하는데, len( ) 함수는 print( )처럼 문자열 아규먼트를 받아들이고 문자열이 몇 글자인지 정수 값으로 리턴한다. 여기에서는 len( )에 message 변수를 전달했으므로 len(message)는 message에 저장된 문자열 값의 문자 수를 리턴한다.

대화형 셸에서 len( ) 함수를 실험해보자. 대화형 셸에 다음을 입력한다.

```
>>> len('Hello')
5
>>> len('')
0
>>> spam = 'Al'
>>> len(spam)
2
>>> len('Hello,' + ' ' + 'world!')
13
```

len( )의 리턴 값을 통해서 'Hello' 문자열이 5 글자이고 빈 문자열의 문자가 0인 것을 알 수 있다. 변수에 문자열 'Al'을 저장하고 len( )에 전달하면 함수는 2를 리턴한다. 표현식 'Hello', '+' '+'world!'를 len( ) 함수에 전달하면 13을 리턴한다. 'Hello,' + ' ' + 'world!'가 문자열 값 'Hello, world!'로 평가되고 이 값은 13 글자이기 때문이다(공백과 느낌표도 문자로 센다.)

이제 len( ) 함수가 어떻게 동작하는지 알았으므로 reverseCipher.py 프로그램의 7행으로 돌아가보자. 7행은 len(message)에서 1을 빼서 메시지의 마지막 문자 인덱스를 찾는다. 예를 들어 'Hello'는 길이가 5 문자이므로 문자열 인덱스는 0에서 4까지가 된다. 즉, 1을 빼야 마지막 인덱스를 얻을 수 있다. 이 정수 값은 변수 i에 저장된다.

while 루프 개요

8행은 while 루프 또는 while 구문이라고 부르는 파이썬 명령어의 유형 중 하나다.

```
8. while i >= 0:
```

while 루프는 네 부분으로 구성된다(그림 4-1 참고).

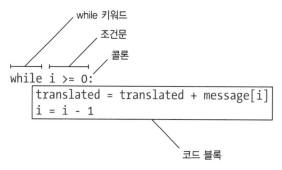

그림 4-1 while 루프의 각 부분

조건문 부분은 while 구문에서 사용하는 표현식이다. while 구문 안에 있는 코드 블록은 조건식이 참인 동안 계속 실행될 것이다.

while 루프를 이해하려면 먼저 불리언, 비교 연산자, 블록에 대해서 알아야 한다.

불리언 데이터 유형

불리언^Boolean 데이터 유형은 단지 두 개의 값만 존재한다. True 또는 False이다. 이런 불리언 값 또는 불^bool은 대소문자를 가린다(항상 대문자 T와 F로 시작해서 나머지 부분은 소문자로 작성해야 한다). 이 값들은 문자열 값이 아니므로 True, False 앞뒤로 따옴표를 넣지 않는다.

대화형 셸에 다음 코드를 입력해 bool 값을 실험해보자.

```
>>> spam = True
>>> spam
True
>>> spam = False
>>> spam
False
```

다른 데이터 유형의 값과 마찬가지로 bool 값도 변수에 저장할 수 있다.

비교 연산자

reverseCipher.py 프로그램의 8행을 보면 while 키워드 뒤에 다음과 같은 표현식이 있다.

```
8. while i >= 0:
```

while 키워드 다음에 나오는 이 표현식($i >= 0$ 부분)에는 값 두개가 있고(변수 i의 값과 정수 값 0) 이 두 값은 >= 기호로 연결돼 있는데, 이것을 "~보다 크거나 같음" 연산자라고 부른다. >= 연산자는 비교 연산자다.

비교 연산자는 값 두 개를 비교해 True나 False 불리언 값으로 평가할 때 쓴다. 표 4-1은 비교 연산자 목록이다.

표 4-1 비교 연산자

연산자 기호	연산자 이름
<	~보다 작음(미만)
>	~보다 큼(초과)
<=	~보다 작거나 같음(이하)
>=	~보다 크거나 같음(이상)
==	~와 같음
!=	~와 같지 않음

대화형 셸에 다음 표현식을 입력한 다음, 평가된 불리언 값을 살펴보자.

```
>>> 0 < 6
True
>>> 6 < 0
False
>>> 50 < 10.5
False
>>> 10.5 < 11.3
True
>>> 10 < 10
False
```

표현식 0 < 6은 불리언 값으로 True를 리턴한다. 0이 6보다 작기 때문이다. 그러나 6은 0보다 작지 않으므로 표현식 6 < 0은 False로 평가된다. 표현식 50 < 10.5는 False인데 50이 10.5보다 작지 않기 때문이다. 표현식 10 < 11.3은 True로 평가된다. 10.5가 11.3보다 작기 때문이다.

10 < 10을 다시 살펴보자. 이것은 숫자 10이 10보다 작지 않으므로 False다. 두 값은 정확히 같다(Alice와 Bob의 키가 같을 때 Alice가 Bob보다 작다고 말하지는 않듯이 이 구문은 거짓이다).

<= (~보다 작거나 같다)와 >= (~보다 크거나 같다) 연산자를 이용한 표현식 몇 개를 입력해보자.

```
>>> 10 <= 20
True
>>> 10 <= 10
True
>>> 10 >= 20
False
>>> 20 >= 20
True
```

10 <= 10은 True임을 주목한다. 이때 연산자는 10은 10보다 작거나 같은지 점검한다. "~보다 작거나 같다"와 "~보다 크거나 같다" 연산자는 < 또는 > 기호가 먼저 나오고 = 기호가 뒤에 온다는 점을 유의한다. 이제 ==(~와 같다)와 !=(~와 같지 않다) 연산자를 사용한 표현식 몇 개를 입력하고 어떻게 동작하는지 살펴보자.

```
>>> 10 == 10
True
>>> 10 == 11
False
>>> 11 == 10
False
>>> 10 != 10
False
>>> 10 != 11
True
```

이 연산자들은 정수에 대해 예상한 대로 동작한다. == 연산자로 서로 같은 정수를 비교하면 True가, 같지 않으면 False로 평가한다. != 연산자와 비교하면 반대다.

문자열 비교도 비슷하게 동작한다.

```
>>> 'Hello' == 'Hello'
True
>>> 'Hello' == 'Goodbye'
False
>>> 'Hello' == 'HELLO'
False
>>> 'Goodbye' != 'Hello'
True
```

파이썬은 대소문자를 가린다. 따라서 대소문자까지 정확히 같은 문자열이 아니면 다른 문자열이다. 예를 들어 'Hello'와 'HELLO'는 서로 다르므로 이 둘을 ==로 비교하면 False로 평가한다.

대입 연산자인 (=)와 "~와 같다" 비교 연산자인 (==)가 다르다는 것을 주의한다. "같다" 기호 한 개(=)는 변수에 값을 할당하지만 "같다" 기호 두 개(==)는 두 값이 같은지 확인하는 표현식에서 쓴다. 파이썬에게 어떤 두 개가 같은지 질의하려면 ==를 쓰고, 변수에 값을 할당하라고 전달하려면 =를 쓴다.

파이썬에서는 문자열과 정수 값을 항상 다른 값으로 간주하므로 둘은 서로 같은 경우가 없다. 다음을 대화형 셸에 입력해보면 알 수 있다.

```
>>> 42 == 'Hello'
False
>>> 42 == '42'
False
>>> 10 == 10.0
True
```

정수 42와 문자열 '42'는 비슷해 보이는 것 같지만 사실은 아니다. 문자열은 숫자와 같지 않기 때문이다. 정수와 부동소수점 숫자는 서로 같을 수 있는데 둘 다 숫자이기 때문이다.

비교 연산자를 쓸 때에는 모든 표현식이 True나 False 값으로 평가된다는 점만 잘 기억해두면 된다.

블록

블록은 들여쓰기 길이(즉, 줄 앞에 있는 공백 수)가 같은, 그룹화된 한 줄 이상의 코드다.

블록은 들여쓰기 공백 4칸으로 시작한다. 공백 4칸으로 들여쓰기돼 있다면 그다음 줄은 같은 블록의 일부다. 한 줄에 4칸의 공백을 더해 들여 쓰면(줄 앞에 총 여덟 칸) 첫 번째 블록 내부에 새로운 블록을 시작한다. 블록을 시작하기 진의 들여쓰기 간 수와 같은 들여쓰기가 있는 코드 줄을 만나면 블록이 종료된다.

상상의 코드로 살펴보자(각 행의 들여쓰기에만 초점을 맞출 것이므로 코드가 어떻든 상관없다). 여기에서는 들여쓰기한 공백을 회색 점으로 표시했으므로 쉽게 셀 수 있다.

```
1. codecodecode          # 들여쓰기 공백 0칸
2. ••••codecodecode       # 들여쓰기 공백 4칸
3. ••••codecodecode       # 들여쓰기 공백 4칸
4. ••••••••codecodecode   # 들여쓰기 공백 8칸
5. ••••codecodecode       # 들여쓰기 공백 4칸
6.
7. ••••codecodecode       # 들여쓰기 공백 4칸
8. codecodecode          # 들여쓰기 공백 0칸
```

1행에는 들여쓰기가 없다. 즉, 코드 줄 앞에 공백이 없다. 그러나 2행에는 들여쓰기 공백이 4칸 있다. 이것은 이전 줄보다 들여쓰기 공백이 많으므로 새로운 블록을 시작한 것이다. 3행에는 들여쓰기 공백이 4칸 있으므로 3행에서 시작한 블록이 계속된다.

4행에는 들여쓰기 공백이 증가(8칸)했으므로 새 블록을 시작한다. 이 블록은 앞의 블록 안에 있다. 파이썬에서는 블록 내에 블록이 존재할 수 있다.

5행에서 들여쓰기 공백이 4칸으로 감소했으므로 이전 줄의 블록은 끝났다. 4행은 그 블록의 유일한 줄이다. 5행은 2행과 3행의 블록과 들여쓰기 칸 수가 같으므로 4행의 블록에 속하지는 않고 여전히 앞의 블록의 일부다.

6행은 빈 줄이므로 건너뛴다. 이 행은 블록과 무관하다.

7행은 들여쓰기 공백이 4칸이므로 2행에서 시작한 블록이 7행까지 계속 같은 블록이다.

8행은 이전 줄보다 들여쓰기가 감소해 들여쓰기 공백이 없다. 들여쓰기가 감소했으므로 2행에서 시작된 앞의 블록이 끝난 것이다.

이 코드는 블록이 두 개다. 첫 번째 블록은 2행에서 7행까지다. 두 번째 블록은 4행 한 줄이다(앞 블록 내부에 있음).

NOTE **주의:** 블록을 항상 공백 4칸으로 구분할 필요는 없다. 공백을 다른 여러 칸으로 써도 되지만 들여쓰기 1개당 공백 4칸을 쓰는 것이 통상적인 규칙이다.

while 루프 구문

reverseCipher.py의 8행에 있는 while 구문 시작 부분 전체를 살펴보자.

```
 8. while i >= 0:
 9.     translated = translated + message[i]
10.     i = i - 1
11.
12. print(translated)
```

while 구문은 먼저 조건식을 확인한다. 8행에서는 i >= 0이다. while i >= 0:인 while 구문은 "변수 i가 0보다 크거나 같으면 다음 블록의 코드를 계속 실행하라"라는 의미로 해석할 수 있다. 조건식이 True이면 while 구문 다음의 블록으로 진입해 프로그램을 실행한다. 이 블록은 들여쓰기를 통해서 9행과 10행으로 구성돼 있다는 것을 알 수 있다.

블록의 맨 아래에 도달하면 8행의 while 구문으로 되돌아가서 조건식을 다시 확인한다. 여전히 True이면 블록 시작으로 점프해 코드를 다시 실행한다.

while문의 조건식이 False가 되면 다음 블록의 코드를 모두 건너뛰고 블록 뒤의 첫 행(12행)으로 이동한다.

증가하는 문자열

7행에서는 변수 i에 메시지 길이에서 1을 뺀 값이 들어가고, 8행에서는 while 루프의 i >= 0 조건식이 False가 될 때까지 뒤에 오는 블록 내부를 계속 실행한다.

```
 7. i = len(message) - 1
 8. while i >= 0:
 9.     translated = translated + message[i]
10.     i = i - 1
11.
12. print(translated)
```

9행은 변수 translated에 값을 저장하는 할당문이다. 현재 translated에 저장돼 있는 문자열 값과 message의 인덱스 i에 있는 문자를 연결해 translated에 저장한다. 결과적으로는 한 문자씩 증가해 문자열 전체를 암호화한 값이 translated에 저장된다.

10행도 할당문이다. i에 들어 있는 현재 정수 값을 얻어서 1을 뺀다(이것을 변수 감산이라고 부른다). 그런 다음 이 값을 i에 다시 저장한다.

다음 줄인 12행은 들여쓰기가 줄었으므로 while 구문 블록이 종료된 것이다. 그러므로 파이썬은 12행으로 이동하지 않고 8행으로 돌아가서 while 루프의 조건식을 다시 검사한다. 조건식이 True이면 블록 안의 행 (9행과 10행)을 다시 실행한다. 이것을 조건식이 False(즉, i가 0보다 작을 때)가 될 때까지 계속 반복한 후, 다음 블록 첫 번째 행(12행)으로 이동한다.

루프의 동작을 살펴보면 블록의 코드를 몇 회나 실행했는지 알 수 있다. 변수 i는 메시지의 마지막 인덱스 값으로 시작하고 변수 translated는 공백으로 시작한다. 그런 다음 루프 내에서 message[i]의 값(마지막 인덱스 값이므로 message 문자열의 마지막 문자)을 translated 문자열의 끝에 더한다.

그런 다음 i 값을 1 감소시킨다. 즉, message[i]는 끝에서 두 번째 문자가 된다. 결국 message 문자열의 뒤에서 앞으로 계속 이동하면서 message[i]가 translated의 끝에 추가된다. 이것이 바로 message 안에 저장된 문자열 값을 뒤집어서 translated에 담는 방법이다. message의 인덱스가 0에 도달하면 그다음 행에서 i에 -1이 들어가고 이게 마지막이다.

결국 while 루프의 조건식은 False가 되고 12행으로 이동한다.

```
12. print(translated)
```

12행에서는 변수 translated의 내용(즉, '.ded era meht fo owt fi, terces a peek nac eerhT')을 화면에 출력해 사용자에게 뒤집은 문자열을 보여주고 프로그램이 끝난다.

while 루프의 코드가 문자열을 뒤집는 방법을 여전히 잘 모르겠으면 굵게 표시된 새 코드를 루프 블록에 추가해본다.

```
 8. while i >= 0:
 9.     translated = translated + message[i]
10.     print('i is', i, ', message[i] is', message[i], ', translated is',
translated)
11.     i = i - 1
12.
13. print(translated)
```

10행에서는 i, message [i], translated의 값과 각 값의 이름을 출력하는데, 루프에서 10행을 통과할 때마다 (즉, 루프를 순회할 때마다) 출력한다. 이번에는 문자열을 연결하지 않고 새로운 방식을 썼다. print( ) 함수를 호출할 때 각각 분리된 값 사이에 쉼표를 쓴 것인데, 이렇게 하면 값 사이에 공백을 추가해 출력한다. 여기에서는 값 여섯 개를 분리해서 출력했다. 이제 프로그램을 실행하면 변수 translated가 루프를 순회할 때마다 증가하는 모습을 볼 수 있다.

출력된 모습은 다음과 같다.

```
i is 48 , message[i] is . , translated is .
i is 47 , message[i] is d , translated is .d
i is 46 , message[i] is a , translated is .da
i is 45 , message[i] is e , translated is .dae
i is 44 , message[i] is d , translated is .daed
i is 43 , message[i] is , translated is .daed
```

i is 42 , message[i] is e , translated is .daed e
i is 41 , message[i] is r , translated is .daed er
i is 40 , message[i] is a , translated is .daed era
i is 39 , message[i] is , translated is .daed era
i is 38 , message[i] is m , translated is .daed era m
i is 37 , message[i] is e , translated is .daed era me
i is 36 , message[i] is h , translated is .daed era meh
i is 35 , message[i] is t , translated is .daed era meht
i is 34 , message[i] is , translated is .daed era meht
i is 33 , message[i] is f , translated is .daed era meht f
i is 32 , message[i] is o , translated is .daed era meht fo
i is 31 , message[i] is , translated is .daed era meht fo
i is 30 , message[i] is o , translated is .daed era meht fo o
i is 29 , message[i] is w , translated is .daed era meht fo ow
i is 28 , message[i] is t , translated is .daed era meht fo owt
i is 27 , message[i] is , translated is .daed era meht fo owt
i is 26 , message[i] is f , translated is .daed era meht fo owt f
i is 25 , message[i] is i , translated is .daed era meht fo owt fi
i is 24 , message[i] is , translated is .daed era meht fo owt fi
i is 23 , message[i] is , , translated is .daed era meht fo owt fi ,
i is 22 , message[i] is t , translated is .daed era meht fo owt fi ,t
i is 21 , message[i] is e , translated is .daed era meht fo owt fi ,te
i is 20 , message[i] is r , translated is .daed era meht fo owt fi ,ter
i is 19 , message[i] is c , translated is .daed era meht fo owt fi ,terc
i is 18 , message[i] is e , translated is .daed era meht fo owt fi ,terce
i is 17 , message[i] is s , translated is .daed era meht fo owt fi ,terces
i is 16 , message[i] is , translated is .daed era meht fo owt fi ,terces
i is 15 , message[i] is a , translated is .daed era meht fo owt fi ,terces a
i is 14 , message[i] is , translated is .daed era meht fo owt fi ,terces a
i is 13 , message[i] is p , translated is .daed era meht fo owt fi ,terces a p
i is 12 , message[i] is e , translated is .daed era meht fo owt fi ,terces a pe
i is 11 , message[i] is e , translated is .daed era meht fo owt fi ,terces a pee
i is 10 , message[i] is k , translated is .daed era meht fo owt fi ,terces a peek
i is 9 , message[i] is , translated is .daed era meht fo owt fi ,terces a peek
i is 8 , message[i] is n , translated is .daed era meht fo owt fi ,terces a peek n
i is 7 , message[i] is a , translated is .daed era meht fo owt fi ,terces a peek na
i is 6 , message[i] is c , translated is .daed era meht fo owt fi ,terces a peek nac
i is 5 , message[i] is , translated is .daed era meht fo owt fi ,terces a peek nac
i is 4 , message[i] is e , translated is .daed era meht fo owt fi ,terces a peek nac e

```
i is 3 , message[i] is e , translated is .daed era meht fo owt fi ,terces a peek nac ee
i is 2 , message[i] is r , translated is .daed era meht fo owt fi ,terces a peek nac eer
i is 1 , message[i] is h , translated is .daed era meht fo owt fi ,terces a peek nac eerh
i is 0 , message[i] is T , translated is .daed era meht fo owt fi ,terces a peek nac eerhT
```

출력된 "i is 48 , message[i] is . , translated is ."를 보면, translated에 message[i]를 추가한 후 i, message[i], translated에 들어 있는 값을 알 수 있으며 출력을 한 다음 i를 감소시킨다.

루프를 처음으로 통과할 때 i는 48이므로 message[i] (즉, message[48])은 문자열 '.'이다. 변수 translated는 빈 문자열로 시작해 9행에서 message[i]를 추가한 다음에는 문자열 값 '.'이 된다.

다음 번 루프 순회에서는 "i is 47 , message[i] is d , translated is .d"가 출력된다. 여기에서 i가 48에서 47로 감소한 것을 알 수 있다. 이제 message[i]는 message[47]이고, 이것은 문자열 'd'이다('d'는 'dead'에서 두 번째 'd'이다). 이 'd'는 translated의 끝에 추가되고 translated의 값은 '.d'가 된다.

이제 변수 translated가 빈 문자열에서 message를 뒤집은 천천히 바뀌어 간 원리를 알 수 있을 것이다.

input() 프롬프트로 프로그램 개선하기

이 책의 모든 프로그램은 암호화, 복호화할 문자열을 소스 코드에 직접 할당문으로 입력하도록 설계했다. 이것은 프로그램을 개발할 때는 편리하지만 사용자가 소스 코드를 직접 수정할 수는 없는 노릇이다. 프로그램을 좀 더 쉽게 사용하고 공유할 수 있으려면 할당문을 수정해 input() 함수를 호출하는 방법이 있다. input()에 문자열을 전달해 사용자에게 암호화할 문자열을 입력하라는 메시지를 표시할 수도 있다. 예를 들어 reverseCipher.py의 4행을 다음과 같이 변경해본다.

```
4. message = input('Enter message: ')
```

프로그램을 실행하면 프롬프트가 화면에 뜨고 사용자가 메시지를 입력할 때까지 대기한다. 사용자가 메시지를 입력하면 변수 message에 문자열 값이 저장된다. 지금 프로그램을 실행해서 원하는 문자열을 넣으면 다음과 같은 출력을 얻을 수 있다.

```
Enter message: Hello, world!
!dlrow ,olleH
```

요약

문자열 인덱싱, 문자열 연결 등 3장에서 소개된 기법을 통해 문자열을 새로운 문자열로 조작하는 두 번째 프로그램을 이제 막 완성했다. 프로그램의 핵심은 len() 함수였다. len() 함수는 아규먼트에 문자열을 넣어서 문자열의 개수를 정수로 리턴한다.

True, False 값 두 개만 있는 불리언 데이터 유형에 대해서도 학습했다. 비교 연산자 ==, !=, <, >, <=, >=는 두 값을 비교하고 불리언 값으로 평가할 수 있다.

조건식은 비교 연산자를 통해서 불리언 데이터 유형으로 평가하는 표현식이다. 조건식은 while 루프에서 사용했으며 조건식의 결과가 False 값이 될 때까지 while문 뒤에 오는 블록을 실행한다. 블록은 내부의 블록을 포함해 들여쓰기 크기가 같은 코드 행들의 집합이다.

이제 텍스트 조작 방법을 익혔으므로 사용자가 실행하고 상호작용할 수 있는 프로그램을 만들 수 있다. 텍스트는 사용자와 컴퓨터가 서로 소통할 수 있는 주요 방법이므로 중요하다.

연습 문제의 정답은 이 책의 웹사이트 https://www.nostarch.com/crackingcodes/에서 제공한다.

1. 다음 코드는 화면에 무엇을 출력하는가?

```
print(len('Hello') + len('Hello'))
```

2. 다음 코드가 출력하는 것은?

```
i = 0
while i < 3:
    print('Hello')
    i = i + 1
```

3. 다음 코드는 어떻게 동작하나?

```
i = 0
spam = 'Hello'
while i < 5:
    spam = spam + spam[i]
    i = i + 1
print(spam)
```

4. 다음 코드는?

```
i = 0
while i < 4:
    while i < 6:
        i = i + 2
        print(i)
```

5

카이사르 암호
THE CAESAR CIPHER

"빅 브라더가 너를 감시하고 있다."
– 조지 오웰(George Orwell), 『1984』 중에서

1장에서는 암호 원반과 글자/숫자 표를 이용해 카이사르 암호를 구현했다. 5장에서는 컴퓨터 프로그램으로 카이사르 암호를 구현할 것이다.

4장에서 만든 뒤집기 암호는 항상 같은 방식으로 암호화를 수행한다. 반면 카이사르 암호는 키를 사용한다. 다른 키를 사용하면 메시지를 다르게 암호화한다. 카이사르 암호의 키는 0에서 25까지의 정수다. 암호 분석가가 카이사르 암호를 썼다는 사실을 아는 것만으로는 암호를 깰 만한 충분한 정보를 얻을 수 없다. 분석가들 역시 키를 알아야 한다.

5장에서 다루는 주제

- import 구문
- 상수
- for 루프
- if, else, elif 구문
- in, not in 연산자
- find() 문자열 함수

카이사르 암호 프로그램 소스 코드

다음 코드를 파일 편집기에 입력하고 caesarCipher.py로 저장한다. 그다음 https://www.nostarch.com/crackingcodes/에서 pyperclip.py 모듈을 다운로드해 caesarCipher.py 파일과 같은 디렉터리(같은 폴더)에 넣는다. 이 모듈은 caesarCipher.py에서 import할 것이다. 자세한 내용은 '모듈 가져오기와 변수 설정' 절에서 다룬다.

파일을 넣었으면 F5 키를 눌러 프로그램을 실행한다. 코드에 에러가 있거나 문제가 발생하면 https://www.nostarch.com/crackingcodes/의 온라인 diff 도구로 코드끼리 비교해본다.

caesarCipher.py

```
1. # 카이사르 암호화
2. # https://www.nostarch.com/crackingcodes/ (BSD Licensed)
3.
4. import pyperclip
5.
6. # 암호화/복화화할 문자열
7. message = 'This is my secret message.'
8.
9. # 암호화/복호화 키
10. key = 13
11.
12. # 암호화/복호화 모드 설정
13. mode = 'encrypt' # 'encrypt' 또는 'decrypt'를 써야함
14.
15. # 암호화 대상이 되는 모든 글자
16. SYMBOLS = 'ABCDEFGHIJKLMNOPQRSTUVWXYZabcdefghijklmnopqrstuvwxyz1234567890 !?.'
17.
18. # message를 암호화/복호화해 저장할 변수
19. translated = ''
20.
21. for symbol in message:
22. # 주의: SYMBOLS 문자열에 있는 문자만 암호화/복호화할 수 있다.
23. if symbol in SYMBOLS:
24.     symbolIndex = SYMBOLS.find(symbol)
25.
```

```
26.     # 암호화/복호화 수행
27.     if mode == 'encrypt':
28.         translatedIndex = symbolIndex + key
29.     elif mode == 'decrypt':
30.         translatedIndex = symbolIndex - key
31.
32.     # 필요하다면 한 바퀴 돌아서 처리한다.
33.     if translatedIndex >= len(SYMBOLS):
34.         translatedIndex = translatedIndex - len(SYMBOLS)
35.     elif translatedIndex < 0:
36.         translatedIndex = translatedIndex + len(SYMBOLS)
37.
38.     translated = translated + SYMBOLS[translatedIndex]
39. else:
40.     # 암호화/복호화하지 않은 문자를 더한다.
41.     translated = translated + symbol
42.
43. # translated 문자열을 출력한다.
44. print(translated)
45. pyperclip.copy(translated)
```

카이사르 암호 프로그램 예제 실행

caesarCipher.py 프로그램을 실행하면 다음과 같은 결과를 볼 수 있다.

```
guv6Jv6Jz! J6rp5r7Jzr66ntrM
```

이것은 'This is my secret message.'라는 문자열을 키 13으로 카이사르 암호화한 것
이다. 방금 실행한 카이사르 암호화 프로그램은 이렇게 암호화한 문자열을 클립보드에
자동으로 복사하므로 이메일 또는 텍스트 파일에 붙여 넣을 수 있다. 즉, 프로그램이 암
호화한 출력을 다른 사람에게 쉽게 보낼 수 있는 것이다.

프로그램을 실행할 때 다음과 같은 에러 메시지를 볼 수도 있다.

```
Traceback (most recent call last):
File "C:\caesarCipher.py", line 4, in <module>
import pyperclip
ImportError: No module named pyperclip
```

에러가 발생했다면 pyperclip.py 모듈을 정확한 폴더에 다운로드하지 않은 것이다. pyperclip.py가 caesarCipher.py가 있는 폴더에 있는데도 여전히 모듈을 사용할 수 없다면 caesarCipher.py의 (pyperclip 텍스트가 있는) 4행과 45행의 코드 앞에 #을 붙여서 주석 처리한다. 이를 통해 파이썬이 pyperclip.py 모듈에 의존하는 코드를 무시하고 프로그램을 성공적으로 실행할 수 있다. 그 코드를 주석 처리하면 프로그램 마지막에서 암호화/복호화된 텍스트를 클립보드에 복사하는 작업을 수행하지 않는다.

또한 5장 후반부에서도 프로그램에 있는 pyperclip 코드를 주석 처리해 해당 프로그램의 클립보드 복사 기능을 제거할 수 있다.

message를 복호화하려면 출력된 텍스트를 7행의 변수 message에 새 값으로 붙여넣기만 하면 된다. 그런 다음 13행의 할당문을 변경해 변수 mode에 문자열 'decrypt'를 저장한다.

```
 6. # 암호화/복호화할 문자열
 7. message = 'guv6Jv6Jz!J6rp5r7Jzr66ntrM'
 8.
 9. # 암호화/복호화 키
10. key = 13
11.
12. # 암호화/복호화 모드 설정
13. mode = 'decrypt' # 'encrypt' 또는 'decrypt'를 써야 함
```

이제 프로그램을 실행하면 다음 출력을 볼 수 있다.

```
This is my secret message.
```

모듈 가져오기와 변수 설정

파이썬은 내장함수가 다양하지만 어떤 함수는 모듈이라는 분리된 프로그램에 들어 있다. 모듈이란 확장 기능이 들어 있는 파이썬 프로그램이며 다른 프로그램에서 이를 사용할 수 있다. import 키워드 다음에 알맞은 모듈 이름을 쓰면 된다.

4행에는 import 구문이 있다.

```
1. # 카이사르 암호
2. # https://www.nostarch.com/crackingcodes/ (BSD Licensed)
3.
4. import pyperclip
```

여기에서는 pyperclip 모듈을 가져오고 프로그램 후반부에서 pyperclip.copy() 함수를 호출한다. pyperclip.copy() 함수는 문자열을 컴퓨터 클립보드에 자동으로 복사해서 다른 프로그램에 손쉽게 붙여 넣을 수 있다.

caesarCipher.py의 다음 몇 행에서는 변수 3개를 설정한다.

```
 6. # 암호화/복호화할 문자열
 7. message = 'This is my secret message.'
 8.
 9. # 암호화/복호화 키
10. key = 13
11.
12. # 암호화/복호화 모드 선택
13. mode = 'encrypt' # 'encrypt', 'decrypt' 중 하나를 설정
```

message 변수에는 암호화/복호화할 문자열을 넣고 key 변수에는 암호화 키를 정수 값으로 넣는다. mode 변수에는 message 문자열을 암호화할 때에는 'encrypt', 복호화할 때에는 'decrypt' 문자열을 넣어서 프로그램 뒤에 나오는 코드가 이를 보고 암호화/복호화를 결정한다.

상수와 변수

프로그램을 실행할 때 값을 변경하면 안 되는 변수를 상수라고 한다. 카이사르 암호 프로그램에는 카이사르 암호로 암호화할 수 있는 모든 글자가 들어 있는 문자열이 필요하다. 이 문자열은 변경돼서는 안 되기 때문에 16행의 상수 변수 SYMBOLS에 저장한다.

```
15. # 암호화 대상이 되는 모든 글자
16. SYMBOLS = 'ABCDEFGHIJKLMNOPQRSTUVWXYZabcdefghijklmnopqrstuvwxyz1234567890 !?.'
```

'심볼Symbol'은 암호학에서 통상적으로 사용하는 용어로서, 암호문을 암호화/복호화할 수 있는 단일 문자를 뜻한다. 심볼 집합은 암호문을 암호화/복호화할 때 가능한 모든 심볼을 설정한 것이다. 이 프로그램에서는 심볼 집합을 여러 번 사용하는데, 프로그램에서 출현할 때마다 전체 문자열 값을 입력할 수는 없는 노릇이므로-에러를 유발하는 오타 가능성이 있음-심볼 집합을 저장할 상수 변수를 사용한다. 문자열 값 코드를 한 번 입력하고 SYMBOLS 상수에 넣으면 된다.

SYMBOLS는 모두 대문자인데 이것이 상수의 명명 규칙이라는 점을 기억해둔다. SYMBOLS도 다른 변수처럼 값을 바꿀 수 있지만, 변수명 전체를 대문자로 해두면 이 변수의 값을 변경하는 코드를 작성하지 말라는 뜻을 담고 있는 것이다.

모든 규칙과 마찬가지로 이 규칙을 꼭 따라야 하는 것은 아니다. 그러나 이렇게 해두면 다른 프로그래머가 이런 변수를 어떤 방식으로 사용해야 할지 쉽게 알 수 있다. 자신의 코드를 나중에 볼 때도 도움이 된다.

19행에서 이 프로그램은 암호화/복호화한 message를 저장할 translation 변수에 빈 문자열을 넣는다.

```
18. # 암호화/복호화된 message를 저장할 변수를 준비한다:
19. translated = ''
```

5장의 뒤집기 암호화 때와 마찬가지로 프로그램 종료 시점에 이르면 변수 translated에 완전히 암호화된 (또는 복호화된) message가 들어간다. 물론 지금은 빈 문자열로 시작한다.

for 루프 구문

21행에서는 for 루프의 유형 중 하나를 사용했다.

---

21. for symbol in message:

---

while 루프는 특정 조건이 True인 동안 순회한다. for 루프는 약간 다른 목적으로 사용하는데, while 루프에 있는 조건문이 없다. 대신 문자열 또는 값의 그룹을 순회한다.

그림 5-1은 for 루프의 각 부분 여섯 개를 나타낸 것이다.

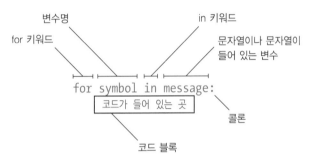

그림 5-1 for 루프 구문의 여섯 부분

루프를 순회하면서 프로그램을 실행할 때마다 (즉, 루프를 통해 반복될 때마다) for 구문의 변수(21행의 symbol)는 문자열이 들어 있는 변수(여기에서는 message)에서 다음 문자의 값을 취한다. for 구문은 할당문과 유사한데, 변수를 생성하고 할당할 때 매 순회마다 변수에 다른 값을 할당한다는 점만 다르기 때문이다.

for 루프 예제

대화형 셸에 다음 예제를 입력한다. 첫 번째 행을 입력하고 나면, 셸에서 for문 콜론 다음에 코드 블록이 와야 하므로 >>> 프롬프트가 사라진다(코드에서 ...로 나타남). 대화형 셸에서 빈 줄을 입력하면 블록이 종료된다.

```
>>> for letter in 'Howdy':
... print('The letter is ' + letter)
...
The letter is H
The letter is o
The letter is w
The letter is d
The letter is y
```

이 코드는 'Howdy' 문자열의 각 글자를 순회한다. 변수 letter는 'Howdy'의 각 글자 값
을 한 번에 하나씩 순차적으로 얻는다. 이 과정을 상세히 보기 위해서, 각 순회마다 글자
값을 출력하는 코드를 루프 안에 작성했다.

while 루프와 for 루프의 같은 점

for 루프는 while 루프와 매우 유사하지만 문자열의 글자를 반복할 때에는 for 루프를 쓰
는 것이 효율적이다. while 루프도 for 루프처럼 동작할 수 있다.

```
❶ >>> i = 0
❷ >>> while i < len('Howdy'):
❸ ... letter = 'Howdy'[i]
❹ ... print('The letter is ' + letter)
❺ ... i = i + 1
...
The letter is H
The letter is o
The letter is w
The letter is d
The letter is y
```

이런 while 루프는 for 루프와 똑같이 동작하지만 for 루프만큼 짧지는 않다. 먼저
while 구문 전에 변수 i를 0으로 설정한다❶. ❷ 구문은 변수 i가 문자열 'Howdy'의 길이
보다 작으면 True로 평가되는 조건식을 갖는다.

i가 정수이고 문자열의 현재 위치만 추적하므로 문자열의 i 위치 글자를 넣을 별도의 letter 변수를 선언해야 한다❸. 이제 letter의 현재 값을 출력하면 for 루프와 같은 출력을 얻는다. 이 코드 실행이 끝나면 다음 위치로 이동하기 위해 ❷ i를 1 증가시킨다.

caesarCipher.py의 23, 24행에는 if, elif, else, in 연산자와 not in 연산자, find( ) 문자열 메소드가 나온다. 다음절에서 이에 대해 살펴본다.

if 구문

카이사르 암호의 23행에는 새로 등장하는 파이썬 명령어인 if 구문이 있다.

```
23. if symbol in SYMBOLS:
```

if 구문은 이렇게 읽을 수 있다. "이 조건이 True면 다음 블록의 코드를 실행하라. False이면 블록을 건너뛰어라." if 구문은 키워드 if 뒤에 조건식을 넣고 콜론(:)을 사용한 형태로 구성된다. 루프와 마찬가지로 들여쓰기한 블록의 코드가 실행된다.

if 구문 예제

이제 if 구문 예제를 살펴볼 차례다. 새 파일 편집기 창을 열고 다음 코드를 입력한 다음 checkPw.py로 저장한다.

checkPw.py

```
  print('Enter your password.')
❶ typedPassword = input()
❷ if typedPassword == 'swordfish':
❸     print('Access Granted')
❹ print('Done')
```

이 프로그램을 실행하면 'Enter your password'가 출력되고 사용자는 암호를 입력할 수 있다. 사용자가 입력한 암호는 변수 typedPassword ❶에 저장된다. 이제 입력한 암호가 문자열 'swordfish' ❷와 같은지 if 구문으로 판단한다. 같다면 if문 다음에 오는 블록으로 이동해 "Access Granted" ❸를 사용자에게 표시한다. typedPassword가 'swordfish'와 같지 않으면 if 구문의 블록을 건너뛴다. 그다음에는 if 구문의 조건식과 관계없이 if 블록 다음의 코드로 진행돼 "Done" ❹을 표시한다.

else 구문

조건식을 검증해 True이면 실행할 코드 블록과 False이면 실행할 코드 블록을 다르게 가져가고 싶을 때가 종종 있다. if 구문의 블록 다음에 else 구문을 사용하면 if 구문의 조건식이 False일 때 else 구문의 코드 블록이 실행된다. else 구문은 else와 콜론(:) 키워드로 쓴다. if 구문의 조건식이 True가 아니면 실행하므로 조건식이 따로 필요하지 않다.

이 코드는 "이 조건식 True면 이 블록을 실행하고, False이면 다른 블록을 실행하라" 하고 읽을 수 있다.

checkPw.py 프로그램을 다음과 같이 수정한다(수정할 줄은 굵게 표시했다).

checkPw.py
```
print('Enter your password.')
typedPassword = input()
```
❶ `if typedPassword == 'swordfish':`
```
    print('Access Granted')
else:
```
❷ **`    print('Access Denied')`**
❸ `print('Done')`

이 버전은 이전 버전과 거의 동일하게 동작한다. if 구문의 조건식이 True이면 여전히 Access Granted 텍스트가 표시된다. 그러나 사용자가 swordfish가 아닌 다른 것을 입력하면 if 구문의 조건식이 False가 되고 else 구문의 블록으로 들어가서 Access Denied를 표시한다. if든 else든 해당 구문이 끝나면 다음 코드로 계속 진행해 Done을 표시한다 ❸.

elif 구문

또 다른 구문으로써, elif 구문이 있다. 이 구문은 if와 쌍을 이룰 수 있다.

if 구문과 마찬가지로 조건식이 있다. else문과 마찬가지로 if(또는 elif) 구문을 따라 실행하고 이전 if(또는 elif) 구문이 False이면 실행한다. if, elif, else 구문은 다음과 같이 읽을 수 있다. "이 조건이 True면 이 블록을 실행하라. 아니면 다음 조건이 True인지 확인하라. 그것도 아니면, 다음 마지막 블록을 실행하라." if 구문 다음에 elif 구문은 몇 개든 올 수 있다. checkPw.py 프로그램을 다시 수정해 다음과 같이 만든다.

checkPw.py

```
  print('Enter your password.')
  typedPassword = input()
❶ if typedPassword == 'swordfish':
❷     print('Access Granted')
❸ elif typedPassword == 'mary':
❹     print('Hint: the password is a fish.')
❺ elif typedPassword == '12345':
      print('That is a really obvious password.')
❻ else:
      print('Access Denied')
  print('Done')
```

이 코드에는 if, elif, else 구문에 블록 네 개가 있다. 사용자가 12345를 입력하면 typedPassword == 'swordfish'는 False ❶이므로 print('Access Granted')가 있는 첫 번째 블록을 건너뛴다. 그다음 typedPassword == 'mary' 조건식을 검사한다. 이 조건도 False이므로 ❸ 두 번째 블록도 건너뛴다. typedPassword == '12345' 조건식은 True ❺이므로 이 elif 구문 다음에 오는 블록의 print('That is a really obvious password.')를 실행하고 나머지 elif, else 구문은 건너뛴다. 이 블록들 중에서 하나만 실행한다는 것을 주의한다.

if 구문 다음에 elif 구문은 0개 이상 여러 개 존재할 수 있다. 그러나 else 구문은 없거나 한 개만 존재할 수 있으며, else 구문은 True인 조건식이 하나도 없는 경우에만 실행하므로 항상 마지막에 온다. 첫 번째 구문이 True이면 해당 블록을 실행하고 나머지 조건식들을 확인하지 않는다(True라도 관계없이).

in과 not in 연산자

caesarCipher.py의 23행에서는 in 연산자도 사용하고 있다.

```
23. if symbol in SYMBOLS:
```

---

in 연산자는 문자열 두 개를 연결할 수 있으며 첫 번째 문자열이 두 번째 문자열 안에 있으면 True이고, 아니면 False이다. in 연산자는 반대로 동작하는 not 연산자와 쌍을 이룰 수도 있다. 다음 코드를 대화형 셸에 입력한다.

```
>>> 'hello' in 'hello world!'
True
>>> 'hello' not in 'hello world!'
False
>>> 'ello' in 'hello world!'
True
❶ >>> 'HELLO' in 'hello world!'
False
❷ >>> '' in 'Hello'
True
```

---

in, not in 연산자는 대소문자를 구분한다는 점을 주의한다. 또한 빈 문자열은 어떤 문자열 ❷에도 in으로 간주한다.

in, not in 연산자를 사용하는 표현식은 문자열이 다른 문자열 안에 존재할 때 실행할 코드가 있을 때 if 구문의 조건식으로 사용하기 편리하다.

caesarCipher.py로 돌아와서, 23행에서는 문자열 symbol(21행의 for 루프를 통해서 message 문자열에서 얻은 문자 한 개가 들어 있음)이 문자열 SYMBOLS(본 암호 프로그램으로 암호화/복호화할 수 있는 모든 문자의 심볼 집합)에 있는지 확인한다. symbol이 SYMBOLS에 있으면 24행부터 시작하는 블록을 시작한다. 아니면 블록을 건너뛴 후 39행의 else 구문 다음에 나오는 블록으로 들어간다. 이 암호 프로그램은 symbol이 심볼 집합에 있는지 여부에 따라 서로 다른 코드를 실행해야 한다.

find() 문자열 메소드

24행은 SYMBOLS 문자열에서 symbol의 인덱스를 찾는다.

```
24. symbolIndex = SYMBOLS.find(symbol)
```

이 코드에는 메소드 호출이 있다. 메소드는 값(또는 24행처럼 값이 들어 있는 변수) 다음에 마침표로 연결돼 있다는 점을 제외하면 함수와 같다. 이 메소드의 이름은 find()이며 SYMBOLS에 저장한 문자열 값에서 호출된다.

대부분의 데이터 유형(예: 문자열)에는 메소드가 있다. find() 메소드는 문자열 아규먼트 한 개를 받아서 메소드의 문자열에 아규먼트가 나타나는 위치의 인덱스를 정수로 리턴한다. 대화형 셸에 다음을 입력한다.

```
>>> 'hello'.find('e')
1
>>> 'hello'.find('o')
4
>>> spam = 'hello'
>>> spam.find('h')
❶ 0
```

문자열이나 문자열 값이 들어 있는 변수에서 find() 메소드를 사용할 수 있다. 파이썬에서 인덱스는 0부터 시작하므로 find()가 문자열의 첫 번째 문자의 인덱스를 리턴하면 0이 나온다는 것을 주의한다.

find() 메소드가 문자열 아규먼트를 발견하지 못하면 정수로 -1을 리턴한다. 다음 코드를 대화형 셸에 입력한다.

```
>>> 'hello'.find('x')
-1
❶ >>> 'hello'.find('H')
-1
```

find( ) 메소드는 항상 대소문자를 구별한다는 점을 주의한다❶.

find( )에 아규먼트를 전달할 때 문자 한 개 이상 문자열을 넘길 수 있다. find( )는 아규먼트를 발견한 첫 번째 문자의 인덱스를 정수로 리턴한다. 다음 코드를 대화형 셸에 입력한다.

```
>>> 'hello'.find('ello')
1
>>> 'hello'.find('lo')
3
>>> 'hello hello'.find('e')
1
```

find( ) 문자열 메소드는 in 연산자의 상세 버전이라고 보면 된다. 문자열이 다른 문자열에 있는지 알 수도 있고 어디에 있는지도 알 수 있다.

symbol 암호화/복호화

지금까지 if, elif, else, in 연산자, find( ) 문자열 메소드를 학습했으며 이를 통해 카이사르 암호 프로그램의 남은 부분이 어떻게 동작하는지 더 쉽게 이해할 수 있을 것이다.

이 암호 프로그램은 심볼 집합에 있는 심볼들만 암호화/복호화할 수 있다.

```
23. if symbol in SYMBOLS:
24.     symbolIndex = SYMBOLS.find(symbol)
```

그러므로 24행 코드를 실행하기 전에 symbol이 심볼 집합에 있는지 확인해야 한다. 그 다음 symbol이 SYMBOLS의 어디에 있는지 인덱스를 찾는다. find( ) 호출이 리턴한 인덱스는 symbolIndex에 저장된다.

이제 symbolIndex에 저장한 현재 symbol의 인덱스를 얻었으므로 여기에 암호화/복호화 연산을 수행할 수 있다. 카이사르 암호는 symbol의 인덱스에 키 번호를 더하거나 빼서 symbol의 인덱스를 암호화한다. 이 값은 translatedIndex에 저장되는데, 변환된 symbol의 인덱스로서 SYMBOLS상에 존재할 것이다.

caesarCipher.py

```
26. # 암호화/복호화 수행
27. if mode == 'encrypt':
28.     translatedIndex = symbolIndex + key
29. elif mode == 'decrypt':
30.     translatedIndex = symbolIndex - key
```

변수 mode는 프로그램이 암호화/복호화 중 어떤 작업을 할 것인지 정하는 문자열을 담는다. 이 문자열이 'encrypt'이면 27행 if 구문의 조건식이 True이고 28행이 실행돼 symbolIndex에 key를 더한다(elif 구문 다음 블록은 건너뛴다). True가 아니고 mode가 'decrypt'이면 30행을 실행해 key를 뺀다.

순환 처리

1장에서 종이와 연필로 카이사르 암호를 구현할 때, 키를 더하거나 뺀 결과가 심볼 집합의 크기보다 크거나 같거나 0보다 작은 경우가 있었다. 이런 경우 심볼 집합의 길이를 더하거나 빼서 "순환"시키거나 심볼 집합의 시작 또는 끝으로 되감아야 한다. 코드 len(SYMBOLS)으로 SYMBOLS 문자열의 길이인 66을 얻은 후, 암호화 프로그램의 33~36행에서 순환을 처리한다.

```
32. # 필요한 경우 순환 처리
33. if translatedIndex >= len(SYMBOLS):
34.     translatedIndex = translatedIndex - len(SYMBOLS)
35. elif translatedIndex < 0:
36.     translatedIndex = translatedIndex + len(SYMBOLS)
```

translatedIndex가 66보다 크거나 같으면 33행의 조건식은 True이고 34행을 실행한다(35행의 elif 구문은 건너뛴다).

translatedIndex에서 SYMBOLS의 길이를 빼면 변수의 index가 SYMBOLS 문자열의 시작 부분으로 되돌아가서 가리킨다. 아니면 파이썬은 translatedIndex가 0보다 작은지 확인한다. 이 조건식이 True이면 36행을 실행하고 translatedIndex는 SYMBOLS 문자열의 끝으로 바뀐다.

len(SYMBOLS) 대신 정수 값 66을 직접 사용하지 않은 이유가 궁금할 것이다. 66 대신 len(SYMBOLS)을 사용하면 SYMBOLS에 심볼을 추가하거나 빼도 코드가 계속 잘 동작하기 때문이다.

이제 translatedIndex에서 변환된 심볼의 인덱스를 얻었으므로 SYMBOLS[translatedIndex]는 변환된 심볼이 된다. 38행은 암호화/복호화된 기호를 문자열 연결로 translated 문자열 끝에 더한다.

```
38. translated = translated + SYMBOLS[translatedIndex]
```

결과적으로 translated 문자열은 message 전체를 암호화/복호화한 문자열이 된다.

심볼 집합 바깥의 심볼 처리하기

message 문자열은 SYMBOLS 문자열에 없는 문자를 담을 수 없다. 그런 문자는 이 암호화 프로그램의 심볼 집합 바깥에 있으므로 암호화/복호화할 수 없다. 대신 39~41행의 코드에서 translated 문자열에 원래 문자 그대로 더한다.

```
39. else:
40.     # 암호화/복호화 없이 symbol을 추가한다.
41.     translated = translated + symbol
```

39행의 else 구문에는 들여쓰기 공백이 4칸 있다. 위 코드의 들여쓰기를 보면 23행의 if 구문과 짝을 이루는 것을 알 수 있다. 그 if 구문과 else 구문 사이에 있는 많은 코드는 모두 같은 코드 블록에 속한다.

23행의 if 구문이 False면 블록을 건너뛰고 41행의 else 구문의 블록으로 들어간다. 이 else 블록에는 한 줄만 있다. 이 코드는 변경하지 않은 symbol 문자열을 translated의 끝에 추가한다. 결과적으로 '%', '(' 처럼 심볼 집합에 없는 심볼은 translated 문자열에 암호화/복호화 없이 추가된다.

화면에 표시하고 translated 복사하기

43행은 들여쓰기가 없다. 이것은 21행(for 루프의 블록)에서 시작한 블록 다음에 등장하는 첫 번째 행이라는 뜻이다. 44행 이전까지 코드가 순환하면서 message 문자열의 각 글자를 암호화/복호화해 translated에 추가하는 것을 반복한다.

```
43. # translated 문자열을 출력한다.
44. print(translated)
45. pyperclip.copy(translated)
```

44행은 print( ) 함수를 호출해서 translated 문자열을 화면에 출력한다. 프로그램 전체에서 유일한 print( ) 호출이다. 컴퓨터는 메시지의 모든 글자를 암호화하고, 순환을 처리하고, 특수문자와 숫자를 처리했지만 사용자가 이를 볼 필요는 없다. 사용자는 마지막 translated 문자열만 보면 된다.

45행은 copy( )를 호출한다. copy( )는 문자열 아규먼트 한 개를 받아서 클립보드로 복사한다. copy( )는 pyperclip 모듈의 함수이므로 함수 이름 앞에 pyperclip을 명기해 파이썬에게 알려야 한다. pyperclip.copy가 아닌 copy(translated)를 입력하면 파이썬이 함수를 찾을 수 없으므로 에러 메시지를 표시한다.

pyperclip.copy( )를 호출하기 전에 import pyperclip(4행)을 넣는 것을 잊은 경우에도 파이썬이 에러 메시지를 표시한다.

여기까지가 카이사르 암호 프로그램의 전부다. 이 프로그램을 실행하면 컴퓨터가 프로그램 전체를 실행해 1초도 걸리지 않아서 문자열을 암호화하는 것을 알 수 있다. message 변수에 매우 긴 문자열을 입력해도 컴퓨터는 1~2초 내에 message를 암호화/복호화할 수 있다. 암호 원반으로 처리할 때 수분이 걸리던 것과는 비교된다. 이 프로그램은 암호화된 텍스트를 클립보드에 자동으로 복사하므로 사용자가 누군가에게 이메일을 보낼 때 쉽게 붙여 넣어 쓸 수 있다.

다른 심볼도 암호화하기

지금까지 구현한 카이사르 암호의 문제점 하나는 심볼 집합 바깥의 문자를 암호화할 수 없다는 것이다. 예를 들어 문자열 'Be sure to bring the $$$.'를 암호화하면 키 20으로 'VyQ?A!yQ.9Qv!381Q.2yQ$$$T'로 암호화된다. 암호화된 메시지는 $$$를 숨기지 못하고 그 냥 표시한다. 물론 이런 기호도 암호화하도록 프로그램을 수정할 수 있다.

SYMBOLS에 저장한 문자열을 변경해 더 많은 문자를 포함하도록 만들면 23행의 조건식 symbol in SYMBOLS가 True가 되고 23행에서 암호화를 수행해 결과적으로 암호화가 된다. symbolIndex의 값은 더 크게 변경된 SYMBOLS 상수 변수의 심볼 인덱스가 된다. "순환"에서 이 상수 변수 문자열의 문자 수를 더하거나 빼야 하는데, 코드에서 이미 66을 직접 입력 하지 않고 len(SYMBOLS)을 썼으므로 따로 처리할 필요가 없다.

이 과정을 예를 들면, 16행을 다음처럼 확장할 수 있다.

```
SYMBOLS = 'ABCDEFGHIJKLMNOPQRSTUVWXYZabcdefghijklmnopqrstuvwxyz1234567890
!?.`~@#$%^&*()_+-=[]{}|;:<>,/'
```

같은 심볼 집합으로 message를 암호화/복호화해야 한다는 점을 잊지 않는다.

요약

지금까지 몇몇 프로그래밍 개념을 학습하고 몇 장을 읽은 것뿐이지만, 이미 비밀 암호를 구현하는 프로그램을 얻었다. 그리고 더 중요한 것은 이 코드가 어떻게 동작하는지 이해 하는 것이다.

모듈은 유용한 기능을 담고 있는 파이썬 프로그램이다. 모듈에 들어 있는 함수를 쓰 려면 먼저 import 구문으로 함수를 가져와야 한다. 가져온 모듈에서 함수를 호출할 때에 는 모듈 이름과 마침표를 함수 이름 앞에 넣어야 한다(예: module.function()).

상수는 변수의 이름을 대문자로 작성하는 것이 규칙이다. 상수는 값을 변경하지 않는 다는 것을 의미한다(프로그래머가 변경하는 코드를 작성하는 데에는 아무런 제약이 없지만). 상 수는 프로그램의 특정 값에 "이름"을 부여하기 때문에 유용하다.

메소드는 특정 데이터 유형의 값에 붙어있는 함수다. find() 문자열 메소드는 호출한 문자열에서 전달된 문자열 아규먼트의 위치를 찾아 정수로 리턴한다.

어떤 줄의 코드를 실행할지, 각 코드 줄을 몇 회 실행할지 결정할 수 있는 몇 가지 방법도 학습했다. for 루프는 문자열 값의 모든 문자를 순회하며 각 반복마다 변수에 각 문자를 넣는다. if, elif, else 구문은 조건식이 True인지 False인지를 판단해 코드 블록을 실행한다.

in, not in 연산자는 어떤 문자열이 다른 문자열 안에 있는지 검사하고 그에 따라 True, False를 판단한다.

프로그래밍을 익히면 카이사르 암호를 통해 암호화/복호화하는 등의 절차를 컴퓨터가 이해할 수 있는 언어로 작성할 수 있다. 그리고 컴퓨터가 이런 절차를 어떻게 실행하는지 이해한 다음에는, 인간이 할 수 있는 것보다 훨씬 빠르고 (프로그래밍에 실수가 없는 한) 신속하게 처리할 수 있다. 이것은 믿을 수 없을 만큼 유용한 기술인 반면 프로그래밍을 할 줄 아는 사람이 카이사르 암호화를 쉽게 깨뜨릴 수 있다는 뜻이기도 하다. 6장에서는 카이사르 암호 해독기를 작성해 다른 사람들이 암호화한 암호문을 읽는 방법을 다룰 것이다. 이제 암호를 해킹하는 방법을 배울 차례다.

연습 문제

연습 문제의 정답은 이 책의 웹사이트 https://www.nostarch.com/crackingcodes/에서 제공한다.

1. caesarCipher.py를 이용해 다음 문장을 주어진 키로 암호화하라.
   a. '"You can show black is white by argument," said Filby, "but you will never convince me."', 키는 8
   b. '1234567890', 키는 21
2. caesarCipher.py를 이용해 다음 문장을 주어진 키로 복호화하라.
   a. 'Kv?uqwpfu?rncwukdng?gpqwijB', 키는 2
   b. 'XCBSw88S18A1S 2SB41SE .8zSEwAS50D5A5x81V', 키는 22
3. watermelon.py라는 이름의 모듈을 import할 때 파이썬 명령어는?

(이어짐)

4. 다음 코드는 화면에 무엇을 표시할까?

a.

```
spam = 'foo'
for i in spam:
    spam = spam + i
print(spam)
```

b.

```
if 10 < 5:
    print('Hello')
elif False:
    print('Alice')
elif 5 != 5:
    print('Bob')
else:
    print('Goodbye')
```

c.

```
print('f' not in 'foo')
```

d.

```
print('foo' in 'f')
```

e.

```
print('hello'.find('oo'))
```

6

무차별 대입법으로 카이사르 암호 해킹하기
HACKING THE CAESAR CIPHER WITH BRUTE-FORCE

> "아랍 학자들은…암호 키에 대한 지식 없이
> 메시지를 재정렬하다가 암호 해독학을 발명했다.
> – 사이먼 싱(Simon Singh),
> 『The Code Book(비밀의 언어)』 중에서

무차별 대입법brute-force 암호 해독 기법은 카이사르 암호를 해킹할 수 있
다. 무차별 대입 공격은 가능한 모든 복호 키로 암호 해독을 시도하는 것이다.
암호 분석가는 키를 추정하고 그 키로 암호문을 복호화한 다음, 출력을 확인해 비밀 메시
지가 보이지 않으면 다음 키로 이동하는 방식을 계속한다. 무차별 대입법은 카이사르 암
호에 대해 효과적이므로 비밀 정보를 암호화할 때 카이사르 암호를 사용할 수 없는 것이
현실이다.

이상적으로는, 암호문이 다른 사람에게 넘어가는 일이 없다고 생각할 수 있다. 그러나
케르크호프스Kerckhoff 원칙(19세기 암호학자 아우후스트 케르크호프스Auguste Kerckhoffs의 이름에
서 온 것)에 의하면 암호의 동작 원리를 누구나 알고 있고 대상자가 아닌 누군가가 암호
문을 갖고 있어도 그 암호가 여전히 안전해야 한다는 것이다. 이 원칙은 20세기의 수학자
클라우드 샤넌Claude Shannon의 격언, "적은 그 시스템을 알고 있다"로 다시 알려졌다. 메시지
의 비밀을 지키는 것이 암호의 핵심이며, 카이사르 암호는 이런 정보를 찾기가 매우 쉽다.

카이사르 암호 해킹 프로그램의 소스 코드

File > New File을 선택해 새 파일 편집기 창을 연다. 파일 편집기에 다음 코드를 입력하고 caesarHacker.py로 저장한다. 그리고 나서 pyperclip.py 모듈을 아직 다운로드하지 않았다면 다운로드(https://www.nostarch.com/crackingcodes/)하고 caesarCipher.py 파일과 같은 디렉터리(같은 폴더)에 넣는다. 이 모듈은 caesarCipher.py에서 import해 쓸 것이다.

파일 준비가 끝났으면 F5 키를 눌러 프로그램을 실행한다.

코드에 에러나 문제가 있으면 https://www.nostarch.com/crackingcodes/의 온라인 diff 도구로 코드를 비교해볼 수 있다.

caesarHacker.py

```
1. # 카이사르 암호 해킹
2. # https://www.nostarch.com/crackingcodes/ (BSD Licensed)
3.
4. message = 'guv6Jv6Jz!J6rp5r7Jzr66ntrM'
5. SYMBOLS = 'ABCDEFGHIJKLMNOPQRSTUVWXYZabcdefghijklmnopqrstuvwxyz1234567890 !?.'
6.
7. # 가능한 모든 키를 순회한다.
8. for key in range(len(SYMBOLS)):
```

---

1. 많은 문서에서 string interpolation을 문자열 보간이라고 번역하고 있으나, 보간은 본디 숫자와 숫자의 사잇값을 추정할 때 쓰는 표현이므로 이 책에서는 '문자열 형식 대체'로 표기했다. - 옮긴이

```
 9.        # translated에 공백 문자열을 넣어서
10.        # 이전 순회의 translated 값을 비우는 것이 중요하다.
11.        translated = ''
12.
13.        # 프로그램의 남은 부분은 카이사르 프로그램과 거의 같다.
14.
15.        # message 안에 있는 각 심볼을 순회한다.
16.        for symbol in message:
17.            if symbol in SYMBOLS:
18.                symbolIndex = SYMBOLS.find(symbol)
19.                translatedIndex = symbolIndex - key
20.
21.            # 경계선 다루기
22.            if translatedIndex < 0:
23.                translatedIndex = translatedIndex + len(SYMBOLS)
24.
25.                # 복호화된 심볼을 더한다.
26.                translated = translated + SYMBOLS[translatedIndex]
27.
28.            else:
29.                # 암호화/복호화 없이 심볼을 더한다.
30.                translated = translated + symbol
31.
32.        # 가능한 복호화를 모두 출력한다.
33.        print('Key #%s: %s' % (key, translated))
```

이 코드의 대부분은 오리지널 카이사르 암호 프로그램의 코드와 동일하다. 이것은 카이사르 암호 해킹 프로그램이 같은 과정으로 message의 암호를 복호화하기 때문이다.

카이사르 암호 해킹 프로그램의 실행 예제

카이사르 암호 해킹 프로그램을 실행하면 다음과 같은 내용을 출력한다. 가능성이 있는 66개의 키를 이용해 암호문 guv6Jv6Jz!J6rp5r7Jzr66ntrM를 복호화한다.

```
Key #0: guv6Jv6Jz!J6rp5r7Jzr66ntrM
Key #1: ftu5Iu5Iy I5qo4q6Iyq55msqL
```

```
Key #2: est4Ht4Hx0H4pn3p5Hxp44lrpK
Key #3: drs3Gs3Gw9G3om2o4Gwo33kqoJ
Key #4: cqr2Fr2Fv8F2nl1n3Fvn22jpnI
--중략--
Key #11: Vjku?ku?o1?ugetgv?oguucigB
Key #12: Uijt!jt!nz!tfdsfu!nfttbhfA
Key #13: This is my secret message.
Key #14: Sghr0hr0lx0rdbqds0ldrrZfd?
Key #15: Rfgq9gq9kw9qcapcr9kcqqYec!
--중략--
Key #61: lz1 O1 O5CO wu0w!O5w sywR
Key #62: kyz0Nz0N4BN0vt9v N4v00rxvQ
Key #63: jxy9My9M3AM9us8u0M3u99qwuP
Key #64: iwx8Lx8L2.L8tr7t9L2t88pvtO
Key #65: hvw7Kw7K1?K7sq6s8K1s77ousN
```

복호화된 출력 중 키 13에서 평문 영어를 볼 수 있으므로 원래 암호 키는 13임을 알 수 있다.

변수 설정

이 해킹 프로그램은 복호화할 암호 글자열을 저장하는 message 변수를 생성한다. SYMBOLS 상수 변수는 암호문으로 암호화 가능한 모든 글자를 담고 있다.

```
1. # 카이사르 암호 해킹
2. # https://www.nostarch.com/crackingcodes/ (BSD Licensed)
3.
4. message = 'guv6Jv6Jz!J6rp5r7Jzr66ntrM'
5. SYMBOLS = 'ABCDEFGHIJKLMNOPQRSTUVWXYZabcdefghijklmnopqrstuvwxyz12345
   67890 !?.'
```

SYMBOLS의 값은 카이사르 암호 프로그램에서 암호화를 수행할 때 사용한 SYMBOLS의 값과 같아야 한다. 그렇지 않으면 해킹 프로그램이 동작하지 않는다. 문자열 값 안에 0과 ! 사이 공백이 하나 있다는 것을 주의한다.

range() 함수를 이용한 순환문

8행은 문자열 값을 반복하는 것이 아니라 range() 함수 호출의 리턴 값을 반복하는 for 루프다.

```
7. # 가능한 모든 키를 순회한다.
8. for key in range(len(SYMBOLS)):
```

---

range() 함수는 정수 아규먼트 한 개로 범위 데이터 유형의 값을 리턴한다. 범위 값은 함수에 지정한 정수 값에 따라 for 루프를 특정 횟수 순환할 수 있다. 예를 들어 대화형 셸에 다음을 입력해본다.

```
>>> for i in range(3):
... print('Hello')
...
Hello
Hello
Hello
```

정수 3을 range()에 전달했으므로 for 루프는 3번 순환한다.

더 자세히 살펴보면, range() 함수 호출이 리턴한 범위 값은 for 루프에서 변수 i에 0에서 range()에 전달한 아규먼트 값까지(전달한 값은 포함하지 않음) 넣는다. 대화형 셸에 다음을 입력해본다.

```
>>> for i in range(6):
... print(i)
...
0
1
2
3
4
5
```

이 코드는 변수 i에 0부터 6까지의 값을 넣는다. 이 값은 caesarHacker.py의 8행과 유사하다. 8행은 key 변수를 0에서 66(66은 포함하지 않음) 값으로 설정한다. 값 66을 프로그램에 직접 코딩하지 않고 len(SYMBOLS)의 리턴 값을 사용해 SYMBOLS을 고쳐도 프로그램이 잘 동작한다.

프로그램이 루프를 처음 통과할 때 key에는 0이 들어가고 message의 암호 텍스트는 key 0으로 복호화된다(물론 0이 진짜 키가 아니면, 메시지는 단지 "복호화된" 쓸모없는 값이 된다).

9~31행의 for 루프는 원래의 카이사르 암호 프로그램과 비슷하지만 복호화를 수행한다. 8행의 루프의 다음 순환에서 key에는 1이 들어가서 복호화를 한다.

이 프로그램에서는 사용하지 않지만 range( ) 함수에 정수 아규먼트 두 개를 전달할 수도 있다. 첫 번째 아규먼트는 범위가 시작하는 값이고, 두 번째 아규먼트는 범위가 끝나는 값이다(두 번째 아규먼트 값은 포함하지 않음). 아규먼트는 쉼표로 구분한다.

```
>>> for i in range(2, 6):
... print(i)
...
2
3
4
5
```

변수 i는 2에서 6까지 취한다. 2는 포함하지만 6은 포함하지 않는다.

message 복호화

그다음 복호화 코드 몇 줄은 복호화된 텍스트를 translated 문자열의 끝에 추가한다. 11행에서 translated는 빈 문자열로 설정된다.

```
7. # 가능한 모든 키를 순회한다.
8. for key in range(len(SYMBOLS)):
9.     # translated에 공백 문자열을 넣어서
```

```
10.      # 이전 순회의 translated 값을 비우는 것이 중요하다.
11.      translated = ''
```

for 루프의 시작 부분에서 translated에 빈 문자열 넣는 것이 중요하다. 그렇게 하지 않으면 현재 키로 복호화한 텍스트를 지난 순환의 translated 값에 추가한다.

16~30행은 5장의 카이사르 암호 프로그램 코드와 거의 같지만 이 코드는 복호화만 하므로 조금 더 단출하다.

```
13.      # 프로그램의 남은 부분은 카이사르 프로그램과 거의 같다.
14.
15.      # message 안에 있는 각 심볼을 순회한다.
16.      for symbol in message:
17.       if symbol in SYMBOLS:
18.          symbolIndex = SYMBOLS.find(symbol)
```

16행에서는 message에 저장한 암호문 문자열의 모든 심볼을 순환한다. 이 루프를 순환할 때마다 17행에서 SYMBOLS 상수 변수에 symbol이 있는지 여부를 확인하고 SYMBOLS 상수 변수가 있으면 복호화를 수행한다. 18행의 find() 메소드는 SYMBOLS에서 symbol을 찾아서 그 인덱스를 변수 symbolIndex에 저장한다. 그다음 19행의 symbolIndex에서 복호화할 키를 뺀다.

```
19.      translatedIndex = symbolIndex - key
20.
21.       # 경계선 디루기
22.      if translatedIndex < 0:
23.        translatedIndex = translatedIndex + len(SYMBOLS)
```

이 뺄셈 연산에서 translatedIndex가 0보다 작을 수 있는데, 그런 경우 SYMBOLS 상수를 한 바퀴 돌아서 SYMBOLS의 문자 위치를 찾는다. 22행은 그런 경우를 검사하는 것이며 translatedIndex가 0보다 작은 경우 23행에서 66을 더한다(len(SYMBOLS)의 리턴 값).

translatedIndex가 바뀐 후, SYMBOLS[translatedIndex]로 복호화된 심볼을 가져온다. 26행은 translatedIndex 문자열에 이 심볼을 추가한다.

```
25.                  # 복호화된 심볼을 더한다.
26.                  translated = translated + SYMBOLS[translatedIndex]
27.
28.          else:
29.                  # 암호화/복호화 없이 심볼을 더한다.
30.                  translated = translated + symbol
```

SYMBOL 집합에 심볼이 없는 경우 30행에서 그 심볼을 단순히 translated 끝에 추가한다.

문자열 포맷팅을 이용해 key와 복호화된 message 출력하기

카이사르 암호 해킹 프로그램에는 print() 함수 호출이 33행에만 있지만 for 루프 8줄을 순회할 때마다 한 번 호출되므로 여러 번 실행된다.

```
32.      # 가능한 복호화를 모두 출력한다.
33.      print('Key #%s: %s' % (key, translated))
```

print() 함수의 아규먼트는 문자열 포맷팅(문자열 형식 대체string interpolation라고도 함)을 사용하는 문자열 값이다. %s 텍스트로 문자열 서식을 지정하면 그 자리에 따로 지정한 다른 문자열이 들어간다. 문자열이 첫 번째 %s에는 이 문자열 다음에 나오는 괄호 안의 첫 번째 값으로 대체된다.

대화형 셸에 다음을 입력한다.

```
>>> 'Hello %s!' % ('world')
'Hello world!'
>>> 'Hello ' + 'world' + '!'
'Hello world!'
>>> 'The %s ate the %s that ate the %s.' % ('dog', 'cat', 'rat')
'The dog ate the cat that ate the rat.'
```

이 예제에서는 먼저 'world' 문자열이 'Hello % s!' 문자열에 삽입된다. %s 뒤에 있는 문자열과 앞에 있는 문자열을 결합한 것처럼 동작한다. 문자열 여러 개를 대체할 때에는 각 문자열을 순서대로 대체한다.

문자열 포맷팅을 이용하면 + 연산자를 사용하는 문자열 연결, 특히 큰 문자열에서 더 쉽게 코드를 입력할 수 있다. 그리고 문자열 연결과는 달리 문자열이 아닌 정수 값 등을 문자열에 넣을 수 있다. 대화형 셸에 다음을 입력한다.

```
>>> '%s had %s pies.' % ('Alice', 42)
'Alice had 42 pies.'
>>> 'Alice' + 'had' + 42 + 'pies.'
Traceback (most recent call last):
File "<stdin>", line 1, in <module>
TypeError: Can't convert 'int' object to str implicitly
```

문자열 형식 대체를 이용하면 정수 42가 문제없이 문자열에 들어가지만 문자열 연결로 정수를 넣으면 에러가 발생한다.

caesarHacker.py의 33행은 문자열 포맷팅을 사용해 변수 key와 변수 translated 값이 들어 있는 문자열을 만든다. key는 정수 값을 저장하므로 print()에 문자열 값을 전달할 때 문자열 포맷팅을 사용한다.

요약

가이사르 암호의 최대 취약점은 암호화할 때 쓸 수 있는 키가 많지 않다는 것이다. 66개의 가능한 모든 키로 복호화를 하는 것은 아무 컴퓨터로나 할 수 있으며 암호 분석가는 복호화된 메시지를 보고 영어로 된 것이 있는지 몇 초만 소모하면 된다. 메시지의 보안 수준을 더 높이려면 잠재적으로 더 많은 키가 있어야 한다. 7장에서 논의할 전치 암호를 통해 보안성을 높일 수 있다.

연습 문제

연습 문제의 정답은 이 책의 웹사이트 https://www.nostarch.com/crackingcodes/에서 제공한다.

1. 다음 암호문을 각 줄마다 다른 키로 한 줄씩 복호화하라. 따옴표를 이스케이프하는 것을 잊지 말 것.

```
qeFIP?eGSeECNNS,
5coOMXXcoPSZIWoQI,
avnl1olyD4l'ylDohww6DhzDjhuDil,

z.GM?.cEQc. 70c.7KcKMKHA9AGFK,
?MFYp2pPJJUpZSIJWpRdpMFY,
ZqH8sl5HtqHTH4s3lyvH5zH5spH4t pHzqHlH3l5K

Zfbi,!tif!xpvme!qspcbcmz!fbu!nfA
```

7

전치 암호
ENCRYPTING WITH THE TRANSPOSITION CIPHER

"숨길 것이 없어서 사생활 보호권을 걱정할 필요가 없다고
주장하는 것은 말할 필요가 없어서 언론 자유에 관심이 없다고
말하는 것이나 마찬가지다."
– 에드워드 스노든(Edward Snowden), 2015년

카이사르 암호는 안전하지 않다. 컴퓨터로 66개의 가능한 모든 키를 무차별 대입법으로 공격하는 것은 어려운 일이 아니다. 반면 전치 암호는 가능한 키의 수가 메시지의 길이에 좌우되므로 무차별 대입법으로 깨기가 더 어렵다.

레일 펜스rail fence 암호, 경로route 암호, 가로장 암호, 경로 암호, 미즈코우스키Myszkowski 전치 암호, 분할된 전치 암호 등, 여러 유형의 전치 암호가 있다. 7장에서는 간단한 전치 암호 중 하나인 열 방향columnar 전치 암호를 다룬다.

전치 암호의 동작 원리

전치 암호는 문자를 다른 문자로 바꾸지 않고 메시지 심볼을 재정렬해 원래 메시지를 읽을 수 없게 만드는 기법이다. 각 키는 문자의 순서를 바꾸거나 뒤섞기 때문에 암호 분석가는 암호문을 원래 메시지로 다시 배열하는 방법을 알 수 없다.

전치 암호로 암호화하는 과정은 다음과 같다.

1. 메시지와 키의 문자 수를 센다.
2. 키와 같은 개수의 상자를 한 줄에 그린다(예: 키가 8개면 상자 8개).
3. 왼쪽에서 오른쪽으로 상자를 채우고 상자 한 개에 글자 한 개를 넣는다.
4. 문자가 상자 끝에 이르면 상자의 줄을 한 줄 더 그린다.
5. 마지막 문자까지 오면 마지막 행에 있는 사용하지 않은 상자는 칠해둔다.
6. 왼쪽 상단부터 시작해 각 열을 내려가면서 문자를 쓴다. 열의 가장 아래에 이르면 오른쪽의 다음 열로 이동한다. 지운 상자는 건너뛴다. 이것이 암호문이 된다.

이 과정이 실제로 어떻게 동작하는지 알기 위해 손으로 직접 메시지를 암호화한 다음 프로그램으로 바꿔볼 것이다.

손으로 메시지 암호화해보기

코드를 작성하기 전에 종이와 연필로 "Common sense is not so common."이라는 메시지를 암호화해보자. 공백과 마침표를 포함해 이 메시지의 길이는 30자다. 이 예제에서는 숫자 8을 키로 사용한다. 이 암호 방식에서 키 범위는 2에서 메시지 크기의 절반인 15까지 가능하다. 메시지가 길수록 더 많은 키를 쓸 수 있다. 열 방향 전치 암호로 책 전체를 암호화한다면 수천 개의 키를 쓸 수 있다.

첫 번째로 그림 7-1과 같이 키 번호와 일치하도록 8개의 상자를 연속으로 그린다.

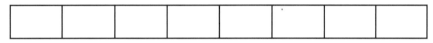

그림 7-1 첫 번째 행의 상자 수는 키 번호와 일치해야 한다.

두 번째 단계는 그림 7-2와 같이 암호화할 메시지를 상자에 쓰기 시작해서 각 상자에 문자 한 개를 넣는 것이다.

공백도 문자임을 주의한다(여기에서는 ■로 표시).

C	o	m	m	o	n	■	s

그림 7-2 공백을 포함해 상자당 문자 한 개를 넣는다.

상자는 8개뿐이지만 메시지는 30자다.

상자가 부족하므로 첫 번째 줄 아래에 8개의 상자로 한 줄을 또 그린다. 그림 7-3처럼 전체 메시지를 쓸 때까지 새 줄을 계속 그린다.

1차	2차	3차	4차	5차	6차	7차	8차
C	o	m	m	o	n	■	s
e	n	s	e	■	i	s	■
n	o	t	■	s	o	■	c
o	m	m	o	n	.		

그림 7-3 전체 메시지를 다 채울 때까지 행 추가하기

마지막 줄의 두 상자는 무시하고 이를 기억해두기 위해 칠해 놓는다. 암호문은 상단 왼쪽 상자부터 글자를 읽어서 구성한다. C, e, n, o는 도표에 표시된 바와 같이 첫 번째 열에 있다. 열의 마지막 행까지 오면 오른쪽 다음 열의 가장 높은 행으로 이동한다. 다음 문자는 o, n, o, m이다. 칠이 돼 있는 상자는 무시한다.

암호문은 "Cenoonommstmme oo snnio. s s c"가 되고, 이 암호문을 보는 누구도 원본 메시지를 알아낼 수 없을 만큼 잘 뒤섞여 있다.

암호화 프로그램 만들기

암호화 프로그램을 작성하려면 앞에서 종이와 연필로 수행한 일을 파이썬 코드로 변환해야 한다. 문자열 'Common sense is not so common.'을 키 8로 암호화하는 방법을 다시 살펴보자. 파이썬에서 문자열 안에 있는 문자의 위치는 번호가 부여된 인덱스이므로 그림 7-4와 같이 원래 암호화 도표의 상자에 문자열의 각 문자 인덱스를 추가한다(인덱스는 1이 아니라 0으로 시작한다는 점을 주의한다).

1차	2차	3차	4차	5차	6차	7차	8차
C 0	o 1	m 2	m 3	o 4	n 5	■ 6	s 7
e 8	n 9	s 10	e 11	■ 12	i 13	s 14	■ 15
n 16	o 17	t 18	■ 19	s 20	o 21	■ 22	c 23
o 24	m 25	m 26	o 27	n 28	. 29		

그림 7-4 0으로 시작하는 각 상자에 인덱스 번호 추가

그림의 박스들을 보면 첫 번째 열에 인덱스 0, 8, 16, 24('C', 'e', 'n', 'o'인 문자)가 있다는 것을 알 수 있다. 다음 열은 인덱스 1, 9, 17, 25('o', 'n', 'o', 'm')의 문자가 있다. 등장한 패턴을 살펴보면, n 번째 열은 인덱스 0 + (n - 1), 8 + (n - 1), 16 + (n - 1), 24 + (n - 1)의 문자열에 있는 문자가 있음을 알 수 있다(그림 7-5 참조).

1차	2차	3차	4차	5차	6차	7차	8차
C 0+0=0	o 1+0=1	m 2+0=2	m 3+0=3	o 4+0=4	n 5+0=5	■ 6+0=6	s 7+0=7
e 0+8=8	n 1+8=9	s 2+8=10	e 3+8=11	■ 4+8=12	i 5+8=13	s 6+8=14	■ 7+8=15
n 0+16=16	o 1+16=17	t 2+16=18	■ 3+16=19	s 4+16=20	o 5+16=21	■ 6+16=22	c 7+16=23
o 0+24=24	m 1+24=25	m 2+24=26	o 3+24=27	n 4+24=28	. 5+24=29		

그림 7-5 각 번호의 인덱스는 예측 가능한 패턴을 따르고 있다.

7번째 열과 8번째 열의 마지막 행에는 예외가 있다. 24 + (7 - 1)과 24 + (8 - 1)은 문자열에서 가장 큰 인덱스인 29보다 크기 때문이다. 이 경우 n에 0, 8, 16을 추가하면 간단히 해결된다(24는 건너뛴다).

0, 8, 16, 24의 숫자는 어디가 특별한 것인가? 이 숫자는 0에서 시작해 키를 추가할 때의 숫자이다 (이 예제에서 8). 따라서 0 + 8은 8, 8 + 8은 16, 16 + 8은 24이다. 24 + 8의 결과는 32이지만 메시지의 길이보다 크기 때문에 24에서 멈춘다.

n번째 열의 문자열이라면 인덱스 (n - 1)에서 시작해 다음 인덱스를 얻기 위해 8(키)을 계속 더한다. 인덱스가 30보다 작으면(메시지 길이) 8을 계속 더하고 그 지점에서 다음 열로 이동한다.

각각의 열이 문자열이라면, 결과는 'Ceno', 'onom', 'mstm', 'me o', 'o sn', 'nio', 's', 's c'의 8개짜리 문자열 리스트가 될 것이다. 문자열을 순서대로 연결하면 결과는 암호문 'Cenoonommstmme oo snnio. s s c'가 된다. 7장 뒷부분에 있는 리스트라는 개념으로 이 작업을 정확하게 수행할 수 있다.

전치 암호 프로그램 소스 코드

pyperclip.py 모듈을 transpositionEncrypt.py와 같은 디렉터리에 넣어두는 것을 잊지 않는다. F5 키를 눌러서 프로그램을 실행한다.

transposition Encrypt.py

```
1. # 전치 암호
2. # https://www.nostarch.com/crackingcodes/ (BSD Licensed)
3.
4. import pyperclip
5.
6. def main():
7.     myMessage = 'Common sense is not so common.'
8.     myKey = 8
9.
10.    ciphertext = encryptMessage(myKey, myMessage)
11.
12.    # ciphertext에 들어 있는 암호화된 문자열을
13.    # "파이프" 문자 |와 함께 출력하는데,
14.    # 암호화된 문자열의 끝에 공백이 있는 경우 이를 식별할 수 있다.
15.    print(ciphertext + '|')
16.
17.    # ciphertext에 들어 있는 암호화된 문자열을 클립보드에 복사한다.
18.    pyperclip.copy(ciphertext)
19.
20.
21. def encryptMessage(key, message):
22.     # ciphertext의 각 문자열은 격자상 하나의 열에서 온 것이다.
23.     ciphertext = [''] * key
24.
25.     # ciphertext의 각 열(column)을 순회한다.
26.     for column in range(key):
27.         currentIndex = column
28.
29.         #currentIndex가 message 길이를 넘을 때까지 순회를 계속한다.
30.         while currentIndex < len(message):
31.             # ciphertext 리스트 중 현재 column의 문자열 끝에
32.             # message의 currentIndex의 문자를 넣는다.
33.             ciphertext[column] += message[currentIndex]
```

```
34.
35.              # currentIndex를 이동한다.
36.              currentIndex += key
37.
38.      # ciphertext 리스트를 문자열 한 개로 변환하고 그것을 리턴한다.
39.      return ''.join(ciphertext)
40.
41.
42. # transpositionEncrypt.py를 실행하면 (모듈로 import한 것이 아니면) main() 함수가 실행된다.
43.
44. if __name__ == '__main__':
45.     main()
```

전치 암호 프로그램 예제 실행

transpositionEncrypt.py 프로그램을 실행하면 다음 결과가 출력된다.

```
Cenoonommstmme oo snnio. s s c |
```

수직 파이프 문자(|)가 있어서 끝에 공백이 있는 경우에도 암호문의 끝을 알 수 있다. 이 암호문(끝의 파이프 문자 제외)도 클립보드에 복사되므로 이메일에 붙여 넣을 수 있다. 다른 메시지를 암호화하거나 다른 키를 쓰려면 7, 8행의 myMessage, myKey 변수에 할당된 값을 바꾼다. 그런 다음 프로그램을 다시 실행한다.

def문으로 자신만의 함수 만들기

pyperclip 모듈을 import한 다음 6행에서는 def 구문으로 사용자 정의 함수 main()을 만들었다.

```
1. # 전치 암호
2. # https://www.nostarch.com/crackingcodes/ (BSD Licensed)
3.
```

```
4. import pyperclip
5.
6. def main():
```

def 구문은 프로그램에서 나중에 호출할 수 있는 새로운 함수를 만들거나 정의한다는 것을 의미한다. def 구문 다음의 코드 블록은 함수를 호출할 때 실행하는 코드다. 이 함수를 호출하면 함수의 def 구문 다음에 나오는 코드 블록 내부를 실행한다.

3장에서 다룬 바와 같이, 함수는 아규먼트를 받아서 그것을 코드에서 사용한다. 예를 들어 print()는 괄호 사이의 문자열 값을 아규먼트로 취할 수 있다.

아규먼트를 취하는 함수를 정의하려면 def 구문에서 괄호 사이에 변수 이름을 넣는다. 이러한 변수를 파라미터라고 한다. 여기에 정의한 main() 함수는 파라미터가 없으므로 호출할 때 아규먼트를 사용하지 않는다. 함수가 가진 파라미터의 수보다 많거나 적은 아규먼트를 지정해 함수를 호출하면 파이썬이 에러 메시지를 출력한다.

파라미터로 아규먼트를 취하는 함수 정의하기

파라미터가 있는 함수를 만들고 아규먼트로 호출해보자. 새 파일 편집기 창을 열고 다음 코드를 입력한다.

hello Function.py

```
❶ def hello(name):
❷  print('Hello,' + name)
❸ print('Start.')
❹ hello('Alice')
❺ print('Call the function again:')
❻ hello('Bob')
❼ print('Done.')
```

helloFunction.py를 저장하고 F5를 눌러서 실행하면 다음과 같은 출력이 나온다.

```
Start.
Hello, Alice
```

```
Call the function again:
Hello, Bob
Done.
```

helloFunction.py 프로그램을 실행하면 맨 위에서부터 실행한다.

def 구문 ❶은 name 파라미터 한 개로 hello() 함수를 정의한다. 함수를 호출할 때만 블록을 실행하므로 파이썬은 def 구문이 있는 코드 블록을 건너뛴다❷. 다음으로 print('Start.') ❸를 실행한다. 이것이 바로 프로그램을 실행했을 때 처음으로 출력되는 문자열이 'Start.'인 이유다.

print('Start.') 뒤의 그다음 줄은 첫 번째 hello() 함수 호출이다. 프로그램은 hello() 함수 블록의 첫 번째 행 ❷으로 이동한다. 'Alice' 문자열이 아규먼트로 전달되고 파라미터 name에 할당된다. 이 함수 호출은 문자열 'Hello, Alice'를 화면에 출력한다.

프로그램이 def 구문 블록의 맨 끝에 이르면 함수를 호출했던 행으로 이동하고 그 곳에서 코드를 계속 실행하기 때문에 'Call the function again:'이 출력된다❺.

그다음은 두 번째 hello() 호출이다. 프로그램은 hello () 함수 정의부 ❶로 돌아가서 코드를 다시 실행하고 'Hello, Bob'을 화면에 출력한다. 그런 다음 함수가 리턴되고 프로그램은 그다음 줄 print('Done.') ❼로 이동해 실행한다. 여기가 프로그램의 마지막 줄이므로 프로그램이 종료된다.

함수 내에서만 존재하는 파라미터 변경

대화형 셸에 다음 코드를 입력한다. 이 코드는 func() 함수를 정의한다음 호출한다. 대화형 셸에서 def 구문 블록을 닫으려면 param = 42 다음에 빈 행을 입력해야 한다.

```
>>> def func(param):
param = 42
>>> spam = 'Hello'
>>> func(spam)
>>> print(spam)
Hello
```

func( ) 함수는 파라미터 param을 취해서 그 값을 42로 설정한다. 함수 외부의 코드는 spam 변수를 생성해 문자열 값으로 설정한 다음 func( ) 함수에 spam을 전달해 호출하고 spam을 인쇄한다.

이 프로그램을 실행하면 마지막 행의 print( )는 42가 아니라 'Hello'를 출력한다. func( )를 호출할 때 아규먼트로 spam을 전달하면 spam의 값만 복사돼 param에 할당된다. spam 변수의 값은 바뀌지 않는다(이 규칙은 리스트나 딕셔너리 값을 전달할 때 예외가 있다. '리스트 변수를 사용한 참조' 절에서 설명한다).

함수를 호출할 때마다 지역 영역이 생성된다. 함수 호출 중에 작성한 변수는 이 지역 영역에 존재하며 지역변수라고 부른다.

파라미터는 항상 지역 영역에 있다(함수를 호출할 때 생성하고 값이 할당된다). 이 영역은 내부에 존재하는 변수 컨테이너라고 생각하면 된다. 함수가 리턴되면 지역 영역이 파괴되고 이 영역에 포함된 지역변수는 잊는다.

모든 함수 외부에서 생성한 변수는 전역 영역에 존재하며 전역변수라고 부른다. 프로그램이 종료되면 전역 영역이 지워지고 프로그램의 모든 변수가 삭제된다(5장과 6장의 뒤집기 암호와 카이사르 암호 프로그램은 전역이었다).

변수는 지역 또는 전역이어야 한다. 둘 다 될 수는 없다. 변수 두 개가 달라도 서로 다른 영역에 있다면 같은 이름을 쓸 수 있다. 샌프란시스코의 메인 스트리트Main Street와 버밍엄의 메인 스트리트Main Street가 서로 다른 거리인 것처럼 여전히 변수 두 개로 취급한다.

함수 호출에 "전달한" 아규먼트 값은 파라미터에 복사된다는 것이 중요하다. 따라서 파라미터가 바뀌어도 아규먼트 값을 제공한 변수는 바뀌지 않는다.

main() 함수 정의하기

transpositionEncrypt.py의 6~8행에서 main( ) 함수를 정의했다. 이 함수를 호출하면 변수 myMessage, myKey의 값을 설정한다.

```
6. def main( ):
7.     myMessage = 'Common sense is not so common.'
8.     myKey = 8
```

이 책의 뒤에 나올 프로그램에는 각 프로그램의 시작 부분에 main( ) 함수가 있고 프로그램을 시작하면 main( ) 함수를 호출한다. main( ) 함수가 있는 이유는 7장의 마지막 부분에서 설명할 것이다. 지금은 이 책의 프로그램들을 실행하면 가장 먼저 main( )을 호출한다는 것만 알고 넘어가자.

7행과 8행은 main( ) 함수 코드 블록의 처음 두 줄이다. 여기에서 변수 myMessage, myKey는 암호화할 평문과 암호화를 수행할 때 사용할 키를 저장한다. 9행은 빈 줄이지만 여전히 블록의 일부이며 7행과 8행을 10행과 분리해 코드를 읽기 더 쉽다. 10행은 아규먼트 두 개를 취하는 함수를 호출하고 변수 ciphertext에 암호화된 메시지를 할당한다.

```
10.    ciphertext = encryptMessage(myKey, myMessage)
```

실제 암호화를 수행하는 코드는 뒤쪽의 21행에 정의한 encryptMessage( ) 함수에 있다. 이 함수는 아규먼트 두 개, 즉 키의 정수 값과 암호화할 메시지의 문자열 값을 사용한다. 여기에서는 7, 8행에서 정의한 변수 myMessage와 myKey를 전달한다. 아규먼트를 여러 개 넣고 함수를 호출할 때에는 아규먼트를 쉼표로 구분한다.

encryptMessage( )의 리턴 값은 암호화된 암호문의 문자열 값이다. 이 문자열은 ciphertext에 저장된다.

15행에서 화면에 암호문 메시지를 인쇄하고 18행에서 클립보드에 복사한다.

```
12.    # ciphertext에 들어 있는 암호화된 문자열을
13.    # "파이프" 문자 |와 함께 출력하는데,
14.    # 암호화된 문자열이 끝에 공백이 있는 경우 이를 식별할 수 있다.
15.    print(ciphertext + '|')
16.
17.    # ciphertext에 들어 있는 암호화된 문자열을 클립보드에 복사한다.
18.    pyperclip.copy(ciphertext)
```

이 프로그램은 메시지 끝 부분에 파이프 문자(|)를 인쇄하므로 사용자는 암호문의 끝에 공백 문자가 있어도 이를 확인할 수 있다.

18행은 main( ) 함수의 마지막 줄이다. 함수 실행이 끝나면 프로그램은 함수를 호출한 다음 행으로 돌아간다.

아규먼트로 키와 메시지 전달하기

21행에서 괄호 사이의 key와 message는 파라미터다.

```
21. def encryptMessage(key, message):
```

10행에서 encryptMessage( ) 함수를 호출하면 아규먼트 값 두 개를 전달한다(myKey, myMessage의 값). 이 값은 함수의 시작 부분을 실행할 때 파라미터 key와 message에 할당된다. main( ) 함수에 myKey, myMessage 변수가 이미 있으므로 key와 message가 또 있는 이유가 궁금할 것이다. myKey, myMessage는 main( ) 함수의 지역 영역에 있고 main( ) 외부에서 사용할 수는 없으므로 다른 변수가 필요한 것이다.

리스트 데이터 유형

transpositionEncrypt.py 프로그램의 23행은 리스트^{list} 데이터 유형을 사용한다.

```
22.     # ciphertext의 각 문자열은 격자상 하나의 열에서 온 것이다.
23.     ciphertext = [''] * key
```

더 들어가기 전에 리스트의 동작 방식과 이것으로 할 수 있는 일에 대해 짚고 넘어가자. 리스트 값에는 다른 값들을 넣을 수 있다. 문자열이 따옴표로 시작해 끝나는 것처럼 리스트 값은 열린 대괄호 [로 시작해 닫힌 대괄호]로 끝난다. 리스트 안에 저장된 값은 대괄호 사이에 있다. 둘 이상의 값이 리스트에 있으면 쉼표로 값을 구분한다.

리스트의 동작 방식을 보기 위해 대화형 셸에 다음을 입력해본다.

```
>>> animals = ['aardvark', 'anteater', 'antelope', 'albert']
>>> animals
['aardvark', 'anteater', 'antelope', 'albert']
```

변수 animals는 리스트 값을 저장하며 이 리스트의 값은 문자열 값 4개이다. 리스트 내의 개별 값을 아이템item 또는 요소element라고도 한다. 리스트는 변수 한 개에 값을 여러 개 저장할 때 사용하는 것이 이상적이다.

문자열로 할 수 있는 일은 리스트에서도 대부분 동작한다. 예를 들어 인덱싱과 슬라이싱은 문자열 값에서 했던 같은 방법으로 리스트 값에서도 동작한다. 문자열의 개별 문자 대신 인덱스는 리스트의 개별 요소를 참조한다. 대화형 셸에 다음을 입력한다.

```
>>> animals = ['aardvark', 'anteater', 'albert']
❶ >>> animals[0]
'aardvark'
>>> animals[1]
'anteater'

>>> animals[2]
'albert'
❷ >>> animals[1:3]
['anteater', 'albert']
```

첫 번째 인덱스는 1 ❶이 아니라 0이다. 문자열 분할을 할 때 원본 문자열의 일부를 가져와 새 문자열로 추출한 방법과 마찬가지로 리스트에서도 분할 방식을 통해 원래 리스트의 일부만 가져올 수 있다. 리스트 분할을 할 때 두 번째 인덱스가 있다면 두 번째 인덱스 ❷의 요소까지만 분할하는데 그 인덱스 번호의 요소는 포함하지 않는다.

for 루프로 문자열의 문자를 순회할 수 있는 것처럼 리스트의 값을 순회할 수도 있다. for 루프의 변수에 저장되는 값은 리스트의 여러 값 중 하나의 값이다. 대화형 셸에 다음을 입력한다.

```
>>> for spam in ['aardvark', 'anteater', 'albert']:
... print('For dinner we are cooking ' + spam)
...
For dinner we are cooking aardvark
For dinner we are cooking anteater
For dinner we are cooking albert
```

루프를 순회할 때마다 리스트의 인덱스 0부터 리스트의 끝까지 새 값이 할당된다.

리스트의 요소 재할당

리스트의 인덱스와 통상적인 할당문으로 리스트 안의 요소를 수정할 수 있다.

대화형 셸에 다음을 입력한다.

```
>>> animals = ['aardvark', 'anteater', 'albert']
❶ >>> animals[2] = 9999
>>> animals
❷ ['aardvark', 'anteater', 9999]
```

animals 리스트의 세 번째 멤버를 수정하려면 animals[3]으로 세 번째 값을 얻은 다음 할당문으로 값을 'albert'에서 값 9999 ❶로 변경한다. 리스트의 내용을 다시 확인하면 'albert'는 더 이상 리스트에 없다❷.

문자열 안에 있는 문자 재할당

리스트의 요소를 재할당할 수는 있지만 문자를 문자열 값으로 재할당할 수는 없다. 대화형 셸에 다음 코드를 입력한다.

```
>>> 'Hello world!'[6] = 'X'
```

(이어짐)

그러면 다음과 같은 에러가 발생한다.

```
Traceback (most recent call last):
File <pyshell#0>, line 1, in <module>
'Hello world!'[6] = 'X'
TypeError: 'str' object does not support item assignment
```

이 에러는 파이썬이 문자열의 인덱스 값에 할당문을 사용할 수 없기 때문에 발생한다. 문자열의 문자를 변경하려면 문자열 분할을 사용해 새 문자열을 만들어야 한다. 대화형 셀에 다음을 입력한다.

```
>>> spam = 'Hello world!'
>>> spam = spam[:6] + 'X' + spam[7:]
>>> spam
'Hello Xorld!'
```

문자열 분할을 이용해 문자열의 시작 부분에서 시작해 변경하려는 문자까지 문자열 조각을 먼저 가져온다. 그런 다음 그 문자열에 새 문자를 연결하고 원래 문자열의 남은 부분을 가져와서 연결한다. 결과적으로 원래 문자열에서 문자 한 개만 변경된 결과를 얻는다.

리스트들의 리스트

리스트의 값들은 다른 리스트들을 취할 수 있다. 대화형 셀에 다음을 입력한다.

```
>>> spam = [['dog', 'cat'], [1, 2, 3]]
>>> spam[0]
['dog', 'cat']
>>> spam[0][0]
'dog'
>>> spam[0][1]
'cat'
>>> spam[1][0]
1
>>> spam[1][1]
2
```

spam[0] 값은 자체적으로 인덱스를 보유한 ['dog', 'cat'] 리스트다. spam [0][0]에서 사용한 이중 인덱스 대괄호는 spam[0]으로 ['dog', 'cat']을 얻고, ['dog', 'cat'][0]으로 'dog'를 얻는다.

len() 함수의 사용과 리스트의 연산자

문자열의 문자 수(즉, 문자열 길이)를 얻을 때 len( )을 사용했다. len( ) 함수는 리스트 값에서도 동작하며 리스트에 있는 요소의 개수를 정수로 리턴한다.

대화형 셸에 다음을 입력한다.

```
>>> animals = ['aardvark', 'anteater', 'antelope', 'albert']
>>> len(animals)
4
```

연산자 in, not in으로 어떤 문자열이 다른 문자열 값 내에 존재하는지 알 수 있는 것과 비슷하게, 특정 값이 리스트에 있는지 검사할 때 연산자 in, not in을 쓸 수 있다. 대화형 셸에 다음을 입력한다.

```
>>> animals = ['aardvark', 'anteater', 'antelope', 'albert']
>>> 'anteater' in animals
True
>>> 'anteater' not in animals
False
❶ >>> 'anteat' in animals
False
❷ >>> 'anteat' in animals[1]
True
>>> 'delicious spam' in animals
False
```

❶은 False를 리턴하고 ❷는 True를 리턴하는 이유는 무엇일까? animals는 리스트 값이고 animals[1]은 문자열 값 'anteater'이라는 것을 유념해야 한다. 'anteat' 문자열

이 리스트에 없기 때문에 ❶의 표현식은 False 값을 리턴한다. 반면 animals[1]은 문자열 'anteater'이고 'anteat'는 이 문자열 내에 있기 때문에 ❷의 표현식은 True를 리턴한다.

빈 따옴표 묶음이 빈 문자열 값을 나타내는 것처럼 빈 대괄호 묶음은 빈 리스트를 나타낸다. 대화형 셸에 다음을 입력한다.

```
>>> animals = []
>>> len(animals)
0
```

animals 리스트는 비어 있다. 그래서 길이가 0이다.

+, * 연산자로 리스트 연결하고 복제하기

+ 연산자와 * 연산자는 문자열을 연결하고 복제할 수 있다. 같은 방식으로 이 두 연산자로 리스트를 연결하거나 복제할 수 있다. 대화형 셸에 다음을 입력한다.

```
>>> ['hello'] + ['world']
['hello', 'world']
>>> ['hello'] * 5
['hello', 'hello', 'hello', 'hello', 'hello']
```

이것으로 문자열과 리스트의 비슷한 점을 알기 충분하다. 문자열 값에서 할 수 있는 일은 대부분 리스트 값에서도 할 수 있다는 점을 기억해둔다.

전치 암호 알고리즘

리스트를 이용한 암호화 알고리즘으로 암호문을 생성해볼 것이다. transpositionEncrypt. py 프로그램의 코드로 돌아가보자. 앞에서 살펴본 23행에서 ciphertext 변수는 빈 문자열 값의 리스트다.

```
22.        # ciphertext의 각 문자열은 격자상 하나의 열에서 온 것이다.
23.        ciphertext = [''] * key
```

ciphertext 변수의 각 문자열은 전치 암호 그리드의 열 한 개를 나타낸다. 열과 키와 수가 같으므로 리스트 복제를 사용해 빈 문자열 한 개가 있는 리스트를 키만큼 복제할 수 있다. 23행의 코드를 통해서 빈 문자열이 들어 있는 적절한 크기의 리스트를 만들어낼 수 있다. 그리드의 열 하나에 들어 있는 문자 전체가 리스트의 문자열 한 개로 할당될 것이다. 결과적으로는 7장 앞부분에서 설명한 바와 같이 각 열을 나타내는 문자열 값으로 구성된 리스트가 된다.

리스트 인덱스는 0에서 시작하므로 열 번호도 0부터 시작해야 한다. 즉, ciphertext[0]은 가장 왼쪽 열이고 ciphertext[1]은 그다음 오른쪽 열이다.

이것이 어떻게 동작하는지 7장의 앞에서 다룬 예제인 "Common sense is not so common."을 통해 살펴보자(그림 7-6 참조. 위쪽에 리스트 인덱스에 해당하는 열 번호를 추가했다).

0	1	2	3	4	5	6	7
C	o	m	m	o	n	▪	s
e	n	s	e	▪	i	s	▪
n	o	t	▪	s	o	▪	c
o	m	m	o	n	.		

그림 7-6 각 칼럼에 리스트 인덱스를 적은 예제 메시지 그리드

ciphertext 변수에 이 그리드의 문자열 값을 직접 할당하면 다음과 같이 될 것이다.

```
>>> ciphertext = ['Ceno', 'onom', 'mstm', 'me o', 'o sn', 'nio.', ' s ', 's c']
>>> ciphertext[0]
'Ceno'
```

그다음 단계는 직접 손으로 했던 예제처럼 ciphertext의 각 문자열에 텍스트를 추가하는 것이다. 컴퓨터에 프로그래밍 방식으로 코드를 추가하는 것만 다를 뿐이다.

```
25.     # ciphertext의 각 열(column)을 순회한다.
26.     for column in range(key):
27.         currentIndex = column
```

26행의 for 루프는 각 열에 대해 한 번씩 순회하고, 변수 column에는 ciphertext의 인덱스로 사용할 정수 값이 들어간다. for 루프의 첫 번째 순회에서 변수 column은 0이 들어간다. 두 번째 순회에서는 1이고 그다음엔 2가 들어간다. 이 값은 뒤에서 표현식 ciphertext[column]으로 접근할 때 ciphertext의 인덱스로 사용할 것이다.

한편 currentIndex 변수는 for 루프의 각 순회에서 프로그램이 참조할 message 문자열의 인덱스를 갖는다. 루프의 각 순회에서 27행은 currentIndex를 column과 같은 값으로 설정한다.

그다음에는 뒤섞인 메시지를 한 번에 한 문자씩 연결해 ciphertext를 만든다.

대입 연산자의 확장

지금까지 + 연산자로 서로 값을 연결하거나 더하고 변수에 새 값을 추가했다. 변수에 새로운 값을 할당할 때 변수의 현재 값 자체도 이용하고 싶으면 표현식에 그 변수를 같이 썼다. 다음 예제를 대화형 셸에 입력한다.

```
>>> spam = 40
>>> spam = spam + 2
>>> print(spam)
42
```

변수의 현재 값을 기반으로 변수의 값을 바꾸는 방법이 또 있다. 확장 대입 연산자를 사용하는 방법이다. += 확장 대입 연산자를 사용하면 표현식 spam = spam + 2를 spam += 2

로 바꿔서 같은 일을 할 수 있다. 더 짧게 작성할 수 있는 방법이다. += 연산자는 정수를 사용하면 더하기를, 문자열을 사용하면 문자열 연결을, 리스트에서 사용하면 리스트 연결을 수행한다. 표 7-1은 확장 대입 연산자와 동치인 할당 표현식 구문을 나타낸 것이다.

표 7-1 확장 대입 연산자

확장 할당문	동등한 일반 할당문
spam += 42	spam = spam + 42
spam -= 42	spam = spam − 42
spam *= 42	spam = spam * 42
spam /= 42	spam = spam / 42

여기에서는 암호문과 문자들을 연결할 때 확장 대입 연산자를 사용할 것이다.

message를 currentIndex로 돌아다니기

currentIndex 변수는 리스트 ciphertext에 연결할 message 문자열의 다음 문자 인덱스를 갖는다. 26행의 for 루프에서 column 변수가 할당되고 currentIndex는 column 값을 갖는다. 그다음 30행의 while 루프에서 각 순회마다 currentIndex에 key를 더해서 message의 서로 다른 글자를 얻는다.

message 변수의 문자열을 뒤섞으려면 message의 첫 번째 문자인 'C'를 가져온 다음, ciphertext의 첫 번째 문자열에 넣어야 한다. 그런 다음, message의 문자를 8칸 건너뛰고 (key는 8이다) 그곳에 있는 문자 'e'를 ciphertext의 첫 번째 문자열에 연결한다. 문자를 key 값만큼 건너뛰면서 message의 끝까지 각 문자를 연결한다. 이런 식으로 ciphertext의 첫 번째 열에 해당하는 'Ceno' 문자열이 생성된다. 여기까지 완료됐으면 message의 두 번째 문자부터 다시 시작해 두 번째 열을 만들기 시작한다.

26행에서 시작하는 for 루프 안에는 30행에서 시작하는 while 루프가 있다. 이 while 루프는 message에서 적절한 문자를 찾아 연결하는 방식으로 각 열을 만든다. currentIndex 가 message의 길이보다 적은 동안 루프를 계속 반복한다.

```
29.        #currentIndex 가 message 길이를 넘을 때까지 순회를 계속한다.
30.        while currentIndex < len(message):
31.            # ciphertext 리스트 중 현재 column의 문자열 끝에
32.            # message의 currentIndex의 문자를 넣는다.
33.            ciphertext[column] += message[currentIndex]
34.
35.            # currentIndex를 이동한다.
36.            currentIndex += key
```

각 열에 대해 while 루프는 원래의 message 변수를 순회하고 currentIndex에 key를 더해서 key 간격마다 문자를 취한다.

for 루프의 첫 번째 순회에서 27행의 currentIndex는 0에서 시작하는 column 값이 들어간다.

그림 7-7에서 볼 수 있듯이 message[currentIndex]는 첫 번째 순회에서 message의 첫 번째 문자다. 33행에서 ciphertext[column]에 message[currentIndex]의 문자를 연결한다.

36행은 루프를 돌면서 매번 currentIndex에 key 값 8을 더한다. 처음에는 message[0], 두 번째는 message[8], 세 번째는 message[16], 네 번째는 message[24]가 된다.

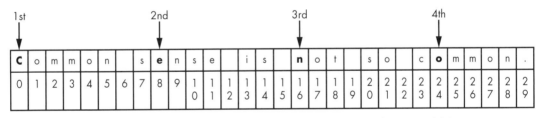

그림 7-7 for 루프의 첫 번째 순회에서 column은 0이고 화살표가 지시하는 곳은 message[currentIndex]이다.

currentIndex의 값이 message 문자열의 길이보다 짧으면 message[currentIndex]에 있는 문자를 ciphertext의 column 인덱스에 있는 문자열 끝까지 계속 연결한다. currentIndex가 message 길이보다 크면 while 루프를 빠져나오고 for 루프로 돌아간다. while 루프 다음에 for 블록에 코드가 없으므로 for 루프가 다시 개시되고 column에는 1이 들어가며 currentIndex는 column 값에서 시작된다.

이제 while 루프의 36행의 각 순회마다 currentIndex에 8을 더하면 그림 7-8과 같이 인덱스가 1, 9, 17, 25가 된다.

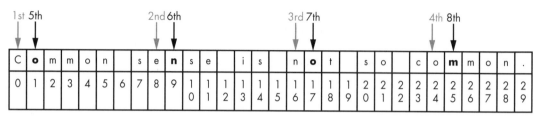

그림 7-8 for 루프의 두 번째 순회에서 column은 1이고 화살표가 지시하는 곳은 message[currentIndex]이다.

ciphertext[1]의 끝에 message[1], message[9], message[17], message[25]를 연결하면 문자열 'onom'이 만들어진다. 이것은 그리드의 두 번째 열이다.

for 루프가 나머지 열을 순회하고 나면 ciphertext의 값은 ['Ceno', 'onom', 'mstm', 'me o', 'o sn', 'nio.', 's', 's c']가 된다. 문자열 열의 리스트를 얻은 다음 그것들을 문자열 하나로 결합하면 완성된 암호문 'Cenoonommstmme oo snnio. s c'가 된다.

join() 문자열 메소드

join() 메소드는 39행에서 ciphertext의 각 열을 문자열 한 개로 합칠 때 사용한다. join() 메소드는 문자열 값에서 호출하고 아규먼트는 문자열 리스트다. 즉, 리스트의 모든 문자열 요소를 join()을 호출하는 문자열로 연결해 문자열 한 개를 리턴한다(문자열을 단순히 결합할 때는 빈 문자열로 호출하면 된다). 대화형 셀에 다음을 입력한다.

```
>>> eggs = ['dogs', 'cats', 'moose']
❶ >>> ''.join(eggs)
'dogscatsmoose'
❷ >>> ', '.join(eggs)
'dogs, cats, moose'
❸ >>> 'XYZ'.join(eggs)
'dogsXYZcatsXYZmoose'
```

빈 문자열로 join()을 호출하면서 eggs 리스트를 전달하면 ❶ 리스트 문자열의 요소 사이에 문자열이 없이 연결된다. 리스트의 각 요소를 더 쉽게 읽기 위해 분리를 할 수도 있다. ❷에서는 문자열 ','로 join()을 호출했다. 이렇게 하면 리스트의 각 요소 사이에 ',' 문자열이 삽입된다. ❸에서 볼 수 있듯이 리스트 요소 사이에 원하는 문자열을 삽입할 수 있다.

리턴 값과 return 구문

함수(또는 메소드) 호출은 항상 값을 리턴한다. 이것은 함수 또는 메소드 호출에서 리턴하는 값이고 함수의 리턴 값이라고도 한다. def 구문으로 함수를 작성할 때, 파이썬에게 함수의 리턴 값을 알려주려면 return 구문을 쓴다.

39행은 return 구문이다.

```
38.     # ciphertext 리스트를 문자열 한 개로 변환하고 그것을 리턴한다.
39.     return ''.join(ciphertext)
```

39행에서는 공백 문자열로 join()을 호출할 때 ciphertext를 아규먼트로 전달했고 ciphertext 리스트의 문자열들을 문자열 한 개로 결합했다.

return 구문 예제

return 구문은 return 키워드와 그 뒤에 리턴할 값이 온다

39행처럼 값 대신 표현식을 써도 된다. 그렇게 하면 리턴 값은 표현식의 결괏값이 된다. 새 파일 편집기 창을 열고 다음 프로그램을 입력한 다음 addNumbers.py로 저장하고 F5 키를 눌러 실행한다.

addNumbers.py

```
1. def addNumbers(a, b):
2.   return a + b
3.
4. print(addNumbers(2, 40))
```

addNumbers.py 프로그램을 실행하면 다음과 같은 출력이 나온다.

42

이는 4행의 addNumbers(2, 40) 함수 호출의 리턴 값이 42이기 때문이다. 2행의 addNumbers( )의 return 구문은 a + b 표현식의 결과를 리턴한다.

암호화된 ciphertext 리턴

transpositionEncrypt.py 프로그램에서 encryptMessage( ) 함수의 return 구문은 cipher text 리스트의 모든 문자열을 결합한 문자열 값을 리턴한다. ciphertext의 리스트에 ['Ceno', 'onom', 'mstm', 'me o', 'o sn', 'nio.', ' s ', 's c']가 들어 있으면 join( ) 메소드를 호출했을 때 'Cenoonommstmme oo snnio. s s c'가 리턴된다. 암호화 코드의 결괏값인 최종 문자열은 encryptMessage( ) 함수가 리턴한 값이다.

이것이 함수 사용의 큰 장점이다. 프로그래머는 어떤 함수가 무슨 일을 하는지는 알 아야 하지만 함수 내부의 코드가 어떻게 동작하는지는 알 필요가 없다. 프로그래머는 encryptMessage( ) 함수를 호출할 때 key, message 파라미터에 정수와 문자열을 전달하면 암호화된 문자열을 리턴한다는 것만 알면, encryptMessage( ) 함수를 사용할 수 있다.

프로그래머는 encryptMessage( )의 코드가 실제로 어떻게 이 작업을 하는지 몰라도 된 다. print( ) 함수의 코드를 본 적이 없어도, 이 함수에 문자열을 전달하면 그 문자열을 출 력한다는 것을 알고 있는 것과 비슷하다.

변수 __name__

전치 암호화 프로그램을 main( ) 함수와 변수 __name__을 이용하는 트릭을 통해서 모듈로 변환할 수 있다.

파이썬 프로그램을 실행할 때 변수 __name__(이름 앞 뒤에 밑줄 두 개가 있음)에는 프로 시저의 첫 행을 실행하기 전에 '__main__'(앞 뒤로 밑줄 두 개씩 있음)이 할당된다.

밑줄 두 개를 파이썬에서는 종종 던더^{dunder}라고 부르며, __main__은 던더 main 던더라고 부른다.[1]

스크립트 파일의 끝에서는-모든 def 구문이 나온 후라는 것이 더 중요하다. __name__ 변수에 '__main__' 문자열이 할당돼 있는지 확인하는 코드가 필요하다. 그래야 main() 함수를 호출할 수 있다.

44행의 if 구문은 프로그램을 실행할 때 실제로 실행되는 첫 번째 코드 줄에 있다(4행의 import와 6, 21행의 def문 다음에 옴).

```
42. # transpositionEncrypt.py를 실행하면 (모듈로 import한 것이 아니면) main() 함수가 실행된다.
43.
44. if __name__ == '__main__':
45.     main()
```

코드를 이렇게 준비해놓는 이유는 이 프로그램을 프로그램으로 실행하면 __name__에 '__main__'이 오지만 다른 파이썬 프로그램에서 이 프로그램을 import하면 __name__에 'transpositionEncrypt'가 오기 때문이다. 이 프로그램이 pyperclip 모듈의 함수를 호출하는 방법과 비슷하게 transpositionEncrypt.py를 import하면 다른 프로그램에서 이 프로그램의 main() 함수를 실행하지 않고 encryptMessage() 함수를 호출할 수 있다.

import 문을 실행하면 파이썬이 파일 이름 끝에 .py를 추가해 모듈 파일을 찾는다(그래서 import pyperclip 코드에서 pyperclip.py 파일을 가져온다.) 앞에서 설명한 방법을 통해 프로그램 파일이 실행을 위한 것인지 import로 가져오려는 모듈인지 판단할 수 있다.

(9장에서는 transpositionEncrypt.py를 모듈로 import한다.)

프로그램을 실행하기 전에 파이썬 프로그램을 import하면 __name__ 변수는 .py 앞부분의 파일명만 갖는다. transpositionEncrypt.py 프로그램을 import하면 import를 한 프로그램에서 encryptMessage() 함수를 실행하면서 모든 def문이 실행되지만, main() 함수는 실행되지 않으므로 key 8로 'Common sense is not so common.'을 암호화하는 코드는 실행되지 않는다.

---

1 dunder는 발음이 '던더'에 가까운데, 영어 사전에 사탕수수 조림 침전물이라고 나와 있는 것과 관계없이 파이썬에서 관례적으로 던더라고 부른다. double underscore를 축약한 것에서 유래한다. – 옮긴이

myKey 키로 myMessage 문자열을 암호화하는 코드가 함수 내에 있는 이유가 바로 이 것이다(규칙에 따라서는 main( )이라고 부름). transposeEncrypt.py를 다른 프로그램에서 import할 때 main( ) 안에 있는 코드는 실행되지 않는다.

그러나 다른 프로그램은 여전히 encryptMessage( ) 함수를 호출할 수 있다. 이런 방식 으로 다른 프로그램에서 함수의 코드를 재사용할 수 있다.

NOTE **참고:** 프로그램의 동작 원리를 배우는 좋은 방법 중 하나는 프로그램을 단계별로 실행해보는 것이다. https:// www.nostarch.com/crackingcodes/에 있는 온라인 프로그램 추적 도구로 헬로 함수와 전치 암호 프로그램을 추적해볼 수 있다. 추적 도구는 각 코드 줄을 실행할 때 프로그램이 무엇을 하는지 시가적으로 보여준다.

요약

7장에서 몇 가지 새로운 프로그래밍 개념을 익혔다. 전치 암호 프로그램은 6장의 카이사 르 암호 프로그램보다 복잡하다(그러나 더욱 안전하다). 7장에서 다룬 새로운 개념인 함수, 새로운 데이터 유형과 연산자를 통해서 좀 더 정교한 방법으로 데이터를 다룰 수 있었다. 파이썬이 코드를 한 줄씩 실행하는 것과 우리가 코드 한 줄을 이해하는 것은 사실 같은 것이라는 것을 명심한다.

def 구문을 통해서 코드 뭉치를 함수로 구성할 수 있다. 아규먼트 값은 함수의 파라미 터로 전달된다. 파라미터는 지역변수다. 모든 함수의 외부에 있는 변수는 전역변수다. 지 역변수는 전역변수와 이름이 같아도 서로 다른 변수다. 어떤 함수의 지역변수가 다른 함 수의 지역변수와 이름이 같은 경우에도 서로 다른 변수다.

리스트 값은 다른 리스트 값 등 여러 다른 유형의 값을 저장할 수 있다. 문자열로 할 수 있는 많은 일(예: 인덱싱, 분할, len( ) 함수)은 리스트에서도 가능하다. 그리고 확장 대입 연산자는 일반 대입 연산자를 줄여 쓸 수 있다. join( ) 메소드는 문자열 여러 개가 들어 있는 리스트를 합쳐서 문자열 한 개로 리턴한다.

연습 문제의 정답은 이 책의 웹사이트 https://www.nostarch.com/crackingcodes/에서 제공한다.

1. 종이와 연필로 다음 메시지를 키 9로 전치 암호화하라. 글자 수는 편의상 제공했다.

   - Underneath a huge oak tree there was of swine a huge company,(61글자)
   - That grunted as they crunched the mast: For that was ripe and fell full fast(77글자)
   - Then they trotted away for the wind grew high: One acorn they left, and no more might you spy(94글자)

2. 다음 프로그램에서 spam은 전역변수인가 지역변수인가?

```python
spam = 42
def foo():
    global spam
    spam = 99
    print(spam)
```

3. 다음 표현식의 결괏값은 각각 무엇인가?

```python
[0, 1, 2, 3, 4][2]
[[1, 2], [3, 4]][0]
[[1, 2], [3, 4]][0][1]
['hello'][0][1]
[2, 4, 6, 8, 10][1:3]
list('Hello world!')
list(range(10))[2]
```

4. 다음 표현식의 결괏값은 각각 무엇인가?

```python
len([2, 4])
len([])
len(['', '', ''])
[4, 5, 6] + [1, 2, 3]
3 * [1, 2, 3] + [9]
42 in [41, 42, 42, 42]
```

5. 확장 대입 연산자 4개는 무엇인가?

8

전치 암호 복호화
DECRYPTING WITH THE TRANSPOSITION CIPHER

"암호화 수준을 낮추거나, 착한 사람이랍시고 암호화된 장치와
데이터에 대한 백도어를 사용할 수 있도록 열어주면
실제로는 악의적인 사람이 악용할 수 있는
취약점을 만드는 것이다."

– 팀 쿡(Tim Cook), 2015년 애플 CEO

카이사르 암호와 전치 암호는 암호화 과정이 달라서 복호화 과정도 다르다.
8장에서는 전치 암호 복호화를 위한 별도의 프로그램 transpositionDecrypt.py를 작성
해본다.

8장에서 다루는 내용

- 전치 암호 복호화
- round(), math.ceil(), math.floor() 함수
- and, or, 불리언 연산자
- 진리표(Truth table)

전치 암호를 종이로 해독하는 방법

친구에게 암호문 "Cenoonommstmme oo snnio"를 보냈다고 가정해보자(비밀 키가 8이라는 것을 서로 알고 있는 상황이다). 암호문을 해독하는 첫 번째 단계는 상자를 몇 칸으로 그려야 하는지 계산하는 것이다. 이 값을 알아내려면 암호문 메시지의 길이를 키로 나눈 다음 결과가 정수가 아니면 가장 가까운 정수로 반올림해야 한다. 암호문의 길이는 30글자(평문과 같음)이고 키는 8이므로 30을 8로 나누면 3.75이다.

암호문을 받은 친구는 3.75를 4로 반올림해 4개의 열(방금 계산한 값)과 8개의 행(키)만큼 상자로 그리드를 그린다.

그런 다음 검게 칠할 상자 수를 계산해야 한다. 상자의 총 개수(32)에서 암호문의 길이(30)를 뺀다. 32 - 30 = 2. 이제 가장 오른쪽 열의 아래쪽의 상자 두 개를 칠한다.

이제 각 상자에 암호문을 한 글자씩 넣어서 상자를 채운다. 암호화와 마찬가지로 왼쪽 상단에서 시작해 오른쪽으로 채워 넣는다. 암호문은 "Cenoonommstmme oo snnio. s s c"이므로 "Ceno"는 첫 번째 행에, "onom"은 두 번째 행에 이어지는 식이다. 작업이 완료되면 그림 8-1과 같은 상자가 나타난다(검은 점은 공백을 나타냄).

그림 8-1이 완성되면 암호문을 받은 친구가 암호문을 해석할 수 있다. 그리드의 행과 열을 뒤집어서 아래 방향으로 텍스트를 읽으면 메시지가 복호화돼 평문이 복원된다. "Common sense is not so common."

다시 요약하면 복호화 과정은 다음과 같다.

C	e	n	o
o	n	o	m
m	s	t	m
m	e	■	o
o	■	s	n
n	i	o	.
■	s	■	
s	■	c	

그림 8-1 텍스트를 그리드의 행과 열을 뒤집어서 아래 방향으로 읽으면 복호화된 메시지를 얻는다.

1. 메시지 길이를 키로 나누고 반올림해 필요한 열 수를 계산한다.

2. 상자를 열과 행으로 그린다. 1단계에서 계산한 값만큼 열을, 키 값만큼 행을 그린다.

3. 상자의 총 개수(행과 열의 길이를 곱한 값)에서 암호문의 길이를 빼서 검게 칠할 상자 수를 계산한다.

4. 가장 오른쪽 아래 칸에 3단계에서 계산한 값만큼 칠한다.

5. 가장 윗줄에서부터 왼쪽에서 오른쪽으로 한 칸씩 암호문의 문자를 넣는다. 검게 칠한 상자는 건너뛴다.

6. 가장 왼쪽 열에서부터 위에서 아래로 읽고 이 과정을 모든 열에서 수행해 평문을 얻는다.

키가 맞지 않으면 행의 길이도 맞지 않는다. 복호화 과정을 모두 제대로 수행하더라도 생성된 평문은 쓸모없는 난수표가 된다(카이사르 암호에서 키가 틀렸을 때와 비슷하다).

전치 암호 복호화 프로그램 소스 코드

File ➤ New File을 클릭해 새 파일 편집기 창을 연다. 파일 편집기에 다음 코드를 입력하고 transpositionDecrypt.py로 저장한다. pyperclip.py를 반드시 같은 디렉터리에 둬야 한다. F5 키를 눌러 프로그램을 실행해본다.

transpositionDecrypt.py

```
1. # 전치 암호 복호화 프로그램
2. # https://www.nostarch.com/crackingcodes/ (BSD Licensed)
3.
4. import math, pyperclip
5.
6. def main():
7.     myMessage = 'Cenoonommstmme oo snnio. s s c'
8.     myKey = 8
9.
10.    plaintext = decryptMessage(myKey, myMessage)
11.
12.    # 복호화된 메시지를 찍을 때 끝에 |(파이프 문자)를 같이 찍어서
13.    # 문자열 마지막에 공백이 있어도 알 수 있도록 한다.
```

```
14.        print(plaintext + '|')
15.
16.        pyperclip.copy(plaintext)
17.
18.
19. def decryptMessage(key, message):
20.        # 전치 암호 복호화 함수는 문자열들의 리스트를 사용해 평문을 기록한 표의 "열"과 "행"을
21.        # 시뮬레이션한다. 먼저 몇 가지 값을 계산한다.
22.
23.
24.        # 전치 그리드에서 사용할 columns의 길이
25.        numOfColumns = int(math.ceil(len(message) / float(key)))
26.        # 전치 그리드에서 사용할 rows의 길이
27.        numOfRows = key
28.        # 그리드의 마지막 "column"에 칠할 박스의 숫자
29.        numOfShadedBoxes = (numOfColumns * numOfRows) - len(message)
30.
31.        # 그리드의 열 한 개에 담긴 평문의 각 문자열
32.        plaintext = [''] * numOfColumns
33.
34.        # 암호화된 message를 따라가며 그리드의 다음 글자를 가리키는 column과 row 변수
35.
36.        column = 0
37.        row = 0
38.
39.        for symbol in message:
40.            plaintext[column] += symbol
41.            column += 1 # 다음 칼럼을 지정한다.
42.
43.            # 더 이상 열이 없거나 검은 칠을 한 박스에 이르면
44.            # 첫 번째 열로 돌아가 다음 행 처리
45.            if (column == numOfColumns) or (column == numOfColumns - 1 and
                   row >= numOfRows - numOfShadedBoxes):
46.                column = 0
47.                row += 1
48.
49.        return ''.join(plaintext)
50.
51.
52. # transpositionDecrypt.py를 모듈로 import하지 않고 실행했다면 main( ) 함수를 호출
```

```
53.
54. if __name__ == '__main__':
55.     main()
```

전치 암호 복호화 프로그램 실행 예제

transpositionDecrypt.py 프로그램을 실행하면 다음과 같은 출력을 얻는다.

```
Common sense is not so common.|
```

다른 메시지를 복호화하거나 키를 바꾸려면 7, 8행의 변수 myMessage, myKey에 할당한 값을 바꾸면 된다.

모듈 가져오기와 main() 함수 설정하기

transpositionDecrypt.py 프로그램의 처음 부분은 transpositionEncrypt.py와 비슷하다.

```
 1. # 전치 암호 복호화 프로그램
 2. # https://www.nostarch.com/crackingcodes/ (BSD Licensed)
 3.
 4. import math, pyperclip
 5.
 6. def main():
 7.     myMessage = 'Cenoonommstmme oo snnio. s s c'
 8.     myKey = 8
 9.
10.     plaintext = decryptMessage(myKey, myMessage)
11.
12.     # 복호화된 메시지를 찍을 때 끝에 |(파이프 문자)를 같이 찍어서
13.     # 문자열 마지막에 공백이 있어도 알 수 있도록 한다.
14.     print(plaintext + '|')
15.
16.     pyperclip.copy(plaintext)
```

4행에서 pyperclip 모듈과 math 모듈을 함께 가져온다. 모듈 이름을 쉼표로 구분해서 import 구문 한 개로 모듈 여러 개를 가져올 수 있다.

main( ) 함수는 6행의 함수 정의에서 시작한다. 이 함수는 변수 myMessage, myKey를 생성한 다음 복호화 함수 decryptMessage( )를 호출한다. decryptMessage( )의 리턴 값은 암호문을 복호화한 평문과 키 값이다. 이 값을 변수 plaintext에 저장하고 화면에 출력한 다음-메시지 끝에 파이프 문자가 있어서 공백을 알아볼 수 있다-클립보드에 복사한다.

message를 key로 복호화하기

decryptMessage( ) 함수는 앞서 설명한 복호화 6단계를 수행하고 복화화한 결과를 문자열로 리턴한다. 복호화를 좀 더 쉽게 하기 위해서 앞에서 import한 math 모듈의 함수를 사용한다.

round(), math.ceil(), math.floor() 함수

파이썬의 round( ) 함수는 부동소수점 숫자(소수점이 있는 숫자)를 가장 가까운 정수로 반올림한다. math.ceil( ), math.floor( ) 함수(파이썬의 math 모듈에서 온 것)는 각각 숫자를 위로 반올림하거나 아래로 버림한다.

/ 연산자를 사용해 숫자를 나누면 부동소수점 숫자(소수점이 있는 숫자)를 리턴한다. 숫자가 균등하게 나뉘어도 문제가 있다. 예를 들어 대화형 셸에 다음을 입력한다.

```
>>> 21 / 7
3.0
>>> 22 / 5
4.4
```

가장 가까운 정수로 반올림하고 싶을 때에는 round( ) 함수를 사용한다. 이 함수가 어떻게 동작하는지 다음을 입력해 살펴본다.

```
>>> round(4.2)
4
>>> round(4.9)
5
>>> round(5.0)
5
>>> round(22 / 5)
4
```

올림만 필요하면 math.ceil() 함수를 쓰면 된다. 버림만 필요하면 math.floor()를 쓴다. 이 함수들은 math 모듈에 들어 있고 필요할 때 import해서 쓰면 된다. 다음 코드를 대화형 셀에 입력한다.

```
>>> import math
>>> math.floor(4.0)
4
>>> math.floor(4.2)
4
>>> math.floor(4.9)
4
>>> math.ceil(4.0)
4
>>> math.ceil(4.2)
5
>>> math.ceil(4.9)
5
```

math.floor() 함수는 부동소숫점 수의 소수점을 무조건 제거해 버림한 정수 값으로 변환하고, math.ceil()은 부동소수점 수를 1 증가시킨 값의 정수부만 취한 값으로 변환한다.

decryptMessage() 함수

decryptMessage() 함수는 복호화의 각 단계를 파이썬 코드로 구현한 것이다. 정수 key와 message 문자열을 아규먼트로 사용한다.

math.ceil( ) 함수는 decryptMessage( )의 전치 복호화를 위해 만들 상자 수를 결정하는 열 길이를 계산할 때 사용한다.

```
19. def decryptMessage(key, message):
20.     # 전치 암호 복호화 함수는 문자열들의 리스트를 사용해 평문을 기록한 표의 "열"과 "행"을
21.     # 시뮬레이션한다. 먼저 몇 가지 값을 계산한다.
22.
23.
24.     # 전치 그리드에서 사용할 columns의 길이
25.     numOfColumns = int(math.ceil(len(message) / float(key)))
26.     # 전치 그리드에서 사용할 rows의 길이
27.     numOfRows = key
28.     # 그리드의 마지막 "column"에 칠할 박스의 숫자
29.     numOfShadedBoxes = (numOfColumns * numOfRows) - len(message)
```

25행의 len(message)를 key에 들어 있는 정수 값으로 나눠서 열 길이를 계산한다. 이 값을 math.ceil( ) 함수로 전달해 리턴 값을 numOfColumns에 저장한다. 파이썬 2에서도 동작할 수 있도록 하기 위해 float( )을 호출하면 key 값이 부동소수점 값이 된다.

파이썬 2에서는 두 정수를 나누면 자동으로 버림으로 처리된다. float( )을 호출하면 파이썬 3에서 실행할 때에도 영향을 미치지 않고 자동으로 버림처리 되는 것을 막을 수 있다.

27행은 key에 저장한 정수 값으로 행 길이를 계산한다. 이 값을 변수 numOfRows에 저장한다.

29행은 열의 행 길이와 message의 길이를 빼서 섬게 칠할 상자 수를 계산한다.

"Cenoonommstmme oo snnio. s s"를 key 8로 복호화한다면, numOfColumns는 4, numOfRows는 8, numOfShadedBoxes는 2가 들어간다.

암호화 프로그램에서는 변수 ciphertext에 암호문 그리드를 나타내는 문자열 리스트를 넣었는데, decryptMessage( )에서는 문자열 리스트 변수 plaintext가 있다.

```
31.     # 그리드의 열 한 개에 담긴 평문의 각 문자열
32.     plaintext = [''] * numOfColumns
```

이 문자열은 처음에는 공백이며 그리드의 각 열은 각각 문자열 한 개를 표현한다. numOfColumns와 빈 문자열 한 개만 들어 있는 리스트를 곱하면 리스트 복제 기능으로 비어 있는 그리드의 열 길이와 같은 비어 있는 문자열의 리스트를 만들 수 있다.

여기에 나온 plaintext는 main() 함수의 plaintext와 다른 것이다. decryptMessage() 함수와 main() 함수는 각각 자신의 지역 영역에 있으므로 각 함수의 변수 plaintext는 이름만 같을 뿐 다른 변수다.

'Cenoonommstmme oo snnio. s s c'의 그리드를 복기해보면 그림 8-1처럼 보일 것이다.

변수 plaintext에는 문자열들의 리스트가 있고, 리스트의 각 문자열은 그리드의 열 한 개가 된다. 이번 복호화에서는 plaintext에 다음 값이 들어가길 기대할 것이다.

```
['Common s', 'ense is ', 'not so c', 'ommon.']
```

이제 리스트의 모든 문자열을 결합하면 'Common sense is not so common.'을 얻을 수 있다.

이 리스트를 얻으려면 먼저 message의 각 심볼을 한 번에 하나씩 리스트 plaintext에 올바른 문자열로 배치해야 한다. 여기에서는 변수 column과 row를 생성해 message의 다음 문자가 위치할 행과 열을 찾아다닌다. 이 변수들은 첫 번째 열과 첫 번째 행에서 각각 0부터 시작한다. 36행과 37행은 다음과 같다.

```
34.    # 암호화된 message를 따라가며 그리드의 다음 글자를 가리키는 column과 row 변수
35.
36.    column = 0
37.    row = 0
```

39행은 for 루프를 시작해 message 문자열의 문자를 순회한다. 이 루프 내의 코드는 변수 column, row를 조정해 plaintext 리스트에 올바른 문자열로 symbol을 붙인다.

```
39.     for symbol in message:
40.         plaintext[column] += symbol
41.         column += 1 # 다음 칼럼을 지정한다.
```

40행은 plaintext 리스트에서 column을 인덱스로 접근해 symbol을 연결하는데, plaintext에 있는 각 문자열이 열 한 개를 나타내기 때문이다. 그런 다음 41행에서 column에 1을 더한다(즉, 열을 증가시킴). 그러면 루프의 다음 순회에서 symbol이 plaintext 리스트의 다음 문자열에 연결된다.

여기에서 column과 row를 증가시켰지만 0으로 초기화해야 할 때도 있다. 이를 처리하는 코드에는 불리언 연산자가 들어 있다. 불리언 연산자에 대해서 알아보자.

불리언 연산자

불리언Boolean 연산자는 불리언 값(또는 리턴 값이 불리언 값인 표현식)을 비교하고 불리언 값을 리턴한다. 불리언 연산자 and, or를 통해 if, while문에서 좀 더 복잡한 조건을 쓸 수 있다. and 연산자는 두 표현식을 연결하고, 두 표현식 모두 True를 리턴하면 True를 리턴한다. or 연산자는 두 표현식을 연결하고, 두 표현식 중 하나라도 True이면 True를 리턴한다. 그렇지 않으면 False를 리턴한다. 이 연산자들의 동작 방식을 보기 위해 대화형 셸에 다음을 입력한다.

```
>>> 10 > 5 and 2 < 4
True
>>> 10 > 5 and 4 != 4
False
```

and 연산자의 양쪽에 있는 표현식이 모두 True이므로 첫 번째 표현식은 True이다. 즉, 10 > 5, 2 < 4의 표현식이 각각 True, True이므로 이 두 True는 결과적으로 True를 리턴한다.

그러나 두 번째 표현식에서 10 > 5는 True이지만 4! = 4는 False이다. 이것은 각 표현식이 True, False라는 뜻이다. and 연산자가 True를 리턴하려면 두 표현식 모두 True이어야 하므로 여기에서는 전체 표현식의 리턴 값이 False가 된다.

불리언 연산자의 동작 방식을 잊었다면 진리표를 보면 된다. 진리표에는 불리언 값과 연산자 조합에 따른 결괏값이 나와 있다. 표 8-1은 and 연산자의 진리표이다.

표 8-1 and 연산자의 진리표

A and B	결괏값
True and True	True
True and False	False
False and True	False
False and False	False

대화형 셸에 다음을 입력해 or 연산자의 동작을 살펴보자.

```
>>> 10 > 5 or 4 != 4
True
>>> 10 < 5 or 4 != 4
False
```

or 연산자를 사용할 때, 표현식의 한쪽만 True면 전체 표현식에 대한 or 연산자의 리턴 값이 True가 된다. 따라서 10 > 5 or 4! = 4는 True를 리턴한다. 그러나 표현식 10 < 5 or 4! = 4는 모두 False이므로 두 번째 식은 False or False가 되고 결괏값은 False이다.

표 8-2는 or 연산자의 진리표이다.

표 8-2 or 연산자의 진리표

A or B	결괏값
True or True	True
True or False	True
False or True	True
False or False	False

세 번째 불리언 연산자는 not이다. not 연산자는 이 연산자를 취한 값의 반대 불리언 값을 리턴한다. not True는 False이고 not False는 True이다. 다음을 대화형 셸에 입력한다.

```
>>> not 10 > 5
False
>>> not 10 < 5
True
>>> not False
True
>>> not not False
False
>>> not not not not not False
True
```

마지막 두 표현식을 보면 not 연산자를 여러 번 쓸 수도 있다는 것을 알 것이다. 표 8-3은 not 연산자의 진리표이다.

표 8-3 not 연산자의 진리표

not A	결괏값
not True	False
not False	True

and, or 연산자로 코드 줄이기

while 루프를 for 루프로 바꾸면 더 적은 코드로 같은 일을 할 수 있다. 이와 마찬가지로 and, or 연산자로 코드를 줄일 수 있다. 대화형 셀에 다음 코드를 입력한다. 두 코드는 결괏값이 같다.

```
>>> if 10 > 5:
...     if 2 < 4:
...     print('Hello!')
...
Hello!
>>> if 10 > 5 and 2 < 4:
...     print('Hello!')
...
Hello!
```

두 개의 if 구문(두 번째 if문이 첫 번째 if문 블록 안에 있는 경우)으로 표현식 두 개를 검사하지 않고 and 연산자 한 개로 검사할 수 있다. if, elif 구문을 or 연산자로 바꿔도 된다. 대화형 셸에 다음을 입력한다.

```
>>> if 4 != 4:
...     print('Hello!')
... elif 10 > 5:
...     print('Hello!')
...
Hello!
>>> if 4 != 4 or 10 > 5:
...     print('Hello!')
...
Hello!
```

if, elif 구문으로 표현식 두 개를 검사하는 코드는 or 연산자로 한 줄로 줄일 수 있다.

불리언 연산자의 연산자 우선순위

수학 연산자에는 연산자 우선순위가 있다. and, or, not 연산자도 마찬가지다. 가장 먼저 not을 수행하고 그다음 and, 그다음 or 순서로 연산한다. 대화형 셸에 다음을 입력한다.

```
>>> not False and False # not False를 먼저 계산한다.
False
>>> not (False and False) # (False and False)를 먼저 계산한다.
True
```

첫 행의 코드에서 not False가 먼저 계산됐다. 결과적으로 True and False가 되므로 False가 답이다. 두 번째 행에서는 괄호가 먼저 계산됐다. 그래서 not 연산자가 앞에 있지만 False and False를 먼저 계산하고 그다음 표현식은 not (False)가 된 다음 결괏값은 True가 된다.

변수 column, row 계산하기

이제 불리언 연산자의 동작 원리를 알았으므로 transpositionDecrypt.py에서 변수 column, row를 계산할 수 있다.

루프의 다음 순회에서 symbol을 리스트 plaintext의 첫 번째 문자열에 붙이기 위해 column을 0으로 초기화해야 하는 상황이 두 가지 있다. 첫째, column이 plaintext의 마지막 인덱스를 넘어서 증가하는 경우다. 즉, column 값이 numOfColumns와 같을 때다. plaintext의 마지막 인덱스는 numOfColumns에서 1을 뺀 값이므로, column이 numOfColumns와 같으면 이미 마지막 인덱스를 지난 것이다.

둘째, column이 마지막 인덱스에 있고 변수 row가 마지막 column의 검게 칠한 상자가 있는 row를 가리킬 때다. 그림 8-2에서 그런 상황을 눈으로 볼 수 있는데, 상단에 column 인덱스를 좌측에 row 인덱스를 표기한 복호화 그리드를 그린 것이다.

이 그림에서 row 6, 7의 마지막 column에 검게 칠한 상자가 있음을 알 수 있다(인덱스는 numOfColumns - 1). 검게 칠한 상자가 있는 row 인덱스를 계산하기 위해 표현식 row >= numOfRows - numOfShadedBoxes를 사용했다. 행이 8개 있는 이 예제(인덱스 0~7)에서는 row 6, 7이 검게 칠해져 있다. 검게 칠하지 않은 상자의 수는 총 행 수(이 예제에서 8)에서 검게 칠한 상자 수(이 예제에서 2)를 뺀 수다. 현재 row가 이 숫자(8 - 2 = 6)와 같거나 크면 검게 칠한 상자가 있음을 알 수 있다. 이 표현식이 True이고 column이 numOfColumns - 1과 같으면, 검게 칠한 상자와 만난다. 이 시점에서 다음 순회를 위해 column을 0으로 초기화한다.

	0	1	2	3
0	C 0	e 1	n 2	o 3
1	o 4	n 5	o 6	m 7
2	m 8	s 9	t 10	m 11
3	m 12	e 13	■ 14	o 15
4	o 16	■ 17	s 18	n 19
5	n 20	i 21	o 22	. 23
6	■ 24	s 25	■ 26	
7	s 27	■ 28	c 29	

그림 8-2 column과 row 인덱스를 표기한 복호화 그리드

```
43.          # 더 이상 열이 없거나 검은 칠을 한 박스에 이르면
44.          # 첫 번째 열로 돌아가 다음 행 처리
45.          if (column == numOfColumns) or (column == numOfColumns - 1 and
             row >= numOfRows - numOfShadedBoxes):
46.              column = 0
47.              row += 1
```

45행의 조건식은 (column == numOfColumns) or (column == numOfColumns - 1 and row >= numOfRows - numOfShadedBoxes)인데, 이 조건식으로 앞의 두 상황을 찾아내는 것이다. 길고 복잡한 표현식 같지만 나눠서 생각할 수 있다. 표현식 (column == numOfColumns)는 변수 column이 인덱스 범위를 벗어났는지 알아내고 표현식의 두 번째 부분은 검게 칠한 열과 행 인덱스에 있는지 확인한다. 이 두 표현식 중 하나라도 True이면 column = 0, row += 1 코드 블록을 실행한다.

39행에 있는 for 루프로 message의 모든 문자를 순회하면, plaintext 리스트의 문자열이 갱신되면서 키가 맞다면 암호가 해독된 순서대로 저장된다. plaintext 리스트의 문자열은 49행의 join() 문자열 메소드로 모두 합친다(각 문자열 사이에는 빈 문자열임).

이제 49행에서 이 문자열을 리턴 값으로 decryptMessage() 함수를 리턴한다.

복호화된 plaintext는 ['Common s', 'ense is ', 'not so c', 'ommon.']이므로 ''.join (plaintext)으로 'Common sense is not so common.'이 된다.

```
49.      return ''.join(plaintext)
```

main() 함수 호출

모듈 import와 def 구문들 다음에 나오는 프로그램 첫 행은 54행의 if문이다.

```
52. # transpositionDecrypt.py를 모듈로 import하지 않고 실행했다면 main() 함수를 호출
53.
```

```
54. if __name__ == '__main__':
55.     main()
```

전치 암호화 프로그램과 마찬가지로, 변수 __name__ 변수가 문자열 값 '__main__'인지 확인해서 이 프로그램이 다른 프로그램에서 import한 것인지 직접 실행한 것인지 확인한 다음, 직접 실행한 것이라면 main() 함수를 실행한다.

요약

여기까지 복호화 프로그램에 대해서 다뤘다. 프로그램의 주요 코드는 decryptMessage() 함수에 있다. 지금까지 작성한 프로그램을 통해서 키 8로 메시지 "Common sense is not so common."을 암호화/복호화할 수 있었다. 물론 다른 여러 메시지와 키로 암호화/복호화가 잘 되는지 확인해야 한다. 결과가 예상과 다르다면 암호화/복호화 코드가 제대로 동작하지 않은 것이다. 9장에서는 프로그램을 테스트하는 프로그램을 작성해 이 과정을 자동화할 것이다. 전치 암호 해독 프로그램을 단계별로 추적하며 실행하려면 https://www.nostarch.com/crackingcodes/를 방문한다.

연습 문제

연습 문제의 정답은 이 책의 웹사이트 https://www.nostarch.com/crackingcodes/에서 제공한다.

1. 종이와 연필로 다음 메시지를 키 9로 복호화하라.
    검은 네모칸은 공백 한 칸을 의미한다. 독자의 편의를 위해 글자수를 표기해뒀다.

    *   H ■ cb ■ ■ irhdeuousBdi ■ ■ ■ prrtyevdgp ■ nir ■ ■ eerit ■ eatoreechadihf ■ paken ■ ge ■ b ■ te ■ dih ■ aoa.da ■ tts ■ tn (89글자)

    *   A ■ b ■ ■ drottthawa ■ nwar ■ eci ■ t ■ nlel ■ ktShw ■ leec,hheat ■ .na ■ ■ e ■ soogmah ■ a ■ ■ ateniAcgakh ■ dmnor ■ ■ (86글자)

    *   Bmmsrl ■ dpnaua!toeboo`ktn ■ uknrwos. ■ yaregonr ■ w ■ nd,tu ■ ■ oiady ■ hgtRwt ■ ■ ■ A ■ hhanhhasthtev ■ ■ e ■ t ■ e ■ ■ eo (93글자)

    (이어짐)

2. 다음 코드를 대화형 셀에 입력하면 어떤 결과가 출력되는가?

```
>>> math.ceil(3.0)
>>> math.floor(3.1)
>>> round(3.1)
>>> round(3.5)
>>> False and False
>>> False or False
>>> not not True
```

3. and, or, not 연산자의 진리표를 그려보라.

4. 다음 중 올바른 표현은?

```
if __name__ == '__main__':
if __main__ == '__name__':
if _name_ == '_main_':
if _main_ == '_name_':
```

9

테스트 프로그램 작성법
PROGRAMMING A PROGRAM TO TEST YOUR PROGRAM

"경찰 국가를 실현하는 기술이 언젠가 정착된다면
그것은 열악한 공공 위생 때문일 것이다."
– 브루스 슈나이어(Bruce Schneier),
『Secrets and Lies(비밀과 거짓말)』 중에서

전치 암호화 프로그램은 다양한 메시지를 다양한 키로 암호화/복호화하는 데 꽤 효과적인 것처럼 보이지만, 항상 제대로 동작하는지 알 수 없다. 모든 종류의 메시지와 파라미터 값으로 encryptMessage( ), decryptMessage( ) 함수를 테스트하지 않으면 이 프로그램이 항상 잘 동작하는지 확신하기 어렵다. 그러나 암호화 프로그램에 메시지를 입력하고 키를 설정한 후, 프로그램을 실행하고 복호화 프로그램에 암호문을 붙여 넣고, 키를 설정하고 암호 해독 프로그램을 실행하는 일은 시간이 많이 필요하다. 또한 다양한 키와 메시지로 이 과정을 반복해야 해, 지루한 작업을 계속해야 한다.

그런 작업을 하지 않고 암호화 프로그램을 테스트하는 프로그램을 작성해볼 수 있다. 메시지와 키를 무작위로 생성하는 테스트 프로그램을 작성하는 것이다. 이 새 프로그램은 transpositionEncrypt.py에서 encryptMessage( )로 메시지를 암호화한 다음 transpositionDecrypt.py에서 decryptMessage( )에 암호문을 전달한다. decryptMessage( )에 의해 리턴된 평문이 원래 메시지와 같으면 암호화/복호화 프로그램이 잘 동작한다고 판단할 수 있다. 이처럼 테스트 프로그램을 통한 테스트 방법을 테스트 자동화라고 부른다.

수많은 메시지와 키 조합으로 이뤄진 테스트라도 컴퓨터를 통해 수천 개의 조합을 검증하는 데 1분 정도밖에 걸리지 않는다.

모든 테스트를 통과하면 코드의 동작을 더 확실히 신뢰할 수 있다.

9장에서 다루는 주제

- random.randint() 함수
- random.seed() 함수
- 리스트 변수와 레퍼런스
- copy.deepcopy() 함수
- random.shuffle() 함수
- 문자열을 무작위로 뒤섞기
- sys.exit() 함수

전치 암호 테스트 프로그램의 소스 코드

File ▶ New File을 선택해 새 파일 편집기 창을 연다. 다음 코드를 파일 편집기에 입력하고 transpositionTest.py로 저장한다. F5를 눌러 프로그램을 실행한다.

transpositionTest.py

```
1. # 전치 암호 테스트
2. # https://www.nostarch.com/crackingcodes/ (BSD Licensed)
3.
4. import random, sys, transpositionEncrypt, transpositionDecrypt
5.
6. def main():
7.     random.seed(42) # 무작위 랜덤 함수의 초기화를 위한 시드값을 상수로 설정한다.
8.
9.     for i in range(20): # 20회 테스트한다.
10.         # 테스트용 무작위 메시지를 생성한다.
11.
```

```
12.         # 이 메시지는 길이가 임의의 값이 될 것이다.
13.         message = 'ABCDEFGHIJKLMNOPQRSTUVWXYZ' * random.randint(4, 40)
14.
15.         # message 문자열을 뒤섞기 위해 리스트로 만든다.
16.         message = list(message)
17.         random.shuffle(message)
18.         message = ''.join(message) # 리스트를 다시 문자열로 만든다.
19.
20.         print('Test #%s: "%s..."' % (i + 1, message[:50]))
21.
22.         # 각 message에 대해 가능한 모든 키 값을 확인한다.
23.         for key in range(1, int(len(message)/2)):
24.             encrypted = transpositionEncrypt.encryptMessage(key, message)
25.             decrypted = transpositionDecrypt.decryptMessage(key, encrypted)
26.
27.             # 원래 message와 복호화된 message가 다르면
28.             # 에러 메시지를 출력하고 프로그램을 탈출한다.
29.             if message != decrypted:
30.                 print('Mismatch with key %s and message %s.' % (key,
                    message))
31.                 print('Decrypted as: ' + decrypted)
32.                 sys.exit()
33.
34.     print('Transposition cipher test passed.')
35.
36.
37. # transpositionTest.py를 실행한 것이면 (모듈로 import한 것이 아니라) main() 함수를 호출한
다.
38.
39. if __name__ == '__main__':
40.     main()
```

전치 암호 테스트 프로그램 실행 예제

transpositionTest.py 프로그램을 실행하면 다음과 같은 화면을 볼 수 있다.

```
Test #1: "JEQLDFKJZWALCOYACUPLTRRMLWHOBXQNEAWSLGWAGQQSRSIUIQ..."
Test #2: "SWRCLUCRDOMLWZKOMAGVOTXUVVEPIOJMSBEQRQOFRGCCKENINV..."
Test #3: "BIZBPZUIWDUFXAPJTHCMDWEGHYOWKWWWSJYKDQVSFWCJNCOZZA..."
Test #4: "JEWBCEXVZAILLCHDZJCUTXASSZZRKRPMYGTGHBXPQPBEBVCODM..."
--중략--
Test #17: "KPKHHLPUWPSSIOULGKVEFHZOKBFHXUKVSEOWOENOZSNIDELAWR..."
Test #18: "OYLFXXZENDFGSXTEAHGHPBNORCFEPBMITILSSJRGDVMNSOMURV..."
Test #19: "SOCLYBRVDPLNVJKAFDGHCQMXIOPEJSXEAAXNWCCYAGZGLZGZHK..."
Test #20: "JXJGRBCKZXPUIEXOJUNZEYYSEAEGVOJWIRTSSGPUWPNZUBQNDA..."
Transposition cipher test passed.
```

이 테스트 프로그램은 transpositionEncrypt.py, transpositionDecrypt.py 프로그램을 모듈로 import한다. 그다음 암호화/복호화 프로그램에 있는 encryptMessage( ), decryptMessage( )를 호출한다. 이 프로그램은 message를 임의로 생성하고 임의의 키를 선택한다. message를 암호화, 복호화한 후 원본과 같은지 확인만 하면 되므로 message는 무작위 문자열이 아니어도 상관은 없다.

이 프로그램은 루프를 통해서 20번 반복해 테스트한다. transpositionDecrypt( )가 리턴한 문자열이 원래 message와 같지 않으면 에러를 출력하고 종료한다.

소스 코드를 더 자세히 살펴보자.

모듈 가져오기

이 프로그램은 모듈 import로 시작한다. 이미 익숙한 두 모듈과 함께 random, sys 모듈을 가져온다.

```
1. # 전치 암호 테스트
2. # https://www.nostarch.com/crackingcodes/ (BSD Licensed)
3.
4. import random, sys, transpositionEncrypt, transpositionDecrypt
```

여기서 전치 암호 프로그램도 import하고 있다(transpositionEncrypt.py, transpositionDecrypt.py). import할 때 .py 확장자만 떼고 입력하면 된다.

의사 난수 생성하기

메시지와 키를 만들기 위해 난수를 생성하려면 random 모듈의 seed() 함수를 써야 한다. seed()에 대해서는 뒤에서 설명하고, 먼저 random.randint() 함수 예제를 통해서 파이썬에서 난수를 다루는 방법을 살펴보자. 테스트 프로그램에서 곧 등장할 random.randint() 함수는 두 개의 정수 아규먼트를 받고, 두 정수 사이의 임의의 정수를 리턴한다. 이때 아규먼트로 지정한 숫자도 리턴할 수 있는 범위에 포함된다. 대화형 셀에 다음을 입력한다.

```
>>> import random
>>> random.randint(1, 20)
20
>>> random.randint(1, 20)
18
>>> random.randint(100, 200)
107
```

코드를 실행해보면 아마도 책에 표시된 숫자와 다른 값과 나올 것이다. 무작위 난수이기 때문에 당연한 일이다. 사실 파이썬의 random.randint() 함수로 생성한 숫자는 진짜 무작위는 아니다. 이 난수들은 의사^{疑似} 난수 생성 알고리즘으로 생성된다. 이 알고리즘은 초기 숫자가 결정되면 수식을 기반으로 계속 다른 숫자를 생성한다.

의사 난수 생성 프로그램이 시작하는 초기 숫자를 시드^{seed}라고 부른다. 시드를 알고 있다면 난수 생성기가 만드는 숫자를 예측하는 것이 가능하다. 시드를 특정 숫자로 설정하면 동일한 숫자가 동일한 순서로 만들어지기 때문이다.

이처럼 무작위로 보이지만 예측 가능한 숫자를 의사 난수라고 한다. 파이썬 프로그램에서 시드를 따로 설정하지 않으면 컴퓨터의 현재 시각을 시드로 사용한다. 파이썬의 난수 시드를 초기화하고 싶다면 random.seed() 함수를 호출한다.

의사 난수가 완전히 무작위가 아니라는 증거를 보고 싶다면 대화형 셀에 다음을 입력한다.

```
>>> import random
❶ >>> random.seed(42)
```

```
❷ >>> numbers = []
   >>> for i in range(20):
   ...    numbers.append(random.randint(1, 10))
   ...
❸ [2, 1, 5, 4, 4, 3, 2, 9, 2, 10, 7, 1, 1, 2, 4, 4, 9, 10, 1, 9]
   >>> random.seed(42)
   >>> numbers = []
   >>> for i in range(20):
   ...    numbers.append(random.randint(1, 10))
   ...
❹ [2, 1, 5, 4, 4, 3, 2, 9, 2, 10, 7, 1, 1, 2, 4, 4, 9, 10, 1, 9]
```

이 코드에서는 같은 시드로 숫자 20개를 두 번 생성한다. 먼저 random을 가져오기 하고 시드를 42로 설정한다❶. 그다음 생성한 수를 저장할 numbers 리스트를 준비한다❷. for 루프로 숫자 20개를 생성하고 각 숫자를 numbers 리스트에 추가한다. 그러면 numbers 리스트를 출력해 생성된 모든 숫자를 볼 수 있다.

파이썬 의사 난수 생성기의 시드를 42로 설정하면 1과 10 사이의 첫 번째 난수는 항상 2다. 두 번째 숫자는 항상 1이고 세 번째 숫자는 항상 5다. 시드를 42로 재설정하고 난수를 생성하면 ❸과 ❹의 numbers 리스트가 같다. 즉, random.randint() 함수가 같은 순서로 의사 난수를 발생시킨다는 것을 알 수 있다.

난수는 암호를 테스트할 때뿐만 아니라 좀 더 복잡한 암호화/복호화에서도 사용하는 중요한 개념이다. 따라서 암호화 소프트웨어에서 사용하는 난수가 예측 가능하다면 이것은 꽤 흔한 취약점이다. 즉, 프로그램의 난수를 예측할 수 있다면 암호 분석가가 그 정보로 복호화를 할 수 있는 것이다.

암호의 보안을 위해 진짜 무작위 방식으로 암호화 키를 선정하는 것이 필요하지만 이런 코드 테스트에서 사용할 것이라면 의사 난수면 족하다. 여기에서는 테스트 문자열을 생성할 때 의사 난수를 사용할 것이다. random.SystemRandom().randint() 함수를 쓰면 파이썬에서 진짜 난수를 생성할 수 있다. 이 함수는 https://www.nostarch.com/crackingcodes/에서 더 자세히 다룬다.

무작위 문자열 만들기

random.randint( )와 random.seed( )로 난수를 만드는 방법을 익혔으므로 이제 소스 코드를 다시 볼 차례다. 암호화/복호화 프로그램을 완전히 자동화하려면 임의의 문자열 메시지를 자동으로 생성해야 한다.

이를 위해 문자열을 무작위 횟수로 복제해 messages 변수에 담는다. 그런 후 이 문자열을 더욱 무작위로 섞기 위해 리스트로 만들고 뒤섞는다. 각 테스트마다 다양한 문자 조합을 시도하기 위해 새로운 임의의 문자열을 생성한다.

암호화 프로그램을 테스트하는 코드가 들어 있는 main( ) 함수를 만들 차례다. 다음과 같이 의사 난수에 의한 문자열을 만들기 위해 시드를 설정한다.

```
6. def main():
7.     random.seed(42) # 무작위 랜덤 함수의 초기화를 위한 시드값을 상수로 설정한다.
```

random.seed( )를 호출하면 임의의 값을 시드로 설정할 수 있으므로 프로그램을 실행할 때마다 의사 난수가 같다. 따라서 동일한 메시지와 키가 발생하므로 테스트 프로그램을 작성할 때 유용하다. 즉, 메시지 하나를 암호화/복화화할 때, 제대로 수행했는지 실패했는지 테스트 케이스를 재현할 수 있다. 이제 for 루프로 문자열을 복제한다.

문자열을 임의의 횟수만큼 복제하기

이제 for 루프를 통해 20회의 테스트를 시행하고, 각 테스트에서 임의의 message를 생성할 것이다.

```
9.     for i in range(20): # 20회 테스트한다.
10.        # 테스트용 무작위 메시지를 생성한다.
11.
12.        # 이 메시지는 길이가 임의의 값이 될 것이다.
13.        message = 'ABCDEFGHIJKLMNOPQRSTUVWXYZ' * random.randint(4, 40)
```

이 프로그램은 for 루프를 반복할 때마다 message를 새로 만들어 테스트를 시행한다. 테스트를 더 많이 시도할수록 프로그램이 정확히 동작할 것이기 때문에 테스트를 많이 하는 것이 좋다.

13행은 테스트 코드의 첫 번째 행이며 임의의 길이의 message를 만들어낸다. 이 변수는 대문자로 구성된 문자열을 randint()를 이용해 4에서 40 사이의 임의의 수만큼 복제한 값을 취한다.

이 상태로 message 문자열을 사용하면 항상 임의의 횟수만큼 반복되는 알파벳 문자열이 된다. 다양한 문자 조합을 테스트해야 하므로 이제 message의 문자를 뒤섞을 필요가 있다. 여기서 리스트에 대해 조금 더 알아보자.

리스트 변수와 레퍼런스 사용

변수에 리스트를 저장하는 것은 값을 저장하는 것과는 다르다. 변수는 리스트 자체가 아니라 리스트에 대한 레퍼런스를 가리킨다. 레퍼런스는 데이터의 일부 비트를 가리키는 값을 뜻하는데, 리스트 레퍼런스는 곧 리스트를 가리키는 값이다. 이런 결과로 코드가 조금 다르게 동작한다.[1]

변수에 문자열과 정수 값을 저장하는 것은 이미 알고 있다. 대화형 셸에 다음을 입력한다.

```
>>> spam = 42
>>> cheese = spam
>>> spam = 100
>>> spam
100
>>> cheese
42
```

---

1 레퍼런스(reference)를 우리말로 '참조'로 표현하기도 하나, 통상 레퍼런스라는 표현을 많이 쓴다. – 옮긴이

여기에서는 변수 spam에 42를 할당하기 위해 spam에 그 값을 복사하고 변수 cheese에 할당했다. 그다음 spam의 값을 100으로 변경하면 spam과 cheese가 저장하는 값이 다르다. 즉 spam의 새 값은 cheese의 값에 영향을 미치지 않는다.

그러나 리스트는 다르게 동작한다. 변수에 리스트를 할당하면 실제로는 변수에 리스트 레퍼런스를 할당한다. 다음 코드를 보면 이 차이점을 쉽게 이해할 수 있다. 다음 코드를 대화형 셸에 입력한다.

```
❶ >>> spam = [0, 1, 2, 3, 4, 5]
❷ >>> cheese = spam
❸ >>> cheese[1] = 'Hello!'
  >>> spam
  [0, 'Hello!', 2, 3, 4, 5]
  >>> cheese
  [0, 'Hello!', 2, 3, 4, 5]
```

코드의 결과가 조금 이상하게 보일 것이다. 코드에서는 cheese 리스트만 변경했는데 cheese와 spam 리스트 둘 다 변경됐다.

spam 리스트를 만들 때 ❶ spam 변수에 리스트의 레퍼런스를 지정한다. 다음 행 ❷은 리스트 값이 아닌 spam의 리스트 레퍼런스만을 cheese에 복사한다. 즉, spam과 cheese에 저장된 값은 모두 같은 리스트 레퍼런스이다. 리스트를 실제로 복사한 적이 없으므로 원래의 리스트만 존재한다. 따라서 cheese의 첫 번째 요소를 수정 ❸하면 spam이 참조하고 있는 리스트도 수정된다.

변수는 값을 담고 있는 상자와 같다는 점을 상기한다. 그러나 리스트 변수는 실제로 리스트를 담고 있지 않고 리스트에 대한 레퍼런스를 담고 있다(이 레퍼런스는 파이썬이 내부적으로 사용하는 ID 번호를 갖고 있는데 무시해도 된다). 그림 9-1은 리스트를 spam 변수에 할당할 때 발생하는 상황을 상자에 비유한 변수 그림으로 나타낸 것이다.

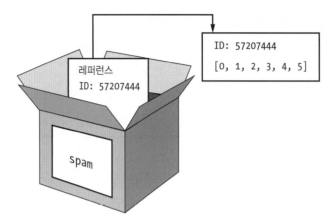

그림 9-1 spam = [0, 1, 2, 3, 4, 5]는 실제 리스트가 아니라 리스트의 레퍼런스를 저장한다.

그다음, 그림 9-2는 spam의 레퍼런스를 cheese에 복사한 것이다. 새로운 리스트가 아니라 새로운 레퍼런스가 생성돼 cheese에 저장된 것이다. 두 레퍼런스 모두 같은 리스트를 가리키고 있다는 점을 명심한다.

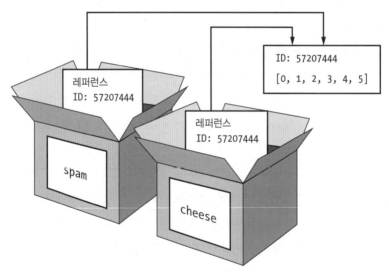

그림 9-2 spam = cheese는 리스트가 아니라 레퍼런스를 복사한다.

cheese가 가리키는 리스트를 바꾸면 spam이 가리키는 리스트도 바뀐다. 이는 cheese와 spam 모두 같은 리스트를 가리키고 있기 때문이다. 그림 9-3은 이를 나타낸 것이다.

파이썬 변수는 기술적으로 리스트 값을 레퍼런스로 구성하지만, 보통은 그런 변수를 "리스트가 들어 있다"라고 말하는 편이다.

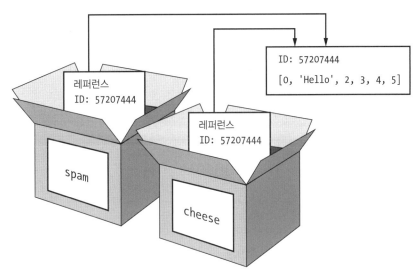

그림 9-3 cheese[1] = 'Hello!'는 두 변수가 가리키고 있는 리스트에 담겨 있는 값을 변경한다.

레퍼런스 전달

레퍼런스는 아규먼트를 함수에 전달하는 방법을 이해하는 데 있어 특히 중요한 개념이다. 함수를 호출하면 아규먼트 값이 파라미터 변수에 복사된다. 리스트의 경우에는 레퍼런스 복사본을 파라미터에 사용한다는 뜻이다. 실제로 어떻게 동작하는지 보기 위해 새로운 파일 편집기 창을 열고 다음 코드를 입력한 다음 passingReference.py로 저장한다.

F5 키를 눌러서 실행한다.

passingReference.py

```
def eggs(someParameter):
    someParameter.append('Hello')


spam = [1, 2, 3]
eggs(spam)
print(spam)
```

이 코드를 실행해 eggs( )를 호출하면 spam에 새 값을 할당하기 위해 리턴 값을 사용하지 않는다. 대신 리스트가 직접 바뀐다. 이 프로그램을 실행하면 다음 결과가 출력된다.

```
[1, 2, 3, 'Hello']
```

spam과 someParameter는 각각 다른 레퍼런스를 담고 있지만 둘 다 같은 리스트를 가리킨다. 따라서 함수 내에서 append('Hello') 메소드를 호출하면 함수가 리턴된 다음에도 리스트에 영향을 준다. 이런 동작 방식을 꼭 기억해둬야 한다. 파이썬의 리스트 변수 처리 방식을 잊으면 복잡한 버그가 생길 수 있다.

copy.deepcopy()로 리스트 복사하기

리스트 값을 복사하려면 copy 모듈을 import해 copy.deepcopy( ) 함수를 호출한다. 그러면 전달한 리스트의 개별 복사본을 리턴한다.

```
>>> spam = [0, 1, 2, 3, 4, 5]
>>> import copy
>>> cheese = copy.deepcopy(spam)
>>> cheese[1] = 'Hello!'
>>> spam
[0, 1, 2, 3, 4, 5]
>>> cheese
[0, 'Hello!', 2, 3, 4, 5]
```

여기서 copy.deepcopy( ) 함수는 spam에 들어 있는 리스트를 cheese로 복사한 것이다. 따라서 cheese 안에 있는 요소들을 바꿔도 spam에는 영향을 끼치지 않는다.

random.shuffle() 함수

레퍼런스의 동작 원리를 바탕으로, random.shuffle( ) 함수의 동작 원리도 이해할 수 있다. random.shuffle( ) 함수는 random 모듈의 일부로서 리스트 아규먼트를 받아서 임의의 순서로 요소들을 뒤섞는다. 대화형 셸에 다음을 입력해 random.shuffle( )의 동작 방식을 살펴본다.

```
>>> import random
>>> spam = [0, 1, 2, 3, 4, 5, 6, 7, 8, 9]
>>> spam
[0, 1, 2, 3, 4, 5, 6, 7, 8, 9]
>>> random.shuffle(spam)
>>> spam
[3, 0, 5, 9, 6, 8, 2, 4, 1, 7]
>>> random.shuffle(spam)
>>> spam
[1, 2, 5, 9, 4, 7, 0, 3, 6, 8]
```

여기에서 shuffle( )이 리스트 값을 리턴하지 않는 점이 중요하다. 리턴 대신 전달한 리스트의 값을 변경한다(shuffle( )은 전달한 리스트 레퍼런스 값을 통해 리스트를 직접 바꾼다). shuffle( ) 함수는 리스트를 저장된 위치에서 값을 직접 수정하므로 spam=random.shuffle(spam) 방식으로 쓰지 않고 random.shuffle(spam) 방식으로 실행하면 된다.

문자열 임의로 뒤섞기

transpositionTest.py를 다시 살펴보자. 문자열 값에 들어 있는 문자들을 뒤섞으려면 먼저 list( )로 문자열을 리스트로 바꿔야 한다.

```
15.         # message 문자열을 뒤섞기 위해 리스트로 만든다.
16.         message = list(message)
17.         random.shuffle(message)
18.         message = ''.join(message) # 리스트를 다시 문자열로 만든다.
```

list( )의 리턴 값은 전달한 문자열에 있는 각 문자에 대해, 그 문자 한 개만 있는 문자열들로 구성된 리스트 값이다. 16행에서는 message를 문자 리스트로 다시 할당했다. 그다음 shuffle( )을 실행해 message에 있는 요소의 순서를 뒤섞는다. 이제 join( ) 문자열 메소드를 실행하면 문자열 리스트가 다시 문자열 값으로 변환된다. 이렇게 message 문자열을 뒤섞어 서로 다른 다양한 message를 테스트할 수 있다.

다양한 message 테스트하기

이제 임의의 message를 만들었으므로 암호화/복호화를 테스트할 차례다. 프로그램을 테스트하면서 테스트 중인 내용을 확인하기 위해 피드백을 일부 출력한다.

```
20.        print('Test #%s: "%s..."' % (i + 1, message[:50]))
```

20행에서는 수행 중인 테스트 번호를 print() 호출로 출력한다(i는 0부터 시작하고 테스트 번호는 1부터 시작하므로 i에 1을 더하고 있다). message 문자열이 너무 길 수도 있으므로 문자열 나누기로 message의 처음 50자만 표시한다.

20행은 문자열 포맷팅을 사용하고 있다. i + 1은 문자열의 첫 번째 %s를 대체하고, message[:50]은 두 번째 %s를 대체한다. 문자열 포맷팅을 사용할 때 문자열의 %s 개수가 괄호 사이에 있는 값의 개수와 일치해야 한다.

이제 가능한 모든 키를 테스트한다. 카이사르 암호의 키는 0부터 65까지의 정수(심볼 집합의 길이)가 될 수 있지만 전치 암호의 키는 message 길이의 1에서 절반 사이가 될 수 있다. 23행의 for 루프는 1에서 message 길이의 절반까지에 이르는 값을 키 값으로 테스트 코드를 실행한다.

```
22.        # 각 message에 대해 가능한 모든 키 값을 확인한다.
23.        for key in range(1, int(len(message)/2)):
24.            encrypted = transpositionEncrypt.encryptMessage(key, message)
25.            decrypted = transpositionDecrypt.decryptMessage(key, encrypted)
```

24행은 encryptMessage() 함수로 message 문자열을 암호화한다. 이 함수는 transpositionEncrypt.py 파일 안에 있기 때문에 transpositionEncrypt를 함수 이름 앞에 추가해야 한다(끝에 마침표가 있음).

encryptMessage( )가 암호화된 문자열을 리턴하면 이 문자열을 decryptMessage( )에 전달한다. 두 함수를 호출할 때 같은 키를 사용해야 한다. decryptMessage( )의 리턴 값은 변수 decrypted에 저장된다. 이 함수들이 제대로 동작했다면, message 문자열이 복호화된 문자열과 같아야 한다. 이제 프로그램에서 이를 어떻게 확인하는지 살펴볼 차례다.

암호화가 제대로 동작했는지 확인하고 프로그램 끝내기

message를 암호화/복호화한 다음, 두 프로세스가 제대로 동작했는지 확인할 차례다. 원래 message가 복호화된 message와 같은지만 확인하면 된다.

```
27.          # 원래 message와 복호화된 message가 다르면
28.          # 에러 메시지를 출력하고 프로그램을 탈출한다.
29.          if message != decrypted:
30.              print('Mismatch with key %s and message %s.' % (key,
                 message))
31.              print('Decrypted as: ' + decrypted)
32.              sys.exit()
33.
34.      print('Transposition cipher test passed.')
```

29행은 message와 decrypted가 같은지 확인한다. 다르다면 파이썬이 화면에 에러 메시지를 출력한다. 30행과 31행은 key, message, decrypted 값을 피드백으로 출력해 잘못된 부분을 찾을 때 도움이 되도록한다. 그다음 프로그램을 종료한다.

보통은 프로그램을 끝까지 수행해 더 이상 실행할 코드가 없을 때 송료된다. 그러나 sys.exit( )를 호출하면 프로그램을 즉시 종료하고 message 테스트를 중지한다(테스트가 하나만 실패해도 암호화 프로그램을 고쳐야 하니까!).

message와 decrypted의 값이 같으면 if문 블록과 sys.exit( ) 호출을 건너뛴다. 이제 모든 테스트를 마칠 때까지 반복을 계속한 다음, 34행을 실행한다. 34행은 들여쓰기가 9행의 루프 밖에 있다. 34행은 'Transposition cipher test passed'를 출력한다.

main() 함수 호출

다른 프로그램과 마찬가지로 프로그램을 모듈로 import했는지 main 프로그램으로 실행한 것인지 확인한다.

```
37. # transpositionTest.py를 실행한 것이면(모듈로 import한 것이 아니라)
38. main() 함수를 호출한다.
39. if __name__ == '__main__':
40.     main()
```

39행과 40행은 특수 변수 __name__이 '__main__'으로 설정돼 있는지 확인하고, 그렇다면 main() 함수를 호출한다.

테스트 프로그램 테스트하기

전치 암호 프로그램 테스트 프로그램을 만들었지만 이 테스트 프로그램이 제대로 동작하는지는 알 수 없다. 테스트 프로그램에 버그가 있다면 전치 암호 프로그램에 문제가 있는지 알 수 없다는 것을 의미한다.

테스트 프로그램을 테스트하려면 의도적인 버그를 암호화/복호화 함수에 추가해볼 수 있다. 테스트 프로그램이 문제를 발견하지 못하면 테스트 프로그램에 문제가 있다는 것을 알 수 있다.

transpositionEncrypt.py를 열고 36행에 + 1을 추가해 버그를 삽입해보자.

transposition Encrypt.py

```
35.     # currentIndex를 이동한다.
36.     currentIndex += key + 1
```

이제 암호화 코드에 문제가 발생했으므로 테스트 프로그램을 실행하면 다음과 같이 에러가 출력된다.

```
Test #1: "JEQLDFKJZWALCOYACUPLTRRMLWHOBXQNEAWSLGWAGQQSRSIUIQ..."
Mismatch with key 1 and message
JEQLDFKJZWALCOYACUPLTRRMLWHOBXQNEAWSLGWAGQQSRSIUIQTRGJHDVCZECRESZJARAVIPFOBWZ
XXTBFOFHVSIGBWIBBHGKUWHEUUDYONYTZVKNVVTYZPDDMIDKBHTYJAHBNDVJUZDCEMFMLUXEONCZX
WAWGXZSFTMJNLJOKKIJXLWAPCQNYCIQOFTEAUHRJODKLGRIZSJBXQPBMQPPFGMVUZHKFWPGNMRYXR
OMSCEEXLUSCFHNELYPYKCNYTOUQGBFSRDDMVIGXNYPHVPQISTATKVKM.
Decrypted as:
JQDKZACYCPTRLHBQEWLWGQRIITGHVZCEZAAIFBZXBOHSGWBHKWEUYNTVNVYPDIKHYABDJZCMMUENZ
WWXSTJLOKJLACNCQFEUROKGISBQBQPGVZKWGMYRMCELSFNLPKNTUGFRDVGNPVQSAKK
```

의도적인 버그를 삽입한 결과, 첫 번째 메시지에서 테스트 프로그램이 실패했다. 테스트 실패를 계획한 것이므로 제대로 동작한 것이다.

요약

9장에서 간단한 프로그램 작성을 넘어 새로운 프로그래밍 기술을 익혔다. 이제 프로그램이 다른 입력 데이터에 대해서도 동작하는지 테스트하는 프로그램을 작성할 수 있다. 사실 테스트 코드는 필수적으로 작성해야 한다.

9장에서는 random.randint() 함수를 사용해 의사 난수를 생성하는 방법과 random.seed()로 시드를 재설정해 더 많은 의사 난수를 만드는 방법을 익혔다. 의사 난수는 암호화 프로그램에서 사용하기에 충분한 무작위성을 보장하지는 않으나 테스트 프로그램 용도로는 충분하다.

또한 리스트와 리스트 레퍼런스의 차이점을 익혔고 copy.deepcopy() 함수를 통해 레퍼런스가 아니라 리스트의 복사본을 만드는 방법도 다뤘다. random.shuffle() 함수는 레퍼런스 참조를 통해 리스트의 요소들을 뒤섞는다. 이를 통해 리스트의 순서를 재배치할 수 있다.

지금까지 작성한 프로그램은 모두 짧은 메시지만 암호화할 수 있다. 10장에서는 파일 전체를 암호화/복호화하는 방법을 배운다.

연습 문제

연습 문제의 정답은 이 책의 웹사이트 https://www.nostarch.com/crackingcodes/에서 제공한다.

1. 다음 프로그램을 실행해 8이 출력된다면 다음번 실행 때에는 무엇이 출력되는가?

```
import random
random.seed(9)
print(random.randint(1, 10))
```

2. 다음 프로그램은 무엇을 출력하는가?

```
spam = [1, 2, 3]
eggs = spam
ham = eggs
ham[0] = 99
print(ham == spam)
```

3. deepcopy() 함수는 어떤 모듈에 들어 있나?

4. 다음 프로그램이 출력하는 것은?

```
import copy
spam = [1, 2, 3]
eggs = copy.deepcopy(spam)
ham = copy.deepcopy(eggs)
ham[0] = 99
print(ham == spam)
```

10

파일 암호화와 복호화
ENCRYPTING AND DECRYPTING FILES

"비밀 경찰은 왜 사람들을 구속해 고문하는가?
정보를 얻기 위해서다. 하드 디스크는 고문에 저항하지 않는다.
하드 디스크에게도 저항할 방법이 필요하다.
그것이 암호학이다."

– 패트릭 볼(Patrick Ball),

인권 데이터 분석 그룹(Human Rights Data Analysis Group)

앞에서 작성한 프로그램들은 소스 코드에 문자열 값을 직접 입력할 수 있는 작은 메시지만 처리할 수 있었다. 10장에서는 수백만 글자에 달하는 파일 전체를 암호화/복호화할 수 있는 암호 프로그램을 만들 것이다.

평문 파일

전치 파일 암호 프로그램은 (서식 없는) 평문 문서 파일을 암호화/복호화한다. 평문 파일은 텍스트 데이터만 있고 보통은 확장자가 .txt이다. 윈도우에서는 메모장, 맥OS에서는 TextEdit, 리눅스에서는 gedit 등의 프로그램을 사용해 텍스트 파일을 작성할 수 있다(워드프로세서 프로그램들로도 평문 문서 파일을 만들 수 있지만 글꼴, 크기, 색상, 서식 등을 저장하지 않아야 한다는 점을 주의한다).

IDLE의 파일 편집기로 .py 확장자가 아닌 .txt 확장자로 파일을 저장해도 된다.

예제 일부는 https://www.nostarch.com/crackingcodes/에서 파일을 다운로드할 수 있다. 예제 문서 파일은 합법적으로 다운로드해 사용할 수 있는 책에서 온 것이다. 메리 셸리^{Mary Shelley}의 고전 소설『프랑켄슈타인^{Frankenstein}』은 78,000단어 이상이 들어 있는 문서 파일이다. 이 책을 암호 프로그램에 직접 입력하려면 시간이 많이 걸리겠지만 다운로드한 파일을 사용하면 프로그램을 통해 몇 초만에 암호화할 수 있다.

전치 파일 암호 프로그램의 소스 코드

전치 암호 프로그램처럼, 전치 파일 암호 프로그램은 transpositionEncrypt.py, transpositionDecrypt.py 파일을 import해 encryptMessage( ), decryptMessage( ) 함수를 호출한다. 따라서 새로 작성하는 프로그램에서 이 함수들의 코드를 또 입력할 필요가 없다.

File ▸ New File을 선택해 새 파일 편집기 창을 연다. 파일 편집기에 다음 코드를 입력하고 transpositionFileCipher.py로 저장한다. https://www.nostarch.com/cracking codes/에서 frankenstein.txt를 다운로드해서 이 파일을 transpositionFileCipher.py 파일과 같은 폴더에 넣는다. F5 키를 눌러 프로그램을 실행해본다.

transpositionFileCipher.py

```
1. # 전치 파일 암호 암호화/복호화
2. # https://www.nostarch.com/crackingcodes/ (BSD Licensed)
3.
4. import time, os, sys, transpositionEncrypt, transpositionDecrypt
5.
6. def main():
7.     inputFilename = 'frankenstein.txt'
8.     # 주의! outputFilename으로 지정한 이름의 파일이 이미 존재하면
9.     # 프로그램이 그 파일을 덮어 쓸 것이다.
10.    outputFilename = 'frankenstein.encrypted.txt'
11.    myKey = 10
12.    myMode = 'encrypt' # 'encrypt'나 'decrypt' 중에 하나를 설정한다.
13.
14.    # 입력 파일이 존재하지 않으면 프로그램을 조기에 종료시킨다.
15.    if not os.path.exists(inputFilename):
16.        print('The file %s does not exist. Quitting...' % (inputFilename))
17.        sys.exit()
18.
19.    # 출력 파일이 이미 있으면 사용자에게 종료시킬지 선택의 기회를 준다.
20.    if os.path.exists(outputFilename):
21.        print('This will overwrite the file %s. (C)ontinue or (Q)uit?' %
              (outputFilename))
22.        response = input('> ')
23.        if not response.lower().startswith('c'):
24.            sys.exit()
```

```
25.
26.    # 입력 파일에서 message를 읽는다.
27.    fileObj = open(inputFilename)
28.    content = fileObj.read()
29.    fileObj.close()
30.
31.    print('%sing...' % (myMode.title()))
32.
33.    # 암호화/복호화에 걸리는 시간을 측정한다.
34.    startTime = time.time()
35.    if myMode == 'encrypt':
36.        translated = transpositionEncrypt.encryptMessage(myKey, content)
37.    elif myMode == 'decrypt':
38.        translated = transpositionDecrypt.decryptMessage(myKey, content)
39.    totalTime = round(time.time() - startTime, 2)
40.    print('%sion time: %s seconds' % (myMode.title(), totalTime))
41.
42.    # 변환된 message를 출력 파일에 쓴다.
43.    outputFileObj = open(outputFilename, 'w')
44.    outputFileObj.write(translated)
45.    outputFileObj.close()
46.
47.    print('Done %sing %s (%s characters).' % (myMode, inputFilename,
       len(content)))
48.    print('%sed file is %s.' % (myMode.title(), outputFilename))
49.
50.
51. # transpositionCipherFile.py를 모듈이 아니라 직접 실행했다면 main() 함수를 호출한다.
52.
53. if __name__ == '__main__':
54.    main()
```

전치 파일 암호 프로그램 실행 예제

transpositionFileCipher.py 프로그램을 실행하면 다음과 같은 출력을 볼 수 있다.

```
Encrypting... (암호화 중)
Encryption time: 1.21 seconds (암호화 소요 시간)
Done encrypting frankenstein.txt (441034 characters). (암호화 완료)
Encrypted file is frankenstein.encrypted.txt. (암호화된 파일 이름)
```

transpositionFileCipher.py와 같은 폴더에 frankenstein.encrypted.txt 파일이 생성됐다. IDLE의 파일 편집기로 열어서 암호화된 frankenstein.txt의 내용을 살펴본다. 그러면 다음과 같은 내용을 볼 수 있다.

```
PtFiyedleo a arnvmt eneeGLchongnes Mmuyedlsu0#uiSHTGA r sy,n t ys
s nuaoGeL
sc7s,
--중략--
```

문서를 암호화했다면 이것을 누군가에게 보낼 것이고 그는 이것을 복호화할 수 있을 것이다. 문서를 받은 사람도 전치 파일 암호 프로그램이 필요하다.

문서를 복호화하려면 소스 코드에서 굵게 표시된 다음 부분을 변경해 프로그램을 실행한다.

```
7.    inputFilename = 'frankenstein.txt'
8.    # 주의! outputFilename으로 지정한 이름의 파일이 이미 존재하면
9.    # 프로그램이 그 파일을 덮어 쓸 것이다.
10.   outputFilename = 'frankenstein.encrypted.txt'
11.   myKey = 10
12.   myMode = 'encrypt' # 'encrypt'나 'decrypt' 중에 하나를 설정한다.
```

프로그램을 실행하면 이번에는 frankenstein.decrypted.txt 파일이 생성되고, 이 파일은 같은 폴더에 있는 원래 frankenstein.txt과 내용이 동일하다.

파일 작업하기

transpositionFileCipher.py 코드를 살펴보기 전에 파이썬에서 파일을 어떻게 다루는지 보자. 파일의 내용을 읽는 과정은 총 세 단계다. 파일을 열고, 파일의 내용을 변수에 읽어 넣고, 파일을 닫는 것이다. 파일에 새로운 내용을 쓸 때도 마찬가지다. 파일을 열고, 쓰고, 닫는다.

파일 열기

파이썬에서는 파일을 읽고 쓰기 위해 파일을 열 때 open( ) 함수를 사용한다.

open( ) 함수의 첫 번째 파라미터는 파일의 이름이다. 이 파일이 파이썬 프로그램과 같은 폴더에 있다면 파일 이름만 쓰면 된다. 파이썬 프로그램과 같은 폴더에 있는 파일 thetimemachine.txt를 열려면 다음과 같이 한다.

```
fileObj = open('thetimemachine.txt')
```

이 파일 객체는 fileObj 변수에 저장되고 이 객체를 이용해 파일을 읽고 쓸 수 있다. 파일이 들어 있는 상위 폴더나 절대 경로를 지정할 수도 있다. 윈도우에서는 'C:\\Users\\Al\\frankenstein.txt'으로 지정할 수 있고 맥OS나 리눅스에서는 '/Users/Al/frankenstein.txt'로 지정할 수 있다. 윈도우에서는 역슬래시(\)를 이스케이프 문자로 사용하기 때문에 본래의 역슬래시 앞에 하나 더 붙인다는 점을 주의한다. 예를 들어 frankenstein.txt 파일을 열 때 경로를 지정하고 싶다면 open( ) 함수의 첫 번째 파리미터에 다음과 같이 넣으면 된다. 이때 절대 경로는 각자의 운영체제 형식을 따른다.

```
fileObj = open('C:\\Users\\Al\\frankenstein.txt')
```

파일 객체에 읽고 쓰고 닫는 메소드는 몇 종류가 있다.

파일에 쓰고 파일 닫기

암호화 프로그램에서 텍스트 파일의 내용을 읽은 후 암호화 또는 복호화를 수행한 다음 다시 파일에 쓰려면 write( ) 메소드를 사용한다.

파일 객체에서 write( )를 사용하려면 파일 객체를 쓰기 모드로 열어야 한다. 이때에는 open( ) 함수의 두 번째 아규먼트로 문자열 'w'를 지정해야 한다(두 번째 아규먼트는 옵션 파라미터이므로 open( ) 함수를 호출할 때 두 번째 아규먼트를 지정하지 않아도 사용할 수 있다). 다음 코드를 대화형 셸에 입력해본다.

```
>>> fileObj = open('spam.txt', 'w')
```

이 코드는 spam.txt를 파일 이름으로 해 쓰기 모드로 생성한다. 이 파일은 편집이 가능하다. open( ) 함수를 호출하는 곳에 같은 파일 이름의 파일이 존재하면 새 파일을 생성하고 이전 파일을 덮어 쓴다. 따라서 open( ) 함수를 쓰기 모드로 사용할 때에는 주의가 필요하다.

spam.txt를 쓰기 모드로 열었으므로 write( ) 메소드로 이 파일에 쓰기를 할 수 있다. write( ) 메소드는 파일에 쓸 문자열 아규먼트 한 개를 취한다. 다음 코드를 대화형 셸에 입력해 spam.txt에 'Hello, world!'를 써보자.

```
>>> fileObj.write('Hello, world!')
13
```

write( ) 메소드에 'Hello, world!' 문자열을 넘기면 spam.txt 파일에 이 문자열을 쓰고 13을 출력한다. 이 숫자는 파일에 쓴 문자열의 길이다.

```
>>> fileObj.close()
```

파일 작업을 마쳤으면 파일객체의 close( ) 메소드를 호출해 파이썬이 파일을 닫도록 한다.

추가^{append} 모드도 존재한다. 추가 모드는 쓰기 모드와 비슷하지만 파일을 덮어 쓰지 않고 문자열을 이미 존재하는 파일의 끝에 쓴다. 앞의 프로그램에서는 추가 모드를 사용하지는 않았다. open( )의 두 번째 아규먼트에 문자열 'a'를 전달하면 파일을 추가 모드로 연다.

io.UnsupportedOperation에러 메시지가 나타난다면 파일 객체를 쓰기 모드로 열지 않았는데 write( )를 호출한 것이다. open( ) 함수에 옵션 파라미터를 지정하지 않으면 읽기 모드인 'r'을 기본으로 사용해 파일을 연다. 따라서 이렇게 연 파일은 read( ) 메소드만 사용할 수 있다.

파일 읽기

read( ) 메소드는 파일에 들어 있는 모든 텍스트를 문자열로 리턴한다. 앞에서 write( ) 메소드로 생성한 spam.txt 파일을 읽어보자. 대화형 셸에 다음 코드를 입력한다.

```
>>> fileObj = open('spam.txt', 'r')
>>> content = fileObj.read()
>>> print(content)
Hello world!
>>> fileObj.close()
```

파일을 열면 파일 객체가 생성돼 fileObj 변수에 저장된다. 파일 객체를 얻은 후에는 read( ) 메소드로 파일을 읽어서 그 내용을 변수에 저장해 출력할 수 있다.

파일 객체로 할 일을 다 했다면 close( )를 호출해서 파일을 닫아야 한다.

IOError: [Errno 2] No such file or directory에러 메시지가 나타났다면 지정한 파일 이름과 폴더 이름이 정확한지 다시 확인해야 한다(디렉터리는 폴더의 동의어이다.)

이제 transpositionFileCipher.py에서 open( ), read( ), write( ), close( )를 통해 파일을 암호화/복호화할 수 있을 것이다.

main() 함수 지정

transpositionFileCipher.py 프로그램의 첫 부분은 친숙할 것이다.

4행은 transpositionEncrypt.py와 transpositionDecrypt.py를 가져오는 import 구문이다. 여기에서 파이썬의 time, os, sys 모듈도 가져온다. main() 함수는 프로그램에서 사용할 변수 몇 개를 설정하는 것으로 시작한다.

```
1. # 전치 파일 암호 암호화/복호화
2. # https://www.nostarch.com/crackingcodes/ (BSD Licensed)
3.
4. import time, os, sys, transpositionEncrypt, transpositionDecrypt
5.
6. def main():
7.     inputFilename = 'frankenstein.txt'
8.     # 주의! outputFilename으로 지정한 이름의 파일이 이미 존재하면
9.     # 프로그램이 그 파일을 덮어 쓸 것이다.
10.    outputFilename = 'frankenstein.encrypted.txt'
11.    myKey = 10
12.    myMode = 'encrypt' # 'encrypt'나 'decrypt' 중에 하나를 설정한다.
```

inputFilename 변수는 읽을 파일 이름을 담고 있는 문자열이고 outputFilename은 암호화/복호화한 텍스트를 쓸 파일 이름이다. 전치 암호에 사용할 정수 값 키를 myKey에 저장한다.

myMode에는 'encrypt' 또는 'decrypt'를 넣어서 inputFilename 파일을 암호화할 것인지 복호화할 것인지 정한다. inputFilename 파일을 읽기 전에 os.path.exists()를 사용하면 파일이 존재하는지 미리 알아볼 수 있다.

파일이 존재하는지 알아보기

파일을 읽을 때는 별 문제가 없으나 파일을 쓸 때에는 주의가 필요하다. open() 함수를 쓰기 모드로 호출할 때 파일 이름이 같은 파일이 이미 존재하면 원래 내용을 덮어 쓰기 때문이다. os.path.exists() 함수를 통해서 지정한 파일이 이미 존재하는지 알아낼 수 있다.

os.path.exists() 함수

os.path.exists() 함수는 파일 이름이나 파일 경로를 지정하는 문자열 아규먼트 한 개를 받아서 파일이 이미 존재하면 True를 리턴하고 파일이 없으면 False를 리턴한다. os.path.exists() 함수는 path 모듈에 들어 있는데 이 모듈은 os 모듈에 들어 있다. 그러므로 os 모듈을 import하면 path 모듈도 import된다. 다음 코드를 대화형 셸에 입력한다.

```
>>> import os
❶ >>> os.path.exists('spam.txt')
False
>>> os.path.exists('C:\\Windows\\System32\\calc.exe') # 윈도우
True
>>> os.path.exists('/usr/local/bin/idle3') # 맥OS
False
>>> os.path.exists('/usr/bin/idle3') # 리눅스
False
```

이 예제에서 os.path.exists() 함수는 윈도우의 calc.exe 파일이 존재하는지 확인한다. 물론 파이썬을 윈도우에서 실행할 때 제대로 된 결과를 얻을 수 있다. 윈도우에서는 역슬래시를 사용할 때마다 이스케이프 문자로서 역슬래시를 하나 더 붙여야 한다는 사실을 주의한다. 맥OS에서 맥OS용 예제를 실행하면 True를 리턴할 것이고, 마지막 예제는 리눅스에서 True를 리턴할 것이다❶. 파이썬은 전체 파일 경로를 전달하지 않는 경우 현재 작업 디렉터리에서만 찾는다. IDLE 대화형 셸에서는 파이썬이 설치된 폴더가 현재 작업 디렉터리다.

os.path.exists() 함수로 입력 파일이 존재하는지 알아내기

os.path.exists() 함수를 사용해서 파일 이름이 inputFilename인 파일이 이미 존재하는지 알아낸다. 만약 존재하지 않으면 아무 파일도 암호화/복호화하지 않는다.

이 과정은 14행에서 17행에 있다.

```
14.        # 입력 파일이 존재하지 않으면 프로그램을 조기에 종료시킨다.
15.        if not os.path.exists(inputFilename):
16.            print('The file %s does not exist. Quitting...' % (inputFilename))
17.            sys.exit()
```

파일이 존재하지 않으면 사용자에게 메시지를 출력하고 프로그램을 끝낸다.

문자열 메소드로 더욱 유연한 사용자 입력 만들기

다음으로 전치 파일 암호화 프로그램은 outputFilename과 같은 파일 이름의 파일이 있는지 알아낸다. 만약 그 파일이 존재하면 사용자에게 계속 진행할 것이면 C를, 프로그램을 끝낼 것이면 Q를 누르라고 묻는다. 사용자는 다양한 응답을 입력할 수 있으므로 'c', 'C'뿐만 아니라 'Continue'와 같은 단어까지도 그에 속한다. 이 모든 응답에 대응하도록 프로그램을 작성하려면 문자열 메소드 중 알맞은 메소드를 추가적으로 사용해야 한다.

문자열 메소드 upper(), lower(), title()

upper(), lower() 문자열 메소드는 문자열 전체를 대문자로 바꾸거나 소문자로 바꾼다. 다음 코드를 대화형 셸에 입력해보자. 같은 문자열로 작업했을 때 이 메소드들이 어떻게 동작하는지 알 수 있다.

```
>>> 'Hello'.upper()
'HELLO'
>>> 'Hello'.lower()
'hello'
```

lower(), upper()는 문자열 전체를 대문자로 바꾸거나 소문자로 바꾸지만, title() 문자열 메소드는 제목에 맞는 대소문자 변경을 시행한다. 제목[Title]용 대소문자화라는 것은 단어의 시작 글자만 대문자로 바꾸고 나머지 문자는 소문자로 바꾸는 것을 의미한다. 다음 코드를 대화형 셸에 입력한다.

```
>>> 'hello'.title()
'Hello'
>>> 'HELLO'.title()
'Hello'
>>> 'extra! extra! man bites shark!'.title()
'Extra! Extra! Man Bites Shark!'
```

전치 파일 암호 프로그램에서 title() 함수는 사용자 출력 메시지를 포맷팅하기 위해
사용할 것이다.

문자열 메소드 startswith(), endswith()

startswith() 메소드는 문자열의 시작 부분에서 아규먼트로 받은 문자열이 발견되면
True를 리턴한다. 대화형 셀에 다음 코드를 입력한다.

```
>>> 'hello'.startswith('h')
True
>>> 'hello'.startswith('H')
False
>>> spam = 'Albert'
❶ >>> spam.startswith('Al')
True
```

startswith() 메소드는 대소문자를 가리고, 문자 여러 개로도 사용할 수 있다❶.
endswith() 메소드는 문자열의 끝이 아규먼트로 지정한 문자열로 끝나는지 확인한다.
다음 코드를 대화형 셀에 입력한다.

```
>>> 'Hello world!'.endswith('world!')
True
❷ >>> 'Hello world!'.endswith('world')
False
```

208

문자열 값은 정확히 일치해야 한다. 예제에서 'world'에 느낌표가 빠졌으므로 ❷ endswith( )가 False를 리턴한다.

앞에서 학습한 문자열 메소드를 전치 파일 암호 프로그램에서 사용하기

앞에서 설명했듯이 전치 파일 암호 프로그램에서는 대소문자 관계없이 C로 시작하는 응답을 수락한다. 이것은 사용자가 c, continue, C, 그 밖의 C로 시작하는 어떤 문자열이라도 입력하는 경우 파일을 덮어쓰기를 원한다는 뜻이다.

문자열 메소드 lower( ), startswith( )를 사용해 전치 파일 암호 프로그램의 사용자 입력을 더욱 유연하게 대응할 수 있도록 만들면 다음 코드와 같이 된다.

```
19.      # 출력 파일이 이미 있으면 사용자에게 종료시킬지 선택의 기회를 준다.
20.      if os.path.exists(outputFilename):
21.          print('This will overwrite the file %s. (C)ontinue or (Q)uit?' %
(outputFilename))
22.          response = input('> ')
23.          if not response.lower().startswith('c'):
24.              sys.exit()
```

23행에서 문자열의 첫 번째 글자를 취하고 이것이 startswith( ) 메소드를 통해 C인지 확인한다. 이때, startswith( ) 메소드는 대소문자까지 확인하므로 lower( ) 메소드를 통해서 문자열의 대소문자를 항상 소문자로 변경한 후 소문자 c인지 확인한다. 사용자가 입력한 응답이 C가 아니라면 startswith( )는 False를 리턴하고 if 구문은 True가 된다 (if 구문에 not이 있다). 여기까지 왔다면 sys.exit( )를 호출해 프로그램을 끝낸다. 실제로는 사용자가 프로그램을 끝내기 위해 Q를 입력할 필요는 없다. C로 시작하지 않는 아무 문자열을 입력해도 sys.exit( ) 함수를 호출하고 프로그램이 끝날 것이다.

입력 파일 읽기

27행에서 10장 초반에서 다룬 파일 객체를 사용한다.

```
26.     # 입력 파일에서 message를 읽는다.
27.     fileObj = open(inputFilename)
28.     content = fileObj.read()
29.     fileObj.close()
30.
31.     print('%sing...' % (myMode.title()))
```

27~29행에서는 inputFilename에 저장된 파일 이름으로 파일을 열고, 그 내용을 content 변수에 저장한 다음, 파일을 닫는다. 파일 읽기가 끝난 후에 31행에서 메시지를 출력해 암호화/복호화가 시작됐음을 알린다. myMode에는 문자열 'encrypt' 또는 'decrypt'를 담고 있을 것이다. title() 메소드를 호출해 myMode에 들어 있는 문자열의 첫 번째 글자를 대문자로 바꾸고 '%sing' 문자열에 넣는다. 결과적으로 화면에는 'Encrypting...' 또는 'Decrypting...'이 출력된다.

암호화/복호화에 걸린 소요 시간 측정

파일 전체를 암호화/복호화하는 작업은 짧은 문자열에 비해 꽤 오랜 시간이 걸릴 수 있다. 사용자는 파일을 처리하는 데 얼마나 시간이 걸렸는지 알고 싶을 수 있다. 이제 time 모듈을 이용해 암호화/복호화에 소요된 시간을 측정할 차례다.

time 모듈과 time.time() 함수

time.time() 함수는 현재 시간을 1970년 1월 1일부터 시작해 몇 초가 흘렀는지 실수 값으로 리턴한다. 이 값을 Unix Epoch 값이라고 부른다. 대화형 셸에 다음을 입력하고 이 함수가 어떻게 동작하는지 살펴본다.

```
>>> import time
>>> time.time()
1540944000.7197928
>>> time.time()
1540944003.4817972
```

time.time()이 실수 값을 리턴하므로 이것이 밀리초 단위의 정밀도를 갖는다는 것을 알 수 있다(밀리초는 1/1000초이다) time.time()의 값을 우리가 인식하기는 어렵다. 1540944000.7197928가 2018년 10월 30일 화요일 오후 5시경이라는 사실을 해석하기는 쉽지 않다.

그러나 time.time() 함수 값을 서로 비교하는 것은 쓰임새가 있다. 즉, 프로그램을 얼마나 오랫동안 실행했는지 측정할 수 있는 것이다.

예를 들어 대화형 셸에서 이전에 호출한 time.time()의 값과의 차이를 구하면 두 호출 사이에 흐른 시간을 구할 수 있다.

```
>>> 1540944003.4817972 - 1540944000.7197928
2.7620043754577637
```

날짜와 시각을 코드에서 다루고 싶다면 https://www.nostarch.com/crackingcodes/에서 datetime 모듈에 대한 정보를 살펴본다.

전치 파일 암호 프로그램에서 timc.timc() 함수 사용하기

34행에서 time.time()은 현재 시간을 구해서 변수 startTime에 저장한다. 35~38행에서는 encryptMessage() 또는 decryptMessage()를 호출하는데, 변수 myMode에 들어 있는 값 'encrypt' 또는 'decrypt'에 따라 결정된다.

```
33.     # 암호화/복호화에 걸리는 시간을 측정한다.
34.     startTime = time.time()
35.     if myMode == 'encrypt':
36.         translated = transpositionEncrypt.encryptMessage(myKey, content)
```

```
37.        elif myMode == 'decrypt':
38.            translated = transpositionDecrypt.decryptMessage(myKey, content)
39.        totalTime = round(time.time() - startTime, 2)
40.        print('%sion time: %s seconds' % (myMode.title(), totalTime))
```

프로그램이 암호화/복호화를 끝낸 후 39행에서 time.time( )을 다시 호출해 현재 시
간과 startTime과의 차이를 구하면 이 값은 결과적으로 두 호출 사이에 몇 초나 흘렀는지
측정한 값이 된다. 여기에서 time.time( ) - startTime의 결괏값을 round( ) 함수에 전달하
는데 소수점 둘째 자리까지 반올림한 값을 취한다. 이 프로그램에서 밀리초 단위의 정밀
도까지는 필요 없다. 이 값은 변수 totalTime에 저장된다. 40행에서는 암호화/복호화 모
드와 함께 프로그램이 암호화/복호화하는 데 걸린 시간을 출력한다.

출력 파일 쓰기

이제 암호화(또는 복호화)된 파일 내용이 변수 translated에 저장됐다. 이 문자열은 프로
그램이 종료되면 사라지므로 파일에 저장해야 프로그램을 종료한 후에도 살펴볼 수 있
다. 43~45행의 코드는 새 파일을 열고 (open 함수에 w를 넘겨서) write( ) 파일 객체 메소드
를 호출한다.

```
42.        # 변환된 message를 출력 파일에 쓴다.
43.        outputFileObj = open(outputFilename, 'w')
44.        outputFileObj.write(translated)
45.        outputFileObj.close()
```

그런 다음 47, 48행에서 모든 과정이 끝났음을 나타내는 메시지와 출력 파일 이름을
화면에 표시한다.

```
47.        print('Done %sing %s (%s characters).' % (myMode, inputFilename,
len(content)))
48.        print('%sed file is %s.' % (myMode.title(), outputFilename))
```

48행은 main( ) 함수의 마지막 줄이다.

main( ) 함수 호출

53, 54행(6행의 def 구문 이후 실행됨)에서는 이 프로그램이 import된 것이 아닌 경우 main( ) 함수를 호출한다.

```
51. # transpositionCipherFile.py를 모듈이 아니라 직접 실행했다면 main( ) 함수를 호출한다.
52.
53. if __name__ == '__main__':
54.     main( )
```

변수 __name__에 대해서는 앞에서 설명한 바 있다.

요약

하드 드라이브상의 큰 텍스트 파일을 transpositionFileCipher.py 프로그램으로 암호화할 수 있었으며 read( ), write( ), close( ) 함수를 사용했다. os.path.exists( ) 함수를 사용하면 파일이 이미 존재하는지 확인할 수 있다. 앞에서 살핀 것처럼 프로그램을 새로 작성할 때에는 다양한 함수들을 import해서 기능을 확장할 수 있다. 이런 기능 확장을 이용하면 컴퓨터를 통해 정보를 암호화하는 수준을 크게 높일 수 있다.

또한 사용자 입력을 받을 때 문자열 메소드를 이용해 좀 더 유연하게 만드는 방법을 다뤘다. time 모듈을 사용하면 프로그램 실행 속도를 측정할 수 있다.

카이사르 암호 프로그램과는 달리 전치 파일 암호에서는 단순한 무차별 대입으로 공격 가능한 키가 너무 많다. 그러나 영어를 인식하는 프로그램(무작위 문자열이 아닌)을 작성하면 컴퓨터는 수천 회의 복호화 결과를 분석해 어떤 키로 메시지를 영어로 복호화할 수 있는지 판단할 수 있다.

11장에서 이 방법을 다룰 것이다.

11

영어 문장 감지 프로그램
DETECTING ENGLISH PROGRAMMATICALLY

담당자가 더 길고 복잡하게 말했다.
잠시 후, 워터하우스(Waterhouse)는
(암호 분석가의 모자를 쓰고, 명백한 무작위성 속에 들어 있는
의미를 찾고, 그의 신경회로가 반복적인 신호를 이용하는)
이 남자가 강한 강세의 영어를 사용하고 있다는 것을 깨달았다.
– 닐 스티븐슨(Neal Stephenson), 『크립토노미콘(Cryptonomicon)』 중에서

앞에서 우리는 전치 파일 암호화/복호화 프로그램을 통해 파일 전체를 암호화/복화화할 수 있었지만 무차별 대입 프로그램에 의한 암호 해킹 기법까지는 다루지 못했다. 전치 파일 암호로 암호화된 메시지는 키가 수천 개일 수 있다. 컴퓨터로 무차별 대입법을 하는 것은 쉬운 일이지만 복호화된 문장이 올바른 평문인지 수천 번 확인해야 한다. 이것은 확실히 큰 문제이지만 해결책은 있다.

컴퓨터가 잘못된 키로 메시지를 복호화하면 영어 문장이 아니라 알 수 없는 문장이 나올 것이다. 복호화된 메시지가 영어인지 프로그램을 통해서 알아낼 수 있는 방법이 있다. 키가 잘못됐다는 것을 알았다면 다음 키를 실행할 수 있다. 프로그램이 맞는 키로 복호화해 영어 문장이 나올 때까지 반복해 키를 찾으면 프로그램을 멈추고 키를 사용자에게 알려주면 된다. 즉, 복호화가 잘못된 수천 개의 문장을 일일이 살펴보지 않아도 된다.

어떻게 컴퓨터로 영어를 이해할 수 있을까?

컴퓨터는 영어를 이해할 수 없다. 적어도 인간이 영어를 이해하는 방식은 아니다. 컴퓨터는 수학, 체스, 인간 반란군 같은 것을 이해할 수 없다. 시계가 점심시간을 이해하는 것 이상이다.

컴퓨터는 순서대로 명령을 실행한다. 이런 명령어들로 수학 문제를 해결하거나, 체스에서 이기거나, 인간 반란군의 미래 지도자를 제거하는 복잡한 행동을 단지 모방하는 것은 가능하다.

이상적으로는 우리는 파이썬 함수를 만들어야 한다(그것을 isEnglish() 함수라고 부르기로 한다). 문자열을 전달해 그 문자열이 영어 텍스트라면 True를, 임의의 쓰레기 문장이라면 False를 리턴할 수 있다. 영어 문장과 쓰레기 문장을 살펴보고 어떤 패턴이 있는지 알아볼 차례다.

Robots are your friends. Except for RX-686. She will try to eat you.
ai-pey e. xrx ne augur iirl6 Rtiyt fhubE6d hrSei t8..ow eo.telyoosEs t

216

영어 문장은 사전에서 찾을 수 있는 단어로 구성되지만 쓰레기 문장은 그렇지 않다. 단어는 보통 공백으로 구분할 수 있으므로 메시지 문자열이 영어인지 알아내는 한 가지 방법은 각 공백마다 메시지를 작은 문자열로 나누고 각 하위 문자열이 사전에 있는 단어인지 확인하는 것이다. 메시지 문자열을 하위 문자열로 분리할 때 파이썬 문자열 메소드 split( )을 쓴다. 이 메소드는 각 단어의 시작과 끝에 있는 공백을 찾는다('split( ) 메소드' 절에서 자세히 다룬다). 다음 코드를 보면 if 구문으로 각 문자열 조각을 사전의 단어와 비교하고 있다.

```
if word == 'aardvark' or word == 'abacus' or word == 'abandon' or word ==
'abandoned' or word == 'abbreviate' or word == 'abbreviation' or word ==
'abdomen' or ...
```

이런 코드를 만들 수도 있지만, 모든 것을 타이핑하는 일은 지루한 일이므로 좋은 코드는 아니다. 다행히도 영어 사전 파일을 사용할 수 있다. 이 파일은 거의 모든 단어가 영어로 들어 있는 텍스트 파일이다. 여기에서는 사용할 사전 파일을 제공할 것이므로 메시지의 하위 문자열이 사전 파일에 있는지 확인하는 isEnglish( ) 함수를 작성할 수 있다.

모든 단어가 사전 파일에 있는 것은 아니다. 사전 파일이 완전하지 않을 수도 있다. 예 컨대 aardvark라는 단어는 없을 수도 있다. 앞의 예문 속의 RX-686과 같은 단어는 영어 단어는 아니지만, 완벽하게 해독하는 것이 필요하다. 일반 문장 평문이 영어가 아닌 경우도 있겠지만, 지금은 영어라고 가정한다.

이런 이유로 isEnglish( ) 함수가 항상 정확히 동작한다고 할 수는 없다. 그러나 문자 널 아규먼트 단어 대무문이 영어 단어라면 문자열이 영어라고 봐도 무방하다. 키를 잘못 써서 복호화한 암호문을 영어로 해독할 확률은 매우 낮다.

https://www.nostarch.com/crackingcodes/에서 이 책(45,000단어 이상)에 사용한 사전 파일을 다운로드할 수 있다.

사전 텍스트 파일은 한 줄에 한 단어를 대문자로 구성한 목록이다. 이 파일을 열면 다음과 같은 내용이 나온다.

```
AARHUS
AARON
ABABA
ABACK
ABAFT
ABANDON
ABANDONED
ABANDONING
ABANDONMENT
ABANDONS
--중략--
```

우리가 작성할 isEnglish( ) 함수는 복호화한 문자열을 각각의 하위 문자열로 분할한 다음 이 문자열이 사전 파일에 있는지 확인한다. 각 부분 문자열이 영어 단어인 경우가 특성 횟수 이상이면 해당 텍스트를 영어라고 판정한다. 이 텍스트를 영어라고 판정했다면, 올바른 키를 찾은 것이고 암호문을 성공적으로 복호화할 수 있는 것이다.

detectEnglish 모듈의 소스 코드

File > New File을 클릭해 파일 편집기를 새로 연다. 다음 코드를 파일 에디터에 입력하고 detectEnglish.py로 저장한다. dictionary.txt는 detectEnglish.py와 같은 폴더에 있어야 제대로 동작한다. F5를 눌러서 프로그램을 실행한다.

detectEnglish.py

```
1. # 영어 감지 모듈
2. # https://www.nostarch.com/crackingcodes/ (BSD Licensed)
3.
4. # 이 코드를 사용하려면 다음을 타이핑한다.
5. # import detectEnglish
6. # detectEnglish.isEnglish(someString) # True나 False를 리턴한다.
7. # 같은 디렉터리에 dictionary.txt 파일이 있어야 한다.
8. # 이 파일에 영어 단어들이 한 줄에 한 개씩 들어 있다. 이 파일은 다음에서 다운로드할 수 있다.
9. # https://www.nostarch.com/crackingcodes/.
10. UPPERLETTERS = 'ABCDEFGHIJKLMNOPQRSTUVWXYZ'
```

```python
11. LETTERS_AND_SPACE = UPPERLETTERS + UPPERLETTERS.lower() + ' \t\n'
12.
13. def loadDictionary():
14.     dictionaryFile = open('dictionary.txt')
15.     englishWords = {}
16.     for word in dictionaryFile.read().split('\n'):
17.         englishWords[word] = None
18.     dictionaryFile.close()
19.     return englishWords
20.
21. ENGLISH_WORDS = loadDictionary()
22.
23.
24. def getEnglishCount(message):
25.     message = message.upper()
26.     message = removeNonLetters(message)
27.     possibleWords = message.split()
28.
29.     if possibleWords == []:
30.         return 0.0 # 단어가 없으면 0.0을 리턴한다.
31.
32.     matches = 0
33.     for word in possibleWords:
34.         if word in ENGLISH_WORDS:
35.             matches += 1
36.     return float(matches) / len(possibleWords)
37.
38.
39. def removeNonLetters(message):
40.     lettersOnly = []
41.     for symbol in message:
42.         if symbol in LETTERS_AND_SPACE:
43.             lettersOnly.append(symbol)
44.     return ''.join(lettersOnly)
45.
46.
47. def isEnglish(message, wordPercentage=20, letterPercentage=85):
48.     # 기본값으로 사전 파일에서 20% 단어가 존재하고,
49.     # message의 문자의 85%가 글자나 공백이어야 한다.
50.     # (특수문자나 숫자가 아니다)
```

```
51.    wordsMatch = getEnglishCount(message) * 100 >= wordPercentage
52.    numLetters = len(removeNonLetters(message))
53.    messageLettersPercentage = float(numLetters) / len(message) * 100
54.    lettersMatch = messageLettersPercentage >= letterPercentage
55.    return wordsMatch and lettersMatch
```

detectEnglish를 사용한 예제

앞에서 작성한 detectEnglish.py 프로그램은 단독으로 실행할 수 없다. 다른 암호화 프로그램에서 import detectEnglish.py를 넣고 detectEnglish.isEnglish()를 실행할 수 있으며 그 결과 True를 리턴하면 문자열을 영어라고 판정한다. 이런 이유로 detectEnglish.py는 main() 함수를 제공하지는 않는다. detectEnglish.py에서 isEnglish() 외의 다른 함수들은 isEnglish()의 헬퍼helper 함수 들이다. 이제 우리가할 일은 프로그램에서 import 구문으로 detectEnglish 모듈을 가져와서 함수를 사용하는 것뿐이다. 이 모듈을 대화형 셸에서도 사용할 수 있으며 개별 문자열이 영어인지 확인해볼 수 있다.

```
>>> import detectEnglish
>>> detectEnglish.isEnglish('Is this sentence English text?')
True
```

이 예제에서는 문자열 'Is this sentence English text?'가 영어라고 판정했고 True를 리턴했다.

코드 도입부와 상수 설정

detectEnglish.py 프로그램의 가장 앞부분을 살펴볼 차례다. 첫 번째 9줄은 코드 주석이며, 이 모듈을 사용하는 법을 설명하고 있다.

```
 1. # 영어 감지 모듈
 2. # https://www.nostarch.com/crackingcodes/ (BSD Licensed)
 3.
 4. # 이 코드를 사용하려면 다음을 타이핑한다.
 5. # import detectEnglish
 6. # detectEnglish.isEnglish(someString) # True나 False를 리턴한다.
 7. # 같은 디렉터리에 dictionary.txt 파일이 있어야 한다.
 8. # 이 파일에 영어 단어들이 한 줄에 한 개씩 들어 있다. 이 파일은 다음에서 다운로드할 수 있다.
 9. # https://www.nostarch.com/crackingcodes/.
10. UPPERLETTERS = 'ABCDEFGHIJKLMNOPQRSTUVWXYZ'
11. LETTERS_AND_SPACE = UPPERLETTERS + UPPERLETTERS.lower() + ' \t\n'
```

여기에는 dictionary.txt와 detectEnglish.py가 같은 디렉터리에 없으면 모듈이 동작하지 않는다는 주의문도 있다.

10행과 11행은 상수로 사용할 변수 몇 개를 설정하는데, 모두 대문자로 썼다. 5장에서 다뤘듯이 상수란 값을 설정한 후에 절대로 변경하지 않는 변수다. UPPERLETTERS는 26개의 대문자가 들어 있는 상수이며 타이핑 시간을 절약하고 편리하게 쓰도록 설정했다. UPPERLETTERS 상수로 LETTERS_AND_SPACE를 만든다. LETTERS_AND_SPACE에는 알파벳 대문자와 소문자, 공백 문자, 탭 문자와 개행 문자가 모두 들어 있다. 대문자와 소문자를 두 번 입력하지 않고 UPPERLETTERS를 UPPERLETTERS.lower()로 변환해 붙이고 알파벳 외 문자를 추가했다. 탭과 개행 문자는 \t, \n과 같이 이스케이프 문자로 표현했다.

딕셔너리 데이터 유형

detectEnglish.py 코드를 더 살펴보기 전에 딕셔너리^{dictionary} 데이터 유형에 대해서 살펴볼 필요가 있다. 딕셔너리 데이터 유형을 이용해 파일의 텍스트를 문자열 값으로 변환해 이용할 수 있다. 딕셔너리 데이터 유형(사전 파일과 혼동을 주의한다)은 값을 저장할 수 있고 리스트처럼 서로 다른 값 여러 개를 넣을 수 있다. 리스트에서는 정수 인덱스를 지정해 spam[42]와 같은 방식으로 리스트의 요소를 찾아냈다. 그러나 딕셔너리에서는 각 요소에 대해 키를 사용해 값을 찾는다. 정수만 사용해서 리스트에서 특정 요소를 찾을 수도 있지만, 딕셔너리에서는 spam['hello'], spam[42]와 같이 정수도 문자열도 키로 사용할 수 있다. 딕셔너리를 사용하면 프로그램의 데이터를 리스트보다 유연하게 구성하고 특정 순서로 요소들을 저장할 필요도 없다. 리스트는 대괄호를 사용했지만 딕셔너리는 중괄호를 사용해서 선언한다. 예를 들어 비어 있는 딕셔너리는 {}로 표현한다.

NOTE 주의: 사전 파일(dictionary file)과 딕셔너리 값(dictionary value)은 이름이 비슷하지만 완전히 다른 개념이다. 파이썬의 딕셔너리 값은 서로 다른 값을 넣을 수 있다. 사전 파일은 영어 단어가 들어 있는 텍스트 파일이다.

딕셔너리의 요소들은 키-값 쌍으로 입력하고 키와 값은 콜론으로 구분한다. 여러 개의 키-값 쌍은 쉼표로 구분한다. 딕셔너리에서 값을 찾으려면 리스트에서 인덱스로 찾을 때와 마찬가지로 대괄호에 키를 넣는다. 다음을 대화형 셸에 입력해 딕셔너리에서 키로 값을 찾아보자.

```
>>> spam = {'key1': 'This is a value', 'key2': 42}
>>> spam['key1']
'This is a value'
```

먼저 두 개의 키-값 쌍이 있는 딕셔너리 spam을 설정한다. 그다음, 'key1' 문자열 키로 값을 찾는다.

리스트와 마찬가지로 모든 유형의 데이터를 딕셔너리에 저장할 수 있다.

리스트와 마찬가지로 변수가 직접 딕셔너리 값을 저장하는 것은 아니다. 딕셔너리에 대한 레퍼런스를 저장할 뿐이다. 다음 예제 코드는 변수 두 개가 동일한 딕셔너리 레퍼런스를 갖는 예제다.

```
>>> spam = {'hello': 42}
>>> eggs = spam
>>> eggs['hello'] = 99
>>> eggs
{'hello': 99}
>>> spam
{'hello': 99}
```

코드의 첫 행은 딕셔너리 spam을 설정한다. 이번에는 키-값 쌍이 한 개 있다. 'hello' 문자열 키에 정수 값 42를 저장한 것이다. 두 행은 딕셔너리 키-값 쌍을 eggs라는 다른 변수에 할당했다. 그런 다음 egg를 통해 'hello' 문자열 키가 가리키는 원래 딕셔너리의 값을 99로 변경할 수 있다. 결국 두 변수 egg와 spame은 같은 사전 키-값을 리턴하므로 egg에서 업데이트 값이 spam에서도 보인다.

딕셔너리와 리스트의 다른 점

딕셔너리는 리스트와 닮은 점이 많지만 몇 가지 중요한 다른 점이 있다.

- 딕셔너리의 요소들은 순서가 없다. 딕셔너리에서는 처음과 마지막이 없으나 리스트엔 있다.
- 딕셔너리는 + 연산자에 의한 연결을 할 수 없다. 새로운 요소를 추가하기를 원한다면 새로운 키로 인덱싱하면 된다. 예를 들면 foo['a new key'] = 'a string' 방식이다.
- 리스트는 항상 정수 인덱스 값만 갖으며 인덱스는 0부터 시작해 리스트 길이에서 1을 뺀 숫자의 범위를 갖는다. 그러나 딕셔너리의 키는 무엇이라도 될 수 있다. 변수 spam에 저장한 딕셔너리는 spam[0], spam[1], spam[2]가 없어도 spam[3]에 값을 저장할 수 있다.

딕셔너리에 요소를 추가하거나 변경하기

딕셔너리에 키를 인덱스로 사용해서 값을 추가하거나 변경할 수 있다. 다음 코드를 대화형 셸에 입력하고 어떻게 동작하는지 보자.

```
>>> spam = {42: 'hello'}
>>> print(spam[42])
hello
>>> spam[42] = 'goodbye'
>>> print(spam[42])
goodbye
```

이 딕셔너리는 키 42에 'hello'라는 값을 갖고 있다. 새로운 문자열 값인 'goodbye'를 spam[42] = 'goodbye'로 다시 할당하는 코드가 있다. 새 값을 할당하면 원래 값을 덮어 쓴다. 그래서 뒤에서 이 딕셔너리를 키 42로 접근했을 때 새 값을 얻었다. 리스트가 다른 리스트도 담을 수 있었듯이, 딕셔너리도 다른 딕셔너리(또는 리스트)를 담을 수 있다. 다음 코드를 대화형 셸에 입력해 예제를 확인하자.

```
>>> foo = {'fizz': {'name': 'Al', 'age': 144}, 'moo':['a', 'brown', 'cow']}
>>> foo['fizz']
{'age': 144, 'name': 'Al'}
>>> foo['fizz']['name']
'Al'
>>> foo['moo']
['a', 'brown', 'cow']
>>> foo['moo'][1]
'brown'
```

이 예제 코드에서는 foo라는 이름의 딕셔너리가 키 두 개 'fizz', 'moo'를 갖고 있는데, 각각 서로 다른 데이터 유형의 값을 담고 있다. 'fizz' 키는 또 다른 딕셔너리를 담고 있고, 'moo' 키는 리스트를 담고 있다(딕셔너리는 요소들의 순서가 없다는 점을 주의한다. 예제를 보면 foo['fizz']의 값이 코드를 타이핑한 값과 다른 순서로 출력돼 있다). 딕셔너리 안에 딕셔너리가 있는 중첩된 딕셔너리에서 값을 찾을 때에는 대괄호를 사용해 상위의 데이터부터 순차적으로 접근하면 된다. foo에서는 fizz, name 순서대로 접근해 문자열 'Al'를 찾았다.

딕셔너리에서 len() 함수 사용하기

len() 함수는 리스트의 요소 개수나 문자열의 문자 개수를 알아낼 때 사용하는 함수다. 이 함수는 딕셔너리의 요소 개수를 알아낼 때에도 사용할 수 있다. 다음 코드를 대화형 셸에 입력하고 len() 함수로 딕셔너리의 요소 개수를 세는 법을 살펴보자.

```
>>> spam = {}
>>> len(spam)
0
```

```
>>> spam['name'] = 'Al'
>>> spam['pet'] = 'Zophie the cat'
>>> spam['age'] = 89
>>> len(spam)
3
```

이 예제의 첫 행에서는 spam이라는 이름으로 빈 딕셔너리를 생성했다. len() 함수로
이 빈 딕셔너리의 길이를 출력하면 0이 된다. 이제 값 3개 'Al', 'Zophie the cat', 89를
넣고 len() 함수를 호출하면 딕셔너리 안에 키-값 쌍이 3개 있으므로 3을 리턴한다.

연산자로 딕셔너리 다루기

딕셔너리에 특정 키가 존재하는지 연산자를 통해 알 수 있다. 이것은 키를 확인하는 것이
지 값을 확인하는 것은 아니라는 점을 주의한다.

다음 코드를 대화형 셸에 입력해 이 연산자가 어떻게 동작하는지 알아본다.

```
>>> eggs = {'foo': 'milk', 'bar': 'bread'}
>>> 'foo' in eggs
True
>>> 'milk' in eggs
False
>>> 'blah blah blah' in eggs
False
>>> 'blah blah blah' not in eggs
True
```

eggs라는 이름의 딕셔너리에 키-값 쌍을 몇 개 넣고 키가 딕셔너리에 존재하는지
in 연산자로 확인한 코드다. 키 'foo'는 eggs에 존재하므로 True를 리턴했다. 'milk'는
False를 리턴했는데 키가 아니고 값이기 때문이다. 'blah blah blah'는 딕셔너리에 없으므
로 False를 리턴했다. 마지막 줄에서 있듯이 딕셔너리에서 not in 연산자도 잘 동작한다.

리스트보다 딕셔너리에서 요소를 찾는 것이 빠를 때

다음 리스트와 딕셔너리 값을 대화형 셀에 입력하는 경우를 가정해보자.

```
>>> listVal = ['spam', 'eggs', 'bacon']
>>> dictionaryVal = {'spam':0, 'eggs':0, 'bacon':0}
```

파이썬은 dictionaryVal의 'bacon'을 listVal의 'bacon'보다 빠르게 찾을 수 있다. 이 것은 리스트를 탐색할 때에는 리스트의 처음부터 순차적으로 요소를 찾기 때문이다. 리 스트가 매우 크다면 파이썬이 수많은 요소들을 뒤지느라 매우 긴 시간을 소모할 것이다.

딕셔너리는 해시 테이블이라고 부르는 구조를 사용한다. 이 구조를 사용하면 키-값 쌍이 저장된 컴퓨터의 메모리 위치를 직접 변환할 수 있다. 딕셔너리의 요소들에 있어 순서가 없는 이유가 바로 이것이다. 큰 딕셔너리에서 요소를 찾아도 걸리는 시간은 거 의 같다. 짧은 리스트와 딕셔너리의 검색 속도를 비교하면 차이가 별로 없다. 그러나 detectEnglish 모듈은 요소가 수만 개다. 우리 코드에서 isEnglish() 함수를 호출하면 ENGLISH_WORDS의 단어 표현을 여러 번 해석해야 한다.

요소의 개수가 많으면 딕셔너리로 처리하는 것이 빠르다.

딕셔너리와 순환문

순환문을 사용해 딕셔너리의 각 키를 순회할 수 있는데, 리스트의 각 요소를 순회할 때와 비슷하다. 다음 코드를 대화형 셀에 입력해본다.

```
>>> spam = {'name': 'Al', 'age': 99}
>>> for k in spam:
...     print(k, spam[k])
...
Age 99
name Al
```

딕셔너리의 각 키들을 순회하는 for 구문을 사용할 때에는 for 키워드로 시작한다. 변 수 k를 설정하고 in 키워드를 사용해 spam 전체를 순회하겠다고 지정하고 콜론 기호로 구문을 끝낸다. 앞에서 알 수 있듯이 print(k, spam[k])에 들어가면 딕셔너리의 각 키와 함께 키와 연관돼 있는 값을 출력한다.[1]

사전 파일 구현

이제 detectEnglish.py로 돌아와 사전 파일 설정을 살펴보자. 사전 파일은 사용자 하드 드라이브에 들어 있지만 이 파일을 텍스트로 로드해 문자열로 취급하지 않으면 파이썬에서 사용할 수 없다. 다음은 loadDictionary() 헬퍼 함수다.

```
13. def loadDictionary():
14.     dictionaryFile = open('dictionary.txt')
15.     englishWords = {}
```

먼저 open()을 호출하는데 파일 이름 'dictionary.txt'를 전달해 사전 파일 객체를 얻는다. 그런 다음 변수 englishWords를 빈 딕셔너리로 설정한다.

이제 사전 파일(영어 단어를 저장하고 있는 파일)의 모든 단어를 딕셔너리 값(파이썬 데이터 유형)으로 저장한다. 이름이 비슷한 것은 단지 운이 나쁜 것이다. 사전 파일과 딕셔너리 데이터 유형은 완전히 다른 것이다. 사전 파일의 각 단어를 리스트에 문자열로 저장할 수도 있지만 리스트로 취급하는 것보다는 딕셔너리로 다루는 것이 연산자 작업에 있어서 빠르므로 여기에서는 딕셔너리를 사용한다.

이제 split() 메소드에 대해 알아볼 차례다. 이 메소드는 사전 파일을 각 하위 문자열로 나눠준다.

split() 메소드

split() 문자열 메소드는 문자열 한 개를 취해서 공백으로 문자열을 나누고 문자열 여러 개로 이뤄진 리스트를 리턴한다. 다음 코드를 대화형 셸에 입력해 split() 메소드가 어떻게 동작하는지 알아본다.

---

1   for key, value in spam.iteritems():와 같은 표현을 자주 쓴다. – 옮긴이

```
>>> 'My very energetic mother just served us Nutella.'.split()
['My', 'very', 'energetic', 'mother', 'just', 'served', 'us', 'Nutella.']
```

결과는 문자열 8개로 이뤄진 리스트다. 원래 문자열에 있는 각 단어가 각각의 문자열이 됐다. 리스트의 각 요소의 공백은 사라지는데, 공백이 한 개 이상 있어도 마찬가지다. split() 메소드에 옵션 아규먼트를 넣을 수 있는데, 공백이 아닌 다른 문자열을 이용해서 문자열을 자를 수 있다.

다음 코드를 대화형 셸에 입력해본다.

```
>>> 'helloXXXworldXXXhowXXXareXXyou?'.split('XXX')
['hello', 'world', 'how', 'areXXyou?']
```

문자열에 공백이 없다는 사실을 주목한다. split('XXX')를 사용하면 원래 문자열에서 'XXX'가 발생할 때마다 자르고 결과적으로 4개의 문자열로 이뤄진 리스트가 나온다.

문자열의 마지막 부분인 'areXXyou?'에서 'XX'는 'XXX'가 아니므로 문자열이 잘리지 않았다.

사전 파일을 개별 단어로 자르기

detectEnglish.py 소스 코드로 돌아와 사전 파일의 문자열을 잘라 각 단어를 키로 저장하는 과정을 살펴보자.

```
16.     for word in dictionaryFile.read().split('\n'):
17.         englishWords[word] = None
```

16행을 나눠서 읽어보자. dictionaryFile 변수는 앞에서 연 파일의 파일 객체를 저장하고 있다. dictionaryFile.read() 메소드는 파일 전체를 읽어서 커다란 하나의 문자열 값을 리턴한다. 그다음 split() 메소드를 호출하면 이 긴 문자열을 개행 문자를 기준으로 자른다. 사전 파일은 한 줄에 단어 한 개를 갖고 있으므로 개행 문자로 자르면 사전 파일의 각 단어가 리스트 한 개에 담겨서 리턴된다.

for 루프 순회의 첫 줄에서는 각 단어를 순회하며 키 값으로 저장하는데, 딕셔너리 데이터 유형을 사용하긴 하지만 키에 연관된 값 자체는 필요 없다. 그래서 단순히 각 키마다 None 값을 저장한다.

None은 변수에 값이 없음을 표현할 수 있는 데이터 유형이다. 불리언 데이터 유형은 값을 두 개만 취할 수 있다면, NoneType은 None 값 한 개만 취할 수 있다. None을 쓸 때는 따옴표 없이 첫 번째 글자를 대문자 N으로 써야 한다.

예를 들어 퀴즈 질문의 사용자 값을 저장하는 quizAnswer라는 이름의 변수를 가정하자. 사용자가 질문을 넘겨버리면 응답이 존재하지 않는다. 이럴 때에는 quizAnswer에 True, False보다는 None을 할당하는 게 낫다. None을 쓰지 않으면 사용자가 응답을 했는지 안 했는지 알 길이 없다. 비슷한 원리로 함수의 실행이 끝까지 도달해 탈출할 때 return 구문으로 탈출하지 않으면 아무 값도 리턴하지 않으므로 None으로 해석한다.

17행은 englishWords에 키를 word로 정하고 해당 키에 대한 값을 None으로 저장하며 순회한다.

딕셔너리 데이터 리턴

루프가 끝나면 딕셔너리 englishWords는 수만 개의 키를 확보했을 것이다. 이 시점에 이르면 읽기 작업이 끝났으므로 파일 객체를 닫고, englishWords를 리턴한다.

```
18.    dictionaryFile.close()
19.    return englishWords
```

loadDictionary()를 호출해 리턴되는 딕셔너리 값을 변수 ENGLISH_WORDS에 저장한다.

```
21. ENGLISH_WORDS = loadDictionary()
```

loadDictionary()를 이용해 ENGLISH_WORDS에 딕셔너리를 할당하려면 이 함수가 정의된 def문이 할당문보다 앞에 있어야 한다.

message에 들어 있는 영어 단어 수 세기

24~27행은 getEnglishCount( ) 함수를 정의한 프로그램 코드다. 이 함수는 문자열 아규먼트를 취하고 전체 단어 중 영어 단어로 인식된 비율을 실수형으로 리턴한다. 이 비율은 0.0~1.0의 값이 될 것이다. 0.0은 message 안에 영어 단어가 한 개도 없음을 의미하고 1.0은 모든 단어가 영어 단어임을 의미하는 것이다. getEnglishCount( )는 거의 0.0과 1.0 사이의 값을 리턴할 것이다. isEnglish( ) 함수는 이 함수를 이용해서 True나 False를 리턴할 것인지 확정한다.

```
24. def getEnglishCount(message):
25.     message = message.upper()
26.     message = removeNonLetters(message)
27.     possibleWords = message.split()
```

이 함수의 코드에서는 먼저 message의 문자열로부터 개별 단어 문자열의 리스트를 생성한다. 25행은 문자열을 전부 대문자로 바꾼다.

26행에서는 문자열에서 숫자나 특수문자처럼 알파벳 글자가 아닌 문자를 제거한다. 이것은 removeNonLetters( ) 함수를 호출해 시행한다(이 함수에 대해서는 곧 다룬다). 마지막으로 27행의 split( ) 메소드로 문자열을 개별 단어로 나누어 변수 possibleWords에 저장한다.

예를 들어 문자열 'Hello there. How are you?'를 getEnglishCount( )에 전달하면 25~27행을 실행한 후 possibleWords에 저장되는 값은 ['HELLO', 'THERE', 'HOW', 'ARE', 'YOU']이다.

message에 있는 문자열이 '12345'같이 숫자로 구성된 경우에는 removeNonLetters( )를 호출하면 빈 문자열이 리턴되고 split( )를 호출했을 때 빈 리스트가 리턴될 것이다. 이 프로그램에서 빈 리스트는 영어로 만들어진 단어가 없음을 의미하므로 0으로 나누기 에러^{divide-by-zero}를 유발할 수 있다.

230

0으로 나누기 에러

0.0~1.0 사이의 실수 값을 리턴하려면 영어로 판정된 단어 개수를 전체 possibleWords의 단어 개수로 나눠야 한다. 즉, possibleWords가 비어 있는 리스트이면 안 된다는 것을 예측할 수 있다. possibleWords가 비어 있으면 이것은 possibleWords의 단어 개수가 0임을 의미한다.

0으로 나누는 수식은 의미가 없기 때문에 파이썬에서 0으로 나누기를 시도하면 0으로 나누기 에러를 낸다. 다음 코드를 대화형 셸에 입력해 이 에러를 직접 보자.

```
>>> 42 / 0
Traceback (most recent call last):
  File "<pyshell#0>", line 1, in <module>
    42 / 0
ZeroDivisionError: division by zero
```

42를 0으로 나누려 하자 ZeroDivisionError와 발생한 문제를 설명하는 메시지를 출력했다. 0으로 나누기 에러를 회피하려면, possibleWords 리스트가 비어 있어서는 안 된다.

29행에서는 possibleWords 리스트가 비어 있는지 확인하고 30행에서는 리스트에 단어가 한 개도 없는 경우 0.0을 리턴한다.

```
29.    if possibleWords == []:
30.        return 0.0 # 단어가 없으면 0.0을 리턴한다.
```

이 코드는 0으로 나누기 에러를 회피하기 위한 것이다.

찾은 영어 단어 세기

전체 단어에 대한 영어 단어의 비율을 구하려면 영어 단어로 판정한 단어 개수를 possibleWords의 전체 단어 수로 나눈다. 따라서 possibleWords 중에서 영어로 판정된 단어 개수를 세야 한다. 32행은 변수 matches를 0으로 놓는다. 33행에서는 for 루프로

possibleWords의 각 단어를 순회하면서 해당 단어가 ENGLISH_WORDS 딕셔너리에 있는지 확인한다. 단어가 딕셔너리에 있으면 35행에서 matches의 값을 증가시킨다.

```
32.     matches = 0
33.     for word in possibleWords:
34.         if word in ENGLISH_WORDS:
35.             matches += 1
```

for 루프가 끝나면 문자열의 영어 단어 수가 matches 변수에 저장된다. detectEnglish 모듈이 정확하게 동작하려면 사전 파일을 사용해야 한다. 단어가 사전 텍스트 파일에 없으면 실제로 존재하는 영어 단어이지만 영어로 판정되지 않을 수 있다. 반대로 사전상에 있는 단어의 철자가 잘못돼 있으면, 영어가 아닌 단어임에도 영어 단어로 판정될 수 있다.

여기까지는 possibleWords에서 영어로 판정된 단어의 개수와 possibleWords의 총 단어 개수가 정수로 표현돼 있다. 이 두 정수를 나누어서 0.0에서 1.0 사이의 실수로 리턴하려면 둘 중 하나를 실수로 변환해야 한다.

float(), int(), str() 함수와 정수 나눗셈

영어 단어의 비율을 구할 때 쓰는 두 값이 모두 정수이므로 정수를 실수로 변환하는 법을 살펴보자. 파이썬 3는 값의 데이터 유형에 관계없이 항상 통상적인 나눗셈을 수행하지만 파이썬2는 나누기 연산의 두 값이 모두 정수인 경우 정수 나눗셈으로 처리한다.

사용자가 파이썬 2에서 detectEnglish.py를 import해서 쓸 수도 있으므로 나눗셈을 처리할 때 실수로 리턴하도록 float()에 정수 변수 한 개 이상을 전달한다. 이런 방식을 통해서 파이썬의 버전과 관계없이 통상적인 나눗셈을 처리할 수 있다. 즉, 하위 호환성이 있는 코드를 작성할 수 있다.

이 프로그램에서 사용하지는 않지만 값을 다른 데이터 유형으로 변환하는 함수를 더 살펴보자. int() 함수는 아규먼트를 정수로 변환하고 str() 함수는 문자열로 변환한다. 대화형 셸에 다음을 입력해 이 함수들이 동작하는 모습을 살펴보자.

```
>>> float(42)
42.0
>>> int(42.0)
42
>>> int(42.7)
42
>>> int('42')
42
>>> str(42)
'42'
>>> str(42.7)
'42.7'
```

float( ) 함수가 정수 42를 실수 값으로 변환하는 것을 볼 수 있다. int( ) 함수는 실수 42.0과 42.7을 십진수 값만 잘라서 정수로 바꿀 수도 있고, 문자열 값 '42'를 정수로 바꿀 수도 있다. str( ) 함수는 숫자 값을 문자열 값으로 변환한다.

이 함수들은 서로 다른 데이터 유형을 맞출 때 유용하다.

message의 영어 단어 비율 알아내기

전체 단어 중 영어 단어의 비율을 알아내기 위해 possibleWords의 전체 단어 수를 찾아서 영어 단어로 판정한 수를 나눴다. 36행에서는 / 연산자로 두 값을 나눈 것이다.

```
36.    return float(matches) / len(possibleWords)
```

float( ) 함수에 정수 값 matches를 전달해 실수로 변환한 값을 possibleWords 리스트의 길이로 나눈다.

len(possibleWords)가 0이면 return float(matches)/len(possibleWords)에서 0으로 나누기 에러가 발생한다. possibleWords가 비어 있는 리스트라면 반드시 이 에러가 발생할 것이다. 그러나 29, 30행에서 그런 경우를 확인해 리스트가 비어 있으면 0.0을 리턴하도록 이미 처리했다.

possibleWords가 비어 있는 리스트이면 프로그램이 30행을 넘어서 실행되지 않으므로 36행에서 ZeroDivisionError도 발생하지 않을 것이다.

영문자가 아닌 글자 제거하기

숫자나 특수문자와 같은 일부 문자는 사전 파일에서 철자를 정확하게 식별할 수 없으므로 영어 단어 판정을 할 수 없다. 예를 들어 message의 마지막 단어가 'you.'라면 문자열 끝에 마침표가 있으므로 사전 파일의 'you'와 일치하지 않아서 영어 단어로 판정되지 않는다. 이런 오류를 피하려면 숫자와 특수문자를 제거해야 한다.

앞서 설명한 getEnglishCount() 함수는 문자열에서 removeNonLetters() 함수를 호출해 숫자와 특수문자를 제거하고 있다.

```
39. def removeNonLetters(message):
40.     lettersOnly = []
41.     for symbol in message:
42.         if symbol in LETTERS_AND_SPACE:
43.             lettersOnly.append(symbol)
```

40행에서는 빈 리스트 lettersOnly를 만들고, 41행의 for 루프를 통해 아규먼트 message의 각 문자를 순회한다. 그런 다음 for 루프에서 문자가 문자열 LETTERS_AND_SPACE에 있는지 확인한다. 문자가 숫자 또는 특수문자이면 LETTERS_AND_SPACE 문자열에 존재하지 않으므로 리스트에 추가하지 않는다. 문자가 문자열에 존재하면 append() 메소드를 사용해 리스트의 끝에 추가하는데 이제 append()를 알아볼 차례다.

리스트 메소드 append()

리스트 끝에 값을 새로 넣을 때, 리스트에 추가^{append}한다고 말한다. append()는 리스트의 메소드이고 아규먼트 한 개를 취해서 리스트의 끝에 추가하는데, 파이썬에서 매우 흔히 하는 작업이다. 대화형 셸에 다음 코드를 입력한다.

```
>>> eggs = []
>>> eggs.append('hovercraft')
>>> eggs
['hovercraft']
>>> eggs.append('eels')
>>> eggs
['hovercraft', 'eels']
```

빈 리스트 eggs를 만들고 eggs.append('hovercraft')를 입력하면 문자열 값 'hovercraft'
기 리스트에 추가된다. 그런 다음 eggs를 입력하면 리스트에 저장된 'hovercraft' 값만 리
턴된다. 다시 append( )를 사용해 리스트 끝에 'eels'를 추가하면 이제 egg는 'hovercraft'
와 'eels'를 리턴한다. 마찬가지로 append( ) 리스트 메소드로 lettersOnly 리스트에 요소
를 추가할 수 있다. 앞의 for 루프의 43행에 있는 lettersOnly.append(symbol)이 그 코드다.

글자들로 문자열 생성하기

for 루프가 끝나면 lettersOnly는 원래 message 문자열의 각 글자와 공백 문자가 들어 있
는 리스트이다. 즉 이 리스트는 개별 글자들의 리스트이며 영어 단어를 찾기에 적합한 문
자열 값이 아니다. 따라서 44행에서는 lettersOnly 리스트에 있는 각 글자들을 하나의 문
자열로 합쳐서 리턴한다.

```
44.     return ''.join(lettersOnly)
```

lettersOnly의 리스트 요소들을 큰 문자열 한 개로 연결할 때 빈 문자열 ''에 join( )
문자열 메소드를 호출했다. 이것은 lettersOnly에 들어 있는 각 글자들을 빈 문자열로 결
합한다. 이 값은 removeNonLetters( ) 함수의 리턴 값이 된다.

영어 단어 판정

message를 잘못된 키로 복호화하면 보통 영어 문장보다는 영문자나 공백이 아닌 문자가 훨씬 많이 나온다. 게다가 나오는 단어가 거의 무작위이고 영어 단어 사전에 없을 것이다. isEnglish( ) 함수는 문자열을 받아서 이 두 문제를 모두 확인한다.

```
47. def isEnglish(message, wordPercentage=20, letterPercentage=85):
48.    # 기본값으로 사전 파일에서 20% 단어가 존재하고,
49.    # message의 문자의 85%가 글자나 공백이어야 한다.
50.    # (특수문자나 숫자가 아니다)
```

47행은 isEnglish( ) 함수를 선언하는데, 문자열 아규먼트를 받아서 영어 텍스트이면 True를, 아니면 False를 리턴한다. 이 함수는 파라미터가 3개이며 message, wordPercentage = 20, letterPercentage = 85가 있다. 첫 번째 파라미터는 검사할 문자열이 들어 있고 두 번째, 세 번째 파라미터는 영어 문장이라고 판정할 단어와 글자의 비율의 기본값을 설정한다(백분율은 0과 100 사이의 숫자이며 전체에서 해당 항목의 비율을 나타낸다). 다음 절에서는 아규먼트에 기본값을 사용하는 방법과 백분율을 구하는 방법을 살펴볼 것이다.

아규먼트 기본값 사용하기

함수를 호출할 때 대부분 같은 값을 전달하는 경우가 있다. 그런 경우 함수를 호출할 때마다 이 값들을 넣지 않고 함수의 def문에서 아규먼트 기본값을 정의할 수 있다.

47행의 def문에는 파라미터가 3개 있는데, wordPercentage, letterPercentage에 각각 아규먼트 기본값 20, 85를 설정한 것을 볼 수 있다.

isEnglish( ) 함수는 아규먼트를 1~3개로 호출할 수 있다. wordPercentage 또는 letterPercentage에 아규먼트를 전달하지 않으면 파라미터에 지정한 값으로 아규먼트 기본값을 사용한다.

아규먼트 기본값은 isEnglish( ) 함수가 message 문자열이 영문 문자열인지 판정할 때 실제 영어 단어의 비율과 숫자나 문장 부호가 아닌 영문자와 공백의 비율을 정해서 그 값을 통해 판정하도록 한다. 예를 들어 아규먼트 한 개만 사용해 isEnglish( )를 호출하면

wordPercentage(정수 20) 및 letterPercentage(정수 85) 파라미터에 아규먼트 기본값을 쓴다. 즉, 문자열의 20%는 영어 단어로, 단어의 85%는 영문자나 공백으로 돼 있어야 한다.

이 백분율들은 대부분의 영어 문장을 감지해낼 수 있지만 isEnglish() 함수를 더 제한적으로 사용해야 할 경우에는 다른 아규먼트 조합을 쓸 수도 있다. 그럴 때는 프로그램에서 아규먼트 기본값을 쓰지 않고 wordPercentage, letterPercentage 아규먼트를 명시적으로 전달하면 된다. 표 11-1은 isEnglish() 함수에 다양한 방식으로 아규먼트를 지정했을 때 실제로 어떤 의미로 동작하는지 나타낸 것이다.

표 11-1 아규먼트 기본값을 쓸 때와 쓰지 않을 때의 함수 호출

함수 호출	실제 아규먼트
isEnglish('Hello')	isEnglish('Hello', 20, 85)
isEnglish('Hello', 50)	isEnglish('Hello', 50, 85)
isEnglish('Hello', 50, 60)	isEnglish('Hello', 50, 60)
isEnglish('Hello', letterPercentage=60)	isEnglish('Hello', 20, 60)

예를 들어 표 11-1의 세 번째 예는 두 번째, 세 번째 파라미터를 지정해 함수를 호출했는데, 이것은 아규먼트 기본값이 아닌 지정한 아규먼트 값을 사용한 것이다.

백분율 계산

함수 아규먼트로부터 영어 문장 판정 비율을 얻은 후에는, message 문자열의 비율을 계산해야 한다. 예를 들어 문자열 값 'Hello cat MOOSE fsdkl ewpin'은 5개의 단어가 있지만 영어는 3개만 있다.

이 문자열에서 영어 단어의 비율을 계산하려면 영어 단어 수를 총 단어 수로 나누고 결과에 100을 곱하면 된다. 'Hello cat MOOSE fsdklewpin'의 영어 단어 비율은 3 / 5 * 100이며, 이는 60%이다. 표 11-2는 백분율 계산값의 몇 가지 예시다.

표 11-2 영어 단어 비율 계산

영어 단어 개수	전체 단어 개수	영어 단어 비율	× 100	= 백분율
3	5	0.6	× 100	= 60
6	10	0.6	× 100	= 60
300	500	0.6	× 100	= 60
32	87	0.3678	× 100	= 36.78
87	87	1.0	× 100	= 100
0	10	0	× 100	= 0

백분율은 항상 0퍼센트(단어가 영어가 아님)와 100퍼센트(모든 단어가 영어임) 사잇값
이다. isEnglish( ) 함수는 20% 이상의 단어가 사전 파일에 있고 문자열의 85%가 영문자
또는 공백이면 영어 문자열이라고 판정한다. 즉, 사전 파일이 완벽하지 않거나 message의
일부 단어가 영어 단어가 아니어도 message를 영어 문자열이라고 판정할 수 있다.

51행은 message를 getEnglishCount( )에 전달해 message에서 인식된 영어 단어의 백분
율을 계산한다. getEnglishCount( )는 나눗셈을 수행하고 0.0과 1.0 사이의 실수를 리턴
한다.

```
51.    wordsMatch = getEnglishCount(message) * 100 >= wordPercentage
```

이렇게 나온 실수 값에서 백분율을 얻으려면 100을 곱하면 된다. 결과가 wordPercen
tage 파라미터보다 크거나 같으면 wordsMatch에 True가 저장된다(>= 비교 연산자는 표현식
을 불리언 값으로 리턴한다). 그렇지 않다면 wordsMatch에 False가 저장된다.

52~54행은 message에 들어 있는 영문자와 공백의 개수를 문자 전체 개수로 나눠서
영문자 개수의 백분율을 계산한다.

```
52.    numLetters = len(removeNonLetters(message))
53.    messageLettersPercentage = float(numLetters) / len(message) * 100
54.    lettersMatch = messageLettersPercentage >= letterPercentage
```

앞의 코드에서 문자열의 모든 영문자와 공백 문자를 찾는 removeNonLetters() 함수를 작성했으므로 이를 다시 쓸 수 있다. 52행은 removeNonLetters(message)를 호출해 message의 영문자와 공백 문자만의 문자열을 얻는다. 이 문자열을 len()에 전달하면 message에 있는 영문자와 공백 문자의 총 개수가 리턴되며 변수 numLetters에 정수 값으로 저장된다.

53행은 numLetters의 정수 값을 실수로 변환하고 len(message)로 나눠서 영문자와 공백 글자의 비율을 얻는다. len(message)의 리턴 값은 message의 총 문자 수다. 앞에서 다룬 바와 같이, float()을 사용한 것은 detectEnglish 모듈을 파이썬 2에서 import해서 쓰는 경우에도 정상적으로 동작하기 위한 것이다.

54행은 messageLettersPercentage의 백분율이 letterPercentage 파라미터보다 크거나 같은지 확인한다. 이 표현식의 리턴 값은 lettersMatch에 불리언 값으로 저장된다.

wordsMatch와 lettersMatch 변수가 모두 True이면 isEnglish()가 True를 리턴한다. 55행은 and 연산자를 통해 두 변수가 모두 True인지 확인한 값을 리턴한다.

```
55.    return wordsMatch and lettersMatch
```

변수 wordsMatch와 lettersMatch가 모두 True이면 isEnglish()는 message가 영어라고 판정하고 True를 리턴한다. 그렇지 않으면 isEnglish()는 False를 리턴한다.

요약

전치 파일 암호는 카이사르 암호를 개선해 키를 26개로 한정하지 않고 수백 또는 수천 개의 키를 사용할 수 있다. 컴퓨터로 수천 개의 잠재 키를 대입해 암호문을 복호화하는 것은 쉬운 일이나, 복호화된 문자열이 유효한 영어인지 원래의 메시지인지 판단할 수 있는 코드도 작성해야 한다.

11장에서는 사전 파일을 딕셔너리 데이터 유형에 저장하는 영어 문장 판정 프로그램을 만들었다. 딕셔너리 데이터 유형은 리스트처럼 값을 여러 개 담을 수 있으므로 유용하다. 그러나 리스트와는 달리 정수가 아닌 문자열 값도 키로 사용할 수 있고 이를 통해 인덱싱할 수 있다. len( ), in, not in 연산자 등 리스트로 수행할 수 있는 대부분의 작업은 딕셔너리로도할 수 있다. 그러나 큰 데이터에 있어서는 리스트보다 딕셔너리가 in 연산자를 빠르게 처리한다. 특히 사전 데이터에 값이 수천 개 이상 들어 있으므로 딕셔너리를 통해 빠르게 처리할 수 있었다.

또한 11장에서는 문자열을 문자열 리스트로 나누는 split( ) 메소드와 None 값만 있는 NoneType 데이터 유형을 소개했다. None 값은 값이 없음을 나타내는데 유용하다.

/ 연산자를 사용할 때 0으로 나누기 에러를 회피하는 방법도 다뤘다. int( ), float( ), str( ) 함수로 값을 다른 데이터 유형으로 변환할 수 있다. 리스트 메소드인 append( )로 리스트에 값을 추가할 수 있다.

함수를 정의할 때 일부 파라미터에 아규먼트 기본값을 제공할 수 있다. 함수를 호출할 때 그 파라미터에 아규먼트를 전달하지 않으면 프로그램은 아규먼트 기본값을 사용하므로 프로그램을 간결하게 작성할 수 있다. 12장에서는 영어 문장 판정 코드를 사용해 전치 암호 해킹을 배울 것이다!

연습 문제

연습 문제의 정답은 이 책의 웹사이트 https://www.nostarch.com/crackingcodes/에서 제공한다.

1. print가 출력하는 값은?

```
spam = {'name': 'Al'}
print(spam['name'])
```

2. print가 출력하는 값은?

```
spam = {'eggs': 'bacon'}
print('bacon' in spam)
```

3. 딕셔너리 spam에 저장된 값을 출력하는 순환 코드를 작성하라.

```
spam = {'name': 'Zophie', 'species':'cat', 'age':8}
```

(이어짐)

4. print가 출력하는 값은?

```
print('Hello, world!'.split())
```

5. print가 출력하는 값은?

```
def spam(eggs=42):
  print(eggs)

spam()
spam('Hello')
```

6. 이 문장에서 올바른 영단어의 백분율은 얼마인가?

```
"Whether it's flobulllar in the mind to quarfalog the slings and
arrows of outrageous guuuuuuuuur."
```

12

전치 암호 해킹
HACKING THE TRANSPOSITION CIPHER

RSA를 고안한 사람 중 한 명인 로널드 라이베스트(Ron Rivest)는
암호화를 제한하는 일은 무의미하다고 생각한다.
'범죄자가 그것을 활용할 수 있다고 무차별적으로
기술을 단속하는 것은 어리석은 정책이다.'
– 사이먼 싱(Simon Singh), 『비밀의 언어(The Code Book)』 중에서

12장에서는 전치 암호를 해킹하기 위해 무차별 대입 방식을 사용한다. 전치 암호로 암호화할 때 가능성 있는 키는 수천 개지만 영어로 제대로 복호화할 수 있는 키는 단 한 개다. 11장에서 작성한 detectEnglish.py 모듈을 사용하면 전치 암호의 키를 찾는 해킹이 가능하다.

12장에서 다루는 내용

- 삼중 따옴표로 여러 줄의 문자열 처리하기
- strip() 문자열 메소드

전치 암호 해킹 프로그램의 소스 코드

File ❯ New File을 선택해 파일 편집기를 새로 연다. 다음 코드를 파일 편집기에 입력하고 transpositionHacker.py로 저장한다. 이전에 다뤘던 프로그램인 pyperclip.py 모듈, transpositionDecrypt.py 모듈(8장), detectEnglish.py 모듈과 dictionary.txt 파일(11장)이 transpositionHacker.py 파일과 같은 디렉터리에 있어야 한다. F5 키를 눌러서 프로그램을 실행한다.

transpositionHacker.py

```
1. # 전치 암호 해킹
2. # https://www.nostarch.com/crackingcodes/ (BSD Licensed)
3.
4. import pyperclip, detectEnglish, transpositionDecrypt
5.
6. def main():
7.     # 이 소스 코드는 아래 웹사이트에서 복사 후 붙여넣기해도 된다.
8.     # https://www.nostarch.com/crackingcodes/:
9.     myMessage = """AaKoosoeDe5 b5sn ma reno ora'lhlrrceey e enlh
    na indeit n uhoretrm au ieu v er Ne2 gmanw,forwnlbsya apor tE.no
    euarisfatt e mealefedhsppmgAnlnoe(c -or)alat r lw o eb nglom,Ain
    one dtes ilhetcdba. t tg eturmudg,tfl1e1 v nitiaicynhrCsaemie-sp
    ncgHt nie cetrgmnoa yc r,ieaa toesa- e a0m82e1w shcnth ekh
    gaecnpeutaaieetgn iodhso d ro hAe snrsfcegrt NCsLc b17m8aEheideikfr
    aBercaeu thllnrshicwsg etriebruaisss d iorr."""
10.
11.     hackedMessage = hackTransposition(myMessage)
12.
13.     if hackedMessage == None:
14.         print('Failed to hack encryption.')
15.     else:
16.         print('Copying hacked message to clipboard:')
17.         print(hackedMessage)
18.         pyperclip.copy(hackedMessage)
19.
20.
21. def hackTransposition(message):
22.     print('Hacking...')
```

```
23.
24.        # 파이썬 프로그램은 다음 키를 누르면 아무 때라도 멈춘다.
25.        # Ctrl-C (윈도우), Ctrl-D (맥OS, Linux):
26.        print('(Press Ctrl-C (on Windows) or Ctrl-D (on 맥OS and Linux) to
           quit at any time.)')
27.
28.        # 가능한 모든 키를 무차별 대입하는 순환문
29.        for key in range(1, len(message)):
30.            print('Trying key #%s...' % (key))
31.
32.            decryptedText = transpositionDecrypt.decryptMessage(key, message)
33.
34.            if detectEnglish.isEnglish(decryptedText):
35.                # 복호화가 잘 됐는지 사용자에게 질의
36.                print()
37.                print('Possible encryption hack:')
38.                print('Key %s: %s' % (key, decryptedText[:100]))
39.                print()
40.                print('Enter D if done, anything else to continue hacking:')
41.                response = input('> ')
42.
43.                if response.strip().upper().startswith('D'):
44.                    return decryptedText
45.
46.        return None
47.
48. if __name__ == '__main__':
49.     main()
```

전치 암호 해킹 프로그램의 실행 예제

transpositionHacker.py 프로그램을 실행하면 다음과 같은 화면을 볼 수 있다.

```
Hacking...
(Press Ctrl-C (on Windows) or Ctrl-D (on 맥OS and Linux) to quit at any time.)
Trying key #1...
```

```
Trying key #2...
Trying key #3...
Trying key #4...
Trying key #5...
Trying key #6...
Possible encryption hack:
Key 6: Augusta Ada King-Noel, Countess of Lovelace (10 December 1815 - 27
November 1852) was an English mat
Enter D if done, anything else to continue hacking:
> D
Copying hacked message to clipboard:
Augusta Ada King-Noel, Countess of Lovelace (10 December 1815 - 27 November
1852) was an English mathematician and writer, chiefly known for her work on
Charles Babbage's early mechanical general-purpose computer, the Analytical
Engine. Her notes on the engine include what is recognised as the first
algorithm intended to be carried out by a machine. As a result, she is often
regarded as the first computer programmer.
```

이 프로그램은 키 #6을 시도한 후 복호화된 일부를 보여주고 사용자가 올바른 키를 찾았는지 확인한다. 이 예제에서는 출력된 메시지가 가능성이 높은 것으로 보인다. 사용자가 D를 입력하면 복호화가 잘 됐다고 판단한 것이므로 해킹된 전체 메시지를 출력한다. 그러면 에이다 러브레이스^{Ada Lovelace}의 일대기를 볼 수 있다(그녀는 1842년과 1843년에 베르누이 수 계산 알고리즘을 고안해 최초의 컴퓨터 프로그래머로 일컫는다). 복호화가 잘못됐다면 사용자가 다른 키를 눌러 새로운 복호화 키를 계속 시도하도록 한다.

다음은 사용자가 D가 아닌 다른 키를 눌러 프로그램 실행을 재개한 것이다. 제대로 된 복호화를 넘어간 것이므로 프로그램은 올바른 복호화를 찾지 못하고 무차별 대입을 계속 진행한다.

```
--중략--
Trying key #417...
Trying key #418...
Trying key #419...
Failed to hack encryption.
```

결과적으로 이 프로그램은 모든 가능한 키를 시도한 사용자에게 암호문을 해킹할 수 없다고 알리며 포기를 선언한다. 이 프로그램이 어떻게 동작하는지 조금 더 자세히 살펴보자.

모듈 가져오기

처음 몇 줄은 이 프로그램이 무슨 프로그램인지 사용자에게 알리는 내용이다. 네 행의 import는 앞에서 작성했거나 본 모듈 몇 종류를 import하는데, pyperclip.py, detectEnglish.py, transpositionDecrypt.py이다.

```
1. # 전치 암호 해킹
2. # https://www.nostarch.com/crackingcodes/ (BSD Licensed)
3.
4. import pyperclip, detectEnglish, transpositionDecrypt
```

전치 암호 해킹 프로그램은 50여 줄밖에 안 되는데, 이미 존재하는 다른 프로그램 모듈을 사용하기 때문이다.

삼중 따옴표로 여러 줄의 문자열 처리하기

변수 myMessage는 해킹할 암호문을 저장한다. 9행에서는 이 문자열 한 개를 삼중 쌍따옴표로 둘러싸고 있다. 이 문자열이 매우 긴 문자열이라는 점을 주목한다.

```
6. def main():
7.     # 이 소스 코드는 다음 웹사이트에서 복사 후 붙여넣기해도 된다.
8.     # https://www.nostarch.com/crackingcodes/:
9.     myMessage = """AaKoosoeDe5 b5sn ma reno ora'lhlrrceey e enlh
na indeit n uhoretrm au ieu v er Ne2 gmanw,forwnlbsya apor tE.no
euarisfatt e mealefedhsppmgAnlnoe(c -or)alat r lw o eb nglom,Ain
one dtes ilhetcdba. t tg eturmudg,tfl1e1 v nitiaicynhrCsaemie-sp
ncgHt nie cetrgmnoa yc r,ieaa toesa- e a0m82e1w shcnth ekh
gaecnpeutaaieetgn iodhso d ro hAe snrsfcegrt NCsLc b17m8aEheideikfr
aBercaeu thllnrshicwsg etriebruaisss d iorr."""
```

삼중 따옴표 문자열은 여러 줄 문자열이라고 부른다. 문자열 중간에 개행을 포함해 여러 줄로 구성돼 있기 때문이다. 여러 줄 문자열은 긴 문자열을 프로그램 소스 코드 안에 넣을 때 유용한데, 홑따옴표나 쌍따옴표가 있어도 따로 탈출 문자가 필요 없다. 다음 코드를 대화형 셸에 입력해 여러 줄 문자열의 예를 살펴보자.[1]

```
>>> spam = """Dear Alice,
Why did you dress up my hamster in doll clothing?
I look at Mr. Fuzz and think, "I know this was Alice's doing."
Sincerely,
Brienne"""
>>> print(spam)
Dear Alice,
Why did you dress up my hamster in doll clothing?
I look at Mr. Fuzz and think, "I know this was Alice's doing."
Sincerely,
Brienne
```

여기에서 문자열 값을 보면 앞에서 작성한 암호문처럼 여러 줄에 걸쳐 있다. 삼중 따옴표로 시작한 문자열은 삼중 따옴표를 다시 만날 때까지 문자열 한 개로 취급된다. 삼중 쌍따옴표나 삼중 홑따옴표로 여러 줄 문자열을 만들 수 있다.

해킹된 메시지 출력하기

전지 암호 해킹 코드는 hackTransposition() 함수 안에 있다. 이 함수는 11행에서 호출하고 21행에 정의돼 있다. 이 함수는 해킹하려는 암호문 한 개를 문자열 아규먼트로 받는다. 이 함수가 암호문을 해킹할 수 있으면 복호화된 문자열을 리턴하고 그렇지 않으면 None 값을 돌려준다.

---

[1] 여러 줄 문자열을 쓸 때 원래 코드 블록의 들여쓰기 이상의 공백을 넣으면 문자열 값에 그 만큼의 공백이 발생한다. – 옮긴이

```
11.     hackedMessage = hackTransposition(myMessage)
12.
13.     if hackedMessage == None:
14.         print('Failed to hack encryption.')
15.     else:
16.         print('Copying hacked message to clipboard:')
17.         print(hackedMessage)
18.         pyperclip.copy(hackedMessage)
```

11행에서 hackTransposition( )를 호출해 해킹이 성공했다면 해킹된 메시지를, 실패했다면 None을 리턴해 hackedMessage에 저장한다.

13, 14행은 이 함수가 암호문을 해킹하지 못했을 경우 어떻게 할 것인지 알린다. 즉, hackedMessage에 None이 저장돼 있다면 사용자에게 복호화에 실패했음을 알린다.

다음 네 줄은 이 함수가 암호문 해킹에 성공했을 경우 그다음 한 일을 알리는 부분이다. 17행에서는 복호화된 메시지를 출력하고 18행에서는 클립보드에 그 메시지를 복사한다. 이 코드가 제대로 동작하려면 hackTransposition( )을 정의해야 하는데 이어서 설명한다.

해킹된 메시지 얻기

hackTransposition( ) 함수는 print( ) 구문 몇 줄로 시작한다.

```
21. def hackTransposition(message):
22.     print('Hacking...')
23.
24.     # 파이썬 프로그램은 다음 키를 누르면 아무 때라도 멈춘다.
25.     # Ctrl-C(윈도우), Ctrl-D(맥OS, Linux):
26.     print('(Press Ctrl-C(on Windows) or Ctrl-D(on 맥OS and Linux) to
        quit at any time.)')
```

이 프로그램은 수많은 키를 시도할 것이기 때문에 해킹을 시작한 시점과 끝나는 시점의 정보를 제공한다. 26행에서는 print( ) 함수로 CTRL-C(윈도우)나 CTRL-D(맥OS, 리눅스)를 눌러서 이 프로그램을 아무 때라도 종료할 수 있음을 알린다. 실제로도 이 키들은 파이썬 프로그램을 종료시키는 키다.

다음 몇 줄은 프로그램이 시도할 전치 암호에 가능한 키 범위를 지정한다.

```
28.     # 가능한 모든 키를 무차별 대입하는 순환문
29.     for key in range(1, len(message)):
30.         print('Trying key #%s...' % (key))
```

전치 암호의 가능한 키 범위는 1~메시지 길이이다. 29행의 for 루프는 각각의 키로 해킹 함수를 실행하는 부분이다. 30행에서는 문자열 포맷팅을 통해 현재 테스트 중인 키를 출력해서 사용자에게 알린다.

32행에서는 앞서 작성한 transpositionDecrypt.py 프로그램의 decryptMessage() 함수로 현재 테스트중인 키로 복호화한 결과를 가져와 decryptedText 변수에 저장한다.

```
32.         decryptedText = transpositionDecrypt.decryptMessage(key, message)
```

복호화한 decryptedText는 키가 정확할 때에만 영어로 출력된다. 그렇지 않으면 의미 없는 텍스트로 나타난다. 이제 decryptedText의 문자열을 11장에서 작성한 detectEnglish.isEnglish() 함수에 전달하고 decryptedText의 일부와 사용한 키, 사용자가 다음 결정할 사항을 출력한다.

```
34.         if detectEnglish.isEnglish(decryptedText):
35.             # 복호화가 잘 됐는지 사용자에게 질의
36.             print()
37.             print('Possible encryption hack:')
38.             print('Key %s: %s' % (key, decryptedText[:100]))
39.             print()
40.             print('Enter D if done, anything else to continue hacking:')
41.             response = input('> ')
```

detectEnglish.isEnglish()가 True를 리턴하고 35행로 진입했다고 해서 정확한 키를 찾은 것은 아니다. 거짓 긍정(false positive)일 수 있다. 즉 프로그램이 일부 텍스트를 영

어로 판단하기는 했으나 실제로는 의미 없는 텍스트일 수도 있다. 38행에서 텍스트 미리보기를 제공하는 것은 사용자가 실제로 영어인지 판단할 기회를 주는 것이다. 문자열 슬라이싱 기능 decryptedText[:100]을 통해서 decryptedText의 처음 100자를 출력한다.

이제 프로그램은 41행에서 실행을 잠시 중단하고 사용자가 D를 입력하는지 다른 것을 입력하는지 기다린 다음 입력한 값을 저장한다.

strip() 문자열 메소드

프로그램이 사용자에게 어떤 명령을 원할 때, 사용자가 정확하게 입력하지 않으면 오류가 발생한다. transpositionHacker.py 프로그램에서 해킹된 메시지의 확인을 요청하면서 D를 입력하라는 메시지를 출력하면, 프로그램은 D가 아닌 다른 입력은 허용하지 않는다는 뜻이다. 사용자가 D와 함께 공백이나 문자를 더 넣으면 프로그램은 이를 허용하지 않는다. 다른 입력도 인식하려면 strip() 문자열 메소드를 사용해야 한다.

strip() 문자열 메소드는 문자열의 시작과 끝에 공백 문자를 제거한 문자열을 리턴한다.

공백 문자, 탭 문자, 개행 문자가 제거할 공백 문자의 범주에 포함된다. 대화형 셸에 다음을 입력해 어떻게 동작하는지 살펴본다.

```
>>> ' Hello'.strip()
'Hello'
>>> 'Hello    '.strip()
'Hello'
>>> '    Hello World    '.strip()
'Hello World'
```

이 예제에서 strip()은 처음 두 문자열의 시작이나 끝에 있는 공백 문자를 제거했다. 'Hello World'와 같은 문자열이 있을 때, 문자열의 시작이나 끝부분의 공백은 제거하지만 문자 사이에 공백을 제거하지는 않는다.

strip() 메소드는 문자열 아규먼트를 전달해 공백 이외의 문자열도 양끝에서 제거할 수 있다. 대화형 셸에 다음을 입력한다.

```
>>> 'aaaaaHELLOaa'.strip('a')
'HELLO'
>>> 'ababaHELLObaba'.strip('ab')
'HELLO'
>>> 'abccabcbacbXYZabcXYZacccab'.strip('abc')
'XYZabcXYZ'
```

문자열 아규먼트 'a'와 'ab'를 전달하면 문자열 시작이나 끝에서 이 문자들이 제거된다. 그러나 문자열 중간에 있는 문자들을 제거하지는 않는다. 세 번째 예제에서 볼 수 있듯이 'abc' 문자열은 'XYZabcXYZ'에 그대로 있다.

strip() 문자열 메소드 적용

transpositionHacker.py 소스 코드로 돌아와서 strip()을 어떻게 적용했는지 살펴보자. 43행의 if 구문은 사용자 입력에 대해 유연하게 대응하고 있다.

```
43.            if response.strip().upper().startswith('D'):
44.                return decryptedText
```

if 구문을 단순히 response == 'D'로 처리했다면 사용자가 정확한 D를 입력했을 때에만 프로그램이 종료되고 그렇지 않으면 해킹을 계속할 것이다.

예를 들어 'd', 'D', 'Done' 등을 사용자가 입력하면 if 구문은 False가 되고 프로그램은 해킹된 메시지를 리턴하지 않고 다른 키 검사를 계속할 것이나.

이런 상황을 피하려면 strip()을 호출해 응답 문자열의 앞뒤 공백을 제거하고 uppper() 메소드를 호출해 대문자로 만들어 통일한다. 대문자로 통일하는 것은 사용자가 'd'나 'D' 중 아무 문자를 입력해도 대응하기 위한 것이다. 이렇게 프로그램 입력 값에 대해 유연한 대응을 하는 것이 프로그램 사용성에 좋다.

사용자가 'D'로 시작하지만 단어를 입력한 경우에도 프로그램이 정상 인식을 하려면, startswith()로 첫 번째 문자만 확인하면 된다. 예를 들어 사용자가 'done'을 입력하면 먼저 공백이 제거돼 'done'이 되고, upper()를 통해서 'DONE'이 된 후, startswith()를 통해서 'D'로 시작하는지만 판정해 True를 리턴한다.

복호화된 문자열을 살펴본 사용자가 올바르다고 판정하면 hackTransposition() 함수는 44행에서 복호화된 텍스트를 리턴한다.

메시지 해킹 실패

29행에서 시작한 for 루프가 끝난 첫 행은 46행이다.

```
46.     return None
```

프로그램이 여기까지 왔다면 44행에 진입한 적이 없었다는 뜻이고, 시도한 어떤 키로도 올바르게 복호화된 텍스트를 발견하지 못했다는 뜻이다. 이런 경우 46행에서 None을 리턴해 해킹이 실패했음을 알린다.

main() 함수 호출

48, 49행은 이 프로그램을 단독으로 실행할 때, main() 함수를 호출하는 코드다.

```
48. if __name__ == '__main__':
49.     main()
```

변수 __name__은 파이썬이 설정하는 값이라는 점을 상기한다. transpositionHacker.py를 모듈로 import했다면 main() 함수가 실행되지 않는다.

요약

12장은 6장처럼 짧다. 코드의 대부분이 다른 프로그램에서 작성했던 코드이기 때문이다. 전치 암호 해킹 프로그램은 다른 프로그램을 모듈로 import해서 사용했다.

12장에서는 삼중따옴표로 여러 줄에 걸친 긴 문자열을 소스 코드에 작성하는 법을 다뤘다. 또한 strip() 문자열 메소드는 문자열의 앞뒤에 있는 공백이나 특정 문자열을 제거할 때 유용하다.

detectEnglish.py 프로그램을 사용하면 사용자가 복호화할 수 있는 모든 출력을 살펴보는 데 시간을 소모하지 않아도 된다. 이 프로그램을 통해 가능한 수천 개의 키를 무차별 대입 기법을 통해 암호를 해킹할 수 있다.

연습 문제

연습 문제의 정답은 이 책의 웹사이트 https://www.nostarch.com/crackingcodes/에서 제공한다.

1. 다음 표현식의 결과는?

    ```
    'Hello world'.strip()
    ```

2. 공백 문자의 종류는?
3. 'Hello world'.strip('o')에서 문자열 안에 'o' 문자들이 계속 존재하는 이유는?
4. 'xxxHelloxxx'.strip('X')에서 문자열 안에 'x' 문자들이 계속 존재하는 이유는?

13

아핀 암호를 구현하기 위한 모듈러 연산 모듈
A MODULAR ARITHMETIC MODULE FOR THE AFFINE CIPHER

"사람들은 지난 수세기 동안 속삭임, 어둠, 봉투, 닫힌 문,
비밀스러운 악수, 밀사 등으로 사생활을 보호해왔다.
과거의 기술로는 강력한 개인정보 보호를 할 수 없었지만,
전자 기술을 통해 가능해졌다."

– 에릭 휴즈(Eric Hughes),

「A Cypherpunk's Manifesto(사이퍼펑크 선언문)」(1993) 중에서

13장에서는 곱셈 암호와 아핀Affine 암호에 대해 다룬다. 곱셈 암호는 카이사르 암호와 비슷하지만 더하기가 아닌 곱하기로 암호화를 수행한다. 아핀 암호는 곱셈 암호와 카이사르 암호를 결합해 더 강력하고 안전한 암호화를 구현한다.

먼저 나머지 연산과 최대공약수, 즉 아핀 암호를 이해하고 구현하기 위한 수학적 개념 두 가지를 알아야 한다. 여기에서 학습한 원리를 통해 숫자의 순환을 처리하고 아핀 암호의 유효 키를 찾을 수 있는 모듈을 작성한다. 이 모듈을 이용해 14장에서 아핀 암호 프로그램을 만들 것이다.

나머지 연산

나머지 연산$^{Modular\ arithmetic}$ 또는 시계 연산$^{clock\ arithmetic}$이란, 숫자가 특정 값에 도달하면 숫자가 한 바퀴 돌아서 제자리로 오는 연산을 말한다. 이 책의 아핀 암호에서는 이런 숫자의 순환을 처리할 때 나머지 연산을 사용할 것이다. 어떻게 동작하는지 살펴보자.[1]

한 시간이 흐르는 모습의 시계를 상상해보자. 12가 0으로 바뀐다(프로그래머가 시계를 디자인하면 시각은 0에서 시작할 것이다).

현재 시각이 3시라면, 5시간이 흐른 후 몇 시가 될 것인가? 3 + 5 = 8이므로 8시가 된다. 쉽게 계산할 수 있다. 그림 13-1과 같이 시침을 3시에 놓은 후, 5시간을 이동하면 된다.

현재 시각이 10시라면 5시간이 흐른 후 몇 시가 될 것인가? 5 + 10 = 15가 되지만 12시간만 표시하는 시계에는 15시는 맞지 않는다. 몇 시인지 알아내려면 15 - 12 = 3을 계산해 3시가 된다는 것을 알 수 있다(오전 3시와 오후 3시를 구별할 수 있지만, 나머지 연산에서 중요한 것은 아니다).

---

1   위키피디아 등에서는 '합동산술'로 번역하고 있으나 개발자가 흔히 쓰는 용어로 '나머지 연산'이라 표기했다. – 옮긴이

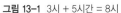

그림 13-1　3시 + 5시간 = 8시

그림 13-2　10시 + 5시간 = 3시

시침을 시계 방향으로 10시에서 시작해 5시간을 움직여본다. 그림 13-2처럼 3시에 도착한다.

현재 시각이 10시라면 200시간이 흐른 후 몇 시가 될까? 200 + 10 = 210이고 210은 12보다 확실히 크다. 시침이 시계를 한 바퀴 돌면 시침이 원래 위치로 되돌아오므로 결과 가 a가 될 때까지 한 바퀴 회전할 때마다 12를 빼고, 12보다 작을 때까지 뺀다. 210 - 12 = 198이다. 그러나 198은 여전히 12보다 크므로 차이가 12보다 작을 때까지 12를 계속 뺀다.

이렇게 해 최종 답은 6이 된다. 현재 시각이 10시라면, 200시간이 흐른 후 시각은 6시 가 되는 것이다. 그림 13-3을 참조한다.

10시 + 200시간을 다시 확인하려면 시계의 시침을 계속 움직여본다. 200시간 동안 시침을 움직이면 6시에 도달한다.

물론 이 과정은 컴퓨터의 나머지 연산자를 통해 나머지 연산자로 처리하면 쉽다.

그림 13-3　10시 + 200시간 = 6시

나머지 연산자

나머지 표현식을 작성하려면 나머지 연산자(줄여서 mod)를 사용한다. 파이썬에서 mod 연산자는 퍼센트 기호(%)이다. mod 연산자는 나머지를 구하는 나눗셈 연산의 한 종류라고 생각하면 쉽다.

예를 들어 21 ÷ 5 = 4이고 나머지가 1이다. 즉, 21 % 5 = 1이다. 15 % 12는 3이다. 이것은 15시가 3시가 되는 원리와 같다. 다음 코드를 대화형 셸에 입력하고 나머지 연산자가 어떻게 동작하는지 살펴보자.

```
>>> 21 % 5
1
>>> (10 + 200) % 12
6
>>> 10 % 10
0
>>> 20 % 10
0
```

10시간에 200시간을 더하면 12시간 마다 한 바퀴를 계속 돌아서 결국 6시가 되는데, (10 + 200) % 12의 결과도 6이 나온다. 10 % 10이나 20 % 10처럼 나눗셈이 딱 떨어지면 나머지가 0이 된다.

뒤에서 나머지 연산자로 아핀 암호의 이런 회전을 처리할 것이다. 또한 이 알고리즘은 두 숫자의 최대공약수를 찾는 알고리즘에서도 사용하는데 아핀 암호의 유효 키들을 찾을 수 있다.

최대공약수를 계산하기 위한 인수 찾기

특정 숫자는 인수factor들의 곱으로 표현할 수 있다. 예를 들어 4 × 6 = 24에서 이 식의 4와 6은 24의 인수다. 어떤 숫자의 인수로 나누면 나머지가 없이 딱 떨어지기 때문에 이런 인수를 약수divisors라고도 한다.

숫자 24는 다른 인수도 갖는다.

$$8 \times 3 = 24$$
$$12 \times 2 = 24$$
$$24 \times 1 = 24$$

결과적으로 1, 2, 3, 4, 6, 8, 12, 24가 24의 인수다.

30의 인수를 찾아보자.

$$1 \times 30 = 30$$
$$2 \times 15 = 30$$
$$3 \times 10 = 30$$
$$5 \times 6 = 30$$

30의 인수는 1, 2, 3, 5, 6, 10, 15, 30이다. 모든 수는 1과 자기 자신을 인수로 갖는다. 자기 자신의 수를 1배하면 바로 그 수가 나오기 때문이다. 24와 30이 공통인수로 1, 2, 3, 6을 갖는다는 점을 주목하자. 이 중 가장 큰 공통인수는 6이다. 이때 6을 24와 30의 최대 공약수GCD, Greatest Common Divisor라고 한다.

두 수의 GCD를 찾는 가장 쉬운 방법은 인수들을 시각화하는 것이다. 퀴즈네르 숫자 막대Cuisenaire rods를 사용하면 GCD를 시각화할 수 있다. 각 퀴즈네르 숫자 막대는 숫자만큼의 네모칸을 갖는다. 이 막대로 수학 연산을 시각화할 수 있다. 그림 13-4는 퀴즈네르 숫자 막대로 3+2=5, 5×3=15를 시각화한 것이다.

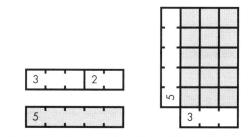

그림 13-4 퀴즈네르 숫자 막대로 덧셈과 곱셈을 시각화한 모습

2의 막대에 3의 막대를 더하면 5의 막대와 같은 길이이다. 퀴즈네르 숫자 막대로 곱셈 문제를 풀 수도 있다. 곱하고자 하는 숫자 막대로 사각형을 만들면 곱셈을 풀 수 있다. 막대가 만든 직사각형 안의 정사각형 개수가 곱셈의 해가 된다.

길이가 20인 막대에 있어서 20 막대의 내부에 딱 맞으며 고르게 채워 넣을 수 있는 막대의 수는 20의 인수다. 그림 13-5에서 4와 10이 20의 인수인 것을 알 수 있다.

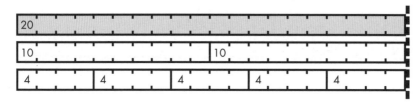

그림 13-5 퀴즈네르 숫자 막대로 20의 인수 4와 10을 찾은 모습

그러나 6과 7은 20의 인수가 아니다. 6과 7의 막대는 20의 막대에 딱 맞지 않기 때문이다. 그림 13-6은 이를 나타낸 것이다.

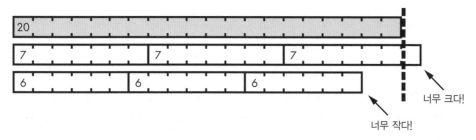

그림 13-6 퀴즈네르 숫자 막대로 6과 7이 20의 인수가 아니라는 것을 알 수 있다

두 수의 GCD를 찾으려면 두 수를 나타내는 막대에 모두 맞는 막대 중 가장 긴 막대를 찾으면 된다. 그림 13-7은 이를 표현한 것이다.

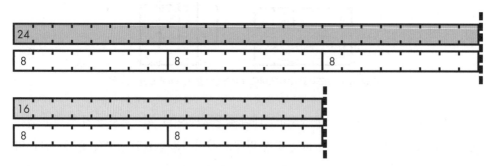

그림 13-7 퀴즈네르 숫자 막대로 16과 24의 GCD를 찾은 모습

이 예제에서는 8의 막대가 24와 32 모두에 잘 맞는 막대 중 가장 긴 막대이다. 즉, 8이 GCD이다.

이제 GCD에 대해서 알았으니 파이썬에서 두 수의 GCD를 찾아보자.

복수 할당문

이제 두 수의 GCD를 찾는 gcd() 함수를 작성할 차례다. 코드를 작성하기 전에 파이썬이 제공하는 복수 할당문 기법에 대해 살펴보자. 복수 할당문 기법은 한 번에 변수 한 개에 만 값을 넣는 할당문과 달리 더 많은 변수에 값을 할당할 수 있다. 다음 코드를 대화형 셸에 입력하고 어떻게 동작하는지 살펴보자.

```
>>> spam, eggs = 42, 'Hello'
>>> spam
42
>>> eggs
'Hello'
>>> a, b, c, d = ['Alice', 'Brienne', 'Carol', 'Danielle']
>>> a
'Alice'
>>> d
'Danielle'
```

예제에서는 = 연산자의 좌측과 변수 이름과 우측의 값을 쉼표로 구분하고 있다. 리스트의 요소 수가 = 연산자의 좌측 변수의 개수와 같다면, 리스트의 각 값을 각각의 변수에 할당할 수 있다. 값의 개수와 변수의 개수가 다르면 파이썬은 값이 너무 많거나 호출이 더 필요하다는 에러를 발생시킨다.

복수 할당문의 중요한 용도 중 하나는 두 변수의 값을 교환하는 것이다. 대화형 셸에 다음을 입력해보자.

```
>>> spam = 'hello'
>>> eggs = 'goodbye'
>>> spam, eggs = eggs, spam
```

```
>>> spam
'goodbye'
>>> eggs
'hello'
```

변수 spam에 'hello'를 할당하고 변수 egg에 'goodbye'를 할당한 후, 복수 할당문으로 값을 교환하고 있다. 이런 스왑^{swap} 기법을 이용해 GCD를 찾는 유클리드 알고리즘을 구현해보자.

GCD를 찾는 유클리드 알고리즘

GCD를 찾는 것은 꽤 쉽다. 두 수의 모든 인수를 확인한 다음 공통인 가장 큰 인수를 찾는 것이다.

그러나 매우 큰 수의 GCD를 찾는 것은 쉽지 않다.

2000년 전의 수학자 유클리드^{Euclid}는 나머지 연산을 통해 두 수의 GCD를 찾는 간단한 알고리즘을 고안했다.

다음은 파이썬 코드로 알고리즘을 구현하는 gcd( ) 함수이며 정수 a와 b의 GCD를 리턴한다.

```
def gcd(a, b):
    while a != 0:
        a, b = b % a, a
    return b
```

gcd( ) 함수는 숫자 두 개 a와 b를 취해서 루프와 복수 할당문으로 GCD를 찾는다. 그림 13-8은 gcd( ) 함수가 24와 32의 GCD를 찾는 과정을 보인 것이다.

유클리드의 알고리즘 동작 원리는 이 책의 범위를 벗어나지만 아무튼 우리는 두 정수의 GCD를 얻을 수 있다. 대화형 셸에서 이 함수의 파라미터 a와 b에 대해 24와 32를 넣고 호출하면 8을 리턴한다.

```
a, b = b % a, a

a, b = 32 % 24, 24  ◀── b mod a를 계산하는 표현식
          └──┬──┘
a, b =    8    , 24  ◀── a != 0이므로 루프를 계속한다.
         ╱‾‾╲
a, b = b % a, a     ◀── 복수 할당문으로 값을 스왑한다.

a, b = 24 % 8, 8    ◀── b mod a를 계산하는 표현식
          ↓
a, b =    0   , 8   ◀── a = 0이므로 루프를 종료한다.

    b = 8           ◀── 마지막 b 값이 GCD이다.
```

그림 13-8 gcd() 함수의 동작 원리

gcd( ) 함수의 가장 큰 장점은 큰 수도 쉽게 다룰 수 있다는 점이다.

```
>>> gcd(409119243, 87780243)
6837
```

---

gcd( ) 함수를 이용하면 곱셈 암호와 아핀 암호에서 유효한 키를 골라내기 편리하다. 이에 대해서는 다음 절에서 살펴보자.

곱셈 암호와 아핀 암호의 동작 원리 이해하기

카이사르 암호는 심볼을 암호화/복호화할 때 심볼을 숫자로 바꿔서 키를 가감한 숫자를 심볼로 다시 바꾸는 방식으로 동작한다.

곱셈 암호에서는 키의 인덱스를 곱한다. 예를 들어 키 3을 사용하면 문자 E를 암호화할 때 E의 인덱스 (4)에 키 (3)을 곱해 (4 × 3 = 12)의 인덱스를 얻고 암호화된 문자 M을 구한다.

곱셈 암호의 결괏값이 문자의 총 개수를 초과하면 카이사르 암호처럼 한 바퀴 돌아가야 하는데, 이때에는 나머지 연산자로 이 문제를 해결할 수 있다. 예를 들어 카이사르 암호의 SYMBOLS 변수에 'ABCDEFGHIJKLMNOPQRSTUVWXYZabcdefghijklmnopqrstuvwxyz12345 67890!?' 문자열이 들어 있다면 SYMBOLS의 인덱스는 다음과 같이 될 것이다.

0	1	2	3	4	5	6	...	59	60	61	62	63	64	65
A	B	C	D	E	F	G	...	8	9	0		!	?	.

키가 17일 때 심볼이 어떻게 암호화되는지 계산해보자. 키 17로 심볼 F를 암호화하려면 인덱스 5에 17을 곱해 결과가 66이고 66이 한 바퀴 돌아간 값을 구해야 한다. (5 × 17)을 66으로 나머지 연산하면 19이고 19는 심볼 T이다. 따라서 F를 키 17로 곱셈 암호화하면 T가 된다. 다음 두 문자열은 이 방식으로 평문의 모든 문자를 암호화한 심볼을 나타낸 것이다.

첫 번째 문자열의 심볼을 암호화하면 두 번째 문자열의 같은 인덱스에 있는 심볼이 된다.

```
'ABCDEFGHIJKLMNOPQRSTUVWXYZabcdefghijklmnopqrstuvwxyz1234567890 !?.'
'ARizCTk2EVm4GXo6IZq8Kbs0Mdu!Ofw.QhyBSj1DUl3FWn5HYp7Jar9Lct Nev?Pgx'
```

이 암호문을 카이사르 암호로 암호화했을 때의 암호문과 비교해보자. 먼저 카이사르 암호화에서는 평문의 각 심볼이 단순히 수평 이동해 암호문이 된 것으로 보인다.

```
'ABCDEFGHIJKLMNOPQRSTUVWXYZabcdefghijklmnopqrstuvwxyz1234567890 !?.'
'RSTUVWXYZabcdefghijklmnopqrstuvwxyz1234567890 !?.ABCDEFGHIJKLMNOPQ'
```

두 암호문에서 나타난 바와 같이 키 17을 사용한 곱셈 암호가 더욱 불규칙하고 복잡한 암호문을 만들었다. 그러나 곱셈 암호의 키를 선성할 때에는 주의가 필요하나. 이에 대해서는 뒤에서 설명한다.

유효 곱셈 키 선정하기

곱셈 암호의 키로 아무 숫자나 사용할 수 있는 것은 아니다. 예를 들어 키 11을 선택하면 다음과 같이 변환된다.

```
'ABCDEFGHIJKLMNOPQRSTUVWXYZabcdefghijklmnopqrstuvwxyz1234567890 !?.'
'ALWhs4ALWhs4ALWhs4ALWhs4ALWhs4ALWhs4ALWhs4ALWhs4ALWhs4ALWhs4ALWhs4'
```

심볼 A, G, M은 모두 같은 문자 A로 암호화되므로 이 키를 사용할 수 없다. 암호문에서 A가 나왔을 때 A를 어떤 문자로 복호화할 수 있을지 알 수가 없다. 이 키를 사용하면 A, N, F, S 등의 문자를 암호화할 때 같은 문제가 발생한다.

곱셈 암호에서 심볼 집합의 키와 크기는 서로 소 관계여야 한다. gcd(num1, num2)==1일 때 num1과 num2를 서로 소 관계라고 한다. 예를 들어 1을 제외하면 공통인수가 없다. 여기에서 num1은 키이고 num2는 심볼 집합의 크기다. 앞의 예에서 11(키)과 66(심볼 집합 크기)은 1이 아닌 GCD가 있으므로 서로 소 관계가 아니며 키 11을 곱셈 암호로 사용할 수 없다. 두 숫자는 서로 소 관계이면 숫자 자체가 소수일 필요는 없다.

곱셈 암호에서는 나머지 연산과 gcd() 함수가 중요하다. gcd() 함수로 숫자 쌍이 서로 소 관계인지 알아낼 수 있으며 이를 통해, 곱셈 암호의 유효 키를 선정할 수 있다.

곱셈 암호에서는 66개의 심볼 집합에 대해 20개의 키가 존재하며 이는 카이사르 암호보다 적은 것이다. 그러나 곱셈 암호와 카이사르 암호를 결합하면 좀 더 강력한 아핀 암호를 만들 수 있다. 이에 대해서는 다음 절에서 설명한다.

아핀 암호로 암호화하기

곱셈 암호의 단점 중 하나는 문자 A가 항상 문자 A에 대응한다는 것이다. A의 인덱스가 0이므로 0을 곱하니 항상 0이 된다. 두 번째 키를 추가하면 이 문제가 해결된다. 곱셈 암호에서 곱셈과 나머지 연산을 수행한 후 카이사르 암호화를 하는 것이다. 결과적으로 곱셈 암호는 결합 암호가 된다.

아핀 암호는 두 개의 키 A, B를 갖는다. 키 A는 문자의 인덱스를 곱하는 정수다. 키 A로 평문을 곱하고 그 결과에 키 B를 더한다. 그다음 원래 카이사르 암호와 마찬가지로 결괏값을 66으로 나머지 연산한다. 즉, 아핀 암호는 곱셈 암호의 유효 키의 66배의 키가 유효하다. 또한 문자 A의 암호화 실패 문제가 해결된다.

아핀 암호의 복호화 프로세스는 암호화 과정을 뒤집으면 된다. 그림 13-9는 암호화/복호화를 나타낸 것이다.

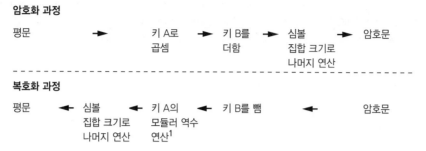

암호화 과정

평문 ➡ 키 A로 ➡ 키 B를 ➡ 심볼 ➡ 암호문
곱셈 　　더함 　　집합 크기로
　　　　　　　　　나머지 연산

- -

복호화 과정

평문 ⬅ 심볼 ⬅ 키 A의 ⬅ 키 B를 뺌 ⬅ 암호문
집합 크기로　모듈러 역수
나머지 연산　연산[1]

그림 13-9 아핀 암호의 암호화/복호화 과정

아핀 암호를 복호화하려면 암호화를 반대로 연산하면 된다. 복호화 과정과 모듈러 역수를 계산하는 방법을 더 자세히 살펴보자.

아핀 암호 복호화

카이사르 암호에서는 덧셈으로 암호화를 하고 뺄셈으로 복호화했다. 아핀 암호에서는 곱셈으로 암호화를 수행했으므로 당연히 아핀 암호도 나눗셈으로 복호화할 수 있다고 생각하기 쉽다. 그러나 실제로 해보면 불가능하다는 것을 알 수 있다. 아핀 암호를 복호화하려면 키의 모듈러 역수를 곱해야 한다. 이렇게 하면 암호화할 때 시행한 나머지 연산이 되돌려진다.

두 숫자의 모듈러 역함수는 식 (a * i) % m == 1로 표현할 수 있다. 여기서 i는 모듈러 역수이고 a와 m은 두 숫자이다. 예를 들어 5 % 7의 모듈러 역수는 (5 * i) % 7 = 1을 만족하는 숫자 i다. 다음과 같이 무차별 대입법으로 i를 찾을 수 있다

1. (5 * 1) % 7 = 5이므로 1은 5 % 7의 모듈러 역수가 아니다.
2. (5 * 2) % 7 = 3이므로 2는 5 % 7의 모듈러 역수가 아니다.
3. (5 * 3) % 7 = 1이므로 3은 5 % 7의 모듈러 역수다.

아핀 암호 과정 중 카이사르 암호 부분의 암호화/복호화 키는 서로 같지만, 곱셈 암호의 암호화/복호화 키는 서로 다르다. 암호화 키는 심볼 집합의 크기(이 예제에서는 66)이

1　수학에서는 모듈러 역수를 '나머지 연산의 곱셈 역원'이라고도 하나, 컴퓨터공학에서는 모듈러 역수라는 표현을 더 자주 사용한다. – 옮긴이

고 서로 소 관계를 만족해야 한다. 아핀 암호의 암호화 키로 53을 선택하면 복호화 키는 53 % 66의 모듈러 역수다.

1. (53 * 1) % 66 = 53이므로 1은 53 % 66의 모듈러 역수가 아니다.
2. (53 * 2) % 66 = 40이므로 2는 53 % 66의 모듈러 역수가 아니다.
3. (53 * 3) % 66 = 27이므로 3은 53 % 66의 모듈러 역수가 아니다.
4. (53 * 4) % 66 = 14이므로 4는 53 % 66의 모듈러 역수가 아니다.
5. (53 * 5) % 66 = 1이므로 5는 53 % 66의 모듈러 역수다.

5는 53 % 66의 모듈러 역수이므로 아핀 암호 복호화 키는 5가 된다. 복호화를 수행하려면 해당 문자의 번호에 5를 곱한 후 % 66을 취하면 된다. 결과적으로 원래의 평문 문자의 번호가 나온다.

66 문자 심볼 집합을 사용하고 키 53으로 단어 Cat을 암호화하면 이렇게 된다. C는 인덱스 2이고 2 * 53은 106이다. 이 값은 심볼 집합 크기보다 커서 106을 66으로 나머지 연산을 구하면 40이 된다. 심볼 집합의 인덱스 40의 문자는 'o'이므로 심볼 C를 암호화하면 o가 된다.

다음 글자도 같은 과정을 적용한다. 문자열 'a'는 심볼 집합에서 인덱스 26이고 26 * 53 % 66은 58이 된다. 이 값은 인덱스로 '7'이다. 따라서 심볼 a는 7로 암호화된다. 문자열 't'는 인덱스 45에 있고 45 * 53 % 66은 9이므로 인덱스로 찾아가면 'J'다. 따라서 단어 Cat을 암호화하면 o7J가 된다.

이제 복호화를 해보자. 먼저 모듈러 역수인 5를 곱한 다음 % 66을 계산한다. 심볼 o의 인덱스는 40이므로 40 * 5 % 66은 2가 돼 인덱스를 찾아가면 'C'이다. 심볼 7은 인덱스 58에 있고, 58 * 5 % 66은 26이므로 인덱스로 찾아가면 'a'다. 심볼 J는 인덱스 9에 있고 9 * 5 % 66이므로 인덱스 45로 찾아가면 't'가 된다. 예상한 바와 같이, 암호문 o7J가 원래의 평문인 Cat으로 잘 복호화됐다.

모듈러 역수 찾기

복호화 키를 결정하려면 모듈러 역수를 구해야 하고, 무차별 대입 방식으로 정수 1부터 시작해 2, 3을 테스트하는 방식으로 처리할 수 있다. 그러나 이런 방식은 8,953,851과 같은 큰 키 값인 경우 많은 시간을 소요할 것이다.

다행히도 파이썬으로 유클리드 확장 알고리즘을 구현해 모듈러 역수를 구할 수 있다.

```
def findModInverse(a, m):
    if gcd(a, m) != 1:
        return None # a와 b가 서로 소 관계가 아니면 모듈러 역수가 없다.

    u1, u2, u3 = 1, 0, a
    v1, v2, v3 = 0, 1, m

    while v3 != 0:
        q = u3 // v3    # 주의: //은 정수 나눗셈 연산자다.
        v1, v2, v3, u1, u2, u3 = (u1 - q * v1), (u2 - q * v2), (u3 - q * v3), v1,
v2, v3
    return u1 % m
```

findModInverse() 함수를 사용하기 위해 유클리드 확장 알고리즘까지 이해할 필요는 없다. findModInverse() 함수에 파라미터에 두 인수를 전달했을 때 서로 소 관계이면 findModInverse()는 파라미터 a % m의 모듈러 역수를 리턴한다.

유클리드 확장 알고리즘에 대한 자세한 내용은 https://www.nostarch.com/crackingcodes/에서 확인할 수 있다.

정수 나눗셈 연산자

앞의 findModInverse() 함수 내에는 새로운 연산자 //가 있다. 이것은 정수 나눗셈 연산자이다. 두 개의 숫자를 나누고 가장 가까운 정수로 내림한다. 대화형 셸에 다음을 입력해 // 연산자가 어떻게 동작하는지 살펴본다.

```
>>> 41 / 7
5.857142857142857
>>> 41 // 7
5
>>> 10 // 5
2
```

41 / 7은 5.857142857142857로, 41 // 7은 5로 계산된다. 나눗셈이 딱 떨어지지 않을 때 // 연산자를 이용하면 몫을 바로 정수로 얻을 수 있다. // 정수 나눗셈 연산자를 사용하는 식은 항상 float이 아닌 int를 리턴한다.

10 // 5를 실행하면 결괏값이 2.0이 아니라 2이다.

cryptomath 모듈 소스 코드

이 책의 뒤에 나오는 암호 프로그램들에서 gcd( ), findModInverse( )를 자주 사용할 예정이므로 두 함수를 모듈에 넣자. 새 파일 편집기 창을 열고 다음 코드를 입력한 후 cryptomath.py로 저장한다.

cryptomath.py

```
1. # cryptomath 모듈
2. # https://www.nostarch.com/crackingcodes/ (BSD Licensed)
3.
4. def gcd(a, b):
5.     # 유클리드 알고리즘으로 a와 b의 GCD를 리턴한다.
6.     while a != 0:
7.         a, b = b % a, a
8.     return b
9.
10.
11. def findModInverse(a, m):
12.     # a * x % m = 1을 만족하는 a와 m의 모듈러 역수를 리턴한다.
13.
14.
15.     if gcd(a, m) != 1:
16.         return None # a와 m이 서로 소 관계가 아니면 모듈러 역수가 없다.
17.
18.     # 확장 유클리디안 알고리즘으로 계산한다.
19.     u1, u2, u3 = 1, 0, a
20.     v1, v2, v3 = 0, 1, m
21.     while v3 != 0:
22.         q = u3 // v3   # //은 정수 나눗셈 연산자임을 주의한다.
23.         v1, v2, v3, u1, u2, u3 = (u1 - q * v1), (u2 - q * v2), (u3 - q * v3),
```

```
v1, v2, v3
24.        return u1 % m
```

이 프로그램은 앞에서 설명한 gcd() 함수와 유클리드 확장 알고리즘을 구현하는 findModInverse() 함수를 담고 있다. cryptomath.py 모듈을 import한 다음에는 대화형 셸에서도 이 함수를 시험해볼 수 있다. 대화형 셸에 다음을 입력한다.

```
>>> import cryptomath
>>> cryptomath.gcd(24, 32)
8
>>> cryptomath.gcd(37, 41)
1
>>> cryptomath.findModInverse(7, 26)
15
>>> cryptomath.findModInverse(8953851, 26)
17
```

이와 같이 두 수의 GCD나 모듈러 역수를 gcd() 함수와 findModInverse() 함수로 쉽게 구할 수 있다.

요약

13장에서는 몇 가지 유용한 수학 원리를 배웠다. % 연산자는 어떤 수를 다른 수로 나눈 나머지를 찾는다. gcd() 함수는 최대공약수를 리턴한다. 두 수의 GCD가 1이면 두 수는 서로 소 관계이다. 두 수의 GCD를 찾는 가장 좋은 알고리즘은 유클리드 알고리즘이다.

아핀 암호는 카이사르 암호와 달리 문자를 암호화할 때 곱셈과 덧셈을 사용한다. 그러나 모든 숫자를 아핀 암호의 키로 쓸 수 있는 것은 아니다. 키 숫자와 심볼 집합의 크기는 서로 소 관계에 있어야 한다.

아핀 암호를 복호화하려면 암호문의 인덱스와 키의 모듈러 역수를 곱한다. a와 m의 모듈러 역변환은 (a * i) % m == 1을 만족하는 i다. 유클리드 확장 알고리즘으로 모듈러 역수를 계산할 수 있다. 23장의 공개 키 암호 역시 모듈러 역수를 사용한다.

13장에서 다룬 수학 원리로 14장에서는 아핀 암호 프로그램을 작성할 것이다. 곱셈 암호는 키 B가 0인 아핀 암호와 같으므로 곱셈 암호와 구분할 수 없다. 그리고 곱셈 암호는 아핀 암호보다 안전이 떨어지는 버전이므로 어떤 이유로든 사용하지 않는다.

연습 문제

연습 문제의 정답은 이 책의 웹사이트 https://www.nostarch.com/crackingcodes/에서 제공한다.

1. 다음 표현식의 결과는?

```
17 % 1000
5 % 5
```

2. 10과 15의 GCD는?
3. spam, eggs = 'hello', 'world'를 실행했을 때 변수 spam에 들어 있는 값은?
4. 17과 31의 GCD는 1이다. 17과 31은 서로 소 관계인가?
5. 6과 8은 왜 서로 소 관계가 아닌가?
6. A와 C의 모듈러 역수 공식은 무엇인가?

14

아핀 암호 프로그래밍
PROGRAMMING THE AFFINE CIPHER

> "1천 마일 밖에서도 귀에다 은밀히 속삭일 수 있으면 좋겠지만,
> 정부는 이에 동의하지 않는다."
>
> – 필립 짐머만(Philip Zimmermann),
> 전자 메일 암호화 소프트웨어 PGP(Pretty Good Privacy) 창시자

13장의 아핀 암호는 실제로는 카이사르 암호(5장)와 곱셈 암호를 결합한 것이며, 메시지를 암호화할 때 덧셈이 아니라 곱셈을 사용하는 것만 빼고는 카이사르 암호와 비슷하다. 14장에서는 아핀 암호를 구현하는 프로그램을 만들고 실행해볼 것이다. 아핀 암호는 암호화 과정에서 서로 다른 암호 두 개를 사용하기 때문에 키도 두 개가 필요하다. 하나는 곱셈 암호용이고 또 하나는 카이사르 암호용이다. 아핀 암호 프로그램에서 우리는 정수 한 개를 키 두 개로 분할할 것이다.

14장에서 다루는 내용

- 튜플(tuple) 데이터 유형
- 아핀 암호에 가능한 키는 몇 개일까?
- 임의의 키 생성하기

아핀 암호 프로그램의 소스 코드

File ➤ New File을 선택해 새로운 파일 편집기 창을 연다. 다음 코드를 파일 편집기에 입력하고 affineCipher.py으로 저장한다. 13장에서 만든 pyperclip.py 모듈과 cryptomath.py 모듈은 affineCipher.py 파일과 같은 폴더에 들어 있어야 한다.

affineCipher.py

```
1. # 아핀 암호
2. # https://www.nostarch.com/crackingcodes/ (BSD Licensed)
3.
4. import sys, pyperclip, cryptomath, random
5. SYMBOLS = 'ABCDEFGHIJKLMNOPQRSTUVWXYZabcdefghijklmnopqrstuvwxyz1234567890 !?.'
6.
7.
8. def main():
9.     myMessage = """"A computer would deserve to be called intelligent
       if it could deceive a human into believing that it was human."
       -Alan Turing"""
10.    myKey = 2894
11.    myMode = 'encrypt' # 'encrypt' 또는 'decrypt'로 설정
12.
13.    if myMode == 'encrypt':
14.        translated = encryptMessage(myKey, myMessage)
15.    elif myMode == 'decrypt':
16.        translated = decryptMessage(myKey, myMessage)
17.    print('Key: %s' % (myKey))
18.    print('%sed text:' % (myMode.title()))
19.    print(translated)
20.    pyperclip.copy(translated)
21.    print('Full %sed text copied to clipboard.' % (myMode))
22.
23.
24. def getKeyParts(key):
25.    keyA = key // len(SYMBOLS)
26.    keyB = key % len(SYMBOLS)
27.    return (keyA, keyB)
28.
29.
```

```
30. def checkKeys(keyA, keyB, mode):
31.     if keyA == 1 and mode == 'encrypt':
32.         sys.exit('Cipher is weak if key A is 1. Choose a different key.')
33.     if keyB == 0 and mode == 'encrypt':
34.         sys.exit('Cipher is weak if key B is 0. Choose a different key.')
35.     if keyA < 0 or keyB < 0 or keyB > len(SYMBOLS) - 1:
36.         sys.exit('Key A must be greater than 0 and Key B must be between 0 and
%s.' %
            (len(SYMBOLS) - 1))
37.     if cryptomath.gcd(keyA, len(SYMBOLS)) != 1:
38.         sys.exit('Key A (%s) and the symbol set size (%s) are not relatively
prime.
            Choose a different key.' % (keyA, len(SYMBOLS)))
39.
40.
41. def encryptMessage(key, message):
42.     keyA, keyB = getKeyParts(key)
43.     checkKeys(keyA, keyB, 'encrypt')
44.     ciphertext = ''
45.     for symbol in message:
46.         if symbol in SYMBOLS:
47.             # 심볼 암호화
48.             symbolIndex = SYMBOLS.find(symbol)
49.             ciphertext += SYMBOLS[(symbolIndex * keyA + keyB) % len(SYMBOLS)]
50.         else:
51.             ciphertext += symbol # Append the symbol without encrypting.
52.     return ciphertext
53.
54.
55. def decryptMessage(key, message):
56.     keyA, keyB = getKeyParts(key)
57.     checkKeys(keyA, keyB, 'decrypt')
58.     plaintext = ''
59.     modInverseOfKeyA = cryptomath.findModInverse(keyA, len(SYMBOLS))
60.
61.     for symbol in message:
62.         if symbol in SYMBOLS:
63.             # 심볼 복호화
64.             symbolIndex = SYMBOLS.find(symbol)
65.             plaintext += SYMBOLS[(symbolIndex - keyB) * modInverseOfKeyA %
```

```
len(SYMBOLS)]
66.         else:
67.             plaintext += symbol # Append the symbol without decrypting.
68.     return plaintext
69.
70.
71. def getRandomKey():
72.     while True:
73.         keyA = random.randint(2, len(SYMBOLS))
74.         keyB = random.randint(2, len(SYMBOLS))
75.         if cryptomath.gcd(keyA, len(SYMBOLS)) == 1:
76.             return keyA * len(SYMBOLS) + keyB
77.
78.
79. # affineCipher.py를 모듈로 import하는 것이 아니라면 main() 함수를 실행
80.
81. if __name__ == '__main__':
82.     main()
```

아핀 암호 프로그램 실행 예제

파일 편집기에서 F5를 눌러서 affineCipher.py를 실행하면 다음과 같은 화면을 볼 수 있다.

```
Key: 2894
Encrypted text:
"5QG9ol3La6QI93!xQxaia6faQL9QdaQG1!!axQARLa!!AuaRLQADQALQG93!xQxaGaAfaQ1QX3o1R
QARL9Qda!AafARuQLX1LQALQI1iQX3o1RN"Q-5!1RQP36ARuFull encrypted text copied to
clipboard.
```

이 암호문은 아핀 암호 프로그램에서 키 2894로 다음 메시지를 암호화한 것이다. "A computer would deserve to be called intelligent if it could deceive a human into believing that it was human." -Alan Turing

이 암호문을 복호화하려면 9행의 myMessage에 암호문을 넣고 13행의 myMode의 문자열을 'decrypt'로 바꾼다.

모듈, 상수, main() 함수 설정

프로그램의 1, 2행은 이 프로그램이 무슨 프로그램인지 설명하고 있다. 이 프로그램에는 모듈들을 import하는 구문도 있다.

```
1. # 아핀 암호
2. # https://www.nostarch.com/crackingcodes/ (BSD Licensed)
3.
4. import sys, pyperclip, cryptomath, random
```

이 프로그램은 다음 함수를 사용하기 위해 모듈 4개를 import했다.

- sys 모듈은 exit() 함수를 사용하기 위해 import했다.
- pyperclip 모듈은 copy() 클립보드 함수를 위해 import했다.
- cryptomath 모듈은 13장에서 만든 것으로 gcd()와 findModInverse() 함수를 위해 import했다.
- random 모듈은 random.randint() 함수로 랜덤 키를 생성하기 위해 import했다.

변수 SYMBOLS에 저장한 문자열은 심볼 집합이며 암호화 가능한 모든 문자를 담고 있는 목록이다.

```
5. SYMBOLS = 'ABCDEFGHIJKLMNOPQRSTUVWXYZabcdefghijklmnopqrstuvwxyz1234567890 !?.'
```

SYMBOLS에 없는 문자가 메시지에 들어 있으면 해당 문자는 암호화하지 않은 채로 암호문에 남는다. 예를 들어 affineCipher.py의 실행 예제에서는 따옴표와 하이픈(-) 문자가 암호문에 그대로 들어 있는데 심볼 집합에 없는 문자이기 때문이다.

8행의 main() 함수 선언은 전치 암호 프로그램의 그것과 똑같다. 9, 10, 11행은 myMessage, key, mode 변수에 값을 저장하고 있다.

```
8. def main():
9.     myMessage = """"A computer would deserve to be called intelligent
```

```
     if it could deceive a human into believing that it was human."
     -Alan Turing"""
10.  myKey = 2894
11.  myMode = 'encrypt' # 'encrypt' 또는 'decrypt' 로 설정
```

myMode에 저장한 값에 따라 프로그램이 암호화로 동작할 것인지 복호화로 동작할 것인지 결정된다.

```
13.  if myMode == 'encrypt':
14.      translated = encryptMessage(myKey, myMessage)
15.  elif myMode == 'decrypt':
16.      translated = decryptMessage(myKey, myMessage)
```

myMode를 'encrypt'로 설정하면 14행이 실행되고 translated에 encryptMessage()의 리턴 값이 저장된다. myMode를 'decrypt'로 설정하면 16행에서 decryptMessage()의 리턴 값이 translated에 저장된다. encryptMessage(), decryptMessage() 함수의 동작 원리는 두 함수가 정의돼 있는 14장 뒷부분에서 설명한다.

16행까지 실행된 후 변수 translated에는 myMessage의 암호화/복호화 버전 메시지가 저장된다. 17행은 암호화에 사용한 키 값을 %s 자리에 출력하고 18행은 사용자가 선택한 출력모드가 암호화인지 복호화인지 알려준다.

```
17.  print('Key: %s' % (myKey))
18.  print('%sed text:' % (myMode.title()))
19.  print(translated)
20.  pyperclip.copy(translated)
21.  print('Full %sed text copied to clipboard.' % (myMode))
```

19행은 translated에 들어 있는 문자열을 출력한다. 이 문자열은 myMessage를 암호화 또는 복호화한 것이다. 20행에서는 이 문자열을 클립보드로 복사한다. 21행은 사용자에게 클립보드 복사가 됐다는 사실을 알린다.

키 계산과 유효성 검증

카이사르 암호는 단 한 개의 키와 덧셈을 이용했지만 아핀 암호는 정수 키 두 개와 곱셈 및 덧셈을 이용한다. 두 개의 정수 키는 앞으로 키 A, 키 B로 각각 칭한다. affineCipher.py에서는 두 개의 키를 하나의 키로 바꾸는 수학적 기법을 통해 키를 더 쉽게 기억할 수 있도록 구현했다. 이에 대해서 살펴보자.

24행의 getKeyParts( ) 함수는 정수 키 한 개를 키 A와 키 B로 나눈다.

```
24. def getKeyParts(key):
25.     keyA = key // len(SYMBOLS)
26.     keyB = key % len(SYMBOLS)
27.     return (keyA, keyB)
```

나눌 키는 key 파라미터로 넘어온다. 25행에서 키 A는 len(SYMBOLS)로 키를 나눈 정수 값으로 계산했다. 정수 나눗셈(//)은 나눗셈의 정수부 몫만 남기는 연산자다. 26행의 나머지 연산자(%)로 구한 값은 키 B로 사용한다. 예를 들어 2894를 키로 사용하면 SYMBOLS 문자열에 66글자가 들어 있으므로 키 A는 2894 // 66 = 43 이고 키 B는 2894 % 66 = 56가 된다.

키 A와 B를 다시 단일 키로 조합하려면 키 A에 심볼 집합의 크기를 곱하고 키 B를 결괏값에 더하면 된다. 예를 들어 (43 * 66) + 56는 2894이므로 원래의 값과 같다.

> **NOTE** **주의**: 샤넌의 격언("적은 시스템을 알고 있다!")에 따르면 해커가 심볼 집합과 크기, 암호화 알고리즘에 대한 모든 것을 알고 있다고 가정해야 한다. 해커가 모르는 유일한 것은 사용했던 키라고 가정해야 한다. 암호화 프로그램의 보안은 심볼 집합과 프로그램 소스 코드에 대한 보안이 아닌 키의 보안에만 의존해야 한다는 것이다.

튜플 데이터 유형

27행의 리턴 값은 리스트처럼 보이지만 대괄호가 아닌 소괄호를 사용하고 있다. 이런 데이터 유형을 튜플tuple 값이라고 한다.

```
27.        return (keyA, keyB)
```

튜플 값은 그 안에 서로 다른 값을 저장할 수 있고 인덱스에 의한 접근이나 슬라이싱이 된다는 점에서 리스트와 비슷하다. 그러나 튜플 값은 값을 수정할 수 없어서 append() 메소드가 없다. affineCipher.py에서는 getKeyParts()로 받은 값을 수정할 필요가 없으므로 튜플이 리스트보다 적합하다.

취약 키 점검

아핀 암호는 키 A의 곱에 키 B를 더해 SYMBOLS의 문자 인덱스를 순회하는 방법으로 암호화를 시행한다. 그러나 키 A가 1이면 1을 곱한 값이 원래의 값과 같으므로 문자의 인덱스가 변하지 않고 결과적으로 매우 취약한 암호문이 된다.

사실 곱셈의 성질에 정의하고 있는 바와 같이 어떤 숫자에 1을 곱하면 바로 그 숫자가 된다. 마찬가지로 키 B가 0이면 인덱스에 0을 더해도 값이 바뀌지 않으므로 취약한 암호문이 된다. 키 A가 1이고 키 B가 0이면 암호문은 원본과 같다. 즉, 암호화가 되지 않는 것이다.

30행에 있는 checkKeys() 함수는 취약 키를 점검한다. 31, 33행의 if 구문은 keyA가 1인지 keyB가 0인지 점검한다.

```
30. def checkKeys(keyA, keyB, mode):
31.     if keyA == 1 and mode == 'encrypt':
32.         sys.exit('Cipher is weak if key A is 1. Choose a different key.')
33.     if keyB == 0 and mode == 'encrypt':
34.         sys.exit('Cipher is weak if key B is 0. Choose a different key.')
```

이런 조건에 부합하면 프로그램은 문제가 있다는 메시지를 출력하고 프로그램을 끝낸다. 32, 34행에서는 sys.exit()를 호출하면서 각각 문자열을 넘기고 있다. sys.exit() 함수는 문자열을 옵션 파라미터로 받아서 프로그램을 종료하기 전에 출력할 수 있다. 이 함수를 이용하면 프로그램을 끝내기 전에 화면에 에러 메시지를 출력할 수 있다.

이것은 취약한 키로 암호화하는 것을 방지하기 위한 것이므로 'decrypt' 모드에서는 31, 33행을 적용하지 않는다.

35행은 keyA가 음수인지 확인한다(즉, 0보다 작은지). 그리고 keyB가 0보다 크거나 심볼 집합에서 1을 뺀 크기보다 작은지도 확인한다.

```
35.     if keyA < 0 or keyB < 0 or keyB > len(SYMBOLS) - 1:
36.         sys.exit('Key A must be greater than 0 and Key B must be between 0 and %s.' %
            (len(SYMBOLS) - 1))
```

키 값이 이 범위에 있어야 하는 이유는 다음 절에서 설명한다. 이들 조건 중 하나라도 True라면 키 값이 유효하지 않은 것이므로 프로그램을 탈출한다.

추가적으로 키 A는 심볼 집합 크기와 서로 소 관계여야 야 한다. 이것은 keyA와 len(SYMBOLS)의 최대 공약수가 1이라는 뜻이다. 37행에서 if 구문으로 이 조건을 검사해 두 수가 서로 소 관계가 아니면 38행에서 프로그램을 탈출한다.

```
37.     if cryptomath.gcd(keyA, len(SYMBOLS)) != 1:
38.         sys.exit('Key A (%s) and the symbol set size (%s) are not relatively prime.
            Choose a different key.' % (keyA, len(SYMBOLS)))
```

checkKeys() 함수의 모든 조건식의 결과가 False이면 문제없는 키라는 뜻이므로 프로그램을 중단하지 않는다. 프로그램은 원래 checkKeys()를 호출했던 곳으로 복귀한다.

아핀 암호는 몇 개의 키를 보유할 수 있는가?

이제 아핀 암호가 보유할 수 있는 키의 개수를 계산해보자.

아핀 암호의 키 B는 심볼 집합의 크기만큼으로 제한된다. 여기에서는 len(SYMBOLS)이 66이다. 언뜻 보기에 키 A는 심볼 집합 크기와 서로 소 관계이기만 하면 얼마든지 커도 될 것 같다고 생각할 수 있다. 따라서 아핀 암호는 키의 개수가 무한하고 무차별 대입법으로 깰 수 없을 것으로 보인다.

그러나 사실은 그렇지 않다. 카이사르 암호는 심볼 집합을 순회하므로 큰 암호 키와 작은 암호 키의 결과가 같은 경우가 존재한다는 것을 되새겨보자. 심볼 집합 크기가 66이고 카이사르 암호의 키가 67이면 키가 1인 암호문과 결과가 같다. 아핀 암호는 이런 식으로 순회한다. 아핀 암호의 키 B는 카이사르 암호와 같으므로 키 값은 1에서 심볼 집합의 크기로 제한된다.

아핀 암호의 키 A가 제한적인지 확인해보기 위해 여러 가지 정수 값으로 키 A를 적용해 메시지를 암호화하고 암호문이 어떤지 확인할 수 있는 간단한 프로그램을 작성해보자.

새 파일 편집기 창을 열고 다음 소스 코드를 입력한다. 이 파일을 affineCipher.py, cryptomath.py와 같은 폴더에 affineKeyTest.py로 저장하고 F5를 눌러 실행해보자.

affineKeyTest.py

```
1. # 이 프로그램은 아핀 암호의 키 공간이 len(SYMBOLS) ^ 2 미만인 것을 검증한다.
2.
3.
4. import affineCipher, cryptomath
5.
6. message = 'Make things as simple as possible, but not simpler.'
7. for keyA in range(2, 80):
8.     key = keyA * len(affineCipher.SYMBOLS) + 1
9.
10.    if cryptomath.gcd(keyA, len(affineCipher.SYMBOLS)) == 1:
11.        print(keyA, affineCipher.encryptMessage(key, message))
```

이 프로그램은 encryptMessage() 함수를 사용하기 위해 affineCipher 모듈을 import하고 gcd() 함수를 사용하기 위해 cryptomath 모듈을 import한다. 여기에서는 변수 message의 값을 계속 암호화만 할 것이다. for 루프는 2에서 80 사이의 값을 순회하는데, 앞에서 설명한 바와 같이 0과 1은 keyA의 값으로 유효한 정수가 값이 아니기 때문이다.

각 순회에서 8행은 keyB 값을 1로 고정하고 현재의 keyA 값으로 키를 계산한다. keyA는 심볼 집합 크기와 서로 소 관계여야 유효하다는 것을 상기하자. keyA와 심볼 집합 크기의 GCD가 1이면 서로 소 관계이므로 11행의 encryptMessage()를 실행한다.

즉, 이 프로그램은 같은 메시지를 여러 개의 다른 키 A로 암호화해 출력한다. 실제 출력은 다음과 같이 보일 것이다.

```
5 0.xTvcin?dXv.XvXn8I3Tv.XvIDXXnE3T,vEhcv?DcvXn8I3TS
7 Tz4Nn1ipKbtnztntpDY NnztnYRttp7 N,n781nKR1ntpDY Nm9
13 ZJH0P7ivuVtPJtPtvhGU0PJtPG8ttvWU0,PWF7Pu87PtvhGU0g3
17 HvTx.oizERX.vX.Xz2mkx.vX.mVXXz?kx,.?6o.EVo.Xz2mkxGy
--중략--
67 Nblf!uijoht!bt!tjnqmf!bt!qpttjcmf,!cvu!opu!tjnqmfsA
71 0.xTvcin?dXv.XvXn8I3Tv.XvIDXXnE3T,vEhcv?DcvXn8I3TS
73 Iz4Nn1ipKbtnztntpDY NnztnYRttp7 N,n781nKR1ntpDY Nm9
79 ZJH0P7ivuVtPJtPtvhGU0PJtPG8ttvWU0,PWF7Pu87PtvhGU0g3
```

출력을 자세히 보면, 키 A를 5로 암호화했을 때와 71로 암호화했을 때의 암호문이 같다! 사실은 키 7과 73의 암호문도, 키 13과 79의 암호문도 같다!

71에서 5를 빼면 66인데, 이것은 심볼 집합의 크기다. 키 71과 5의 결과가 같은 이유가 바로 그것이다. 암호문은 매 66키마다 그 자신을 반복해 순환한다. 마찬가지로 아핀 암호 역시 키 A에서 같은 효과가 들어간 후 키 B를 반영한다. 요약하면, 키 A는 반드시 심볼 집합 크기의 제한을 받는다.

66개의 유효 키 A와 66개의 유효 키 B를 곱하면 결과적으로 4,356개의 키 조합이 가능하다. 여기에서 66과 서로 소가 아닌 키 A를 제외하면 전체 유효 키 조합은 1,320개로 줄어든다.

암호화 함수 작성

affineCipher.py에서 메시지를 암호화하려면 encryptMessage()의 파라미터로 전달할 암호화 키와 메시지가 필요하다.

```
41. def encryptMessage(key, message):
42.     keyA, keyB = getKeyParts(key)
43.     checkKeys(keyA, keyB, 'encrypt')
```

42행에서는 getKeyParts( ) 함수에 key를 전달해 키 A와 키 B의 정수 값을 얻는다. 그 다음, 두 값을 checkKeys( )에 전달해 키 값들이 유효한지 확인한다. checkKeys( ) 함수에서 프로그램이 끝나지 않았다면 키 값들이 유효한 것이므로 encryptMessage( ) 함수의 43행 이후 남은 부분을 실행한다.

44행에 이르면 ciphertext 변수는 공백 문자열로 시작하지만, 곧 암호문을 담을 것이다. 45행에서 for 루프를 시작하고 message의 각 문자들을 순회하면서 암호화된 문자를 ciphertext에 추가해 간다.

```
44.     ciphertext = ''
45.     for symbol in message:
```

for 루프를 전부 마치면 ciphertext 변수는 완전히 암호화된 message 문자열을 담고 있을 것이다.

루프의 각 순회마다 변수 symbol은 message의 문자 한 개가 들어간다. 이 문자가 우리가 사용하는 심볼 집합인 SYMBOLS 안에 존재하면, 48행에서 SYMBOLS의 인덱스를 symbolIndex에 할당한다.

```
46.         if symbol in SYMBOLS:
47.             # 심볼 암호화
48.             symbolIndex = SYMBOLS.find(symbol)
49.             ciphertext += SYMBOLS[(symbolIndex * keyA + keyB) % len(SYMBOLS)]
50.         else:
51.             ciphertext += symbol # Append the symbol without encrypting.
```

먼저 암호화된 문자의 인덱스를 계산해야 텍스트를 암호화할 수 있다. 49행에서는 symbolIndex에 keyA를 곱하고 keyB를 더한다. 그런 다음 len(SYMBOLS)로 구한 심볼 집합의 크기로 나눠 나머지를 취한다. len(SYMBOLS)으로 나눈 나머지 값은 0에서 len(SYMBOLS) 사이의 값으로 순환한 결괏값이 되지만, len(SYMBOLS) 값은 포함하지 않는다. 결괏값은 암호화된 문자의 SYMBOLS 인덱스 값이고, 이를 ciphertext 문자열의 끝에 추가한다.

49번째 단 한 줄로 앞 문단에서 설명한 전체가 완수된 것이다. symbol이 심볼 집합에 없다면 51행에서 symbol을 ciphertext 문자열 끝에 그냥 붙인다. 예를 들어 원본 메시지에 있는 따옴표나 하이픈은 심볼 집합에 없으므로 문자열에 그냥 붙는다.

message 문자열의 모든 문자의 순환을 완료하면 변수 ciphertext는 전체 문자열을 암호화한 암호문이 된다.

52행은 encryptMessage( )에서 암호화된 문자열을 리턴한다.

```
52.    return ciphertext
```

복호화 함수 작성

텍스트를 복호화하는 decryptMessage( ) 함수는 encryptMessage( )와 거의 유사하다. 56~58행은 42~44행과 같다.

```
55. def decryptMessage(key, message):
56.     keyA, keyB = getKeyParts(key)
57.     checkKeys(keyA, keyB, 'decrypt')
58.     plaintext = ''
59.     modInverseOfKeyA = cryptomath.findModInverse(keyA, len(SYMBOLS))
```

그러나 복호화에서는 키 A를 곱하지 않고 키 A의 모듈러 역수를 곱한다. 모듈러 역수는 13장에서 설명한 바 있는 cryptomath.findModInverse( )를 호출해 계산한다.

61~68행은 encryptMessage( ) 함수의 45~52행과 거의 같다. 유일하게 다른 곳은 65행이다.

```
61.     for symbol in message:
62.         if symbol in SYMBOLS:
63.             # 심볼 복호화
64.             symbolIndex = SYMBOLS.find(symbol)
65.             plaintext += SYMBOLS[(symbolIndex - keyB) * modInverseOfKeyA %
                    len(SYMBOLS)]
```

```
66.        else:
67.            plaintext += symbol # Append the symbol without decrypting.
68.    return plaintext
```

encryptMessage() 함수에서 심볼 인덱스는 키 A를 곱하고 키 B를 더해서 구했다. decryptMessage() 함수의 65행에서는 먼저 심볼 인덱스에서 키 B를 뺀 다음 모듈러 역수를 곱한다. 그런 다음 이 값을 심볼 집합의 크기인 len(SYMBOLS)에 대한 나머지 값을 취한다. 이것이 바로 affineCipher.py에서 복호화를 하는 핵심이다. 이제 아핀 암호의 유효 키를 임의로 고르도록 affineCipher.py를 고쳐보자.

임의의 키 생성하기

아핀 암호의 유효 키를 찾는 일은 꽤 어려우므로 getRandomKey() 함수를 사용해 임의의 유효 키를 생성해보자. 이것을 하려면 간단히 10행을 바꿔서 변수 myKey에 getRandomKey()의 리턴 값을 저장하면 된다.

```
10.    myKey = 2894
-- 중략 --
17.    print('Key: %s' % (myKey))
```

이제 이 프로그램은 키를 임의로 선택해 17행을 실행할 때 그 값을 출력할 것이다. getRandomKey()의 동작 원리를 살펴보자.

72행의 코드에서 while 루프를 진입하고 조건식으로 True를 쓰고 있다.

이것은 함수가 리턴을 하거나 프로그램을 끝내기 전까지 루프를 무한히 순회한다는 것을 의미한다. 프로그램이 무한 루프를 만나면 사용자가 CTRL-C를 눌러서 프로그램을 중단할 수 있다(리눅스나 맥OS에서는 CTRL-D).

결과적으로 getRandomKey() 함수는 return 구문과 함께 무한 루프를 탈출할 것이다.

```
71. def getRandomKey():
72.    while True:
```

```
73.          keyA = random.randint(2, len(SYMBOLS))
74.          keyB = random.randint(2, len(SYMBOLS))
```

73, 74행에서는 keyA와 keyB에 2에서 심볼 집합의 크기 사이의 임의의 숫자 값을 넣는다. 이 코드는 키 A, 키 B가 유효하지 않은 값인 0과 1을 얻을 기회를 주지 않는다. 75행의 if 구문은 cryptomath 모듈의 gcd() 함수를 통해 keyA가 심볼 집합의 크기와 서로 소관계인지 확인한다.

```
75.          if cryptomath.gcd(keyA, len(SYMBOLS)) == 1:
76.              return keyA * len(SYMBOLS) + keyB
```

keyA가 심볼 집합의 크기와 서로 소이면 임의의 값 두 개는 단일 값으로 조합된다. 즉, 심볼 집합 크기에 keyA를 곱하고 keyB를 더한 값이다(이 과정은 정수 값 한 개를 두 개의 키로 나눈 getKeyParts() 함수와 반대라는 점을 주목한다). getRandomKey() 함수는 76행에서 이 값을 리턴한다.

75행의 조건식이 False이면 이 코드는 73행의 while 루프의 시작으로 되돌아가 다시 시작하고 keyA와 keyB에 사용할 임의의 수를 다시 얻는다. 이 무한 루프는 프로그램이 유효 키로 쓸 수 있는 임의의 수를 찾을 때까지 계속된다.

main() 함수 호출

81, 82행은 이 프로그램이 모듈로 import하는 것이 아니라 직접 실행하는 경우 main() 함수를 호출하는 부분이다.

```
79. # affineCipher.py를 모듈로 import하는 것이 아니라면 main() 함수를 실행
80.
81. if __name__ == '__main__':
82.     main()
```

즉, 프로그램이 모듈로서 import됐을 때에는 main() 함수를 호출하지 않는다.

요약

9장에서 했던 테스트와 마찬가지로, 14장에서는 affineKeyTest.py 프로그램을 작성해서 우리의 암호 프로그램을 테스트했다. 테스트 프로그램을 사용해 아핀 암호가 약 1,320개의 유효 키를 갖는다는 것을 알 수 있었다. 이것은 무차별 대입법으로 쉽게 해킹할 수 있는 수준이며 아핀 암호 역시 쉽게 해킹할 수 있는 암호들의 무덤에 던져버려야 한다는 뜻이다.

즉, 아핀 암호는 우리가 앞에서 살펴본 암호들보다 충분히 더 안전하다고 볼 수 있다. 전치 암호는 더 많은 키가 가능하지만 메시지의 크기에 따라 유효 키의 개수가 제한된다. 메시지가 20글자라면 전치 암호는 2~19 범위의 18개의 키만 유효하다. 짧은 메시지를 암호화할 때에는 아핀 암호를 사용해볼 수 있다. 유효 키의 개수가 심볼 집합에 기반하므로 카이사르 암호보다는 안전하기 때문이다.

15장에서는 아핀 암호로 암호화된 메시지를 무차별 대입법으로 깨는 프로그램을 작성해볼 것이다.

연습 문제

연습 문제의 정답은 이 책의 웹사이트 https://www.nostarch.com/crackingcodes/에서 제공한다.

1. 아핀 암호는 서로 다른 두 암호의 조합인가?
2. 튜플이란 무엇인가? 튜플과 리스트의 다른 점은?
3. 키 A가 1인 경우 아핀 암호가 취약한 이유는 무엇인가?
4. 키 B가 0인 경우 아핀 암호가 취약한 이유는 무엇인가?

15

아핀 암호 해킹
HACKING THE AFFINE CIPHER

암호 해독이라는 것은 수학, 통계학, 언어학 등의 학문이
고도로 발달할 때까지 존재하지 않았다.
– 사이먼 싱(Simon Singh), 『비밀의 언어(The Code Book)』 중에서

14장에서 아핀 암호는 키가 수천 개로 제한된다는 것을 알았다. 즉,
무차별 대입법으로 쉽게 공격할 수 있다는 뜻이다. 15장에서는 아핀 암
호로 암호화된 메시지를 해킹하는 프로그램을 작성해본다.

15장에서 다루는 내용

- 제곱연산자(**)
- continue 구문

아핀 암호 해킹 프로그램의 소스 코드

File ➤ New File을 선택해 새 파일 편집기 창을 연다. 다음 코드를 파일 편집기에 입력하고 affineHacker.py로 저장한다. 변수 myMessage의 문자열은 복잡해서 입력하기가 쉽지 않으므로, https://www.nostarch.com/crackingcodes/에서 affineHacker.py 코드를 구해서 복사해서 붙여넣기하면 시간을 절약할 수 있다. dictionary.txt, pyperclip.py, affineCipher.py, detectEnglish.py, cryptomath.py는 affineHacker.py와 같은 디렉터리에 있어야 한다.

affineHacker.py

```
1. # 아핀 암호 해킹
2. # https://www.nostarch.com/crackingcodes/ (BSD Licensed)
3.
4. import pyperclip, affineCipher, detectEnglish, cryptomath
5.
6. SILENT_MODE = False
7.
8. def main():
9.     # 소스 코드를 복사한 다음 붙여넣기를 하고 싶다면 웹사이트를 방문한다.
10.     # https://www.nostarch.com/crackingcodes/.
11.     myMessage = """5QG9ol3La6QI93!xQxaia6faQL9QdaQG1!!axQARLa!!A
    uaRLQADQALQG93!xQxaGaAfaQ1QX3o1RQARL9Qda!AafARuQLX1LQALQI1
    iQX3o1RN"Q-5!1RQP36ARu"""
12.
13.     hackedMessage = hackAffine(myMessage)
14.
15.     if hackedMessage != None:
16.         # 화면에 평문이 표시된다. 사용자 편의를 위해 코드의 텍스트를 클립보드에 복사한다.
17.
18.         print('Copying hacked message to clipboard:')
19.         print(hackedMessage)
20.         pyperclip.copy(hackedMessage)
21.     else:
22.         print('Failed to hack encryption.')
23.
24.
```

```
25. def hackAffine(message):
26.     print('Hacking...')
27.
28.     # 파이썬 프로그램을 중단하려면 Ctrl-C(윈도우)나 Ctrl-D(맥OS, 리눅스)를 아무 때나 누르면 된다.
28.
30.     print('(Press Ctrl-C or Ctrl-D to quit at any time.)')
31.
32.     # 가능한 모든 키를 무차별 대입법으로 넣어본다.
33.     for key in range(len(affineCipher.SYMBOLS) ** 2):
34.         keyA = affineCipher.getKeyParts(key)[0]
35.         if cryptomath.gcd(keyA, len(affineCipher.SYMBOLS)) != 1:
36.             continue
37.
38.         decryptedText = affineCipher.decryptMessage(key, message)
39.         if not SILENT_MODE:
40.             print('Tried Key %s... (%s)' % (key, decryptedText[:40]))
41.
42.         if detectEnglish.isEnglish(decryptedText):
43.             # 복호화 키를 찾았는지 확인한다.
44.             print()
45.             print('Possible encryption hack:')
46.             print('Key: %s' % (key))
47.             print('Decrypted message: ' + decryptedText[:200])
48.             print()
49.             print('Enter D for done, or just press Enter to continue
                  hacking:')
50.             response = input('> ')
51.
52.             if response.strip().upper().startswith('D'):
53.                 return decryptedText
54.     return None
55.
56.
57. # affineHacker.py를 모듈로 import한 것이 아니라면 main() 함수를 실행한다.
58.
59. if __name__ == '__main__':
60.     main()
```

아핀 암호 해킹 프로그램의 실행 예제

파일 편집기에서 F5를 눌러 affineHacker.py 프로그램을 실행한다. 다음과 같은 화면이
나올 것이다.

```
Hacking...
(Press Ctrl-C or Ctrl-D to quit at any time.)
Tried Key 95... (U&'<3dJ^Gjx'-3^MS'Sj0jxuj'G3'%j'<mMMjS'g)
Tried Key 96... (T%&;2cI]Fiw&,2]LR&Ri/iwti&F2&$i&;lLLiR&f )
Tried Key 97... (S$%:1bH\Ehv%+1\KQ%Qh.hvsh%E1%#h%:kKKhQ%e)
--snip--
Tried Key 2190... (?^=!-+.32#0=5-3*"="#1#04#=2-= #=!~**#"=')
Tried Key 2191... (' ^BNLOTSDQ^VNTKC^CDRDQUD^SN^AD^B@KKDC^H)
Tried Key 2192... ("A computer would deserve to be called i)
Possible encryption hack:
Key: 2192
Decrypted message: "A computer would deserve to be called intelligent if it
could deceive a human into believing that it was human." -Alan Turing
Enter D for done, or just press Enter to continue hacking:
> d
Copying hacked message to clipboard:
"A computer would deserve to be called intelligent if it could deceive a human
into believing that it was human." -Alan Turing
```

이제 아핀 암호 해킹 프로그램이 어떻게 동작하는지 살펴보자.

모듈, 상수, main() 함수 설정

아핀 암호 해킹 프로그램은 이미 작성했던 코드를 대부분 재사용하므로 60줄 정도이다.
4행에서는 앞에서 작성했던 모듈들을 import한다.

```
1. # 아핀 암호 해킹
2. # https://www.nostarch.com/crackingcodes/ (BSD Licensed)
3.
4. import pyperclip, affineCipher, detectEnglish, cryptomath
```

```
5.
6. SILENT_MODE = False
```

아핀 암호 해킹 프로그램을 실행하면 가능한 복호화를 전부 시도하므로 많은 양의 출력이 쏟아질 것이다. 이것은 결국 프로그램 실행을 느리게 만든다. 프로그램 속도를 올리려면 6행의 변수 SILENT_MODE에 True를 설정해 메시지 전체를 출력하는 것을 막는다.

그다음은 main() 함수다.

```
8. def main():
9.     # 소스 코드를 복사한 다음 붙여넣기하고 싶다면 웹사이트를 방문한다.
10.    # https://www.nostarch.com/crackingcodes/.
11.    myMessage = """5QG9ol3La6QI93!xQxaia6faQL9QdaQG1!!axQARLa!!A
       uaRLQADQALQG93!xQxaGaAfaQ1QX3o1RQARL9Qda!AafARuQLX1LQALQI1
       iQX3o1RN"Q-5!1RQP36ARu"""
12.
13.    hackedMessage = hackAffine(myMessage)
```

해킹된 암호문은 11번째 줄의 myMessage에 문자열로 저장되고, 이 문자열은 hackAffine() 함수에 전달된다. hackAffine() 함수에 대해서는 다음 절에서 살펴볼 것이다. 이 함수는 암호문을 제대로 해킹했다면 원문을 리턴하고, 해킹에 실패했다면 None 값을 리턴한다. 15~22행의 코드는 hackedMessage가 None인지 확인한다.

```
14.
15.    if hackedMessage != None:
16.        # 화면에 평문이 표시된다. 사용자 편의를 위해 코드의 텍스트를 클립보드에 복사한다.
17.
18.        print('Copying hacked message to clipboard:')
19.        print(hackedMessage)
20.        pyperclip.copy(hackedMessage)
21.    else:
22.        print('Failed to hack encryption.')
```

hackedMessage가 None이 아니라면 19행에서 message를 출력하고 20행에서 그 내용을 클립보드에 복사한다. 암호문 해킹에 실패하면 간단히 사용자에게 그 사실을 알려준다.

hackAffine() 함수가 어떻게 동작하는지 조금 더 자세히 살펴보자.

아핀 암호 해킹 함수

hackAffine() 함수는 25행에서 시작하고 복호화 코드를 담고 있다. 이 함수는 먼저 사용자에게 간단한 사용법을 알려주는 것으로 시작한다.

```
25. def hackAffine(message):
26.     print('Hacking...')
27.
28.     # 파이썬 프로그램을 중단하려면 Ctrl-C(윈도우)나 Ctrl-D(맥OS, 리눅스)를 아무 때나 누르면 된다.
28.
30.     print('(Press Ctrl-C or Ctrl-D to quit at any time.)')
```

복호화 과정은 꽤 오랜 시간이 걸릴 수 있으므로 사용자는 프로그램을 조기에 중단하고 싶을 수도 있다. 그럴 때에는 CTRL-C(윈도우) 또는 CTRL-D(맥OS, 리눅스)를 눌러서 프로그램을 중단할 수 있다.

나머지 코드를 살펴보기 전에 제곱연산자에 대해 알아보자.

제곱연산자

아핀 암호 해킹 프로그램에는 기본 사칙연산자와 // 연산자와 더불어 제곱연산자(**)를 사용해 계산을 편리하게 하고 있다. 제곱연산자는 어떤 수를 특정 횟수만큼 곱한다. 예를 들어 2의 5 거듭제곱은 파이썬에서 2 ** 5로 표현할 수 있다.

이것은 2를 다섯 번 곱한 것과 같은 뜻이다: 2 * 2 * 2 * 2 * 2. 두 표현식 2 ** 5와 2 * 2 * 2 * 2 * 2의 결괏값은 정수 32다.

다음 코드를 대화형 셸에 입력하고 ** 연산자가 어떻게 동작하는지 살펴본다.

```
>>> 5 ** 2
25
>>> 2 ** 5
32
>>> 123 ** 10
792594609605189126649
```

5 ** 2는 5를 그 자신의 수로 곱한 것이므로 25다. 비슷한 방식으로 2 ** 5는 2를 그
자신으로 5번 곱한 것이므로 32가 된다.

소스 코드로 돌아와서 이 프로그램에서 ** 연산자를 어떻게 썼는지 보자.

전체 유효 키의 개수 계산

33행의 ** 연산자는 전체 유효 키의 개수를 계산한다.

```
32.     # 가능한 모든 키를 무차별 대입법으로 넣어본다.
33.     for key in range(len(affineCipher.SYMBOLS) ** 2):
34.         keyA = affineCipher.getKeyParts(key)[0]
```

우리는 이미 키 A가 len(affineCipher.SYMBOLS)만큼 있고, 키 B도 len(affineCipher.
SYMBOLS)만큼 있다는 것을 알고 있다. 전체 유효 키의 범위를 얻으려면 이 두 값
을 곱하면 된다. 어떤 수를 제곱하려면 ** 연산자로 계산할 수 있으므로 여기에서는
len(affineCipher.SYMBOLS) ** 2로 표현했다.

34행에서는 getKeyParts()를 호출해 정수 값 하나를 정수 값 두 개로 나누고 이를
affineCipher.py에서 사용한다. 여기에서는 테스트를 위해 필요한 키 A 부분만 얻었다.
이 함수의 리턴 값이 정수 두 개, 즉 키 A와 키 B라는 점을 상기하자. 따라서 34행에서는
튜플의 첫 번째 정수를 keyA에 넣기 위해 hackAffine() 함수 호출부 다음에 [0]을 같이 표
기했다.

예를 들어 affineCipher.getKeyParts(key)[0]는 (42, 22)[0]을 리턴하므로 결괏값은 인덱스가 0인 42가 된다. 즉 변수 keyA에 저장할 값만 얻어서 저장하는 것이다. 키 B(리턴된 튜플의 두 번째 값)는 일단 무시하는데, 키 B는 키 A의 유효성을 확인할 때 필요하지 않기 때문이다.

35, 36행에서는 keyA가 아핀 암호에 적절한 유효 키인지 확인하고, 유효하지 않다면 프로그램을 다음 번째 시도로 이행한다. 루프의 시작부로 돌아가려면 continue 구문을 사용한다. continue 구문에 대해서 살펴보자.

continue 구문

continue 구문은 continue 키워드를 사용하고 파라미터는 없다. continue 구문은 while이나 for 루프 안에서 사용한다. continue 구문을 실행하면 프로그램이 즉시 루프의 시작으로 돌아가 다음 순회를 개시한다. 이것은 원래 프로그램이 루프의 끝에 다다랐을 때 일어나는 일이지만 continue 구문은 프로그램에 루프의 끝까지 가지 않아도 루프의 시작으로 돌아와 실행하게 만든다.

다음 코드를 대화형 셸에 입력한다.

```
>>> for i in range(3):
...     print(i)
...     print('Hello!')
...
0
Hello!
1
Hello!
2
Hello!
```

이 for 루프는 range 객체를 순회하는데 0에서 3 미만까지 정수 i 값을 순회한다. 각 순회마다 print('Hello!') 함수가 화면에 Hello!를 출력한다.

다음 예제는 이와는 대조적이다. 이 예제는 print('Hello') 앞에 continue 구문이 있다는 점만 빼고 모두 같다.

```
>>> for i in range(3):
... print(i)
... continue
... print('Hello!')
...
0
1
2
```

Hello!가 출력되지 않았다는 점을 주목한다. 이것은 continue 구문에 의해 프로그램이 print('Hello!')까지 진행하지 않고 루프의 처음으로 돌아가 바로 다음 순회를 시작했기 때문이다.

continue 구문은 if 구문의 블록에서 자주 볼 수 있는데, 특정 조건에 부합할 때 루프의 처음으로 돌아가야 하는 경우가 있기 때문이다. 이제 우리의 코드로 돌아가서 키에 따라 continue 구문으로 프로그램 실행을 넘기는 부분을 살펴보자.

continue 구문으로 코드 점프하기

소스 코드의 35행에서는 cryptomath 모듈의 gcd( ) 함수를 사용해 키 A가 심볼 집합 크기와 서로 소인지 확인한다.

```
35.        if cryptomath.gcd(keyA, len(affineCipher.SYMBOLS)) != 1:
36.            continue
```

두 수의 최대공약수 즉, GCD가 1이면 서로 소임을 상기하자. 키 A가 심볼 집합 크기와 서로 소 관계가 아니라면 35행의 조건은 True이고 36행의 continue 구문이 실행된다. 따라서 프로그램은 루프의 처음으로 돌아가서 다음 순회를 개시한다. 결과적으로 프로그램은 38행의 decryptMessage( )를 실행하지 않고 건너뛴다. 키가 유효하지 않는 이상 이 과정을 반복할 것이다.

프로그램이 적절한 키를 찾았다면 38행에서 message를 decryptMessage( )로 복호화
한다.

```
38.        decryptedText = affineCipher.decryptMessage(key, message)
39.        if not SILENT_MODE:
40.            print('Tried Key %s... (%s)' % (key, decryptedText[:40]))
```

SILENT_MODE가 False라면 Tried Key 메시지가 화면상에 출력된다. 반대의 경우에는
40행의 print( )를 건너뛴다.

그다음의 42행에서는 detectEnglish 모듈의 isEnglish( ) 함수를 사용해 복호화된 메
시지가 영어로 인식되는지 확인한다.

```
42.        if detectEnglish.isEnglish(decryptedText):
43.            # 복호화 키를 찾았는지 확인한다.
44.            print()
45.            print('Possible encryption hack:')
46.            print('Key: %s' % (key))
47.            print('Decrypted message: ' + decryptedText[:200])
48.            print()
```

복호화 결과가 올바르지 않다면 복호화된 메시지는 무작위의 문자들로 보일 것이고
isEnglish( )가 False를 리턴할 것이다. 반대로 복호화된 메시지가 읽을 수 있는 영어로
인식된다면 (isEnglish( ) 함수의 규칙에 의해) 프로그램이 그것을 사용자에게 표시한다.

이제 영어로 인식된 복호화 메시지의 일부를 표시한다. 맞는 키가 아닌 경우에도
isEnglish( ) 함수가 영어라고 오판할 수 있기 때문이다. 사용자가 제대로 복호화됐다고
판정을 내리면 D를 입력하고 엔터를 누른다.

```
49.        print('Enter D for done, or just press Enter to continue
               hacking:')
50.        response = input('> ')
51.
52.        if response.strip().upper().startswith('D'):
```

```
53.        return decryptedText
```

반대로 사용자가 그냥 엔터만 누르면 input() 함수가 빈 문자열을 리턴하므로 hackAffine() 함수가 다른 키를 계속 탐색할 것이다.

54행 앞부분의 들여쓰기는 33행의 for 루프 시작과 같으므로 for 루프 블록이 끝난 것이다.

```
54.        return None
```

for 루프를 종료하고 54행까지 이르렀다면 가능한 모든 키로 복호화를 수행하고도 맞는 키를 찾지 못한 것이다. 그러므로 hackAffine() 함수는 None 값을 리턴해 암호문 해킹을 실패했다는 것을 알린다.

프로그램이 맞는 키를 찾았다면 이 함수가 리턴되기 전인 53행에서 함수가 리턴되고 54행까지 진행하지 않는다.

main() 함수 호출

affineHacker.py를 프로그램으로 실행하면 변수 __name__에는 'affineHacker'가 아니라 '__main__' 값이 들어가고 그런 경우 main() 함수를 호출한다.

```
57. # affineHacker.py를 모듈로 import한 것이 아니라면 main() 함수를 실행한다.
58.
59. if __name__ == '__main__':
60.     main()
```

이것으로 아핀 암호 프로그램 해석을 마쳤다.

요약

15장은 새로운 해킹 기술을 소개하지 않아서 꽤 짧다. 지금까지 살펴본 바와 같이 유효 키의 개수가 수천에 불과하면 컴퓨터가 모든 유효 키를 무차별 대입법으로 처리해서 isEnglish() 함수로 키를 찾는 데 시간이 별로 걸리지 않는다.

15장에서는 제곱연산자(**)를 다뤘다. 제곱연산자는 어떤 수의 거듭제곱을 구할 수 있다. 또한 continue 구문으로 프로그램을 블록 끝까지 진행시키지 않고 바로 루프의 처음으로 되돌리는 방법을 배웠다.

우리는 이미 작성했던 affineCipher.py, detectEnglish.py, cryptomath.py의 코드를 대부분 재사용해 아핀 암호 해킹 프로그램을 더 쉽게 작성할 수 있었다. main() 함수 기법은 프로그램 코드를 재사용하기 쉽게 해준다.

16장에서는 컴퓨터가 무차별 대입법을 할 수 없는 단순 치환 암호에 대해서 배울 것이다. 이 암호의 가능한 키 개수는 수조 개 이상이다! 노트북 컴퓨터 한 대로는 평생을 돌려도 처리할 수 없는 양이므로 이런 암호는 무차별 대입법으로 깰 수 없다.

연습 문제

연습 문제의 정답은 이 책의 웹사이트 https://www.nostarch.com/crackingcodes/에서 제공한다.

1. 2 ** 5의 값은?
2. 6 ** 2의 값은?
3. 다음 코드의 출력 결과는?

```
for i in range(5):
    if i == 2:
        continue
    print(i)
```

4. 다른 프로그램에서 import affineHacker했을 때 affineHacker.py의 main() 함수를 호출할 수 있는가?

16

단순 치환 암호 프로그래밍
PROGRAMMING THE SIMPLE SUBSTITUTION CIPHER

> "인터넷은 인류에게 자유를 준 가장 훌륭한 도구였으나
> 한편으로 감시를 위한 가장 훌륭한 도구이기도 하다.
> 인터넷에서 자유와 감시는 뗄 레야 뗄 수 없는 특징이다."
> – 존 페리 발로(John Perry Barlow),
> 전자 프런티어 재단(Electronic Frontier Foundation) 공동 설립자

15장의 아핀 암호는 유효 키를 약 1,000개 정도 보유하지만 컴퓨터를 이용한 무차별 대입법으로 깰 수 있는 암호다. 따라서 암호의 키가 가능한 많을수록 컴퓨터로 깨기 어렵다.

단순 치환 암호는 엄청난 수의 유효 키를 갖는다. 따라서 무차별 대입 공격에 실질적으로 무직인 암호 중 하나나. 컴퓨터가 초낭 1소 비트의 키를 시노할 수 있어도, 전체를 시도하는 데 1200만 년이나 걸릴 것이다. 16장에서는 단순 치환 암호를 구현하고 이와 관련한 파이썬 함수와 문자열 메소드를 다루는 프로그램을 작성할 것이다.

치환 암호의 동작 원리

단순 치환 암호를 구현하려면 무작위로 글자를 선택하되, 한 번만 사용하도록 하고 이 글자로 알파벳 글자를 암호화하는 방식을 취한다. 단순 치환 암호의 키는 언제나 임의의 순서로 만들어진 알파벳 26자 문자열이다. 단순 치환 암호는 403,291,461,126,605,635,584,000,000개의 유효 키 배열이 있다. 엄청나게 많은 키다! 더 중요한 점은 이 키가 너무 많아서 무차별 대입이 불가능하다는 것이다(이 숫자를 어떻게 계산했는지는 https://www.nostarch.com/crackingcodes/에서 참고한다).

종이와 연필로 단순 치환 암호를 만들어보자. 이 예제에서는 VJZBGNFEPLITMXDW KQUCRYAHSO 키로 "Attack at dawn." 메시지를 암호화한다. 먼저 그림 16-1처럼 각 글자 아래에 알파벳 글자와 해당 키를 쓴다.

A	B	C	D	E	F	G	H	I	J	K	L	M	N	O	P	Q	R	S	T	U	V	W	X	Y	Z
V	J	Z	B	G	N	F	E	P	L	I	T	M	X	D	W	K	Q	U	C	R	Y	A	H	S	O

그림 16-1 예제 키를 사용한 문자 암호화

메시지를 암호화하려면 평문의 문자를 윗줄에서 찾고 그 아래 있는 문자로 치환한다. 그러면 A는 V로, T는 C로, C는 Z로 암호화된다. 결과적으로 "Attack at dawn."은 "Vccvzi vc bvax"로 암호화된다.

암호화된 메시지를 복호화하려면 암호문의 글자를 아랫줄에서 찾고 윗줄에 있는 글자로 치환하면 된다.

즉, V는 A로 C는 T로 Z는 C로 복호화된다.

카이사르 암호화에서는 아랫줄이 밀리는 방식이지만 단순 치환 암호에서는 아랫줄이 완전히 뒤섞여 있다. 결과적으로 유효 키가 훨씬 더 많고 이것이 바로 단순 치환 암호의 가장 큰 장점이다. 단점은 키가 26글자이고 외우기가 상대적으로 어렵다는 것이다. 그러므로 키를 적어 놓아야 할 수도 있고 적어 놓는다면 누군가 그것을 절대 읽을 수 없게 해야 한다.

단순 치환 암호 프로그램 소스 코드

File ❯ New File을 선택해 새 파일 편집기를 연다. 다음 코드를 파일 편집기에 입력하고 simpleSubCipher.py로 저장한다. pyperclip.py 파일이 같은 디렉터리에 있어야 한다. F5를 눌러서 프로그램을 실행한다.

simpleSubCipher.py

```
1. # 단순 치환 암호
2. # https://www.nostarch.com/crackingcodes/ (BSD Licensed)
3.
4. import pyperclip, sys, random
5.
6.
7. LETTERS = 'ABCDEFGHIJKLMNOPQRSTUVWXYZ'
8.
9. def main():
10.     myMessage = 'If a man is offered a fact which goes against his
        instincts, he will scrutinize it closely, and unless the evidence
        is overwhelming, he will refuse to believe it. If, on the other
        hand, he is offered something which affords a reason for acting
        in accordance to his instincts, he will accept it even on the
        slightest evidence. The origin of myths is explained in this way.
        -Bertrand Russell'
11.     myKey = 'LFWOAYUISVKMNXPBDCRJTQEGHZ'
12.     myMode = 'encrypt' # Set to 'encrypt' or 'decrypt'.
13.
14.     if not keyIsValid(myKey):
```

```
15.          sys.exit('There is an error in the key or symbol set.')
16.     if myMode == 'encrypt':
17.         translated = encryptMessage(myKey, myMessage)
18.     elif myMode == 'decrypt':
19.         translated = decryptMessage(myKey, myMessage)
20.     print('Using key %s' % (myKey))
21.     print('The %sed message is:' % (myMode))
22.     print(translated)
23.     pyperclip.copy(translated)
24.     print()
25.     print('This message has been copied to the clipboard.')
26.
27.
28. def keyIsValid(key):
29.     keyList = list(key)
30.     lettersList = list(LETTERS)
31.     keyList.sort()
32.     lettersList.sort()
33.
34.     return keyList == lettersList
35.
36.
37. def encryptMessage(key, message):
38.     return translateMessage(key, message, 'encrypt')
39.
40.
41. def decryptMessage(key, message):
42.     return translateMessage(key, message, 'decrypt')
43.
44.
45. def translateMessage(key, message, mode):
46.     translated = ''
47.     charsA = LETTERS
48.     charsB = key
49.     if mode == 'decrypt':
50.         # 복호화는 암호화와 같은 코드로 구현할 수 있다.
51.         # 단지 key와 LETTERS를 교환해 문자열을 구축하면 된다.
52.         charsA, charsB = charsB, charsA
53.
54.     # message의 각 심볼을 순회한다.
```

```
55.        for symbol in message:
56.            if symbol.upper() in charsA:
57.                # 심볼을 암호화/복호화한다.
58.                symIndex = charsA.find(symbol.upper())
59.                if symbol.isupper():
60.                    translated += charsB[symIndex].upper()
61.                else:
62.                    translated += charsB[symIndex].lower()
63.            else:
64.                # 심볼이 LETTERS 안에 없으면 그냥 덧붙인다.
65.                translated += symbol
66.
67.        return translated
68.
69.
70. def getRandomKey():
71.    key = list(LETTERS)
72.    random.shuffle(key)
73.    return ''.join(key)
74.
75.
76. if __name__ == '__main__':
77.    main()
```

단순 치환 암호의 실행 예제

simpleSubCipher.py 프로그램을 실행하면 다음과 같은 암호화된 출력을 볼 수 있다.

```
Using key LFWOAYUISVKMNXPBDCRJTQEGHZ
The encrypted message is:
Sy l nlx sr pyyacao l ylwj eiswi upar lulsxrj isr sxrjsxwjr, ia esmm
rwctjsxsza sj wmpramh, lxo txmarr jia aqsoaxwa sr pqaceiamnsxu, ia esmm caytra
jp famsaqa sj. Sy, px jia pjiac ilxo, ia sr pyyacao rpnajisxu eiswi lyypcor
l calrpx ypc lwjsxu sx lwwpcolxwa jp isr sxrjsxwjr, ia esmm lwwabj sj aqax
px jia rmsuijarj aqsoaxwa. Jia pcsusx py nhjir sr agbmlsxao sx jisr elh.
```

```
-Facjclxo Ctrramm
```

This message has been copied to the clipboard.

평문의 문자가 소문자이면 암호문에서도 소문자임을 주목한다. 대문자도 마찬가지다. 단순 치환 암호는 공백이나 문장부호는 암호화하지 않고 단순히 그 문자를 그대로 사용한다.

암호문을 복호화하려면 10행의 `myMessage`에 암호문을 넣고, `myMode` 문자열을 `'decrypt'`로 바꾸면 된다. 프로그램을 다시 실행하면 복호화된 출력이 다음과 같이 보일 것이다.

```
Using key LFWOAYUISVKMNXPBDCRJTQEGHZ
The decrypted message is:
If a man is offered a fact which goes against his instincts, he will
scrutinize it closely, and unless the evidence is overwhelming, he will refuse
to believe it. If, on the other hand, he is offered something which affords
a reason for acting in accordance to his instincts, he will accept it even
on the slightest evidence. The origin of myths is explained in this way.
-Bertrand Russell

This message has been copied to the clipboard.
```

모듈, 상수, main() 함수 설정

단순 치환 암호 프로그램 소스 코드의 가장 앞부분을 살펴보자.

```
1. # 단순 치환 암호
2. # https://www.nostarch.com/crackingcodes/ (BSD Licensed)
3.
4. import pyperclip, sys, random
5.
6.
7. LETTERS = 'ABCDEFGHIJKLMNOPQRSTUVWXYZ'
```

4행에서는 pyperclip , sys, random 모듈을 가져왔다. 상수 변수 LETTERS는 전부 대문자로 이뤄진 문자열이며 단순 치환 암호 프로그램에서 사용할 심볼 집합이다.

simpleSubCipher.py의 main( ) 함수는 앞 장의 암호 프로그램에 있던 main( ) 함수와 비슷하다. main( ) 함수는 프로그램을 실행할 때 가장 먼저 호출된다. main( ) 함수에는 프로그램에서 사용할 메시지, 키, 모드 값이 저장된 변수들이 들어 있다.

```
 9. def main():
10.     myMessage = 'If a man is offered a fact which goes against his
        instincts, he will scrutinize it closely, and unless the evidence
        is overwhelming, he will refuse to believe it. If, on the other
        hand, he is offered something which affords a reason for acting
        in accordance to his instincts, he will accept it even on the
        slightest evidence. The origin of myths is explained in this way.
        -Bertrand Russell'
11.     myKey = 'LFWOAYUISVKMNXPBDCRJTQEGHZ'
12.     myMode = 'encrypt' # Set to 'encrypt' or 'decrypt'.
```

단순 치환 암호의 키는 틀리기가 쉬운데, 키의 길이가 길고 알파벳의 모든 글자가 들어 있어야 하기 때문이다. 예컨대 키를 입력할 때 글자 하나를 누락하거나 두 번 쓰는 일이 있을 수 있다. keyIsValid( ) 함수는 키를 암호화/복호화에 사용할 수 있는 유효 키인지 확인하고 유효하지 않은 경우 에러 메시지를 출력하고 프로그램을 끝낸다.

```
14.     if not keyIsValid(myKey):
15.         sys.exit('There is an error in the key or symbol set.')
```

14행에서 keyIsValid( )가 True를 리턴하면 myKey가 유효하지 않은 키이므로 15행에서 프로그램을 끝낸다.

16~19행은 변수 myMode가 'encrypt'인지 'decrypt'인지 검사해서 encryptMessage( )나 decryptMessage( ) 함수를 적절히 호출한다.

```
16.     if myMode == 'encrypt':
17.         translated = encryptMessage(myKey, myMessage)
```

```
18.        elif myMode == 'decrypt':
19.            translated = decryptMessage(myKey, myMessage)
```

encryptMessage(), decryptMessage()의 리턴 값은 각각 암호화/복호화된 메시지로서 변수 translated에 저장된다.

20행부터는 사용한 키, 암호화 또는 복호화된 메시지를 출력하고 이 메시지를 클립보드에 복사한다.

```
20.        print('Using key %s' % (myKey))
21.        print('The %sed message is:' % (myMode))
22.        print(translated)
23.        pyperclip.copy(translated)
24.        print()
25.        print('This message has been copied to the clipboard.')
```

25행은 main() 함수의 마지막 줄이다. main()은 프로그램의 마지막 줄에서 호출하고 있으므로 main()이 끝나면 프로그램도 끝난다.

이제 keyIsValid() 함수에서 sort() 함수를 이용해 키 유효성을 검사하는 방법을 살펴볼 차례다.

sort() 리스트 메소드

리스트는 sort() 메소드를 제공하는데 이 메소드는 리스트의 요소들을 숫자나 알파벳 순서로 재배열한다. 리스트에 들어 있는 요소들을 정렬하는 기능은 두 리스트에 들어 있는 요소들이 같은지 확인할 때 편리하지만 같은 순서인지 확인할 수는 없다.

simpleSubCipher.pyd에서 단순 치환 암호의 키 문자열은 심볼 집합의 모든 문자를 중복이나 빠짐없이 보유하고 있을 때만 유효하다. 이것은 키 문자열과 LETTERS를 각각 정렬해 같은지 확인하고, 같다면 유효 키로 판정할 수 있다. 그러나 sort는 리스트에 대해서만 동작하고 문자열에 대해서는 동작하지 않는다. 문자열 변수가 아닌 문자열 값 자체는 불변 즉, 변경할 수 없다. 이때 문자열 값을 list()에 전달하면 리스트로 변경한 문자열을 얻을 수 있다. 그런 다음 이 리스트를 정렬해 두 값을 비교해 같은지 다른지를 판정할 수 있다. LETTERS는 이미 알파벳 순서로 정렬돼 있으나, 확장성을 고려해 LETTERS도 정렬한다.

```
28. def keyIsValid(key):
29.     keyList = list(key)
30.     lettersList = list(LETTERS)
31.     keyList.sort()
32.     lettersList.sort()
```

29행에서는 key에 들어 있는 문자열을 list()에 전달했다. 리스트로 리턴된 값은 변수 keyList에 저장된다. 30행에서 LETTERS 상수 변수(문자열 'ABCDEFGHIJKLMNOPQRSTUVWXYZ'가 들어 있음)를 list() 넣으면 리턴된 리스트는 다음과 같은 모양이 된다.

```
['A', 'B', 'C', 'D', 'E', 'F', 'G', 'H', 'I', 'J', 'K', 'L', 'M', 'N', 'O', 'P',
 'Q', 'R', 'S', 'T', 'U', 'V', 'W', 'X', 'Y', 'Z']
```

31, 32행에서는 keyList, lettersList를 리스트 메소드인 sort()에 넣어서 알파벳 순서로 정렬한다. append() 리스트 메소드처럼 sort() 리스트 메소드도 리턴 값이 없이 리스트 내부를 직접 바꾼다.

정렬이 끝나면 keyList, lettersList는 일치해야 하는데, keyList는 사실 LETTERS를 단순히 뒤섞은 것이기 때문이다.

34행에서는 keyList와 lettersList가 같은지 확인한다.

```
34.     return keyList == lettersList
```

keyList와 lettersList가 같다면 keyList와 key 파라미터는 어떤 중복 문자도 없다고 판단할 수 있다. LETTERS가 이미 중복 문자를 갖고 있지 않기 때문이다. 이런 경우 34행은 True를 리턴한다. keyList와 lettersList가 같지 않다면 key는 유효하지 않은 것이고 34행의 return 구문은 False를 리턴한다.

래퍼(wrapper) 함수

simpleSubCipher.py 프로그램의 암호화 코드와 복호화 코드는 거의 같다. 두 코드가 거의 비슷한 경우 가장 좋은 방법은 코드를 함수로 작성하고 각각 호출하는 것이다. 그러면 코드를 두 번 입력할 필요가 없을뿐더러 더 중요한 사실은 복사 후 붙여넣기보다 이쪽이 더 버그를 줄일 수 있다는 것이다. 만약 코드에 버그가 있더라도 여러 번 수정할 필요없이 한 곳에서만 수정하면 된다는 점 역시 장점이다.

래퍼함수는 함수 안에서 다른 함수를 호출하고 그 함수의 리턴 값을 리턴하는 함수다. 래퍼함수를 쓰면 같은 코드를 여러 번 반복해 입력할 필요도 없다. 래퍼함수는 보통 아규먼트나 리턴 값을 약간 변경하는 식으로 사용한다. 변경이 없는 래퍼함수는 함수를 직접 호출하는 것과 같으므로 만들 필요가 없다.

이제 우리 코드에서 래퍼함수 예제를 살펴보고 어떻게 동작하는지 알아보자. 여기에서는 37~42행의 encryptMessage( ), decryptMessage( )가 래퍼함수다.

```
37. def encryptMessage(key, message):
38.     return translateMessage(key, message, 'encrypt')
39.
40.
41. def decryptMessage(key, message):
42.     return translateMessage(key, message, 'decrypt')
```

각 래퍼함수는 translateMessage( )를 함수를 감싸서 호출하고 있다.

translateMessage( ) 함수에 대해서는 다음 절에서 살펴볼 것이다. 두 래퍼함수는 모두 translateMessage( ) 함수를 호출하고 있다. 암호와 관련한 내용을 변경할 필요가 있을 때에는 encryptMessage( ), decryptMessage( ) 두 함수를 각각 변경하지 않고 translate Message( )만 변경하면 된다.

이런 방식으로 래퍼함수를 사용하면 이 책의 모든 암호 프로그램에서 그랬듯이 simpleSubCipher.py 프로그램을 import해서 encryptMessage( ), decryptMessage( ) 함수를 호출할 수 있다. 래퍼함수는 명확한 이름을 부여해서 함수를 사용할 때 함수의 코드를 직접 볼 필요가 없는 것이 좋다. 결과적으로 코드를 공유하고 싶을 때 다른 개발자가 더 쉽게 쓸 수 있다.

어떤 개발자가 암호 프로그램을 import해서 다양한 암호로 메시지를 암호화하고 싶을 때 다음과 같이할 수 있다.

```
import affineCipher, simpleSubCipher, transpositionCipher
--중략--
ciphertext1 = affineCipher.encryptMessage(encKey1, 'Hello!')
ciphertext2 = transpositionCipher.encryptMessage(encKey2, 'Hello!')
ciphertext3 = simpleSubCipher.encryptMessage(encKey3, 'Hello!')
```

이름을 일관성 있게 지으면 개발자가 어느 하나라도 익숙해진 뒤 다른 암호 프로그램도 더 쉽게 사용할 수 있다.

앞의 예제에서는 첫 번째 파라미터는 항상 키이고 두 번째 파라미터는 항상 메시지다. 이것이 이 책에서 다루는 암호 프로그램의 규칙이다. encryptMessage()와 decryptMessage()를 분리하지 않고 translateMessage()를 사용하는 것은 다른 프로그램들과 일관성이 깨질 수는 있다.

이제 translateMessage() 함수를 살펴보자.

translateMessage() 함수

translateMessage() 함수는 암호화/복호화를 모두 처리한다.

```
45. def translateMessage(key, message, mode):
46.     translated = ''
47.     charsA = LETTERS
48.     charsB = key
49.     if mode == 'decrypt':
50.         # 복호화는 암호화와 같은 코드로 구현할 수 있다.
51.         # 단지 key와 LETTERS를 교환해 문자열을 구축하면 된다.
52.         charsA, charsB = charsB, charsA
```

translateMessage()가 파라미터로 key, message에 더해 mode라는 이름의 세 번째 파라미터를 취하고 있음을 주목한다. translateMessage()를 호출할 때 mode 파라미터에

'encrypt'를 넣으면 encryptMessage( ) 함수를 호출하고, 'decrypt'를 넣으면 decrypt Message( ) 함수를 호출한다. 즉, translateMessage( )로 메시지를 암호화할 것인지 복호화할 것인지 mode 파라미터로 결정할 수 있다는 것이다.

실제 암호화 과정은 간단하다. message 파라미터의 각 문자에 대해, 암호화 함수가 LETTERS상에 있는 그 문자의 인덱스를 key 파라미터상에 있는 같은 인덱스의 문자로 바꾼다.

복호화 과정은 반대다. key에서 인덱스를 찾아서 LETTERS의 인덱스의 문자로 바꾼다.

이 프로그램에서는 변수를 LETTERS와 key로 쓰지 않고 charsA와 charsB로 썼고, charsA에 있는 문자를 charsB의 같은 인덱스의 문자로 바꾸고 있다. charsA와 charsB에 값을 할당하는 방식으로 프로그램이 암호화/복호화를 쉽게 전환할 수 있다. 47행은 charsA에 LETTERS의 문자를 설정하고, 48행은 key의 문자를 charsB에 설정한다.

다음 그림은 같은 코드로 문자 암호화/복호화를 둘 다 처리하는 것을 보인 것이다. 그림 16-2는 암호화 과정을 나타낸다.

그림의 가장 윗줄은 charA의 문자들이고 LETTERS에서 온 것이다. 가운뎃줄은 charsB의 문자들이고 key에서 온 것이다. 마지막 줄은 각 문자들의 인덱스 정수 값이다.

charsA	A	B	C	D	E	F	G	H	I	J	K	L	M	N	O	P	Q	R	S	T	U	V	W	X	Y	Z
charsB	V	J	Z	B	G	N	F	E	P	L	I	T	M	X	D	W	K	Q	U	C	R	Y	A	H	S	O
Index	0	1	2	3	4	5	6	7	8	9	10	11	12	13	14	15	16	17	18	19	20	21	22	23	24	25

그림 16-2 평문을 암호화할 때 인덱스를 사용하는 예

translateMessage( )의 코드는 항상 charsA에서 message의 문자 인덱스를 찾고 charsB에 연결된 인덱스의 문자로 바꾼다. 그래서 암호화할 때에는 charsA와 charsB를 그대로 두면 된다. 즉, charsA는 LETTERS에서 온 것이고 charsB는 key에서 온 것이므로 변수 charsA와 charsB를 사용해서 LETTERS의 문자와 key의 문자를 바꾸는 것이다.

복호화를 할 때에는 charsA와 charsB를 52행의 charsA, charsB = charsB, charsA 코드로 뒤바꾼다. 그림 16-3은 복호화 과정을 나타낸 것이다.

charsA	V	J	Z	B	G	N	F	E	P	L	I	T	M	X	D	W	K	Q	U	C	R	Y	A	H	S	O
charsB	A	B	C	D	E	F	G	H	I	J	K	L	M	N	O	P	Q	R	S	T	U	V	W	X	Y	Z
Index	0	1	2	3	4	5	6	7	8	9	10	11	12	13	14	15	16	17	18	19	20	21	22	23	24	25

그림 16-3 인덱스로 암호문 복호화하기

translateMessage( )는 항상 charsA와 charsB의 같은 인덱스의 문자를 뒤바꾼다는 것을 주의한다. 결과적으로 52행에서는 값을 서로 교환해 바꾸는데, 이에 따라 translateMessage( ) 코드가 암호화가 아닌 복호화 코드로 동작하게 된다.

그다음 코드들은 암호화/복호화에서 인덱스를 찾는 과정이다.

```
54.    # message의 각 심볼을 순회한다.
55.    for symbol in message:
56.        if symbol.upper() in charsA:
57.            # 심볼을 암호화/복호화한다.
58.            symIndex = charsA.find(symbol.upper())
```

35행의 for 루프는 각 순회마다 변수 symbol에 message 문자열의 문자를 넣는다. 이 symbol를 대문자로 바꾼 문자가 charsA에 존재하면-key와 LETTERS는 항상 대문자로 구성돼 있다-58행에서 charsA에서 symbol의 대문자 인덱스를 찾는다. 변수 symIndex에 그 인덱스를 저장한다.

이때 find( ) 메소드는 -1을 절대로 리턴하지 않을 것이다(find( ) 메소드는 문자열에서 아규먼트를 찾지 못하면 -1을 리턴한다). 이미 56행의 if 구문에서 symbol.upper( )가 charsA에 존재한다는 것을 검증했기 때문이다. 존재하지 않는다면 58행이 실행되지 않을 것이다. 이제 translateMessage( )는 symbol을 각각 암호화/복호화해 문자열을 구성해 리턴한다. 그러나 key와 LETTERS는 둘 다 대문자이므로 원래 메시지의 symbol이 소문자인지 확인할 필요가 있으며, 그에 따라 암호화/복화화된 symbol를 적절히 소문자로 되돌려야 한다. 이 작업을 처리하기 위해서 isupper( ), islower( ) 문자열 메소드에 대해 알아보자.

isupper(), islower() 문자열 메소드

isupper(), islower() 문자열 메소드는 문자열이 대문자인지 소문자인지 검사한다. isupper() 문자열 메소드는 다음 두 조건을 만족해야 True를 리턴한다.

- 문자열에 적어도 한 개의 대문자가 있음
- 문자열에 소문자가 한 개도 없음

islower() 문자열 메소드는 다음 두 조건을 만족해야 True를 리턴한다.

- 문자열에 적어도 한 개의 소문자가 있음
- 문자열에 대문자가 한 개도 없음

문자열에서 특수문자와 숫자는 True, False를 리턴하는 데 아무런 영향을 끼치지 않는다. 만약 알파벳이 아닌 문자로만 구성한 문자열을 넣으면 False를 리턴한다. 다음 코드를 대화형 셸에 입력하고 어떻게 동작하는지 살펴보자.

```
>>> 'HELLO'.isupper()
True
❶ >>> 'HELLO WORLD 123'.isupper()
True
❷ >>> 'hello'.islower()
True
>>> '123'.isupper()
False
>>> ''.islower()
False
```

이 예제는 ❶에서 True를 리턴하는데 'HELLO WORLD 123'에 한 개 이상의 대문자가 있고, 소문자가 한 개도 없기 때문이다. 문자열의 숫자들은 아무런 영향을 미치지 못했다. ❷에서 'hello'.islower()는 True를 리턴했는데 'hello'에 소문자가 한 개 이상 있고 대문자가 한 개도 없기 때문이다. 다시 우리의 코드로 돌아와서 isupper(), islower()를 어떻게 썼는지 살펴보자.

isupper()로 대소문자 복원하기

simpleSubCipher.py는 isupper( ), islower( ) 문자열 메소드를 통해 암호문의 대소문자 구성을 평문의 그것과 같도록 만들고 있다.

```
59.            if symbol.isupper():
60.                translated += charsB[symIndex].upper()
61.            else:
62.                translated += charsB[symIndex].lower()
```

59행에서는 symbol이 대문자인지 검사한다. 대문자라면 60행에서 charsB[symIndex]를 대문자로 변환해 translated에 더한다. 결과적으로 대문자 입력이 들어오면 key 문자의 대문자에 연결된다. symbol이 소문자라면 62행에서 charsB[symIndex]를 소문자로 변환해 translated에 더한다.

symbol이 심볼 집합에 없는 문자 즉, '5'나 '?'라면 59행에서 False가 리턴되고 60행이 아니라 62행이 실행된다. 이것은 isupper( ) 함수가 동작할 때 문자열에 대문자가 하나라도 있어야 하는 조건에 부합하지 않기 때문이다. 또한 62행의 lower( ) 메소드 호출에서도 알파벳이 아니므로 아무런 영향이 없다. lower( ) 메소드는 알파벳이 아닌 경우 원래의 문자를 리턴한다.

62행의 else 블록은 symbol 문자열상의 모든 소문자를 처리한다. 63행의 들여쓰기는 56행의 if symbol.upper( ) in charsA:와 같으므로 63번째 줄은 symbol이 LETTERS에 없는 경우 실행된다.

```
63.        else:
64.            # 심볼이 LETTERS 안에 없으면 그냥 덧붙인다.
65.            translated += symbol
```

symbol이 LETTERS에 없으면 65행이 실행된다. 즉, symbol을 암호화/복호화할 수 없으므로 단순히 translated 끝에 더하기만 하는 것이다.

translateMessage( ) 함수의 끝인 67행에 이르면 변수 translated를 리턴해 암호화/복호화된 메시지를 리턴한다.

```
67.        return translated
```

이제 getRandomKey( ) 함수를 살펴볼 차례다. 이 함수는 단순 치환 암호를 위한 유효 키를 생성한다.

임의의 키 생성하기

알파벳의 모든 문자를 포함한 키 문자열을 입력하는 것은 꽤 어렵다. 이 작업을 편하게 하기 위해 getRandomKey( )을 사용하는데 이 함수는 유효 키를 리턴한다. 71~73행은 LETTERS 상수 안의 문자들을 임의로 뒤섞는다.

```
70. def getRandomKey():
71.     key = list(LETTERS)
72.     random.shuffle(key)
73.     return ''.join(key)
```

NOTE 주의: '문자열 임의로 뒤섞기' 절에서 list(), random.shuffle(), join() 메소드로 문자열을 뒤섞는 방법에 대해서 설명한 바 있다.

11행의 myKey = 'LFWOAYUISVKMNXPBDCRJTQEGHZ'를 getRandomKey( ) 함수로 바꿔보자.

```
11.     myKey = 'LFWOAYUISVKMNXPBDCRJTQEGHZ'
```

20행에서 단순 치환 암호 프로그램에서 쓴 키를 출력하므로 getRandomKey( ) 함수가 리턴한 키 값을 살펴볼 수 있다.

main() 함수 호출

이 프로그램의 끝부분인 76~77행에서는 simpleSubCipher.py를 모듈로 import하지 않고 프로그램으로 실행했다면 main()을 호출한다.

```
76. if __name__ == '__main__':
77.     main()
```

이것으로 단순 치환 암호 프로그램의 학습을 마친다.

요약

16장에서는 리스트 안의 요소들을 정렬하는 sort() 리스트 메소드의 사용법을 익혔다. 이를 통해 정렬된 두 문자열의 문자에 중복이 있거나 빠진 것이 있는지 검사할 수 있다. isupper(), islower() 문자열 메소드에 대해서도 다뤘다. 이 메소드들은 문자열 값의 문자들이 대문자인지 소문자인지 검사한다. 래퍼함수에 대해서도 익혔다. 래퍼함수를 통해 변경이 약간 있거나 아규먼트가 다른 경우에도 목적 함수를 감싸서 일관성 있게 함수를 사용할 수 있다.

단순 치환 암호는 무차별 대입 공격에 대해 매우 많은 유효 키로 대응한다. 이것은 암호를 해킹할 때 이전에 소개한 암호 프로그램들과는 다른 방법이 필요하다는 뜻이다. 이 암호를 깨려면 더 영리한 프로그램이 필요할 것이다.

17장에서는 단순 치환 암호를 해킹해볼 것이다 모든 키를 넣어보는 무차별 대입법을 대신 더 지능적이고 고차원적인 방법을 사용해보자.

연습 문제의 정답은 이 책의 웹사이트 https://www.nostarch.com/crackingcodes/에서 제공한다.

1. 강력한 슈퍼 컴퓨터로도 단순 치환 암호를 무차별 대입법 해킹을 할 수 없는 이유는 무엇인가?

2. 다음 코드를 실행한 후 변수 spam에 들어 있는 것은?

```
spam = [4, 6, 2, 8]
spam.sort()
```

3. 래퍼함수란?

4. hello'.islower()의 결과는?

5. 'HELLO 123'.isupper()의 결과는?

6. '123'.islower()의 결과는?

17

단순 치환 암호 해킹
HACKING THE SIMPLE SUBSTITUTION CIPHER

"암호화는 근본적으로는 사적인 행동이다.
사실, 암호화는 공적인 영역에서 정보를 제거한다. 암호에 관한
법조차도 국경이나 국가의 통제 범위 안에서만 동작한다."
– 에릭 휴즈(Eric Hughes),
「A Cypherpunk's Manifesto(사이퍼펑크 선언문)」(1993) 중에서

16장에서는 단순 치환 암호를 배웠다. 이 암호는 너무나 많은 키를 갖고 있기 때문에 무차별 대입법으로는 깰 수가 없다. 단순 치환 암호를 해킹하려면 암호문을 잠재적인 복호화 글자들로 나열한 사전 값들을 동원한 복잡한 프로그램을 짜야 한다. 17장에서는 잠재적인 복호화 목록을 올바른 것으로 좁혀 가는 프로그램을 작성할 것이다.

17장에서 다루는 내용

- 단어 패턴, 후보, 잠재 복호화 글자들, 암호문 매핑
- 정규식
- sub() 정규식 메소드

단어 패턴에 의한 복호화

무차별 대입법에 의한 공격에서는, 가능한 모든 키로 암호문을 복호화해 검증한다. 키가 맞다면 복호화 결과는 읽을 수 있는 영어가 나온다. 암호문을 분석하기에 앞서서 가능한 키를 줄이면 전체 키 또는 키의 일부를 찾을 수도 있다.

원래의 평문이 11장에서 사용한 영어 사전 파일의 단어로 대부분 구성돼 있다고 가정해보자. 암호문은 실제 영어 단어로 구성돼 있지는 않지만 보통의 문장처럼 공백으로 구분된 글자 그룹이 계속 등장할 것이다. 앞으로 이런 암호 글자 그룹을 암호 단어^{cipherword}라고 칭할 것이다. 치환 암호에서는 알파벳의 모든 글자가 반드시 각자 고유한 암호화된 글자로 대응된다. 이런 글자를 암호 글자^{cipherletter}라고 칭할 것이다. 각 평문의 글자는 하나의 암호 글자로 암호화되고, 공백은 암호화하지 않으므로 이런 암호에 있어서 평문과 암호문은 같은 단어 패턴을 갖는다.

예를 들어 평문 MISSISSIPPI SPILL은 암호문 RJBBJBBJXXJ BXJHH과 대응한다. 평문의 첫 번째 단어 글자 수는 첫 번째 암호 단어의 글자 수와 같다. 평문의 두 번째 단어 글자 수도 두 번째 암호 단어 글자 수와 같다. 평문과 암호문의 단어 및 공백 패턴이 같은 것이다. 평문에서 반복되는 글자는 암호문에서도 그 위치와 반복 횟수가 같다.

그러므로 암호문의 암호 단어는 영어 사전 파일의 단어와 패턴이 대응된다고 가정할 수 있다. 즉, 암호문을 복호화한 단어를 사전에서 찾을 수 있다면, 단어 속에 있는 각 암호 글자를 복호화하는 방법을 밝힐 수 있다. 그리고 이런 방식을 통해 암호 글자를 충분히 알아내면 전체 메시지를 복호화할 수 있다.

단어 패턴 찾기

암호 단어 HGHHU의 패턴을 살펴보자. 이 암호 단어에서는 확실한 패턴을 볼 수 있으며 원래의 평문 단어에도 이 패턴이 등장할 것이다. 두 단어는 다음과 같은 공통점이 있다.

1. 글자 수가 다섯 개다.
2. 첫 번째, 세 번째, 네 번째 글자가 같다.
3. 첫 번째, 두 번째, 다섯 번째 글자가 다르다. 즉, 3개의 글자로 구성돼 있다.

이 패턴을 영어에 대입해보자. Puppy가 바로 그런 단어다. (P, U, P, P, Y)는 글자가 다섯 개이고, 세 개의 다른 글자(P, U, Y)가 있고, 같은 패턴으로 구성된다(P가 첫 번째, 세 번째, 네 번째 글자이고 U가 두 번째 글자이고, Y가 다섯 번째 글자이다). Mommy, bobby, lulls, nanny도 같은 패턴을 만족한다. 영어 사전에서 이 밖에도 이 규칙을 만족하는 단어를 찾을 수 있을 것이고 모두 HGHHU를 복호화해볼 수 있다.

프로그램이 이 패턴을 쓸 수 있도록 표현하려면, 각 패턴을 글자 패턴을 나타내는 마침표로 구분한 숫자 집합으로 만든다.

단어 패턴을 만드는 것은 쉽다. 첫 번째 글자는 숫자 0을 가져오고 그다음에 각각 다른 글자가 나올 때마다 최초로 등장하는 글자가 다음 숫자를 얻는다. 예를 들어 cat의 단어 패턴은 0.1.2이고 classification의 단어 패턴은 0.1.2.3.3.4.5.4.0.2.6.4.7.8이 된다.

단순 치환 암호에서는 어떤 키로 암호화를 하든 관계없이 평문과 암호문이 항상 같은 단어 패턴이다. 암호문 HGHHU에 대한 단어 패턴은 0.1.0.0.2이므로 HGHHU에 해당하는 평문의 단어 패턴도 0.1.0.0.2이다.

복호화 후보 글자 찾기

HGHHU를 복호화하려면 먼저 영어 사전 파일의 모든 단어에서 패턴이 0.1.0.0.2인 단어를 찾아야 한다. 암호 단어 후보 중에 같은 단어 패턴인 평문 단어를 찾으면 다음과 같다.

- puppy
- mommy
- bobby
- lulls
- nanny

단어 패턴을 통해서 암호 글자를 복호화한 평문 글자를 추측해볼 수 있다. 이것을 복호화 후보 글자라고 부른다.

단순 치환 암호로 암호화한 메시지를 해독하려면 메시지에서 각 단어의 모든 복호화 후보 글자를 찾은 후, 후보를 줄이는 과정을 통해 실제 복호화 글자를 결정해야 한다.

표 17-1은 HGHHU의 복호화 후보 글자를 나열한 것이다.

표 17-1 HGHHU의 복호화 후보 글자들

암호 글자	H	G	H	H	U
복호화 후보 글자	P	U	P	P	Y
	M	O	M	M	Y
	B	O	B	B	Y
	L	U	L	L	S
	N	A	N	N	Y

표 17-1을 통해 암호 글자를 대응하면 이렇다.

1. H의 복호화 후보 글자는 P, M, B, L, N이다.
2. G의 복호화 후보 글자는 U, O, A이다.
3. U의 복호화 후보 글자는 Y, S이다.
4. 이 예제에는 H, G, U 외의 암호 글자 대응 복호화 후보 글자는 없다.

암호 글자 대응표는 알파벳의 모든 글자의 복호화 후보를 나타낸다. 암호화 메시지를 읽기 시작할 때 알파벳 모든 글자에 대해 복호화 후보 글자를 찾아야 하지만 이 예제에서는 H, G, U 암호 글자밖에 없다. 따라서 우리는 다른 암호 글자에 대한 복호화 후보 글자를 보유하지 않았다.

또한 후보 글자들도 중복이 있다. U는 글자 Y로 끝나는 경우가 다수이므로 복호화 글자가 두 개뿐이다(Y, S). 중복이 많을수록 복호화 글자의 숫자가 적으므로 정확한 복호화 글자를 더 쉽게 찾을 수 있다.

표 17-1을 파이썬 코드로 나타내려면 다음과 같이 딕셔너리로 암호 글자를 대응시킬 수 있다('H', 'G', 'U'의 키-값 쌍은 굵게 표시했다).

```
{'A': [], 'B': [], 'C': [], 'D': [], 'E': [], 'F': [], 'G': ['U', 'O', 'A'],
'H': ['P', 'M', 'B', 'L', 'N'], 'I': [], 'J': [], 'K': [], 'L': [], 'M': [],
'N': [], 'O': [], 'P': [], 'Q': [], 'R': [], 'S': [], 'T': [], 'U': ['Y',
'S'], 'V': [], 'W': [], 'X': [], 'Y': [], 'Z': []}
```

이 딕셔너리는 26개의 키-값 쌍, 즉 알파벳의 각 글자에 대해 키 하나와 복호화 후보 글자 리스트를 갖는다. 여기에서는 키 'H', 'G', 'U'의 복호화 후보 글자를 볼 수 있다. 다른 키는 아직 복호화 후보 글자가 없으므로 빈 리스트를 갖는다.

다른 암호 단어의 암호 글자 대응을 교차 참조하면 암호문의 복호화 후보 글자 수를 줄일 수 있고, 단 한 글자로 줄이면 암호 글자의 정확한 복호화 글자를 찾을 수 있다. 26개의 모든 암호 글자를 풀 수는 없지만 대부분의 암호문을 복호화할 수 있는 암호 글자 대응을 찾아볼 수 있다.

지금까지 17장에서 사용할 기본 개념과 용어에 대해 살펴봤다. 이제 해킹 과정의 각 단계를 살펴보자.

해킹 과정 미리보기

단순 치환 암호를 해킹하는 과정은 단어 패턴을 사용해 꽤 쉽다. 다음은 해킹의 중요 단계를 요약한 것이다.

1. 암호문에서 각 암호 단어의 단어 패턴을 찾는다.
2. 각 암호 단어의 복호화 후보 영어 단어를 찾는다.
3. 각 암호 단어의 암호 글자에 대응하는 복호화 후보 글자들을 담은 딕셔너리를 생성한다.
4. 복호화 후보 글자들의 교집합을 구해서 암호 글자를 단 한 글자로 대응하도록 조합한다.
5. 조합된 딕셔너리에서 복호화 글자를 찾은 암호 글자를 제거한다.
6. 찾은 복호화 글자로 암호문을 복호화한다.

암호문에 암호 단어가 많을수록 복호화 글자 대응이 서로 중첩될 가능성이 높으므로 각 암호 글자에 대한 복호화 후보 글자의 개수가 줄어든다. 즉, 단순 치환 암호에서는 암호문의 메시지가 길수록 해킹이 쉽다는 것을 의미한다.

소스 코드를 살펴보기 전에, 해킹 과정 중 앞 두 단계를 더 쉽게 풀 수 있는 방법을 알아보자. 11장에서 사용한 사전 파일과 wordPatterns.py 모듈을 사용해 사전 파일의 모든 단어에 대한 단어 패턴을 얻은 후 리스트를 통해 정렬한다.

단어 패턴 모듈

사전 파일 dictionary.txt의 모든 단어의 패턴을 계산하려면, https://www.nostarch.com/crackingcodes/에서 makeWordPatterns.py를 다운로드한다. 이 프로그램과 dictionary.txt는 17장에서 작성할 simpleSubHacker.py 프로그램과 같은 폴더에 있어야 한다.

makeWordPatterns.py 프로그램에는 getWordPattern( ) 함수가 있는데 특정 문자열 (예를 들어 'puppy' 등)을 취해서 그 단어의 패턴을 리턴한다. makeWordPatterns.py를 실행하면 파이썬 모듈 wordPatterns.py가 생성될 것이다. 이 모듈은 변수 한 개의 할당문이 들어 있고 43,000라인 이상이다. 모습은 다음과 같다.

```
allPatterns = {'0.0.1': ['EEL'],
'0.0.1.2': ['EELS', 'OOZE'],
'0.0.1.2.0': ['EERIE'],
'0.0.1.2.3': ['AARON', 'LLOYD', 'OOZED'],
--중략--
```

변수 allPatterns은 딕셔너리 값이 들어 있는데, 키는 단어 패턴 문자열이고 값은 영어 단어의 리스트다. 예를 들어 패턴 0.1.2.1.3.4.5.4.6.7.8에 해당하는 영어 단어를 찾으려면 대화형 셸에 다음과 같이 입력하면 된다.

```
>>> import wordPatterns
>>> wordPatterns.allPatterns['0.1.2.1.3.4.5.4.6.7.8']
['BENEFICIARY', 'HOMOGENEITY', 'MOTORCYCLES']
```

allPatterns 딕셔너리에서 키 '0.1.2.1.3.4.5.4.6.7.8'은 리스트 값 ['BENEFICIARY', 'HOMOGENEITY', 'MOTORCYCLES']가 들어 있고 이 영어 단어 3개는 같은 단어 패턴이다.

이제 wordPatterns.py 모듈을 import해서 단순 치환 암호 해킹 프로그램을 작성해 보자.

NOTE 주의: 대화형 셀에 wordPatterns를 import할 때 ModuleNotFoundError 에러 메시지가 나온다면 다음을 먼저 입력한다.

```
>>> import sys
>>> sys.path.append('name_of_folder')
```

여기에서 name_of_folder 위치에 wordPatterns.py를 저장한 위치를 입력한다. 이것은 대화형 셀에 모듈을 찾을 폴더를 알린다.

단순 치환 암호 해킹 프로그램의 소스 코드

파일 편집기 창을 열어서 File ▶ New File을 선택한다. 다음 코드를 파일 편집기에 입력하고 simpleSubHacker.py로 저장한다. pyperclip.py, simpleSubCipher.py, wordPatterns.py 파일은 simpleSubHacker.py와 같은 디렉터리에 있어야 한다. F5를 눌러 프로그램을 실행한다.

simpleSubHacker.py

```
 1. # 단순 치환 암호 해킹 프로그램
 2. # https://www.nostarch.com/crackingcodes/ (BSD Licensed)
 3.
 4. import os, re, copy, pyperclip, simpleSubCipher, wordPatterns,
    makeWordPatterns
 5.
 6.
 7.
 8.
 9.
10. LETTERS = 'ABCDEFGHIJKLMNOPQRSTUVWXYZ'
11. nonLettersOrSpacePattern = re.compile('[^A-Z\s]')
12.
13. def main():
14.     message = 'Sy l nlx sr pyyacao l ylwj eiswi upar lulsxrj isr
            sxrjsxwjr, ia esmm rwctjsxsza sj wmpramh, lxo txmarr jia aqsoaxwa
            sr pqaceiamnsxu, ia esmm caytra jp famsaqa sj. Sy, px jia pjiac
```

ilxo, ia sr pyyacao rpnajisxu eiswi lyypcor l calrpx ypc lwjsxu sx
lwwpcolxwa jp isr sxrjsxwjr, ia esmm lwwabj sj aqax px jia
rmsuijarj aqsoaxwa. Jia pcsusx py nhjir sr agbmlsxao sx jisr elh.
-Facjclxo Ctrramm'

15.
16.   # 유효한 복호화 글자 변환을 얻는다.
17.   print('Hacking...')
18.   letterMapping = hackSimpleSub(message)
19.
20.   # 사용자에게 결과를 표시한다.
21.   print('Mapping:')
22.   print(letterMapping)
23.   print()
24.   print('Original ciphertext:')
25.   print(message)
26.   print()
27.   print('Copying hacked message to clipboard:')
28.   hackedMessage = decryptWithCipherletterMapping(message, letterMapping)
29.   pyperclip.copy(hackedMessage)
30.   print(hackedMessage)
31.
32.
33. def getBlankCipherletterMapping():
34.   # 복호화 글자 변환에 빈 리스트를 채운 딕셔너리 값을 리턴한다.
35.   return {'A': [], 'B': [], 'C': [], 'D': [], 'E': [], 'F': [], 'G': [],
        'H': [], 'I': [], 'J': [], 'K': [], 'L': [], 'M': [], 'N': [],
        'O': [], 'P': [], 'Q': [], 'R': [], 'S': [], 'T': [], 'U': [],
        'V': [], 'W': [], 'X': [], 'Y': [], 'Z': []}
36.
37.
38. def addLettersToMapping(letterMapping, cipherword, candidate):
39.   # letterMapping 파라미터는 딕셔너리 값을 취해서
40.   # 이 함수에 의해 복사한 암호 글자 변환을 저장한다.
41.   # cipherword 파라미터는 암호 단어 문자열 값이다.
42.   # candidate 파라미터는 암호 단어를 복호화해
43.   # 대응할 수 있는 영어 단어다.
44.
45.   # 이 함수는 암호 글자 변환에 들어 있는
46.   # 암호 글자의 복호화 후보 글자들을 candidate에 추가한다.

```
47.
48.
49.
50.        for i in range(len(cipherword)):
51.            if candidate[i] not in letterMapping[cipherword[i]]:
52.                letterMapping[cipherword[i]].append(candidate[i])
53.
54.
55.
56. def intersectMappings(mapA, mapB):
57.        # 두 맵의 교집합을 구하기 위해 빈 맵을 만들고
58.        # 두 맵에 모두 존재하는 복호와 후보 글자만 넣는다.
59.        intersectedMapping = getBlankCipherletterMapping()
60.        for letter in LETTERS:
61.
62.            # 리스트가 비어 있다는 것은 어떤 문자라도 들어갈 수 있다는 것을 의미한다.
63.            # 여기에서는 다른 맵 전체를 단순히 복사한다.
64.            if mapA[letter] == []:
65.                intersectedMapping[letter] = copy.deepcopy(mapB[letter])
66.            elif mapB[letter] == []:
67.                intersectedMapping[letter] = copy.deepcopy(mapA[letter])
68.            else:
69.                # mapA[letter]의 글자가 mapB[letter]에도 존재하면
70.                # intersectedMapping[letter]에 글자를 더한다.
71.                for mappedLetter in mapA[letter]:
72.                    if mappedLetter in mapB[letter]:
73.                        intersectedMapping[letter].append(mappedLetter)
74.
75.        return intersectedMapping
76.
77.
78. def removeSolvedLettersFromMapping(letterMapping):
79.        # 암호 글자가 단 하나의 글자에 대응할 때 "풀었다"라고 선언할 수 있고,
80.        # 그 글자 외 다른 글자는 제거해야 한다.
81.        # 예를 들어 'A' 맵은 후보 글자 ['M', 'N']에 대응하고 'B' 맵은 ['N']에 대응한다면,
82.        # 'B'가 'N'에 대응한다는 것이 확정이므로 'A'의 'N'을 지울 필요가 있다.
83.        # 결과적으로 'A'는 'M'에 대응한다.
84.        # 'A'가 글자 하나에 대응한다는 것을 알았으므로
85.        # 다른 모든 글자의 리스트에서 'M'을 지울 수 있다.
```

```
86.     # 즉, 맵을 줄이기 위해 루프를 사용하고 있는 것이다.
87.
88.     loopAgain = True
89.     while loopAgain:
90.         # 처음에는 루프를 반복하지 않을 것으로 가정한다.
91.         loopAgain = False
92.         # solvedLetters는 대문자들의 리스트가 될 것이고
93.         # letterMapping에 있는 가능한 대응 글자가 한 개인 경우에만 글자를 추가한다.
94.
95.         solvedLetters = []
96.         for cipherletter in LETTERS:
97.             if len(letterMapping[cipherletter]) == 1:
98.                 solvedLetters.append(letterMapping[cipherletter][0])
99.
100.                # 문자를 풀었다면 복호화 후보 글자가
101.                # 다른 암호 글자에 대응돼 있으면 안 된다.
102.                # 따라서 다른 리스트에서 그 글자를 지워야 한다.
103.                for cipherletter in LETTERS:
104.                    for s in solvedLetters:
105.                        if len(letterMapping[cipherletter]) != 1 and
                             s in letterMapping[cipherletter]:
106.                            letterMapping[cipherletter].remove(s)
107.                            if len(letterMapping[cipherletter]) == 1:
108.                                # 새로운 글자를 풀었다면 루프를 계속한다.
109.                                loopAgain = True
110.    return letterMapping
111.
112.
113. def hackSimpleSub(message):
114.    intersectedMap = getBlankCipherletterMapping()
115.    cipherwordList = nonLettersOrSpacePattern.sub('', message.upper()).split()
116.    for cipherword in cipherwordList:
117.        # 각각의 암호 단어에서 새로운 암호 글자 매핑을 얻는다.
118.        candidateMap = getBlankCipherletterMapping()
119.
120.        wordPattern = makeWordPatterns.getWordPattern(cipherword)
121.        if wordPattern not in wordPatterns.allPatterns:
122.            continue # 이 단어는 우리의 사전에는 존재하지 않으므로 루프를 되돌린다.
123.
```

```
124.                # 각 후보 글자를 맵에 더한다.
125.                for candidate in wordPatterns.allPatterns[wordPattern]:
126.                    addLettersToMapping(candidateMap, cipherword, candidate)
127.
128.                # 이미 존재하는 교집합 맵과 새 맵의 교집합을 구한다.
129.                intersectedMap = intersectMappings(intersectedMap, candidateMap)
130.
131.        # 다른 리스트에서 푸는 데 성공한 글자를 삭제한다.
132.        return removeSolvedLettersFromMapping(intersectedMap)
133.
134.
135. def decryptWithCipherletterMapping(ciphertext, letterMapping):
136.        # 암호문을 letterMapping으로 복호화해 리턴한다.
137.        # 복호화하기 어려운 모든 문자는 밑줄 문자로 바꾼다.
138.
139.        # letterMapping 매핑으로부터 첫 번째 단순 부분 키를 생성한다.
140.        key = ['x'] * len(LETTERS)
141.        for cipherletter in LETTERS:
142.            if len(letterMapping[cipherletter]) == 1:
143.                # 글자가 하나만 있다면 그것을 키에 더한다.
144.                keyIndex = LETTERS.find(letterMapping[cipherletter][0])
145.                key[keyIndex] = cipherletter
146.            else:
147.                ciphertext = ciphertext.replace(cipherletter.lower(), '_')
148.                ciphertext = ciphertext.replace(cipherletter.upper(), '_')
149.        key = ''.join(key)
150.
151.        # 생성한 key로 암호문을 복호화한다.
152.        return simpleSubCipher.decryptMessage(key, ciphertext)
153.
154.
155. if __name__ == '__main__':
156.        main()
```

단순 치환 암호 해킹 프로그램의 실행 예제

이 프로그램을 실행하면 message 변수에 들어 있는 암호문 해킹을 시도할 것이다. 출력은 다음과 같다.

```
Hacking...
Mapping:
{'A': ['E'], 'B': ['Y', 'P', 'B'], 'C': ['R'], 'D': [], 'E': ['W'], 'F':
['B', 'P'], 'G': ['B', 'Q', 'X', 'P', 'Y'], 'H': ['P', 'Y', 'K', 'X', 'B'],
'I': ['H'], 'J': ['T'], 'K': [], 'L': ['A'], 'M': ['L'], 'N': ['M'], 'O':
['D'], 'P': ['O'], 'Q': ['V'], 'R': ['S'], 'S': ['I'], 'T': ['U'], 'U': ['G'],
'V': [], 'W': ['C'], 'X': ['N'], 'Y': ['F'], 'Z': ['Z']}

Original ciphertext:
Sy l nlx sr pyyacao l ylwj eiswi upar lulsxrj isr sxrjsxwjr, ia esmm
rwctjsxsza sj wmpramh, lxo txmarr jia aqsoaxwa sr pqaceiamnsxu, ia esmm caytra
jp famsaqa sj. Sy, px jia pjiac ilxo, ia sr pyyacao rpnajisxu eiswi lyypcor
l calrpx ypc lwjsxu sx lwwpcolxwa jp isr sxrjsxwjr, ia esmm lwwabj sj aqax
px jia rmsuijarj aqsoaxwa. Jia pcsusx py nhjir sr agbmlsxao sx jisr elh.
-Facjclxo Ctrramm

Copying hacked message to clipboard:
If a man is offered a fact which goes against his instincts, he will
scrutinize it closel_, and unless the evidence is overwhelming, he will refuse
to _elieve it. If, on the other hand, he is offered something which affords
a reason for acting in accordance to his instincts, he will acce_t it even
on the slightest evidence. The origin of m_ths is e__lained in this wa_.
-_ertrand Russell
```

이제 소스 코드를 자세히 살펴보자.

모듈과 상수 설정

먼저 단순 치환 암호 해킹 프로그램의 초반 몇 줄을 살펴보자.

4행에서 7개의 모듈을 import하고 있으며 이것은 지금까지 작성한 모든 프로그램보다 많은 것이다. 10행의 전역변수 LETTERS는 심볼 집합을 저장하고 있다. 이 집합에는 알파벳 대문자들이 들어 있다.

```
# 단순 치환 암호 해킹 프로그램
# https://www.nostarch.com/crackingcodes/ (BSD Licensed)

import os, re, copy, pyperclip, simpleSubCipher, wordPatterns, makeWordPatterns
-- 중략 --
10. LETTERS = 'ABCDEFGHIJKLMNOPQRSTUVWXYZ'
```

re 모듈은 정규표현식 모듈로서 정규표현식으로 복잡한 문자열 조작을 할 수 있다. 정규표현식이 어떻게 동작하는지 살펴보자.

정규표현식으로 글자 찾기

정규표현식은 특정 문자열에서 지정한 패턴을 찾는 문자열을 정의한다. 예를 들어 11행의 문자열 '[^A-Z\s]'은 A에서 Z까지의 대문자나 공백 문자가 아닌 모든 문자를 찾으라는 정의다. 이때 공백, 탭, 개행 문자 모두 공백 문자로 취급한다.

```
11. nonLettersOrSpacePattern = re.compile('[^A-Z\s]')
```

re.compile( ) 함수는 정규표현식 객체를 생성한다(줄여서 regex 객체나 패턴 객체라고 부른다). 우리는 이 객체를 'hackSimpleSub( ) 함수'에서 사용할 것인데, 암호문에서 알파벳과 공백이 아닌 문자들을 제거할 때 사용할 것이다. 정규표현식을 이용하면 복잡하고 다양한 문자열 조작을 할 수 있다. 이에 대해서 더 알고 싶다면 https://www.nostarch.com/crackingcodes/를 참고한다.

main() 함수 설정

main() 함수는 이 책의 앞에서 소개한 해킹 프로그램들처럼 변수 message에 암호문을 저장한다. 18행에서는 이 변수를 hackSimpleSub() 함수에 전달한다.

```
13. def main():
14.     message = 'Sy l nlx sr pyyacao l ylwj eiswi upar lulsxrj isr
        sxrjsxwjr, ia esmm rwctjsxsza sj wmpramh, lxo txmarr jia aqsoaxwa
        sr pqaceiamnsxu, ia esmm caytra jp famsaqa sj. Sy, px jia pjiac
        ilxo, ia sr pyyacao rpnajisxu eiswi lyypcor l calrpx ypc lwjsxu sx
        lwwpcolxwa jp isr sxrjsxwjr, ia esmm lwwabj sj aqax px jia
        rmsuijarj aqsoaxwa. Jia pcsusx py nhjir sr agbmlsxao sx jisr elh.
        -Facjclxo Ctrramm'
15.
16.     # 유효한 복호화 글자 변환을 얻는다.
17.     print('Hacking...')
18.     letterMapping = hackSimpleSub(message)
```

---

hackSimpleSub()는 복호화된 메시지 또는 복화화 불가능 판정을 리턴하지 않고, 복호화 후보 글자들을 제거한 암호 글자 매핑 교집합을 리턴한다. 교집합 매핑을 만드는 법에 대해서는 '두 맵의 교집합 구하기' 절에서 다룰 것이다. 이 교집합 암호 글자 매핑을 구한다음, decryptWithCipherletterMapping()에 이를 넘겨서 message에 저장된 암호문을 읽을수 있는 형식으로 복호화한다. 이에 대해서는 '메시지 복호화' 절에서 더 자세히 다룬다.

letterMapping에 저장된 암호 글자 매핑은 딕셔너리 값으로써 26개의 대문자 글자를 각각 한 개씩 갖는 문자열을 키로 지정해 암호 글자를 표현한다. 키에 대응하는 값으로는 리스트가 들어 있고 리스트 안에는 각 암호 글자에 대응하는 복호화 후보 글자의 대문자들이 들어 있다. 모든 암호 글자가 한 개의 복호화 후보 글자와 연결됐을 때, 전체 매핑을 푼 것이며 이를 이용해 암호문 전체를 복호화할 수 있다.

각 암호 글자 매핑은 사용한 암호문에 따라 생성된다. 일부 암호 글자가 복호화 후보 글자를 갖지 않거나 여러 개를 갖는 경우 매핑을 완전하게 구축하지 못할 수도 있다. 암호문이 짧을수록 전체 알파벳을 포함하지 못할 수도 있고 불완전한 매핑을 얻을 가능성이 크다.

사용자에게 해킹 결과 표시하기

이 프로그램은 print() 함수를 호출해 letterMapping, 원래의 메시지, 복호화된 메시지를 화면에 표시한다.

```
20.    # 사용자에게 결과를 표시한다.
21.    print('Mapping:')
22.    print(letterMapping)
23.    print()
24.    print('Original ciphertext:')
25.    print(message)
26.    print()
27.    print('Copying hacked message to clipboard:')
28.    hackedMessage = decryptWithCipherletterMapping(message, letterMapping)
29.    pyperclip.copy(hackedMessage)
30.    print(hackedMessage)
```

28행에서 hackedMessage 변수에 복호화된 메시지를 저장한다. 이 값을 클립보드에 저장한 후 화면에 출력하고 사용자는 원래의 메시지와 비교해볼 수 있다. decrypt WithCipherletterMapping()로 복호화된 메시지를 얻는데, 이 함수는 프로그램 뒷부분에 정의돼 있다. 이제 암호 글자 매핑을 생성하는 함수를 살펴보자.

암호 글자 매핑 생성하기

이 프로그램은 암호문에 있는 각 암호 단어에 대해 암호 글자 매핑을 필요로 한다. 매핑을 완전하게 구축하려면 헬퍼 함수 몇 개가 더 필요하다. 헬퍼 함수 중 하나는 새 암호 글자 매핑을 생성한다. 우리는 이 함수를 모든 암호 단어에 대해 호출할 것이다.

모든 후보 복호화 단어를 찾는 헬퍼 함수도 필요하다. 이 함수는 암호 단어, 현재 매핑된 글자, 후보 복호화 단어를 취한다. 우리는 각각의 암호 단어와 복호화 후보 단어에 대해 이 함수를 호출할 것이다. 이 함수는 암호화 단어의 글자 맵에 복호화 후보 단어에 있는 후보 글자 전부를 더해 글자 매핑을 리턴한다.

암호문에서 여러 단어의 글자 매핑을 얻으면, 이 매핑을 서로 병합하는 함수를 사용할 것이다. 마지막으로 사용하는 헬퍼 함수는 암호 글자들이 복호화 후보 글자를 여러 개 보유하는 문제를 해결하는 함수다. 우리는 각각의 암호 글자에 대해 한 개의 복호화 글자를 대응시킨 맵이 필요하다. 이미 강조한 바와 같이, 우리는 모든 암호 글자의 복호화 글자 대응을 완전히 풀 수 없을 수도 있다. 이 문제를 해결하는 방법에 대해서는 '메시지 복호화' 절에서 다룬다.

비어 있는 매핑 생성

먼저 비어 있는 초기 매핑을 만들어야 한다. 이 매핑을 암호 글자 매핑으로 쓸 것이다.

```
33. def getBlankCipherletterMapping():
34.     # 복호화 글자 변환에 빈 리스트를 채운 딕셔너리 값을 리턴한다.
35.     return {'A': [], 'B': [], 'C': [], 'D': [], 'E': [], 'F': [], 'G': [],
        'H': [], 'I': [], 'J': [], 'K': [], 'L': [], 'M': [], 'N': [],
        'O': [], 'P': [], 'Q': [], 'R': [], 'S': [], 'T': [], 'U': [],
        'V': [], 'W': [], 'X': [], 'Y': [], 'Z': []}
```

getBlankCipherletterMapping() 함수를 호출하면 키는 알파벳 26글자를 각각 문자열로 취하고 값은 비어 있는 리스트로 취한 딕셔너리를 리턴한다.

매핑에 글자 추가

매핑에 글자를 추가하기 위해 38행에서 addLettersToMapping() 함수를 정의했다.

```
38. def addLettersToMapping(letterMapping, cipherword, candidate):
```

이 함수는 파라미터 3개를 갖는다. 암호 글자 매핑letterMapping, 암호 단어 맵cipherword, 암호 단어에 대한 복호화 후보 단어candidate 세 개다. 이 함수는 암호 단어에 있는 암호 글자의 인덱스 위치와 연결된 모든 후보 글자를 매핑하고 그 글자가 letterMapping에 없다면 추가한다.

예를 들어 암호 단어 'HGHHU'의 후보 단어는 'PUPPY'다. addLettersToMapping() 함수는 키 'H'에 'P'를 값으로 더한다. 이 함수는 다음 글자로 이동해 키 'G'에 'U'를 더하고 이와 같은 작업을 계속한다.

addLettersToMapping() 함수는 복호화 후보 글자를 이미 더한 적이 있다면 그 글자를 리스트에 다시 넣지 않는다. 예를 들어 'PUPPY'에는 키 'H'에 'P'를 더한 다음 이후에 두 번 더 등장하는 'P'는 이미 존재하므로 더하지 않는다. 마지막으로 키 'U'의 복호화 후보 글자 리스트에 'Y'를 넣는다.

addLettersToMapping() 코드는 len(cipherword)와 len(candidate)가 같다고 가정하는데, 암호 단어의 패턴과 복호화 단어의 패턴이 일치할 때만 짝을 맺도록 했기 때문이다.

그다음 프로그램은 복호화 후보 글자의 리스트에 글자를 이미 더했는지 확인하기 위해 암호 단어 문자열의 각 인덱스 전체를 순회한다.

```
50.     for i in range(len(cipherword)):
51.         if candidate[i] not in letterMapping[cipherword[i]]:
52.             letterMapping[cipherword[i]].append(candidate[i])
```

변수 i는 cipherword의 각 글자를 순회하기 위한 값이다. 이 값은 candidate의 복호화 후보 글자와 연동되는 인덱스 값이다. 즉, cipherword[i]의 암호 글자에 대해 candidate[i]의 복호화 후보 글자를 더하는 것이다. 예를 들어 cipherword가 'HGHHU'이고 candidate가 'PUPPY'라면 인덱스를 0부터 시작할 때 cipherword[0]와 candidate[0]를 이용해서 두 문자열의 첫 번째 글자에 접근한다. 그다음 51행의 if 구문으로 이동한다.

이 if 구문은 암호 글자에 해당하는 복호화 후보 글자의 리스트에 candidate[i]가 있는지 확인한다. 없다면 그 글자를 리스트에 더한다. 이것은 letterMapping[cipherword[i]]를 통해서 암호 글자를 통해 매핑된 글자를 접근하는 방식으로 가능하다. cipherword[i]는 letterMapping의 키 값이고, 이 키를 통해서 접근할 수 있는 것이다. 결과적으로 복호화 후보 글자들의 리스트에 글자가 중복 적재되는 것을 막는다.

예를 들어 첫 번째 'PUPPY'의 첫 번째 'P'는 루프의 첫 번째 순회에서 letterMapping에 추가되지만 i가 2인 순회에서는 candidate[2]의 'P'가 있어도 이미 첫 번째 순회에서 작업했기 때문에 매핑에 추가되지 않는다.

복호화 후보 글자가 매핑에 존재하지 않는다면 52행에서 candidate[i]를 더한다. letterMapping[cipherword[i]]에서 암호 글자에 해당하는 복호화 후보 글자를 리스트에 더하는 것이다.

파이썬은 파라미터로 딕셔너리를 전달하면 전달한 딕셔너리 자체를 복사하지 않고 레퍼런스의 복사를 넘긴다는 것을 기억하고 있을 것이다. 따라서 이 함수의 letterMapping에서 변경된 내용은 addLettersToMapping() 함수의 밖에서도 유효하다. 레퍼런스의 복사본은 여전히 같은 딕셔너리를 가리키므로 126행에서 addLettersToMapping()을 호출할 때 넘기는 파라미터 letterMapping도 마찬가지다.

암호 단어의 모든 인덱스를 순회하고 나면 변수 letterMapping에 매핑된 글자들을 더하는 작업이 끝난다. 이제 이 매핑들을 비교해 각 암호 단어들 간에 중첩이 있는지 점검할 차례다.

두 매핑 병합하기

hackSimpleSub() 함수는 intersectMappings() 함수를 이용하는데 이 함수는 두 개의 암호 글자 매핑을 각각 mapA와 mapB 파라미터로 취하고 두 매핑을 병합해 리턴한다. intersectMappings() 함수는 mapA와 mapB를 병합하기 위해 비어 있는 맵을 생성해 복호화 후보 글자들을 더하는데, 두 맵에 모두 존재한다면 중복을 방지하며 더한다.

```
56. def intersectMappings(mapA, mapB):
57.     # 두 맵의 교집합을 구하기 위해 빈 맵을 만들고
58.     # 두 맵에 모두 존재하는 복호화 후보 글자만 더한다.
59.     intersectedMapping = getBlankCipherletterMapping()
```

먼저 59행에서 getBlankCipherletterMapping()을 호출해 병합한 매핑을 저장할 암호 글자 매핑을 생성하고 이를 변수 intersectedMapping에 저장한다.

60행의 for 루프는 LETTERS 상수 변수의 대문자 글자들을 순회하면서 변수 letter를 키 값으로 mapA와 mapB 딕셔너리를 접근한다.

```
60.    for letter in LETTERS:
61.
62.        # 리스트가 비어 있다는 것은 어떤 문자라도 들어갈 수 있다는 것을 의미한다.
63.        # 여기에서는 다른 맵 전체를 단순히 복사한다.
64.        if mapA[letter] == []:
65.            intersectedMapping[letter] = copy.deepcopy(mapB[letter])
66.        elif mapB[letter] == []:
67.            intersectedMapping[letter] = copy.deepcopy(mapA[letter])
```

64행에서는 mapA의 복호화 후보 글자 리스트가 비어 있는지 확인한다. 리스트가 비어 있다는 것은 이 암호화 글자에 해당하는 복호화 후보 글자가 한 개도 없다는 것을 뜻한다. 이런 상황에서는 intersectedMapping에 다른 쪽 매핑의 복호화 후보 글자들을 복사하면 된다. 예를 들어 mapA의 복호화 후보 글자 리스트가 비어 있으면 65행에서 intersectedMapping에는 mapB의 리스트의 사본이 들어간다. 67행은 입장을 달리해 같은 방식으로 동작한다. 두 매핑의 리스트가 둘 다 비어 있는 경우에도 64행이 True이고, 65행에서 mapB의 빈 리스트를 intersectedMapping에 복사한다.

68행의 else 블록은 mapA, mapB 둘 다 비어 있지 않은 조건을 처리한다.

```
68.        else:
69.            # mapA[letter]의 글자가 mapB[letter]에도 존재하면
70.            # intersectedMapping[letter]에 글자를 더한다.
71.            for mappedLetter in mapA[letter]:
72.                if mappedLetter in mapB[letter]:
73.                    intersectedMapping[letter].append(mappedLetter)
74.
75.    return intersectedMapping
```

두 맵이 둘 다 비어 있지 않으면 71행의 루프를 시작하고 mapA[letter]의 리스트에 들어 있는 대문자 글자 문자열을 순회한다. 72행에서는 mapA[letter]의 대문자 글자가 mapB[letter]에도 있는지 확인한다. 존재한다면, 73행에서 intersectedMapping[letter]에서 이 글자를 더한다. 즉, 두 복호화 후보 글자들의 리스트에서 공통으로 존재하는 글자를 더하는 것이다.

60행에서 시작한 루프를 마치고 나면 intersectedMapping의 암호 글자 매핑은 mapA와 mapB에 둘 다 들어 있는 복호화 후보 글자로만 구성된다.[1]

75행에서 이렇게 완성된 교집합 암호 글자 매핑을 리턴한다. 이제 병합된 매핑의 출력 예제를 보자.

글자 매핑 헬퍼 함수의 동작 원리

이제 우리는 글자 매핑 헬퍼 함수를 작성했다. 대화형 셸에서 이 함수를 사용해보고 어떻게 동작하는지 살펴보자. 암호문 'OLQIHXIRCKGNZ PLQRZKBZB MPBKSSIPLC'로 병합 암호 글자 매핑을 생성해보자. 이 암호문에는 암호 단어가 3개뿐이다. 그다음 매핑들을 합성해 각 단어의 매핑을 생성한다.

대화형 셸에 Import simpleSubHacker.py를 입력한다.

```
>>> import simpleSubHacker
```

그다음, getBlankCipherletterMapping()를 호출해 빈 글자 매핑을 생성해 letterMapping1에 저장한다.

```
>>> letterMapping1 = simpleSubHacker.getBlankCipherletterMapping()
>>> letterMapping1
{'A': [], 'C': [], 'B': [], 'E': [], 'D': [], 'G': [], 'F': [], 'I': [],
'H': [], 'K': [], 'J': [], 'M': [], 'L': [], 'O': [], 'N': [], 'Q': [],
'P': [], 'S': [], 'R': [], 'U': [], 'T': [], 'W': [], 'V': [], 'Y': [],
'X': [], 'Z': []}
```

첫 번째 암호 단어 'OLQIHXIRCKGNZ'를 해킹해보자. 먼저 makeWordPattern 모듈의 getWordPattern() 함수를 호출해 이 암호 단어의 단어 패턴을 얻는다. 결과는 다음과 같다.

---

1   실제로는 공통된 글자와 함께 복호화 후보 글자가 한쪽 맵에만 존재할 때 그 리스트도 들어 있다. - 옮긴이

```
>>> import makeWordPatterns
>>> makeWordPatterns.getWordPattern('OLQIHXIRCKGNZ')
0.1.2.3.4.5.3.6.7.8.9.10.11
```

영어 단어 사전을 통해 이 단어의 패턴은 0.1.2.3.4.5.3.6.7.8.9.10.11임을 알았다(즉, 암호 단어 'OLQIHXIRCKGNZ'의 후보가 된다). 이제 wordPatterns 모듈을 import해 이 패턴을 찾아보자.

```
>>> import wordPatterns
>>> candidates = wordPatterns.allPatterns['0.1.2.3.4.5.3.6.7.8.9.10.11']
>>> candidates
['UNCOMFORTABLE', 'UNCOMFORTABLY']
```

'OLQIHXIRCKGNZ'와 단어 패턴이 같은 영어 단어는 두 개다. 결과적으로 첫 번째 암호 단어는 'UNCOMFORTABLE'나 'UNCOMFORTABLY'로 복호화할 수 있는 셈이다. 이 두 단어는 복호화 후보다. 이것을 변수 candidates에 리스트로 저장한 모습을 볼 수 있다(addLettersTo Mapping() 함수의 candidate 파라미터와는 다른 것이다).

이제 addLettersToMapping()를 사용해 암호 단어의 글자들을 대응시켜야 한다. 먼저 candidates 리스트의 첫 번째 항목인 'UNCOMFORTABLE'을 대응시켜보자.

```
>>> letterMapping1 = simpleSubHacker.addLettersToMapping(letterMapping1,
'OLQIHXIRCKGNZ', candidates[0])
>>> letterMapping1
{'A': [], 'C': ['T'], 'B': [], 'E': [], 'D': [], 'G': ['B'], 'F': [], 'I':
['O'], 'H': ['M'], 'K': ['A'], 'J': [], 'M': [], 'L': ['N'], 'O': ['U'], 'N':
['L'], 'Q': ['C'], 'P': [], 'S': [], 'R': ['R'], 'U': [], 'T': [], 'W': [],
'V': [], 'Y': [], 'X': ['F'], 'Z': ['E']}
```

그러나 'OLQIHXIRCKGNZ'는 'UNCOMFORTABLY'로도 복호화될 수 있으므로 암호 글자 매핑을 하나 더 추가해야 한다. 다음 코드를 대화형 셀에 입력한다.

```
>>> letterMapping1 = simpleSubHacker.addLettersToMapping(letterMapping1,
'OLQIHXIRCKGNZ', candidates[1])
>>> letterMapping1
{'A': [], 'C': ['T'], 'B': [], 'E': [], 'D': [], 'G': ['B'], 'F': [],
'I': ['O'], 'H': ['M'], 'K': ['A'], 'J': [], 'M': [], 'L': ['N'], 'O': ['U'],
'N': ['L'], 'Q': ['C'], 'P': [], 'S': [], 'R': ['R'], 'U': [], 'T': [],
'W': [], 'V': [], 'Y': [], 'X': ['F'], 'Z': ['E', 'Y']}
```

letterMapping1에서 변한 것이 거의 없으나 이번에는 'Z'에 해당하는 리스트에서 원래 있던 'E'에 더해 'Y'가 추가됐다.

이것은 addLettersToMapping()에서 이미 존재하지 않는 글자라면 그 글자를 추가하기 때문이다. 이제 세 단어 중 첫 번째 단어의 암호 글자 매핑을 얻었다. 앞의 과정을 반복해 두 번째 암호 단어인 'PLQRZKBZB'의 매핑을 구해보자.

```
>>> letterMapping2 = simpleSubHacker.getBlankCipherletterMapping()
>>> wordPat = makeWordPatterns.getWordPattern('PLQRZKBZB')
>>> candidates = wordPatterns.allPatterns[wordPat]
>>> candidates
['CONVERSES', 'INCREASES', 'PORTENDED', 'UNIVERSES']
>>> for candidate in candidates:
... letterMapping2 = simpleSubHacker.addLettersToMapping(letterMapping2,
'PLQRZKBZB', candidate)
...
>>> letterMapping2
{'A': [], 'C': [], 'B': ['S', 'D'], 'E': [], 'D': [], 'G': [], 'F': [], 'I':
[], 'H': [], 'K': ['R', 'A', 'N'], 'J': [], 'M': [], 'L': ['O', 'N'], 'O': [],
'N': [], 'Q': ['N', 'C', 'R', 'I'], 'P': ['C', 'I', 'P', 'U'], 'S': [], 'R':
['V', 'R', 'T'], 'U': [], 'T': [], 'W': [], 'V': [], 'Y': [], 'X': [], 'Z':
['E']}
```

후보 단어 네 개에 대해 addLettersToMapping() 코드를 네 번 쓰는 것보다는 for 루프를 이용하는 것이 낫다. 이렇게 두 번째 암호 단어의 암호 글자 매핑도 얻었다.

이제 letterMapping1과 letterMapping2의 암호 글자 매핑을 병합해야 한다. intersectMappings()에 두 변수를 넣어서 처리한다.

다음 코드를 대화형 셀에 입력한다.

```
>>> intersectedMapping = simpleSubHacker.intersectMappings(letterMapping1,
letterMapping2)
>>> intersectedMapping
{'A': [], 'C': ['T'], 'B': ['S', 'D'], 'E': [], 'D': [], 'G': ['B'], 'F': [],
'I': ['O'], 'H': ['M'], 'K': ['A'], 'J': [], 'M': [], 'L': ['N'], 'O': ['U'],
'N': ['L'], 'Q': ['C'], 'P': ['C', 'I', 'P', 'U'], 'S': [], 'R': ['R'],
'U': [], 'T': [], 'W': [], 'V': [], 'Y': [], 'X': ['F'], 'Z': ['E']}
```

이제 병합한 매핑의 모든 암호 글자들에 대한 복호화 후보 글자들의 리스트들은 letterMapping1과 letterMapping2 양쪽에 모두 들어 있는 복호화 후보 글자들로만 구성 됐다.[2]

예를 들어 intersectedMapping에서 키가 'Z'인 리스트는 ['E']만 갖고 있는데 letter Mapping1에는 ['E', 'Y']가 들어 있고, letterMapping2에는 ['E']만 들어 있으므로 교집 합으로 ['E']만 남게 된 것이다.

이제 세 번째 암호 단어인 'MPBKSSIPLC'에 대해서도 앞의 과정을 반복한다. 코드는 다음과 같다.

```
>>> letterMapping3 = simpleSubHacker.getBlankCipherletterMapping()
>>> wordPat = makeWordPatterns.getWordPattern('MPBKSSIPLC')
>>> candidates = wordPatterns.allPatterns[wordPat]
>>> for i in range(len(candidates)):
... letterMapping3 = simpleSubHacker.addLettersToMapping(letterMapping3,
'MPBKSSIPLC', candidates[i])
...
>>> letterMapping3
{'A': [], 'C': ['Y', 'T'], 'B': ['M', 'S'], 'E': [], 'D': [], 'G': [],
'F': [], 'I': ['E', 'O'], 'H': [], 'K': ['I', 'A'], 'J': [], 'M': ['A', 'D'],
'L': ['L', 'N'], 'O': [], 'N': [], 'Q': [], 'P': ['D', 'I'], 'S': ['T', 'P'],
'R': [], 'U': [], 'T': [], 'W': [], 'V': [], 'Y': [], 'X': [], 'Z': []}
```

---

2 두 리스트 중에 한쪽이라도 빈 리스트가 있다면 값이 들어 있는 리스트도 병합 매핑에 추가된다. – 옮긴이

대화형 셸에 다음 코드를 입력해 letterMapping1과 letterMapping2의 병합인 intersectedMapping과 letterMapping3의 병합을 구해보자.

```
>>> intersectedMapping = simpleSubHacker.intersectMappings(intersectedMapping,
letterMapping3)
>>> intersectedMapping
{'A': [], 'C': ['T'], 'B': ['S'], 'E': [], 'D': [], 'G': ['B'], 'F': [],
'I': ['O'], 'H': ['M'], 'K': ['A'], 'J': [], 'M': ['A', 'D'], 'L': ['N'],
'O': ['U'], 'N': ['L'], 'Q': ['C'], 'P': ['I'], 'S': ['T', 'P'], 'R': ['R'],
'U': [], 'T': [], 'W': [], 'V': [], 'Y': [], 'X': ['F'], 'Z': ['E']}
```

예제를 살펴보면 각 키에서 리스트에 값이 단 한 개만 들어 있을 때 복호화를 할 수 있다는 것을 알 수 있다. 예를 들어 'K'는 'A'로 복호화된다. 그러나 'M'은 'A'로도 'D'로도 복호화할 수 있다. 그러나 'K'는 'A'로 복호화하는 것이 확실하므로 'M'은 'D'로 복호화하는 것이 타당하다. 결과적으로 확실한 복호화 글자는 단 한 개의 암호 글자에 대응하고 다른 암호 글자와는 대응하지 않는다. 단순 치환 암호에서는 평문의 글자 하나를 단 하나의 암호 글자로 암호화하기 때문이다.

이제 removeSolvedLettersFromMapping() 함수에서 복호화 후보 글자들의 리스트에서 이미 확실한 복호화 글자들을 제거하는 방법을 알아볼 것이다.

앞에서 만든 intersectedMapping을 계속 사용해야 하므로 IDLE 윈도우를 닫으면 안 된다.

매핑에서 복호화 글자를 확정한 문자만 식별하기

removeSolvedLettersFromMapping() 함수는 letterMapping 파라미터에 있는 모든 암호 글자에 대해 복호화 후보 글자가 단 한 개만 보유한 것들을 찾는다. 이렇게 찾은 암호 글자들은 복호화할 수 있다고 확정된 글자들이다. 반대로 복호화 글자를 하나 이상 보유한 암호 글자는 그 문자에 대해서 복호화가 불가능하다. 그러나 복호화 후보 글자를 하나만 보유한 암호 글자는 복호화할 수 있다고 확정된 문자이므로 복호화 후보 글자를 다수로 보유한 암호 글자의 리스트에서 이를 찾아서 제거해야 한다. 예를 들어 복호화 후보 글자를 두 개 보유한 암호 글자는 그 상태로는 복호화를 할 수 없지만, 두 문자 중 한 개가 다른 암호 글자에서 복호화 글자로 확정됐다면, 이를 제거해 이 문자 역시 복호화 글자를 확정할 수 있다. 루프를 통해 전체 암호 글자 매핑을 뒤져서 복호화 글자로 확정된 글자들을 제거해 나가면 결과적으로 복호화 글자로 확정된 글자들을 더 찾을 수 있다.

```
92.          # solvedLetters는 대문자들의 리스트가 될 것이고
93.          # letterMapping에 있는 가능한 대응 글자가 한 개인 경우에만 글자를 추가한다.
94.
95.          solvedLetters = []
96.          for cipherletter in LETTERS:
97.              if len(letterMapping[cipherletter]) == 1:
98.                  solvedLetters.append(letterMapping[cipherletter][0])
```

96행의 for 루프는 26개의 암호 글자들을 순회하면서 암호 글자 매핑에서 각 암호 글자의 복호화 후보 글자 리스트를 살핀다(즉, letterMapping[cipherletter]의 리스트).

97행에서는 이 리스트의 크기가 1인지 확인한다. 이미 살펴본 바와 같이 암호 글자에 해당하는 복호화 후보 글자가 1개면 이 암호 글자는 복호화할 수 있다고 확정된 상태다. 98행에서는 확정된 복호화 글자를 solvedLetters 리스트에 더한다. 확정된 복호화 글자들은 항상 letterMapping[cipherletter][0]에 존재하는데, letterMapping[cipherletter]는 복호화 후보 글자들의 리스트이고 복호화가 확정되면 이 리스트의 값은 1개만 남기 때문에 리스트 인덱스의 0이 확정된 복호화 글자가 된다.

96행의 for 루프가 끝난 후에는, 변수 solvedLetters가 모든 암호 글자에 대해 확정된 복호화 글자 리스트로 구성돼 있어야 한다. 98행에서는 이 리스트에서 solvedLetters에 복호화된 문자열을 저장한다.

이 시점에서 프로그램은 확정된 복호화 글자들을 모두 식별한 상태가 된다. 그런 다음 다른 암호 글자들의 복호화 후보 글자 리스트에서 확정된 복호화 글자가 있는지 검사해 이를 제거한다. 이 작업을 처리하려면 103행의 for 루프에서 26개의 암호 글자 전체를 순회하면서 암호 글자 매핑의 복호화 후보 글자들을 살펴야 한다.

```
103.          for cipherletter in LETTERS:
104.              for s in solvedLetters:
105.                  if len(letterMapping[cipherletter]) != 1 and
                      s in letterMapping[cipherletter]:
106.                      letterMapping[cipherletter].remove(s)
107.                      if len(letterMapping[cipherletter]) == 1:
108.                          # 새로운 글자를 풀었다면 루프를 계속한다.
109.                          loopAgain = True
110.     return letterMapping
```

104행의 루프에서는 solvedLetters에 있는 글자들을 통해 각 암호 글자를 살펴보면서 이 글자가 letterMapping[cipherletter]에 들어 있는 복호화 후보 글자에 존재하는지 확인한다.

105행에서는 len(letterMapping[cipherletter]) != 1 조건을 통해 이 글자의 복호화 글자가 확정됐는지 확인하고, 복호화 후보 글자들 중에 확정된 복호화 글자가 있는지 확인한다. 두 조건을 만족했다면 이 조건식은 True를 리턴하고 106행에서 확정된 복호화 글자인 s를 복호화 후보 글자 리스트에서 제거한다.

이 작업은 복호화 후보 글자 리스트에 글자가 단 한 개만 남을 때까지 계속해야 하므로 109행에서 변수 loopAgain에 True를 저장한다. 이를 통해 코드는 다음 순회로 들어가고 암호 글자 매핑에서 새로운 확정 복호화 글자를 제거할 수 있다.

89행에서 시작한 while 루프는 loopAgain이 True가 아닐때까지 계속 순회하고 끝난다. 110행에서는 letterMapping에 저장한 암호 글자 매핑을 리턴한다. 변수 letterMapping은 암호 글자 매핑에 대해 완전히 확정된 복호화 글자를 보유했을 수도 있고 일부만 보유했을 수도 있다.

removeSolvedLetterFromMapping() 함수 테스트

removeSolvedLetterFromMapping() 함수를 대화형 셸에서 테스트해보고 과정을 살펴보자. 앞에서 대화형 셸에 이미 intersectedMapping를 생성한 바 있다(창을 닫았다면 '글자 매핑 헬퍼 함수의 동작 원리' 절의 내용을 다시 입력한다).

대화형 셸에 다음 코드를 입력해 intersectedMapping에서 복호화 확정 문자들을 제거한다.

```
>>> letterMapping = simpleSubHacker.removeSolvedLettersFromMapping()
intersectedMapping)
>>> intersectedMapping
{'A': [], 'C': ['T'], 'B': ['S'], 'E': [], 'D': [], 'G': ['B'], 'F': [],
'I': ['O'], 'H': ['M'], 'K': ['A'], 'J': [], 'M': ['D'], 'L': ['N'], 'O':
['U'], 'N': ['L'], 'Q': ['C'], 'P': ['I'], 'S': ['P'], 'R': ['R'], 'U': [],
'T': [], 'W': [], 'V': [], 'Y': [], 'X': ['F'], 'Z': ['E']}
```

intersectedMapping에서 복호화 확정 글자들을 제거한 후 복호화 글자들을 살펴보면 예상대로 글자가 하나씩 있고 'M'의 경우 복호화 글자는 'D'이다. 각 암호 글자는 한 개의 복호화 글자만 보유하기 때문에 이 암호 글자 매핑으로 복호화를 개시할 수 있다. 이 결과는 대화형 셸을 이용한 예제에서 다시 사용할 것이므로 창을 닫지 않는다.

hackSimpleSub() 함수

앞에서 getBlankCipherletterMapping(), addLettersToMapping(), intersectMappings(), removeSolvedLettersFromMapping() 함수에 대해 살펴봤다. 이 함수들은 암호 글자 매핑을 처리해서 리턴한다. 이제 이 함수들을 이용해 simpleSubHacker.py 프로그램이 메시지를 복호화할 수 있도록 만들 것이다.

133행은 hackSimpleSub() 함수를 정의한 부분이다. 암호문을 message로 받고 글자 매핑 헬퍼 함수들을 이용해 일부 또는 전체 암호 글자 매핑을 얻는다.

```
113. def hackSimpleSub(message):
114.     intersectedMap = getBlankCipherletterMapping()
115.     cipherwordList = nonLettersOrSpacePattern.sub('', message.upper()).split()
```

114행에서는 비어 있는 암호 글자 매핑을 생성해 변수 intersectedMap에 저장한다. 이 변수는 결과적으로 각 암호 단어들의 병합 매핑을 담게 된다.

115행에서는 메시지에서 알파벳이나 공백 문자가 아닌 문자들을 제거한다. nonLettersOrSpacePattern의 regex 객체는 모든 문자열에서 공백이나 알파벳이 아닌 글자를 찾는다. 정규표현식에 있는 sub( ) 메소드는 아규먼트 두 개를 취한다. 이 함수는 두 번째 아규먼트에서 지정한 규칙에 대응하는 문자열을 찾아서 첫 번째 아규먼트의 문자열로 모두 바꾸고 그 문자열을 리턴한다. 여기에서는 sub( ) 메소드로 대문자로 바꾼 message 문자열을 넘겨서 알파벳과 공백이 아닌 문자들을 빈 문자열('')로 모두 바꾸고 있다. 결과적으로 sub( )는 문자열에서 모든 특수문자와 숫자를 제거해 리턴하고 이 문자열을 변수 cipherwordList에 저장한다.

115행을 실행하고 나면 cipherwordList 변수는 message의 개별 암호 단어를 대문자로 바꾼 문자열의 리스트를 갖는다. 116행의 for 루프에서는 cipherwordList를 순회하며 변수 cipherword를 할당한다. 루프를 돌기 시작하면 빈 맵을 만들고, 암호 단어의 복호화 후보를 얻고, 암호 글자 매핑의 복호화 후보 글자들을 더하고, intersectedMap으로 이 매핑들을 병합한다.

```
116.     for cipherword in cipherwordList:
117.         # 각각의 암호 단어에서 새로운 암호 글자 매핑을 얻는다.
118.         candidateMap = getBlankCipherletterMapping()
119.
120.         wordPattern = makeWordPatterns.getWordPattern(cipherword)
121.         if wordPattern not in wordPatterns.allPatterns:
122.             continue # 이 단어는 우리의 사전에는 존재하지 않으므로 루프를 되돌린다.
123.
124.         # 각 후보 글자를 맵에 더한다.
125.         for candidate in wordPatterns.allPatterns[wordPattern]:
126.             addLettersToMapping(candidateMap, cipherword, candidate)
127.
128.         # 이미 존재하는 교집합 맵과 새 맵의 교집합을 구한다.
129.         intersectedMap = intersectMappings(intersectedMap, candidateMap)
```

118행에서는 getBlankCipherletterMapping( ) 함수로 비어 있는 암호 글자 매핑을 얻고 candidateMap 변수에 저장한다.

현재 cipherword의 복호화 후보를 찾기 위해 120행에서 makeWordPatterns 모듈의 getWordPattern()를 호출한다.

특정 상황에서는 cipherword가 이름이나 매우 특이한 단어일 수 있고, 이런 단어는 딕셔너리에 존재하지 않을 수 있다. 그런 경우 단어 패턴이 wordPatterns에 존재하지 않을 수도 있다. cipherword의 단어 패턴이 wordPatterns.allPatterns 딕셔너리의 키 값으로 존재하지 않으면 원래의 평문 단어도 딕셔너리 파일에 존재하지 않을 것이다. 결과적으로 cipherword의 매핑을 얻을 수 없고 122행의 continue 구문을 통해서 116행의 리스트에 있는 다음 cipherword로 이동한다.

125행의 코드를 실행하는 단계까지 오면, 그 단어의 패턴이 wordPatterns.allPatterns에 존재하는지 알 수 있다. wordPattern에 있는 allPatterns 딕셔너리의 값은 영어 단어 문자열의 리스트와 패턴이다. 이 값들은 리스트의 형태이므로 리스트를 순회하면서 이용할 수 있다. 루프의 각 순회마다 candidate 변수에 각각의 영어 단어 문자열이 들어간다.

125행의 for 루프에서는 126행에서 addLettersToMapping()를 호출해 각각의 복호화 후보 글자들을 통해 candidateMap에 들어 있는 암호 글자 매핑을 갱신한다. addLettersToMapping() 함수는 리스트를 직접 수정하기 때문에 이 함수가 리턴되는 시점에서는 candidateMap이 이미 변경된 상태다.

모든 복호화 후보 글자들이 candidateMap 안에 있는 암호 글자 매핑에 추가되면 129행에서 candidateMap과 intersectedMap을 병합해 그 값을 intersectedMap에 다시 저장한다.

여기까지 오면 프로그램은 116행에 있는 루프의 시작으로 돌아가서 cipherwordList 리스트의 다음 cipherword에 대해 매핑을 생성하고 intersectedMap과의 병합을 계속한다. 이 루프는 cipherWordList의 마지막 단어를 처리할 때까지 반복된다.

암호 글자 매핑 병합을 마지막까지 완료하면 암호 글자 매핑은 암호문의 모든 암호 단어에 대한 매핑을 보유하게 되고, 132행에 있는 removeSolvedLettersFromMapping()에 이 매핑을 전달해 복호화 글자로 확정된 모든 글자들을 제거한다.

```
131.     # 다른 리스트에서 푸는 데 성공한 글자를 삭제한다.
132.     return removeSolvedLettersFromMapping(intersectedMap)
```

---

removeSolvedLettersFromMapping()가 리턴한 암호 글자 매핑은 hackSimpleSub()가 바로 리턴한다. 이제 암호를 푸는 마지막 단계인 메시지 복호화를 시작할 것이다.

replace() 문자열 메소드

replace() 문자열 메소드는 글자들을 치환한 새로운 문자열을 리턴한다. 첫 번째 아규먼트는 찾을 문자열 조각이고 두 번째 아규먼트는 이 문자열을 치환할 문자열이다. 다음 코드를 대화형 셸에 입력해 예제를 살펴보자.

```
>>> 'mississippi'.replace('s', 'X')
'miXXiXXippi'
>>> 'dog'.replace('d', 'bl')
'blog'
>>> 'jogger'.replace('ger', 's')
'jogs'
```

이 replace() 메소드는 simpleSubHacker.py 프로그램의 decryptMessage()에서 사용한다.

메시지 복호화

메시지를 복호화하려면 simpleSubstitutionCipher.py에서 작성한 simpleSubstitutionCipher.decryptMessage() 함수를 사용하면 된다.

그런데 simpleSubstitutionCipher.decryptMessage()는 글자 매핑을 사용하지 않고 암호 키를 사용한다. 따라서 이 함수로 직접 복호화를 수행할 수는 없다. 이 문제를 해결하기 위해 decryptWithCipherletterMapping() 함수를 만들고 이 함수에 글자 매핑을 전달해 암호 키를 얻은 후 simpleSubstitutionCipher.decryptMessage()에 암호 키와 메시지를 전달해야 한다. decryptWithCipherletterMapping() 함수는 결과적으로 복호화된 문자열을 리턴한다. 단순 치환 암호의 키가 26글자의 문자열이므로 키 문자열의 인덱스 0에 있는 글자는 'A'를 암호화한 글자다. 마찬가지로 인덱스 1에 있는 글자는 'B'를 암호화한 글자가 될 것이다.

매핑을 변환해 복호화 출력으로 만들면 쉽게 읽을 수 있다. 그러려면 먼저 키를 담을 공간을 생성해야 하는데 모양은 이렇다. ['x', 'x', 'x', 'x', 'x', 'x', 'x', 'x', 'x', 'x', 'x', 'x', 'x', 'x', 'x', 'x', 'x', 'x', 'x', 'x', 'x', 'x', 'x', 'x', 'x', 'x']. 소문자 'x'를 키 저장소로 사용하는데, 실제 키는 대문자만 사용하기 때문에 가능하다(즉, 키 저장소에 대문자가 아닌 아무 문자나 써도 된다).

모든 글자를 복호화할 수 있는 것은 아니므로, 키 리스트에서 복호화할 수 있는 문자와 아닌 문자를 구분해 둬야 한다. 'x'는 이 글자에 대한 복호화 글자가 없다는 것을 의미한다.

이 소스 코드를 살펴보자.

```
135. def decryptWithCipherletterMapping(ciphertext, letterMapping):
136.     # 암호문을 letterMapping으로 복호화해 리턴한다.
137.     # 복호화하기 어려운 모든 문자는 밑줄 문자로 바꾼다.
138.
139.     # letterMapping 매핑으로부터 첫 번째 단순 부분 키를 생성한다.
140.     key = ['x'] * len(LETTERS)
141.     for cipherletter in LETTERS:
142.         if len(letterMapping[cipherletter]) == 1:
143.             # 글자가 하나만 있다면 그것을 키에 더한다.
144.             keyIndex = LETTERS.find(letterMapping[cipherletter][0])
145.             key[keyIndex] = cipherletter
```

140행에서는 리스트 ['x']를 26번 반복한 리스트를 만들었다. 즉, 키 저장소를 생성한 것이다. LETTERS는 알파벳 글자로 구성된 문자열이므로 len(LETTERS)가 26이기 때문이다. 리스트와 정수를 연산자(*)로 연결하면 리스트를 반복한 결과를 얻을 수 있다.

141행의 for 루프는 LETTERS의 각 글자를 cipherletter 변수로 받아서 cipherletter를 복호화할 수 있는지 확인한다(즉, letterMapping[cipherletter]의 글자가 단 한 개인지 본다). 조건에 만족한다면 그 글자를 키 저장소의 'x'와 치환한다.

144행의 letterMapping[cipherletter][0]은 확정된 복호화 글자이고, keyIndex는 find()로 이 복호화 글자의 인덱스를 찾은 값이다. 145행에서 이 인덱스를 key 리스트의 인덱스로 사용해 cipherletter를 저장한다.

그러나 복호화 확정 글자가 없는 경우도 있으므로 이 함수는 글자를 복호화할 수 없다고 판정해 밑줄 글자를 삽입한다. 147행에서는 cipherletter의 소문자를 밑줄 글자로 치환하고 148행에서는 대문자를 밑줄 글자로 치환한다.

```
146.        else:
147.            ciphertext = ciphertext.replace(cipherletter.lower(), '_')
148.            ciphertext = ciphertext.replace(cipherletter.upper(), '_')
```

확정된 복호화 글자들로 key 리스트의 모든 부분을 치환했다면 join() 메소드로 이 문자열의 리스트를 단일 문자열로 병합한다. 결과적으로 이 문자열은 단순 치환 암호의 키 값이 된다. 이 문자열을 simpleSubCipher.py 프로그램의 decryptMessage() 함수에 넘기면 된다.

```
149.    key = ''.join(key)
150.
151.    # 생성한 key로 암호문을 복호화한다.
152.    return simpleSubCipher.decryptMessage(key, ciphertext)
```

마지막으로 152행에서 decryptMessage() 함수를 통해 얻은 복호화 메시지를 리턴한다. 이제 우리는 글자 매핑의 병합을 찾고, 키를 해킹하고, 메시지를 복호화하는 모든 함수를 보유했다. 대화형 셸에 다음을 입력해 이 함수들이 동작하는 예제를 살펴보자.

대화형 셸에서 복호화하기

'글자 매핑 헬퍼 함수의 동작 원리' 절에서 다뤘던 예제로 돌아가자. 이제 앞의 셸 예제에서 생성한 intersectedMapping 변수로 암호문 메시지 'OLQIHXIRCKGNZ PLQRZKBZB MPBKSSIPLC'를 복호화해보자.

대화형 셸에 다음을 입력한다.

```
>>> simpleSubHacker.decryptWithCipherletterMapping('OLQIHXIRCKGNZ PLQRZKBZB
MPBKSSIPLC', intersectedMapping)
UNCOMFORTABLE INCREASES DISAPPOINT
```

암호문은 "Uncomfortable increases disappoint"로 복호화된다. decryptWithCipherl
etterMapping() 함수가 완벽하게 동작했고 전체를 복호화한 문자열을 리턴했다.

그러나 이 예제에서는 복호화할 수 없는 문자가 남아 있는 경우에 대해서는 보여주지
못하고 있다. 복호화가 불가능한 암호 글자가 있는 경우를 보기 위해 intersectedMapping
에서 암호 글자 'M'과 'S'의 복호화 글자를 다음처럼 제거해보자.

```
>>> intersectedMapping['M'] = []
>>> intersectedMapping['S'] = []
```

그다음 intersectedMapping으로 암호문을 다시 복호화하면 결과는 이렇다.

```
>>> simpleSubHacker.decryptWithCipherletterMapping('OLQIHXIRCKGNZ PLQRZKBZB
MPBKSSIPLC', intersectedMapping)
UNCOMFORTABLE INCREASES _ISA__OINT
```

이번에는 암호문에서 복호화하지 못한 부분이 존재한다. 복호화 글자가 없는 암호 글
자는 밑줄 글자로 치환됐다.

이런 현상은 짧은 암호문을 해킹할 때 더 자주 발생한다(이 예제는 특별히 해킹 가능한
것을 선택한 것이다. 이 예제처럼 메시지가 짧은 경우 단어 패턴 방법을 통한 해킹은 대개 실패한
다). 더 긴 암호문을 해킹하려면 더 긴 메시지 안의 개별 암호 단어에 대한 암호 글자 매
핑을 생성해야 하고 그것들을 모두 병합해야 한다. hackSimpleSub() 함수는 우리가 작성
한 함수들을 통해 이 작업을 정확하게 실행할 것이다.

main() 함수 호출

155행과 156행에서는 simpleSubHacker.py를 모듈이 아니라 직접 실행하는 경우 main( ) 함수를 호출한다.

이것으로 simpleSubHacker.py 프로그램에 관한 모든 설명을 마쳤다.

```
155. if __name__ == '__main__':
156.     main()
```

NOTE **주의**: 우리가 해킹에 접근한 방법은 공백 문자를 암호화하지 않은 경우에만 적용된다. 공백 문자, 숫자, 특수문자들까지 심볼 집합을 확장해 암호화할 수도 있으며 해킹하기 어려운 더욱 강력한 암호문을 만들 수 있다(물론 해킹이 불가능한 것만은 아니다). 그런 메시지를 해킹하려면 단순 글자가 아니라 심볼 집합의 모든 심볼에 대한 출현 빈도를 반영해야 한다. 즉 해킹이 더욱 복잡해지므로 이 책에서는 간단히 알파벳 글자에 대해서만 암호화했다.

요약

simpleSubHacker.py 프로그램은 꽤나 복잡하다. 이제 암호 글자 매핑을 이용해서 암호문의 각 글자들에 대한 복호화 후보 글자를 매핑하는 방법을 익혔다. 또한 매핑에 복호화 후보 글자를 추가하고, 병합하고, 다른 복호화 후보 글자들의 리스트에서 확정된 복호화 글자들을 제거해 나가는 방법을 통해 정확한 키의 후보를 좁히는 방법도 알았다. 무차별 대입법을 이용하면 403,291,461,126,605,635,584,000,000개의 키를 사용해야 하지만, 우리는 조금 복잡한 파이썬 코드를 통해 원래의 단순 치환 암호 키의 대부분을 찾아낼 수 있다(물론 항상 전체를 다 찾을 수 있다는 뜻은 아니다).

단순 치환 암호는 가능한 키의 조합이 매우 많다는 것이 최대 장점이다. 단점은 사전 파일의 단어와 암호 단어를 비교해 암호 글자에 해당하는 복호화 글자를 찾기가 쉽다는 점이다. 18장에서는 비즈네르 암호^{Vigenère}라고 부르는 더 강력한 다중 문자 치환 암호에 대해서 알아볼 것이다. 이 암호는 수백 년이 걸려도 깰 수 없다고 알려져 있다.

18

비즈네르 암호 프로그래밍
PROGRAMMING THE VIGENÈRE CIPHER

"내가 오래전부터 계속 믿고 있는 사실이 있다.
범죄자나 테러리스트가 암호 기술로 우리에게 피해를 입히는
일이 있더라도, 우리의 안전을 위해서는 암호 기술에 대한
자유를 완전히 보장하는 것이 더 큰 이익이라는 것이다."
– 맷 블레이즈(Matt Blaze), AT&T 연구소, 2001년 9월

이탈리아 암호학자 지오반 바티스타 벨라소Giovan Battista Bellaso는 1553년 비즈네르 암호를 처음으로 기술한 바 있으나, 몇 년 후 이 암호 기술을 재발명한 많은 사람들 중 한 명인 프랑스 외교관 비즈네르Blaise de Vigenère의 이름을 따서 지어졌다. 19세기 영국의 정치가 찰스 배비지Charles Babbage가 그것을 깨뜨릴 때까지는 '해독할 수 없는 암호'를 의미하는 "르 쉬프 인넨쉬블레블le chiffre indéchiffrable"이라고 알려져 있었다.

비즈네르 암호는 영어 탐지 모듈을 사용한 무차별 대입법을 하기에는 가용 키가 너무나도 많으며, 이 책에서 지금까지 논의한 가장 강력한 암호 중 하나다. 17장에서 다룬 단어 패턴 공격에 대해서도 무적이다.

비즈네르 암호의 다중 글자 키 사용

카이사르 암호와 달리 비즈네르 암호에는 키가 여럿이다. 비즈네르 암호는 둘 이상의 치환 집합을 사용하기 때문에 다중 문자 치환 암호이다. 단순 치환 암호와 달리 빈도 분석만으로는 비즈네르 암호를 무력화할 수 없다. 우리가 카이사르 암호에서 했던 것처럼 0~25 사이의 숫자 키를 사용하지 않고, 비즈네르 문자 키를 사용한다.

비즈네르 키는 영어 단어 한 개와 같은 일련의 문자로, 평문의 문자를 암호화하는 여러 개의 단일 문자 하위 키로 나뉜다. 이를테면 PIZZA로 비즈네르 키를 사용하면 첫 번째 하위 키는 P이고 두 번째 하위 키는 I이고 세 번째와 네 번째 하위 키는 모두 Z이며 다섯 번째 하위 키는 A이다. 첫 번째 하위 키는 평문의 첫 번째 문자를 암호화하고, 두 번째 하위 키는 두 번째 문자를 암호화한다. 평문의 여섯 번째 문자에 도달하면 첫 번째 하위 키로 돌아간다.

비즈네르 암호를 사용한다는 것은 그림 18-1과 같이 여러 개의 카이사르 암호를 사용하는 것과 같다. 하나의 카이사르 암호로 모든 평문을 암호화하지 않고, 평문의 각 문자에 대해 다른 카이사르 암호를 적용하는 것이다.

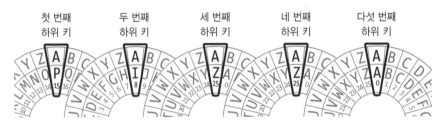

그림 18-1 비즈네르 암호는 카이사르 암호 여러 개를 묶은 것이다.

각 하위 키는 정수로 변환해 카이사르 암호의 키 역할을 한다. 예를 들어 문자 A는 카이사르 암호 키 0에 대응한다. 문자 B는 키 1에 대응하며, 키 25에 대해서는 Z와 같다(그림 18-2 참조).

0	1	2	3	4	5	6	7	8	9	10	11	12	13	14	15	16	17	18	19	20	21	22	23	24	25
A	B	C	D	E	F	G	H	I	J	K	L	M	N	O	P	Q	R	S	T	U	V	W	X	Y	Z

그림 18-2 카이사르 암호 키에 대응하는 문자들

예제를 살펴보자. 다음은 비즈네르 키 PIZZA에 메시지 COMMON SENSE IS NOT SO COMMON을 대응시킨 것이다.

평문의 각 글자와 그 글자를 암호화하는 하위 키를 함께 표시했다.

```
COMMONSENSEISNOTSOCOMMON
PIZZAPIZZAPIZZAPIZZAPIZZ
```

평문의 첫 번째 C를 암호화하려면 하위 키 P를 사용하고 이 키의 숫자 15로 카이사르 문자로 암호화하면 암호화 문자가 R이 된다. 이렇게 하위 키를 순환하면서 평문의 각 문자에 대해 과정을 반복한다. 표 18-1은 이 프로세스를 나타낸 것이다. 평문 및 하위 키(괄호 안에 있음)의 정수 값을 더해서 암호문 문자의 정수 값을 만든다.

표 18-1 암호 글자와 비즈네르 하위 키

평문 글자	하위 키	암호 글자	평문 글자	하위 키	암호 글자
C (2)	P (15)	R (17)	S (18)	Z (25)	R (17)
O (14)	I (8)	W (22)	N (13)	Z (25)	M (12)
M (12)	Z (25)	L (11)	O (14)	A (0)	O (14)
M (12)	Z (25)	L (11)	T (19)	P (15)	I (8)
O (14)	A (0)	O (14)	S (18)	I (8)	A (0)
N (13)	P (15)	C (2)	O (14)	Z (25)	N (13)
S (18)	I (8)	A (0)	C (2)	Z (25)	B (1)
E (4)	Z (25)	D (3)	O (14)	A (0)	O (14)
N (13)	Z (25)	M (12)	M (12)	P (15)	B (1)

평문 글자	하위 키	암호 글자	평문 글자	하위 키	암호 글자
S (18)	A (0)	S (18)	M (12)	I (8)	U (20)
E (4)	P (15)	T (19)	O (14)	Z (25)	N (13)
I (8)	I (8)	Q (16)	N (13)	Z (25)	M (12)

키 값 PIZZA인 (하위 키가 15, 8, 25, 25, 0으로 구성된) 비즈네르 암호는 평문 COMMON SENSE IS NOT SO COMMON을 암호문 RWLLOC ADMST QR MOI AN BOBUNM으로 암호화한다.

키가 길수록 더욱 안전한 비즈네르 암호

비즈네르 키의 글자 수가 많을수록, 암호화된 메시지는 무차별 대입 공격에 더욱 강력하다.

PIZZA는 비즈네르 키가 다섯 글자 밖에 없기 때문에 좋은 선택이 아니다. 5개의 글자가 있는 키는 11,881,376개의 조합이 가능하다(26의 5제곱은 $26 \times 26 \times 26 \times 26 \times 26$ = 11,881,376이므로). 인간의 힘만으로는 천백만 개의 키에 대해 무차별 대입 공격을 할수 없겠지만 컴퓨터로는 단 몇 시간 내에 모두 처리할 수 있다.

먼저 키 AAAAA로 메시지를 복호화해 결과가 영어인지 확인한다. 그런 다음 PIZZA에 이를 때까지 AAAAB, AAAAC 등을 넣어 볼 수 있다.

좋은 소식은 키에 문자를 하나 추가할 때마다 유효 키의 개수가 26배된다는 것이다. 유효 키가 천조쯤 되면 컴퓨터가 이를 깨기 위해 몇 년을 소모할 수도 있다. 표 18-2는 각 키 길이에 대한 유효 키의 개수다.

표 18-2 비즈네르 키 길이에 대한 유효 키의 개수

키 길이	식	유효 키
1	26	= 26
2	26 × 26	= 676
3	676 × 26	= 17,576
4	17,576 × 26	= 456,976
5	456,976 × 26	= 11,881,376
6	11,881,376 × 26	= 308,915,776

키 길이	식	유효 키
7	308,915,776 × 26	= 8,031,810,176
8	8,031,810,176 × 26	= 208,827,064,576
9	208,827,064,576 × 26	= 5,429,503,678,976
10	5,429,503,678,976 × 26	= 141,167,095,653,376
11	141,167,095,653,376 × 26	= 3,670,344,486,987,776
12	3,670,344,486,987,776 × 26	= 95,428,956,661,682,176
13	95,428,956,661,682,176 × 26	= 2,481,152,873,203,736,576
14	2,481,152,873,203,736,576 × 26	= 64,509,974,703,297,150,976

12글자 이상인 키를 사용하면 단순한 노트북 컴퓨터로는 상식적인 시간 내에 키를 깰 수 없다.

단어 사전 공격을 방어하기 위한 키 선택

비즈네르 키는 PIZZA처럼 실제 단어일 필요는 없다. 12글자 키 DURIWKNMFICK처럼 임의 길이의 조합이면 된다. 사실, 사전에서 찾을 수 있는 단어를 사용하지 않는 것이 최선이다. 단어 RADIOLOGISTS는 DURIWKNMFICK보다 기억하기 쉬운 12글자 키 값이지만 암호 분석가가 키 값이 영어 단어라고 예상할 수도 있기 때문이다.

사전에 있는 모든 영어 단어를 사용해 무차별 대입 공격을 시도하는 것을 단어 사전 공격이라고 한다. 95,428,956,661,682,176개의 가능한 12글자 키가 있지만 사전 파일에는 약 1,800개의 12글자 단어만 있다. 사전에서 12글자의 단어를 키로 사용한다면 무작위 글자 3개인 기(유효 키 17,576개)보다 쉽게 무차별 대입 공격을 할 수 있다.

물론 암호 개발자 입장에서는 암호 분석가가 비즈네르 키의 길이를 알지 못하게 할 수 있다는 장점이 있다. 그러나 암호 분석가는 모든 단문자 키를 시도할 수 있으며 두 문자 키 모두를 시도해볼 수 있다. 그런 방식으로 사전 단어에 의한 키 탐색을 빨리할 수 있는 가능성은 여전히 있다.

비즈네르 암호 프로그램의 소스 코드

파일 편집기 창을 새로 열고 File ▶ New File을 선택한다. 다음 코드를 파일 편집기에 입력하고 vigenereCipher.py로 저장한 다음, pyperclip.py를 같은 디렉터리에 넣는다. F5를 눌러서 프로그램을 실행한다.

vigenereCipher.py

```
1. # 비즈네르 암호(다중 문자 치환 암호)
2. # https://www.nostarch.com/crackingcodes/ (BSD Licensed)
3.
4. import pyperclip
5.
6. LETTERS = 'ABCDEFGHIJKLMNOPQRSTUVWXYZ'
7.
8. def main():
9.     # 다음 문장은 https://www.nostarch.com/crackingcodes/에서 다운로드할 수 있다.
10.    myMessage = """Alan Mathison Turing was a British mathematician,
       logician, cryptanalyst, and computer scientist."""
11.    myKey = 'ASIMOV'
12.    myMode = 'encrypt' # 'encrypt' 또는 'decrypt' 중에 하나를 넣는다.
13.
14.    if myMode == 'encrypt':
15.        translated = encryptMessage(myKey, myMessage)
16.    elif myMode == 'decrypt':
17.        translated = decryptMessage(myKey, myMessage)
18.
19.    print('%sed message:' % (myMode.title()))
20.    print(translated)
21.    pyperclip.copy(translated)
22.    print()
23.    print('The message has been copied to the clipboard.')
24.
25.
26. def encryptMessage(key, message):
27.    return translateMessage(key, message, 'encrypt')
28.
29.
30. def decryptMessage(key, message):
```

```
31.        return translateMessage(key, message, 'decrypt')
32.
33.
34. def translateMessage(key, message, mode):
35.        translated = []  # 암호화/복호화된 메시지 문자열을 저장한다.
36.
37.        keyIndex = 0
38.        key = key.upper()
39.
40.        for symbol in message:  # 메시지의 각 심볼을 순회한다.
41.            num = LETTERS.find(symbol.upper())
42.            if num != -1:  # -1 은 symbol.upper()가 LETTERS에 없다는 뜻이다.
43.                if mode == 'encrypt':
44.                    num += LETTERS.find(key[keyIndex])  # 암호화인 경우 더한다.
45.                elif mode == 'decrypt':
46.                    num -= LETTERS.find(key[keyIndex])  # 복호화인 경우 뺀다.
47.
48.                num %= len(LETTERS)  # LETTER 길이를 초과하는 경우 한 바퀴 돌린다.
49.
50.                # 암호화/복호화된 심볼을 translated의 끝에 더한다.
51.                if symbol.isupper():
52.                    translated.append(LETTERS[num])
53.                elif symbol.islower():
54.                    translated.append(LETTERS[num].lower())
55.
56.                keyIndex += 1  # 키의 다음 글자로 이행한다.
57.                if keyIndex == len(key):
58.                    keyIndex = 0
59.            else:
60.                # 암호화/복호화 없이 심볼을 추가한다.
61.                translated.append(symbol)
62.
63.        return ''.join(translated)
64.
65.
66. # vigenereCipher.py을 모듈로 import하지 않고 직접 실행하는 중이라면 main() 함수를 호출한다.
67.
68. if __name__ == '__main__':
69.        main()
```

비즈네르 암호 프로그램의 실행 예제

프로그램을 실행하면 다음과 같은 화면을 볼 수 있다.

Encrypted message:
Adiz Avtzqeci Tmzubb wsa m Pmilqev halpqavtakuoi, lgouqdaf, kdmktsvmztsl, izr
xoexghzr kkusitaaf.
The message has been copied to the clipboard.

이 프로그램은 암호화된 메시지를 출력하고 그 내용을 클립보드에 복사한다.

모듈, 상수, main() 함수 설정

이 프로그램의 시작부에는 프로그램을 설명하는 통상적인 주석, pyperclip 모듈에 대한
import 구문, 모든 대문자를 담고 있는 변수 LETTERS 정의가 있다. 비즈네르 암호의 main()
함수는 이 책의 다른 main() 함수와 같다. 변수 message, key, mode를 정의하고 시작한다.

```
1. # 비즈네르 암호(다중 문자 치환 암호)
2. # https://www.nostarch.com/crackingcodes/ (BSD Licensed)
3.
4. import pyperclip
5.
6. LETTERS = 'ABCDEFGHIJKLMNOPQRSTUVWXYZ'
7.
8. def main():
9.     # 다음 문장은 https://www.nostarch.com/crackingcodes/에서 다운로드할 수 있다.
10.    myMessage = """Alan Mathison Turing was a British mathematician,
       logician, cryptanalyst, and computer scientist."""
11.    myKey = 'ASIMOV'
12.    myMode = 'encrypt' # 'encrypt' 또는 'decrypt' 중에 하나를 넣는다.
13.
14.    if myMode == 'encrypt':
15.        translated = encryptMessage(myKey, myMessage)
16.    elif myMode == 'decrypt':
17.        translated = decryptMessage(myKey, myMessage)
```

```
18.
19.        print('%sed message:' % (myMode.title()))
20.        print(translated)
21.        pyperclip.copy(translated)
22.        print()
23.        print('The message has been copied to the clipboard.')
```

사용자는 프로그램을 실행하기 전에 10, 11, 12행의 각 변수들을 설정한다. 암호화/복호화된 메시지-myMode 설정에 따라 결정된다-는 변수 translation에 저장돼 화면에 출력되고(20행) 클립보드에 복사(21행)된다.

List-Append-Join 처리에 의한 문자열 구축

이 책에 나오는 문자열은 대부분의 프로그램에서 코드를 통해 만들었다. 즉, 빈 문자열로 시작해 문자열 연결로 문자를 추가해 변수에 저장했다. 이전의 암호 프로그램에서 등장하는 변수 translated도 그런 방식으로 만든 것이다. 대화형 셸을 열어 다음 코드를 입력한다.

```
>>> building = ''
>>> for c in 'Hello world!':
>>>     building += c
>>> print(building)
```

이 코드는 'Hello world!' 문자열의 각 문자를 순회한다. 이 문자를 building에 저장된 문자열 끝에 더한다. 루프가 끝나면 building에 문자열 전체가 들어 있다.

문자열 연결은 간단한 기술처럼 보이지만 파이썬에서 매우 비효율적이다. 빈 리스트로 시작해 append() 리스트 메소드를 사용하는 것이 훨씬 빠르다. 문자열 리스트 작성이 끝난 후 join() 메소드로 리스트를 단일 문자열 값으로 변환할 수 있다. 다음 코드는 앞의 예제와 같은 일을 하지만 빠르다. 대화형 셸에 다음 코드를 입력한다.

```
>>> building = []
>>> for c in 'Hello world!':
>>>     building.append(c)
>>> building = ''.join(building)
>>> print(building)
```

이 방법은 문자열의 값을 수정하는 것이 아니라 직접 문자열을 구축하는 것이며 프로그램도 훨씬 빠르다. time.time()으로 두 방식의 소요 시간을 측정해 비교해볼 수 있다. 새 파일 편집기 창을 열고 다음 코드를 입력한다.

stringTest.py

```
import time
startTime = time.time()
for trial in range(10000):
    building = ''

    for i in range(10000):
      building += 'x'

print('String concatenation: ', (time.time() - startTime))

startTime = time.time()
for trial in range(10000):
    building = []
    for i in range(10000):
      building.append('x')

    building = ''.join(building)

print('List appending: ', (time.time() - startTime))
```

stringTest.py 프로그램을 저장하고 실행하면 다음과 같은 결과가 나온다.

```
String concatenation: 40.317070960998535
List appending: 10.488219022750854
```

stringTest.py 프로그램은 startTime 변수를 현재 시간으로 설정하고 문자열 연결 기법으로 문자열에 10,000글자를 추가하는 코드를 실행한 다음 문자열 연결을 완료할 때까지 걸린 시간을 출력한다. 그런 다음 startTime을 현재 시간으로 재설정하고 list-append 방법으로 같은 길이의 문자열을 구축한 다음 완료하는 데 걸린 시간을 출력한다. 나의 컴퓨터에서는 10,000글자의 문자열을 만들 때, 문자열 연결에서는 40여 초가 걸렸지만 list-append-join 방식에서는 10여 초밖에 걸리지 않았다.

프로그램에서 문자열을 생성을 많이 해야 한다면 리스트를 이용하는 쪽이 훨씬 빠르다.

이후에 등장하는 프로그램에서는 문자열을 list-append-join 방식으로 만들 것이다.

메시지 암호화/복호화

암호화/복호화 코드는 거의 같으므로 translateMessage() 함수에 대해 래퍼함수 encryptMessage(), decryptMessage() 두 개를 만든다. translateMessage()는 암호화/복호화 실제 코드를 담고 있다.

```
26. def encryptMessage(key, message):
27.     return translateMessage(key, message, 'encrypt')
28.
29.
30. def decryptMessage(key, message):
31.     return translateMessage(key, message, 'decrypt')
```

translateMessage() 함수는 암호화(또는 복호화)된 문자열을 한 번에 한 글자씩 구축한다. translated에 들어 있는 리스트는 문자열 구축을 완료했을 때 join으로 합칠 수 있다.

```
34. def translateMessage(key, message, mode):
35.     translated = []  # 암호화/복호화된 메시지 문자열을 저장한다.
36.
37.     keyIndex = 0
38.     key = key.upper()
```

비즈네르 암호는 메시지에서 문자의 위치에 따라 다른 키를 사용한다는 점만 제외하면 카이사르 암호와 같다. 사용할 하위 키를 추적하는 변수 keyIndex는 메시지의 첫 번째 문자를 암호화/복호화할 때 사용하는 문자가 key[0]이므로 0에서 시작한다.

이 프로그램은 키를 모두 대문자로 가정한다. 38행에서는 key에 대해 upper()를 호출해 키가 유효한지 확인한다. translateMessage()의 나머지 코드는 카이사르 암호 코드와 비슷하다.

```
40.     for symbol in message:  # 메시지의 각 심볼을 순회한다.
41.         num = LETTERS.find(symbol.upper())
42.         if num != -1:  # -1 은 symbol.upper()가 LETTERS에 없다는 뜻이다.
43.             if mode == 'encrypt':
44.                 num += LETTERS.find(key[keyIndex])  # 암호화인 경우 더한다.
45.             elif mode == 'decrypt':
46.                 num -= LETTERS.find(key[keyIndex])  # 복호화인 경우 뺀다.
```

40행의 for 루프는 메시지의 각 문자를 루프의 순회마다 변수 symbol로 얻는다. 41행의 LETTERS에서 대문자 버전의 symbol 인덱스를 찾는다. 즉, 문자를 숫자로 바꾼다.

41행에서 num이 -1이 아니면 symbol의 대문자 버전이 LETTERS에서 발견된 것이다(symbol이 문자라는 뜻이다). 변수 keyIndex는 사용할 하위 키를 추적하며 하위 키는 항상 key[keyIndex]의 값이다.

물론 이것은 문자 하나만 있는 문자열이다. 하위 키를 정수로 변환하려면 LETTERS에서 이 문자의 인덱스를 찾아야 한다. 그다음 44행에서 이 정수 값을 심볼의 번호에 더하거나(암호화) 46행에서 뺀다(복호화).

카이사르 암호 코드에서 num의 새 값이 0보다 적으면 len(LETTERS)를 더하고 len(LETTERS)보다 크거나 같으면 len(LETTERS)를 뺐다. 이 절차는 문자를 LETTERS에서 한 바퀴 돌려 적용하는 것이다.

그러나 이 절차를 더 간단히 해결할 수 있다. num을 len(LETTERS)로 나눈 나머지를 num에 다시 저장하는 것이다. 이렇게 단 한 줄만으로 같은 작업을 수행할 수 있다.

48.　　　　　　　num %= len(LETTERS) # LETTER 길이를 초과하는 경우 한 바퀴 돌린다.

예를 들어 num이 -8이면 len(LETTERS)인 26을 더해서 18을 얻는다. 이것은 -8 % 26으로도 표현할 수 있으며 이 값은 18이므로 같다. num이 31인 경우를 살펴보자. 이때에는 26을 빼서 5를 얻는데, 31 % 26도 5이나. 48행의 나머지 연산을 통해 같은 작업을 할 수 있는 것이다.

암호화(복호화) 문자는 LETTERS[num]에 있다. 그러나 암호화(복호화) 문자의 대소문자 구분은 원래 symbol과 일치하지 않을 수도 있다.

50.　　　　　　　# 암호화/복호화된 심볼을 translated의 끝에 더한다.
51.　　　　　　　if symbol.isupper():
52.　　　　　　　 translated.append(LETTERS[num])
53.　　　　　　　elif symbol.islower():
54.　　　　　　　 translated.append(LETTERS[num].lower())

그래서 symbol이 대문자이면 51행의 조건식이 True이고 52행에서 LETTERS[num]를 translated에 바로 추가한다. LETTER의 모든 문자는 이미 대문자이므로 그렇다.

그러나 symbol이 소문자이면 53행의 조건식이 True이므로 54행에서 LETTERS[num]를 소문자로 바꿔서 translated에 추가한다. 이 방법을 통해 암호화/복호화 메시지가 원래 메시지의 대소문자 구성을 반영할 수 있다.

이제 변환된 심볼을 얻었다. 이제 다음 순회에서 다음 하위 키를 이용하면 된다. 56행에서 keyIndex을 1 증가시키고 이를 통해 다음 순회에서는 다음 하위 키를 사용할 수 있다.

56.　　　　　　　keyIndex += 1 # 키의 다음 글자로 이행한다.
57.　　　　　　　if keyIndex == len(key):
58.　　　　　　　 keyIndex = 0

그러나 key에 있는 하위 키가 마지막 하위 키이면 keyIndex가 key의 길이와 같은 값일 것이다. 57행에서 이 조건식을 확인해 58행에서 keyIndex를 0으로 되돌린다. 그러면 key[keyIndex]는 첫 번째 하위 키로 되돌아간다.

59행의 들여쓰기를 보면 이 else 구문이 42행의 if 구문과 짝이라는 것을 알 수 있다.

```
59.         else:
60.             # 암호화/복호화 없이 심볼을 추가한다.
61.             translated.append(symbol)
```

symbol이 LETTERS 문자열에 없으면 61행의 코드를 실행한다. 이것은 symbol이 숫자 또는 특수문자(예: '5', '?')인 상황이다. 이럴 때에는 61행에서 symbol 그대로 translated에 추가한다.

이제 translated에 문자열 구축을 완료했다. 이제 빈 문자열에 대해 join()을 호출한다.

```
63.     return ''.join(translated)
```

이제 이 함수는 메시지 전체를 암호화 또는 복호화해 리턴한다.

main() 함수 호출

68, 69행의 마지막 프로그램 코드는 이렇다.

```
68. if __name__ == '__main__':
69.     main()
```

이 프로그램을 모듈로 import하지 않고 스스로 실행할 때에는 main() 함수를 호출한다. encryptMessage(), decryptMessage() 함수만 사용할 때에는 모듈로 import한다.

요약

이 책의 후반부에 이르렀지만 비즈네르 암호는 우리가 다룬 첫 번째 암호 프로그램 중 하나인 카이사르 암호보다 복잡하지 않다. 카이사르 암호의 일부만 바꾸면 무차별 대입 공격에 대한 유효 키를 기하급수적으로 증가시킬 수 있다.

비즈네르 암호는 단순 치환 암호 해킹 프로그램에서 사용하는 단어 사전 패턴 공격에 취약하지 않다. 수백 년 동안 비즈네르 암호는 "복호화할 수 없는" 암호였으며 비밀 메시지를 지켜왔지만, 이 암호 역시 결국 깨졌다. 19장과 20장에서는 비즈네르 암호를 해킹할 수 있는 빈도 분석 기법에 대해 다룬다.

연습 문제

연습 문제의 정답은 이 책의 웹사이트 https://www.nostarch.com/crackingcodes/에서 제공한다.

1. 비즈네르 암호는 다중 키를 사용하는데, 다중 키 대신 단일 키만 사용하는 유사 암호는 무엇이 있는가?
2. 비즈네르 키 길이가 10일 때 유효 키의 개수는?
   a. 100
   b. 1000
   c. 100만
   d. 1조 이상
3. 비즈네르 암호는 어떤 종류의 암호인가?

19

빈도 분석
FREQUENCY ANALYSIS

"혼돈 속에 몸을 담그지 않는 한, 혼돈 속의 패턴을 찾는 재능은
찾아오지 않는다. 어떤 패턴이 존재하지만 어떤 이성적인
방법으로도 그 패턴이 보이지 않을 때가 있다.
그러나 패턴을 찾을 수 있는 어떤 무언가는 존재할 수 있다..."
– 닐 스티븐슨(Neal Stephenson), 『크립토노미콘(Cryptonomicon)』 중에서

19장에서는 특정 텍스트에서 각 영어 글자의 빈도를 찾는 방법을 배울 것이다. 그런 다음 암호문과 원래 평문의 빈도를 비교해 암호를 깰 단서를 얻을 수 있다. 평문과 암호문에서 글자의 출현 빈도를 결정하는 이런 과정을 '빈도 분석'이라고 한다. 비즈네르 암호를 해킹하려면 빈도 분석을 이해하는 것이 중요하다. 20장의 비즈네르 암호를 해독하기 위해 글자 빈도 분석을 알아보자.

19장에서 다루는 주제

- 글자 빈도와 ETAOIN
- sort() 메소드의 key, reverse 키워드 아규먼트
- 함수 호출을 하지 않고 함수에 값을 넘기는 방법
- keys(), values(), items() 메소드로 딕셔너리를 리스트로 변환하기

텍스트의 글자 빈도 분석하기

동전을 던지면 앞면이 반, 뒷면이 반 정도 나온다. 즉, 앞면과 뒷면의 빈도는 거의 같다. 이벤트가 발생한 총 횟수(예를 들어 몇 번 뒤집혔는지)를 총 시도 횟수(동전을 던진 총 횟수)로 나누고, 100을 곱하면 빈도를 백분율로 나타낼 수 있다. 우리는 동전의 앞면과 뒷면의 빈도로부터 많은 것을 알아낼 수 있다. 즉, 동전의 무게가 균등한지 혹은 치우쳐 있는지, 앞뒤가 같은 모양인지 알 수 있다.

마찬가지로 암호 글자의 빈도에서도 알아낼 수 있는 것이 많다. 영어 알파벳의 특정 글자는 다른 글자보다 더 자주 등장한다. 예를 들어 영어 단어에서는 E, T, A, O가 가장 자주 나타나고 J, X, Q, Z가 가장 덜 나타난다. 우리는 비즈네르 암호화 메시지를 해독하기 위해 영어의 글자 빈도 차이를 이용할 것이다.

그림 19-1은 표준 영어의 글자 빈도를 나타낸 것이다. 이 그래프는 책, 신문, 기타 출처에서 얻은 텍스트로부터 추출한 것이다.

이러한 글자 빈도를 가장 큰 빈도순으로 정렬하면 그림 19-2와 같이 E가 가장 빈번한 글자이고 T, A 등등 순서가 된다.

영어에서 가장 자주 발생하는 6개의 글자는 ETAOIN이다. 빈도로 정렬한 전체 글자 리스트는 ETAOINSHRDLCUMWFGYPBVKJXQZ가 된다.

전치 암호는 메시지를 암호화할 때 영어 평문의 글자를 다른 순서로 배열했다는 점을 되새겨본다. 이것은 암호 글자의 글자 빈도가 원래의 평문 글자와 같다는 것을 의미한다. 예를 들어 E, T, A는 전치 암호 텍스트에서 Q와 Z보다 더 자주 출현할 것이다.

마찬가지로 카이사르 암호문과 단순 치환 암호문에서 가장 자주 나타나는 글자는 E, T, A와 같이 가장 흔히 등장하는 영어 문자를 암호화했을 가능성이 높다. 같은 원리로 암호문에서 가장 드물게 나타나는 글자는 평문에서 X, Q, Z를 암호화했을 가능성이 높다.

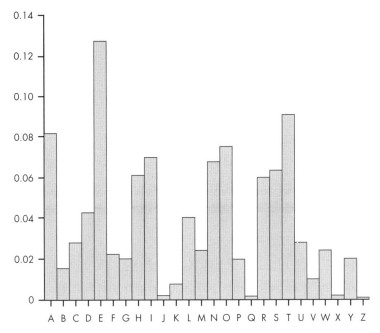

그림 19-1 전형적인 영어 테스트의 글자별 빈도 분석

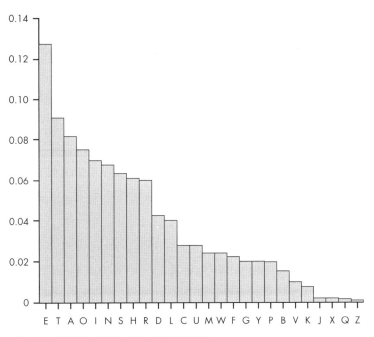

그림 19-2 전형적인 영어 텍스트의 글자별 빈도 정렬

빈도 분석은 우리가 한 번에 각각의 하위 키를 무차별 대입을 해볼 수 있기 때문에 비즈네르 암호를 해킹할 때 매우 유용하다. 예를 들어 PIZZA 키로 메시지를 암호화한 경우, 무차별 대입법을 시도하려면 전체 키를 한 번에 찾기 위해 26^5개 즉, 11,881,376개의 키를 동원해야 한다. 그러나 다섯 개의 하위 키 중 한 개의 경우에 대해서는 26개의 가능성만 시도하면 된다. 하위 키 다섯 각각에 대해 이렇게 하면 26 × 5개 즉, 130개의 하위 키만 대입해보면 된다는 뜻이다.

키 PIZZA를 사용하면 메시지를 첫 번째 글자부터 시작해 다섯 번째 글자마다 P로 암호화하고, 두 번째 글자부터 시작해 다섯 번째 글자마다 I로 암호화한다. 우리는 26개의 모든 하위 키로 암호문의 다섯 번째 글자마다 암호 글자를 복호화해 첫 번째 하위 키에 대해 무차별 대입법을 시도할 수 있다.

즉, 첫 번째 하위 키에 대해 P가 생성한 복호화 글자는 다른 25개의 하위 키보다는 영어 글자 빈도가 더 일치할 것이다. 이는 P가 첫 번째 하위 키라는 강한 증거가 된다. 그런 다음 모든 키를 얻을 때까지 다른 하위 키에 대해서도 반복해볼 수 있다.

글자 빈도 일치시키기

메시지에서 글자 빈도를 찾을 때 문자열의 글자 빈도가 높은 순에서 낮은 순으로 단순히 정렬하는 알고리즘을 사용할 것이다. 이 알고리즘은 정렬된 문자열을 통해 이 책에서 빈도 일치 점수라고 표현하는 점수를 계산하는데, 문자열의 글자 빈도가 표준 영어와 얼마나 유사한지 알아내는 데 사용할 수 있다.

암호문의 빈도 일치 점수를 계산하려면 먼저 빈도를 0으로 시작해서 가장 빈번한 영어 문자(E, T, A, O, I, N) 중 하나가 암호문 중 나타날 때마다 점수를 더한다. 그리고 암호문의 최소 빈도 문자 6개(V, K, J, X, Q, Z) 중 하나가 나타날 때에도 빈도 일치 점수를 더한다.

문자열의 빈도 일치 점수는 0(이 시점에서 글자 빈도는 영어 글자 빈도와 완전히 다르다)에서 12(이 시점의 글자 빈도는 정규 영어와 완전히 같다)까지다. 암호 문자의 빈도 일치 점수를 알면 평문에 대한 중요한 정보를 파악할 수 있다.

단순 치환 암호의 빈도 일치 점수 계산하기

우리는 단순 치환 암호화로 암호화한 메시지에 대해 빈도 일치 점수를 계산해볼 것이다.
사용할 암호문은 다음과 같다.

Sy l nlx sr pyyacao l ylwj eiswi upar lulsxrj isr sxrjsxwjr, ia esmm
rwctjsxsza sj wmpramh, lxo txmarr jia aqsoaxwa sr pqaceiamnsxu, ia esmm caytra
jp famsaqa sj. Sy, px jia pjiac ilxo, ia sr pyyacao rpnajisxu eiswi lyypcor
l calrpx ypc lwjsxu sx lwwpcolxwa jp isr sxrjsxwjr, ia esmm lwwabj sj aqax
px jia rmsuijarj aqsoaxwa. Jia pcsusx py nhjir sr agbmlsxao sx jisr elh.
-Facjclxo Ctrramm

이 암호문의 각 글자 빈도를 구하고 빈도를 높은 순에서 낮은 순으로 정렬하면 결과
는 ASRXJILPWMCYOUEQNTHBFZGKVD가 된다. A의 빈도가 가장 높고, S는 그다음
이며 가장 낮은 빈도의 글자는 D가 된다.

이 예제에서 가장 자주 나타나는 여섯 글자(A, S, R, X, J, I)에서 A, I 두 글자는 영어에
서 가장 자주 나타나는 여섯 글자인 E, T, A, O, I, N에 있는 글자다. 그래서 우리는 빈도
일치 점수에 2점을 더한다.

이 암호문에서 가장 빈도가 낮은 6개의 글자는 F, Z, G, K, V, D이다.

글자 Z, K, V 세 개는 빈도가 가장 낮은 글자 집합인 V, K, J, X, Q, Z에도 있다. 따
라서 빈도 일치 점수에 3점을 더한다. 이 암호문에서 추출한 빈도 정렬 ASRXJILPWM
CYOUEQNTHBZGKVD에서 구한 빈도 일치 점수는 그림 19-3과 같이 5가 된다.

ASRXJILPWMCYOUEQNTHBFZGKVD ◄─ 5개 일치

ETAOINSHRDLCUMWFGYPBVKJXQZ

| 가장 빈도가 | 가운데 14개 | 가장 빈도가 |
| 높음 | 글자는 무시함 | 낮음 |

그림 19-3 단순 치환 암호에서 빈도 일치 점수 계산하기

단순 치환 암호로 암호화한 암호문은 매우 높은 빈도 일치 점수를 갖지 않을 것이다.
단순 치환 암호문의 글자 빈도는 일반 영어의 글자 빈도와 일치하지 않는다. 평문의 글자

가 암호 글자로 치환되기 때문이다. 예를 들어 T가 J로 암호화돼 있다면, J는 비록 영어에서 빈도가 가장 낮은 글자 중 하나일지라도 암호문에는 높은 빈도일 가능성이 크다.

전치 암호의 빈도 일치 점수 계산하기

이번에는 전치 암호로 암호화된 암호문의 빈도 일치 점수를 계산해볼 것이다.

"I rc ascwuiluhnviwuetnh,osgaa ice tipeeeee slnatsfietgi tittynecenisl. e
fo f fnc isltn sn o a yrs sd onisli ,l erglei trhfmwfrogotn,l stcofiit.
aea wesn,lnc ee w,l eIh eeehoer ros iol er snh nl oahsts ilasvih tvfeh
rtira id thatnie.im ei-dlmf i thszonsisehroe, aiehcdsanahiec gv gyedsB
affcahiecesd d lee onsdihsoc nin cethiTitx eRneahgin r e teom fbiotd n
ntacscwevhtdhnhpiwru"

이 암호문의 글자를 빈도가 높은 순에서 낮은 순으로 정렬하면 EISNTHAOCLRFGG WVMUYBZXQJK이다. E는 빈도가 가장 높고, I는 두 번째다.

이 암호문에서 빈도가 가장 높은 글자 4개 E, I, N, T는 표준 영어에서 가장 빈도가 높은 글자 ETAOIN과 일치한다. 또한 암호문에서 빈도가 가장 낮은 글자 Z, X, Q, J, K도 표준 영어의 VKJXQZ와 같다. 따라서 그림 19-4와 같이 전체 빈도 일치 점수는 9이다.

EISNTHAOCLRFDGWVMUYBPZXQJK ◄── 9개 일치

ETAOINSHRDLCUMWFGYPBVKJXQZ

| 가장 빈도가 높음 | 가운데 14개 무시함 | 가장 빈도가 낮음 |

그림 19-4 전치 암호의 빈도 일치 점수 계산

전치 암호로 암호화한 암호문은 단순 치환 암호의 암호문보다 훨씬 많은 빈도 일치 점수를 획득해야 한다. 단순 치환 암호와는 달리 전치 암호는 평문의 글자와 같은 글자를 사용하되, 순서만 재정렬한 것이기 때문이다. 따라서 각 글의 빈도는 유지된다.

비즈네르 암호에서 빈도 분석하기

비즈네르 암호를 해킹하려면 하위 키를 독립적으로 복호화하는 것이 필요하다.

즉, 영어 단어 식별에 의존할 수 없다는 뜻인데, 단 하나의 하위 키로는 메시지를 충분히 복호화할 수 없기 때문이다.

대신 빈도 분석을 통해 하위 키 한 개로 암호화한 문자를 복호화한 다음 복호화된 암호문이 정규 영어의 빈도와 얼마나 일치하는지 찾아볼 것이다. 즉, 가장 높은 빈도 일치점수를 갖는 복호화를 찾는 것이다. 가장 높은 빈도 일치 점수는 정확한 하위 키를 찾았다는 좋은 신호다.

이 과정을 두 번째, 세 번째, 네 번째, 다섯 번째 하위 키에 대해서도 반복한다. 여기에서는 키 길이를 다섯 글자라고 추측하고 있을 뿐이다(20장에서는 카시스키 검사를 이용해키 길이를 알아내는 법을 다룰 것이다). 비즈네르 암호에는 각 하위 키(알파벳의 전체 글자 수)에 있어서 복호화가 26종류가 있기 때문에 컴퓨터는 글자 키가 5개일때 26 + 26 + 26 + 26 + 26, 즉 156번의 복호화만 수행하면 된다. 이는 모든 하위 키 조합인 총 11,881,376 복호화($26 \times 26 \times 26 \times 26 \times 26$)를 수행하는 것보다는 훨씬 쉽다.

20장에서 비즈네르 암호 해킹을 배우기 전에 이 암호를 해킹하는 과정은 몇 가지 더있다. 우선 다음과 같은 보조 함수를 작성해서 빈도 분석을 수행해보자.

getLetterCount(): 문자열 파라미터를 취하고 문자열에 있는 각 글자의 빈도를 세어 저장한 딕셔너리를 리턴한다.

getFrequencyOrder(): 문자열 파라미터를 취해서 문자열의 각 글자 빈도를 높은 순에서 낮은 순으로 정렬하고 이 값을 26글자의 문자열로 리턴한다.

englishFreqMatchScore(): 문자열 파라미터를 취해서 글자의 빈도 일치 점수를 0~12의 정수 값으로 리턴한다.

글자 빈도 일치 소스 코드

새 파일 편집기 창을 열고 File ❯ New File을 선택한다. 다음 코드를 파일 편집기에 입력하고 freqAnalysis.pyd로 저장한다. pyperclip.py은 같은 디렉터리에 있어야 한다. F5를 눌러서 프로그램을 실행한다.

freqAnalysis.py

```python
1. # 빈도 탐색기
2. # https://www.nostarch.com/crackingcodes/ (BSD Licensed)
3.
4. ETAOIN = 'ETAOINSHRDLCUMWFGYPBVKJXQZ'
5. LETTERS = 'ABCDEFGHIJKLMNOPQRSTUVWXYZ'
6.
7. def getLetterCount(message):
8.     # message 파라미터의 각 글자를 키로 하고 출현 빈도를 값으로 저장한 딕셔너리를 리턴한다.
9.
10.     letterCount = {'A': 0, 'B': 0, 'C': 0, 'D': 0, 'E': 0, 'F': 0,
       'G': 0, 'H': 0, 'I': 0, 'J': 0, 'K': 0, 'L': 0, 'M': 0, 'N': 0,
       'O': 0, 'P': 0, 'Q': 0, 'R': 0, 'S': 0, 'T': 0, 'U': 0, 'V': 0,
       'W': 0, 'X': 0, 'Y': 0, 'Z': 0}
11.
12.     for letter in message.upper():
13.         if letter in LETTERS:
14.             letterCount[letter] += 1
15.
16.     return letterCount
17.
18.
19. def getItemAtIndexZero(items):
20.     return items[0]
21.
22.
23. def getFrequencyOrder(message):
24.     # message 파라미터를 빈도가 높은 순서에서 낮은 순서로
25.     # 재배치한 알파벳 문자들의 문자열을 리턴한다.
26.
27.     # 먼저 각 문자와 그 빈도를 담은 딕셔너리를 얻는다.
28.     letterToFreq = getLetterCount(message)
29.
30.     # 그다음, 각 글자의 빈도를 이용해 빈도별 글자 리스트를 저장한 딕셔너리를 만든다.
31.
32.     freqToLetter = {}
33.     for letter in LETTERS:
34.         if letterToFreq[letter] not in freqToLetter:
35.             freqToLetter[letterToFreq[letter]] = [letter]
```

```
36.        else:
37.            freqToLetter[letterToFreq[letter]].append(letter)
38.
39.    # 세 번째로 빈도별 글자 리스트를 "ETAOIN" 순서의 역순으로 정렬하고 문자열로 바꾼다.
40.
41.    for freq in freqToLetter:
42.        freqToLetter[freq].sort(key=ETAOIN.find, reverse=True)
43.        freqToLetter[freq] = ''.join(freqToLetter[freq])
44.
45.    # 네 번째로 freqToLetter 딕셔너리를 튜플의 리스트로 바꾸고 정렬한다.
46.    # 튜플은 (key, value) 형태이다.
47.    freqPairs = list(freqToLetter.items())
48.    freqPairs.sort(key=getItemAtIndexZero, reverse=True)
49.
50.    # 다섯 번째로, 이제 빈도별로 정렬된 글자들을 모두 꺼내서 최종 문자열로 만든다.
51.
52.    freqOrder = []
53.    for freqPair in freqPairs:
54.        freqOrder.append(freqPair[1])
55.
56.    return ''.join(freqOrder)
57.
58.
59. def englishFreqMatchScore(message):
60.    # 파라미터 message의 문자열의 글자 빈도가 영어의 글자 빈도와 일치하는 횟수를 리턴한다.
60.    # 여기에서 일치라는 것은 가장 빈도가 높은 6글자와
61.    # 가장 빈도가 낮은 6글자가 영어와 얼마나 일치하는지를 뜻한다.
62.
63.
64.
65.    freqOrder = getFrequencyOrder(message)
66.
67.    matchScore = 0
68.    # 가장 흔한 글자의 일치 횟수를 구한다.
69.    for commonLetter in ETAOIN[:6]:
70.        if commonLetter in freqOrder[:6]:
71.            matchScore += 1
72.    # 가장 빈도가 적은 글자의 일치 횟수를 구한다.
73.    for uncommonLetter in ETAOIN[-6:]:
74.        if uncommonLetter in freqOrder[-6:]:
```

```
75.          matchScore += 1
76.
77.     return matchScore
```

ETAOIN 순서로 글자를 저장하기

4행에서는 변수 ETAOIN에 빈도가 높은 순에서 낮은 순으로 정렬한 알파벳 26글자를 저장한다.

```
1. # 빈도 탐색기
2. # https://www.nostarch.com/crackingcodes/ (BSD Licensed)
3.
4. ETAOIN = 'ETAOINSHRDLCUMWFGYPBVKJXQZ'
```

물론 모든 영어 텍스트가 이 빈도와 일치하지는 않는다. Z가 Q보다 더 자주 등장하는 글자 빈도의 책을 찾는 것은 어려운 일이 아니다. 예를 들어 어니스트 빈센트 라이트의 소설 『개즈비^{Gadsby}』는 E라는 문자를 사용하지 않는다. 이것은 글자 빈도 집합이 특이한 경우다. 그러나 우리가 작성할 모듈에서 ETAOIN 순서는 꽤 정확할 것이며 정확해야 한다.

이 모듈은 5행에서 변수 LETTERS에 알파벳 순서의 전체 대문자를 저장하고 있다. 이 변수는 몇몇 기능에서 필요하다.

```
5. LETTERS = 'ABCDEFGHIJKLMNOPQRSTUVWXYZ'
```

LETTERS는 이전 프로그램에서 썼던 변수 SYMBOLS과 같은 용도로 사용하는데, 문자열의 각 문자와 정수 인덱스의 매핑을 제공한다.

다음으로 getlettersCount( ) 함수에서 message 문자열에 저장된 각 글자의 빈도를 어떻게 구하는지 살펴보자.

message의 글자 수 세기

getletterCount() 함수는 message 문자열을 취해서 키는 대문자 한 개인 문자열로, 값은 message 변수에서 이 글자가 출현한 횟수를 저장한 딕셔너리를 리턴한다.

10행에서는 변수 letterCount를 생성해 모든 키의 초깃값을 0으로 설정한 딕셔너리를 할당한다.

```
 7. def getLetterCount(message):
 8.     # message 파라미터의 각 글자를 키로 하고 출현 빈도를 값으로 저장한 딕셔너리를 리턴한다.
 9.
10.     letterCount = {'A': 0, 'B': 0, 'C': 0, 'D': 0, 'E': 0, 'F': 0,
        'G': 0, 'H': 0, 'I': 0, 'J': 0, 'K': 0, 'L': 0, 'M': 0, 'N': 0,
        'O': 0, 'P': 0, 'Q': 0, 'R': 0, 'S': 0, 'T': 0, 'U': 0, 'V': 0,
        'W': 0, 'X': 0, 'Y': 0, 'Z': 0}
```

12행에서는 for 루프를 사용해 message의 각 글자를 확인하면서 전체 message의 글자 출현 횟수를 센다.

```
12.     for letter in message.upper():
13.         if letter in LETTERS:
14.             letterCount[letter] += 1
```

for 루프는 message를 대문자로 변환해 각 글자를 순회하는데, letter 변수에 그 글자를 할당한다. 13행에서는 문자열이 LETTERS 문자열에 존재하는지 확인한다. 글자가 아닌 특수문자 등은 세지 않을 것이기 때문이다. 글자가 LETTERS 문자열에 있다면 14행에서 letterCount[letter]의 값을 증가시킨다.

12행의 루프가 끝나면 16행에서 letterCount 딕셔너리에 message의 각 글자별로 빈도 값이 들어 있을 것이다. 이 딕셔너리가 getLetterCount()의 리턴 값이다.

```
16.     return letterCount
```

19장에서는 다음 문자열을 예제로 사용할 것이다(https://en.wikipedia.org/wiki/Alan_Turing에서 가져온 것).

```
"""Alan Mathison Turing was a British mathematician, logician, cryptanalyst, and computer
scientist. He was highly influential in the development of computer science, providing a
formalisation of the concepts of "algorithm" and "computation" with the Turing machine. Turing
is widely considered to be the father of computer science and artificial intelligence. During
World War II, Turing worked for the Government Code and Cypher School (GCCS) at Bletchley Park,
Britain's codebreaking centre. For a time he was head of Hut 8, the section responsible for
German naval cryptanalysis. He devised a number of techniques for breaking German ciphers,
including the method of the bombe, an electromechanical machine that could find settings
for the Enigma machine. After the war he worked at the National Physical Laboratory, where
he created one of the first designs for a stored-program computer, the ACE. In 1948 Turing
joined Max Newman's Computing Laboratory at Manchester University, where he assisted in the
development of the Manchester computers and became interested in mathematical biology. He wrote
a paper on the chemical basis of morphogenesis, and predicted oscillating chemical reactions
such as the Belousov-Zhabotinsky reaction, which were first observed in the 1960s. Turing's
homosexuality resulted in a criminal prosecution in 1952, when homosexual acts were still
illegal in the United Kingdom. He accepted treatment with female hormones (chemical castration)
as an alternative to prison. Turing died in 1954, just over two weeks before his 42nd birthday,
from cyanide poisoning. An inquest determined that his death was suicide; his mother and some
others believed his death was accidental. On 10 September 2009, following an Internet campaign,
British Prime Minister Gordon Brown made an official public apology on behalf of the British
government for "the appalling way he was treated." As of May 2012 a private member's bill was
before the House of Lords which would grant Turing a statutory pardon if enacted."""
```

이 문자열에서는 A가 135회 B가 30회 등장하므로 getLetterCount()는 다음과 같은 딕셔너리를 리턴한다.

```
{'A': 135, 'B': 30, 'C': 74, 'D': 58, 'E': 196, 'F': 37, 'G': 39, 'H': 87,
'I': 139, 'J': 2, 'K': 8, 'L': 62, 'M': 58, 'N': 122, 'O': 113, 'P': 36,
'Q': 2, 'R': 106, 'S': 89, 'T': 140, 'U': 37, 'V': 14, 'W': 30, 'X': 3,
'Y': 21, 'Z': 1 }
```

튜플의 첫 번째 요소 얻기

19행의 getItemAtIndexZero() 함수는 튜플을 받아서 0번째 인덱스의 요소를 리턴한다.

```
19. def getItemAtIndexZero(items):
20.     return items[0]
```

이 프로그램의 후반부에 나오는 sort() 메소드에 이 함수를 전달하는데, 글자의 빈도들을 숫자 순으로 정렬하기 위한 것이다. 이에 대해서는 '딕셔너리 요소들을 정렬 가능한 리스트로 변환하기' 절에서 자세히 다룬다.

message의 글자들을 빈도순으로 정렬하기

getFrequencyOrder() 함수에는 아규먼트로 message 문자열을 취해 그 안에 들어 있는 26글자의 대문자 알파벳을 빈도순으로 정렬해 그 문자열을 리턴한다. 만약 message가 임의의 무규칙한 텍스트가 아니고 읽을 수 있는 영어라면 ETAOIN 상수 값과 같지는 않더라도 비슷할 것이다. getFrequencyOrder() 함수의 코드는 문자열의 빈도 점수를 구하는 핵심이며 20장에서 비즈네르 암호를 해킹할 때 사용할 것이다.

예를 들어 getFrequencyOrder()에 """Alan Mathison Turing...""" 문자열을 넘긴다면, 이 함수는 'ETIANORSHCLMDGFUPBWYVKXQJZ' 문자열을 리턴하는데, E, T, I, A순으로 빈도가 높은 순서라는 뜻이다.

getFrequencyOrder() 함수는 5단계로 구성된다.

1. 문자열의 글자 수 세기
2. 빈도와 글자 리스트로 딕셔너리 생성하기
3. ETAOIN 순서의 역순으로 글자 리스트 정렬하기
4. 이 데이터를 튜플 리스트로 변환하기
5. getFrequencyOrder() 함수에서 리스트를 최종 문자열로 변환해 리턴하기

이제 각 단계를 살펴보자.

getLetterCount()로 글자 개수 세기

getFrequencyOrder()의 첫 번째 단계는 28행에서 getLetterCount()를 호출해 message 파라미터를 전달하고 딕셔너리 letterToFreq를 얻는 것이다. 이 딕셔너리에는 message의 모든 글자별 빈도가 담겨 있다.

```
23. def getFrequencyOrder(message):
24.     # message 파라미터를 빈도가 높은 순서에서 낮은 순서로
25.     # 재배치한 알파벳 문자들의 문자열을 리턴한다.
26.
27.     # 먼저 각 문자와 그 빈도를 담은 딕셔너리를 얻는다.
28.     letterToFreq = getLetterCount(message)
```

"""Alan Mathison Turing...""" 문자열을 message 파라미터로 넘기면 28행에서 letterToFreq에 다음과 같은 딕셔너리 값이 할당된다.

```
{'A': 135, 'C': 74, 'B': 30, 'E': 196, 'D': 58, 'G': 39, 'F': 37, 'I': 139,
 'H': 87, 'K': 8, 'J': 2, 'M': 58, 'L': 62, 'O': 113, 'N': 122, 'Q': 2,
 'P': 36, 'S': 89, 'R': 106, 'U': 37, 'T': 140, 'W': 30, 'V': 14, 'Y': 21,
 'X': 3, 'Z': 1}
```

빈도와 글자 리스트 딕셔너리 생성하기

getFrequencyOrder()의 두 번째 단계는 freqToLetter 딕셔너리를 생성하는 것이다. 이 딕셔너리에는 키가 빈도이고 이 빈도로 등장하는 글자들의 리스트가 값이다. letterToFreq 딕셔너리는 키는 글자, 값은 빈도로 매핑하고 있다면, freqToLetter는 키가 빈도, 값은 이 빈도의 글자 리스트다. 즉 letterToFreq 딕셔너리의 키와 값을 뒤집어서 처리하는 것이다. B와 W는 빈도가 30으로 같은데, 이와 같은 경우를 처리하기 위해서 이 딕셔너리의 값은 리스트가 돼야 하고, {30: ['B', 'W']}와 같은 형태가 된다. 딕셔너리의 키 값은 항상 유일해야 하기 때문이다.

딕셔너리 값을 {30: 'B', 30: 'W'}와 같은 식으로 처리하면, 키가 같은 값이 두 개가 있으므로 둘 중 하나를 덮어 쓰게 된다. freqToLetter 딕셔너리를 구축하려면 먼저 32행에서 빈 딕셔너리를 생성해야 한다.

```
30.       # 그다음, 각 글자의 빈도를 이용해 빈도별 글자 리스트를 저장한 딕셔너리를 만든다.
31.
32.       freqToLetter = {}
33.       for letter in LETTERS:
34.           if letterToFreq[letter] not in freqToLetter:
35.               freqToLetter[letterToFreq[letter]] = [letter]
36.           else:
37.               freqToLetter[letterToFreq[letter]].append(letter)
```

33행부터는 LETTERS의 각 글자 전체를 순회한다. 34행의 if 구문에서 letter의 빈도인 letterToFreq[letter]를 확인해 freqToLetter에 없는 키 값이면 35행에서 이 키에 대한 값으로 글자 한 개를 담은 리스트를 저장하고 존재하는 키 값이면 letterToFreq[letter]가 저장하고 있는 리스트에 추가한다.

letterToFreq의 예제 값으로 """Alan Mathison Turing...""" 문자열을 돌려보면 freqToLetter가 다음과 같은 모습으로 생성된다.

```
{1: ['Z'], 2: ['J', 'Q'], 3: ['X'], 135: ['A'], 8: ['K'], 139: ['I'],
140: ['T'], 14: ['V'], 21: ['Y'], 30: ['B', 'W'], 36: ['P'], 37: ['F', 'U'],
39: ['G'], 58: ['D', 'M'], 62: ['L'], 196: ['E'], 74: ['C'], 87: ['H'],
89: ['S'], 106: ['R'], 113: ['O'], 122: ['N']}
```

이 딕셔너리의 키는 빈도 값이고 값은 이 빈도로 출현한 글자들의 리스트라는 점을 주의한다.

글자 리스트를 ETAOIN 순서의 역순으로 정렬하기

getFrequencyOrder()의 세 번째 단계는 freqToLetter의 각 리스트에 들어 있는 글자 문자열을 정렬하는 것이다. freqToLetter[freq]는 freq 빈도를 갖는 글자들의 리스트라는 점을 상기한다. 같은 빈도인 글자가 두 개 이상 있을 수 있으므로 리스트를 사용한다.

글자 여러 개가 같은 빈도일 때, 이 글자들을 역순 정렬할 때 ETAOIN 문자열에 나타난 순서를 참조한다. 이것은 빈도가 일치할 가능성이 더 높도록 정렬한다.

예를 들어 V, I, N, K 글자의 빈도는 모두 같으며 다른 18개의 글자보다 V, I, N, K의 빈도가 높다. 설명을 위해 글자를 담을 x라는 칸을 나열해보면 그림 19-5처럼 ETAOIN 순서에 맞춰 이 네 글자를 비슷한 순서로 배치할 수 있다.

그림 19-5 예제의 네 글자는 ETAOIN 순서에 따라 빈도 일치 점수를 2점 얻었다.

여기에서는 가장 빈도가 높은 6개의 글자에서 I와 N이 일치하므로 빈도 일치 점수를 2점 얻었다. V와 K는 구간 밖에 있다.

빈도 일치 점수는 항상 0~12 범위의 값이므로 2점이라는 점수는 꽤 큰 값이다. 네 글자의 빈도는 모두 같으므로 글자의 순서에 따라 점수의 변동이 생길 가능성이 있다. 따라서 이 글자들을 ETAOIN 순서의 역방향으로 넣는다. 그렇게 하면 본래 얻을 수 있는 점수를 초과하는 글자가 발생할 가능성을 최소화할 수 있다. 그림 19-6은 앞의 네 글자를 ETAOIN 순서의 역방향으로 넣은 것이다.

그림 19-6 문자 네 개를 ETAOIN의 역순으로 넣으면 빈도 일치 점수를 얻을 수 없다.

ETAOIN의 역방향으로 글자들을 배치하면, I, N, V, K의 순서일 때 획득할 수 있는 인위적인 점수를 배제할 수 있다. 이것은 남은 18개의 글자의 빈도가 높고 앞의 글자 네 개가 낮은 빈도를 갖는 경우에도 마찬가지다(그림 19-7).

```
xxxxxxxxxxxxxxxxxxxxKVNIxxxx ◄── 일치가 없음

ETAOINSHRDLCUMWFGYPBVKJXQZ

가장 빈도가      중간 14개는      가장 빈도가
  높음           무시함            낮음
```

그림 19-7 낮은 빈도의 글자에 대해서도 ETAOIN의 역방향 정렬을 쓰면 우연한 빈도 일치 점수 증가를 막을 수 있다.

역방향 정렬에 의해 K, V는 영어에서 가장 낮은 빈도의 글자와 일치하지 않고, 일치 점수가 2점 우연히 증가하는 것을 막는다.

freqToLetter 딕셔너리의 리스트 값들을 정렬하려면 파이썬의 sort( ) 함수에 메소드를 전달해야 한다. 이제 함수에 다른 함수나 메소드를 전달하는 법을 살펴보자.

함수를 값으로 전달하기

42행에서는 find( ) 메소드를 호출하지 않고 sort( ) 메소드를 호출할 때 find를 값으로 전달했다.

```
42.        freqToLetter[freq].sort(key=ETAOIN.find, reverse=True)
```

이것은 파이썬이라 가능한 일이다. 파이썬에서 함수는 값으로 다뤄질 수 있다. 실제로 spam이라는 함수를 선언하면 spam이라는 변수에 함수 정의를 저장하는 것과 같다. 다음 코드를 대화형 셸에 입력해 예제를 살펴보자.

```
>>> def spam():
... print('Hello!')
...
>>> spam()
Hello!
>>> eggs = spam
>>> eggs()
Hello!
```

이 예제 코드에서는 spam( )이라는 함수를 선언했고, 이 함수는 'Hello!' 문자열을 출력하는 함수다. 이 선언은 변수 spam에 함수 정의를 저장하라는 것과 같은 뜻이다. 그다음 변수 spam을 변수 eggs에 복사해볼 수 있다. 이렇게 하면 eggs( )를 호출하는 것이 spam( )을 호출하는 것과 같다. 실제로 eggs를 호출하면 spam( ) 함수를 직접 호출하지 않고 변수 eggs를 호출해 spam( ) 함수의 리턴 값을 얻을 수도 있다.

함수가 값이기 때문에 함수를 호출할 때 아규먼트로 함수를 넣는 것도 가능하다. 다음 코드를 대화형 셸에 입력한다.

```
>>> def doMath(func):
... return func(10, 5)
...
>>> def adding(a, b):
... return a + b
...
>>> def subtracting(a, b):
... return a - b
...
❶ >>> doMath(adding)
15
>>> doMath(subtracting)
5
```

여기에서는 함수 3개를 정의했다. doMath( ), adding( ), subtracting( )이다. doMath( )를 호출할 때 adding 함수를 전달하면 ❶ 변수 func에 adding이 할당되고, func(10, 5)는 adding( )을 호출하며, 10, 5를 전달한다. 결과적으로 doMath(adding)은 15를 리턴한다. 마찬가지로 doMath( )를 호출할 때 subtracting을 전달하면 doMath(subtractin)이 호출돼 func(10, 5)는 subtracting(10, 5)가 되므로 5를 리턴한다.

sort() 메소드에 함수 전달하기

sort( ) 메소드에 함수나 메소드를 전달하면 정렬 방식을 원하는 방식대로 구현할 수 있다. sort( ) 함수는 통상적으로는 리스트의 값을 알파벳 순서로 정렬한다.

```
>>> spam = ['C', 'B', 'A']
>>> spam.sort()
>>> spam
['A', 'B', 'C']
```

그러나 함수(또는 메소드)를 key 아규먼트로 전달하면 이 값은 리스트에 들어 있는 각
각의 값을 그 함수에 전달해 그 리턴 값을 통해 리스트가 정렬된다. 예를 들어 앞에서는
ETAOIN.find() 문자열 메소드를 key로 해서 sort()를 다음과 같은 모양으로 호출했다.

```
>>> ETAOIN = 'ETAOINSHRDLCUMWFGYPBVKJXQZ'
>>> spam.sort(key=ETAOIN.find)
>>> spam
['A', 'C', 'B']
```

sort() 메소드에 ETAOIN.find를 전달하면 문자열을 알파벳 순서로 정렬하지 않고,
sort() 메소드가 각 문자열의 find() 메소드를 먼저 호출한다. 즉, ETAOIN.find('A'),
ETAOIN.find('B'), ETAOIN.find('C')가 호출되고 각각 인덱스 2, 19, 11를 리턴하는데, 이
것은 ETAOIN 문자열상의 문자 각각의 위치다. 그런 다음 sort()는 앞의 'A', 'B', 'C' 순서
와는 달리 리턴된 인덱스 값으로 spam 리스트의 요소들을 정렬한다. 결과적으로 'A', 'B',
'C' 문자열은 정렬 후에 'A', 'C', 'B'가 되고, ETAOIN의 순서가 반영된 것이다.

sort() 메소드로 문자 리스트 뒤집기

ETAOIN 순서의 역방향으로 문자들을 정렬하려면 ETAOIN.find를 key로 할당해 ETAOIN 기반
으로 정렬을 해야 한다. find 메소드가 실행된 다음에는 모든 글자가 ETAOIN 기반의 인덱
스 값을 갖게 되고, sort() 메소드가 숫자 인덱스 기반으로 글자들을 정렬한다.

통상적으로 sort() 함수는 알파벳 순서나 숫자 순서, 즉 오름차순으로 리스트를 정
렬한다. 알파벳의 역순이나 숫자의 역순 즉, 내림차순으로 정렬하려면 sort() 메소드의
reverse 키워드 아규먼트에 True를 전달하면 된다. 42행에서 이와 같은 내용을 볼 수 있다.

```
39.     # 세 번째로 빈도별 글자 리스트를 "ETAOIN" 순서의 역순으로 정렬하고 문자열로 바꾼다.
40.
41.     for freq in freqToLetter:
42.         freqToLetter[freq].sort(key=ETAOIN.find, reverse=True)
43.         freqToLetter[freq] = ''.join(freqToLetter[freq])
```

이 시점에서 다시 정리해보면 freqToLetter는 키는 빈도 횟수이고, 값은 리스트에 각 글자들(글자 한 개로 구성된 문자열 여러 개)을 저장하는 딕셔너리다. 키가 freq인 글자 문자열을 정렬하는 것이며 freqToletter 딕셔너리 자체를 정렬하는 것은 아니다.

딕셔너리는 순서가 없는 자료 구조이므로 정렬할 수 없다. 리스트에는 있는 "첫 번째" 또는 "마지막"과 같은 키-값 쌍이 없다.

예제 값 """Alan Mathison Turing..."""에서 freqToLetter에 대한 루프를 완료하면 freqToLetter에 저장된 값은 다음과 같이 될 것이다.

```
{1: 'Z', 2: 'QJ', 3: 'X', 135: 'A', 8: 'K', 139: 'I', 140: 'T', 14: 'V',
21: 'Y', 30: 'BW', 36: 'P', 37: 'FU', 39: 'G', 58: 'MD', 62: 'L', 196: 'E',
74: 'C', 87: 'H', 89: 'S', 106: 'R', 113: 'O', 122: 'N'}
```

30, 27, 58 키의 문자열을 살펴보면 모두 ETAOIN순의 역순으로 정렬돼 있음을 알 수 있다. 루프를 실행하기 전에는 {30: ['B', 'W'], 37: ['F', 'U'], 58: ['D', 'M'], ...}의 모양이었다.

루프를 실행한 후에는 {30: 'BW', 37: 'FU', 58: 'MD', ...}처럼 될 것이다.

43행의 join() 메소드는 문자열의 리스트를 단일 문자열로 변환한다. 예를 들어 freqToLetter[30]의 값은 ['B', 'W']이며 'BW'로 변환된다.

딕셔너리 리스트를 빈도로 정렬하기

getFrequencyOrder()의 네 번째 단계는 freqToletter 딕셔너리에 있는 문자열을 빈도로 정렬하고 문자열을 리스트로 변환하는 것이다. 딕셔너리의 키-값 쌍은 순서가 없으므로 딕셔너리의 모든 키, 값의 순서는 사실 무작위 순서라는 점을 주의해야 한다. 이것은 키의 값으로 들어 있는 리스트들을 다시 정렬해야 한다는 뜻이다.

keys(), values(), items() 딕셔너리 메소드

딕셔너리 메소드 keys(), values(), items()는 딕셔너리의 각 부분을 딕셔너리 데이터 유형이 아닌 다른 유형으로 변환한다. 딕셔너리 데이터 유형을 벗어난 다음에는 list() 함수를 통해 리스트로 변환할 수 있다.

대화형 셸에 다음을 입력하고 살펴보자.

```
>>> spam = {'cats': 10, 'dogs': 3, 'mice': 3}
>>> spam.keys()
dict_keys(['mice', 'cats', 'dogs'])
>>> list(spam.keys())
['mice', 'cats', 'dogs']
>>> list(spam.values())
[3, 10, 3]
```

딕셔너리에 있는 모든 키를 리스트 값으로 얻으려면 keys() 메소드를 써서 dict_keys 객체를 가져오고, list() 함수에 넣는다. 마찬가지로 values()로 dict_values 객체를 얻을 수 있다.

이 예제와 같은 방법으로 딕셔너리의 키와 값을 리스트로 가져올 수 있다.

키와 값을 한 번에 가져오려면 items() 딕셔너리 메소드로 dict_item 객체를 받아오면 된다. 이 메소드는 키-값 튜플을 가져온다. 튜플을 list()에 넣을 수 있다. 다음 코드를 대화형 셸에 입력해 결과를 살펴보자.

```
>>> spam = {'cats': 10, 'dogs': 3, 'mice': 3}
>>> list(spam.items())
[('mice', 3), ('cats', 10), ('dogs', 3)]
```

items()와 list()를 호출하면 spam 딕셔너리의 키-값 쌍이 튜플의 리스트로 변환된다. 우리는 freqToLetter 딕셔너리에서 빈도순으로 문자열 리스트들을 정렬해야 한다.

딕셔너리 요소들을 정렬 가능한 리스트로 변환하기

freqToLetter 딕셔너리는 키는 정수 빈도 값이고 값은 키에 대한 단일 글자 문자열의 리스트다. 빈도순으로 문자열을 정렬하려면 items() 메소드를 호출한 다음 list() 함수에 전달해 딕셔너리의 요소들을 키-값 쌍의 튜플로 구성된 리스트를 얻어야 한다. 그런 다음 이 튜플의 리스트를 변수 freqPairs에 저장한다(47행).

```
45.     # 네 번째로 freqToLetter 딕셔너리를 튜플의 리스트로 바꾸고 정렬한다.
46.     # 튜플은 (key, value) 형태다.
47.     freqPairs = list(freqToLetter.items())
```

48행에서는 앞에서 정의한 getItemAtIndexZero 함수를 전달해 sort() 메소드를 호출한다.

```
48.     freqPairs.sort(key=getItemAtIndexZero, reverse=True)
```

getItemAtIndexZero() 함수는 튜플의 첫 번째 요소를 얻는데 여기에서는 정수 빈도 값이 될 것이다. 즉, freqPairs의 요소들은 정수 빈도 값을 통해 숫자 순서로 정렬을 시행한다.

48행에서는 reverse 키워드에 True를 전달해 튜플들이 빈도가 높은 순에서 낮은 순으로 역방향 정렬이 되도록 한다.

예제 """Alan Mathison Turing..."""을 계속 진행해보면 48행을 실행한 다음 freqPairs 값이 다음과 같이 될 것이다.

```
[(196, 'E'), (140, 'T'), (139, 'I'), (135, 'A'), (122, 'N'), (113, 'O'),
(106, 'R'), (89, 'S'), (87, 'H'), (74, 'C'), (62, 'L'), (58, 'MD'), (39, 'G'),
(37, 'FU'), (36, 'P'), (30, 'BW'), (21, 'Y'), (14, 'V'), (8, 'K'), (3, 'X'),
(2, 'QJ'), (1, 'Z')]
```

이제 변수 freqPairs는 글자 빈도가 높은 순에서 낮은 순으로 정렬된 튜플의 리스트가 됐다. 튜플의 첫 번째 값은 빈도를 표현하는 정수 값이고, 두 번째 값은 빈도에 해당하는 글자들을 담고 있는 문자열이다.

정렬된 글자들의 리스트 만들기

getFrequencyOrder()의 다섯 번째 단계는 정렬된 freqPairs 리스트의 모든 문자열을 리스트로 만드는 것이다. 결과적으로 얻고자 하는 것은 빈도순으로 정렬된 글자들이 들어 있는 단일 문자열 값이기 때문이다. freqPairs에 들어 있는 정수 빈도 값은 필요 없다. 변수 freqOrder는 52행에서 빈 리스트로 시작해 53행의 for 루프를 순회하고 freqPairs의 각 튜플의 인덱스 1의 문자열 값을 계속 추가해 완성된다.

```
50.        # 다섯 번째로, 이제 빈도별로 정렬된 글자들을 모두 꺼내서 최종 문자열로 만든다.
51.
52.        freqOrder = []
53.        for freqPair in freqPairs:
54.            freqOrder.append(freqPair[1])
```

예제를 계속 진행해서 53행의 루프가 끝나면 freqOrder는 ['E', 'T', 'I', 'A', 'N', 'O', 'R', 'S', 'H', 'C', 'L', 'MD', 'G', 'FU', 'P', 'BW', 'Y', 'V', 'K', 'X', 'QJ', 'Z']를 값으로 갖는다.

56행에서는 freqOrder에 들어 있는 문자열 리스트를 join() 메소드로 합친다.

```
56.        return ''.join(freqOrder)
```

예제 """Alan Mathison Turing..."""에 대해 getFrequencyOrder()는 문자열 'ETIANORSHCLMDGFUPBWYVKXQJZ'를 리턴한다. 이 순서에 따르면 E가 예제 문자열에서 빈도가 가장 높고, T는 두 번째로 빈도가 높다. I는 세 번째로 빈도가 높다. message의 글자 빈도를 문자열 값으로 확보했으므로 이것을 영어의 글자 빈도('ETAOINSHRDLCUMWFGYPBVKJXQZ')와 얼마나 비슷한지 살펴볼 수 있다.

message의 빈도 일치 점수 계산하기

englishFreqMatchScore() 함수는 message 문자열을 취해서 이 문자열의 빈도 일치 점수를 0~12 사이의 정수 값으로 리턴한다. 점수가 높을수록 message의 글자 빈도가 일반 영어 텍스트와 비슷하다.

```
59. def englishFreqMatchScore(message):
60.     # 파라미터 message의 문자열의 글자 빈도가 영어의 글자 빈도와 일치하는 횟수를 리턴한다.
60.     # 여기에서 일치라는 것은 가장 빈도가 높은 6글자와
61.     # 가장 빈도가 낮은 6글자가 영어와 얼마나 일치하는지를 뜻한다.
62.
63.
64.
65.     freqOrder = getFrequencyOrder(message)
```

빈도 일치 점수를 계산하는 첫 번째 단계는 getFrequencyOrder() 함수를 호출해 message에서 빈도순으로 정렬된 글자를 얻는 것이다. 이것을 65행에서 시행해 정렬된 문자열이 freqOrder에 저장된다.

matchScore 변수는 67행에서 0으로 시작해 69행의 for 루프를 순회하면서 증가한다. ETAOIN 문자열의 앞 6문자와 freqOrder의 앞 6문자를 비교해 각 문자가 공통적으로 속해 있으면 점수를 얻는다.

```
67.     matchScore = 0
68.     # 가장 흔한 글자의 일치 횟수를 구한다.
69.     for commonLetter in ETAOIN[:6]:
70.         if commonLetter in freqOrder[:6]:
71.             matchScore += 1
```

문자열 자르기 [:6]은 [0:6]과 같다는 것을 알고 있을 것이다. 69, 70행의 문자열 자르기는 ETAOIN과 freqOrder 문자열의 각각 앞 여섯 글자를 가져온다. 즉, E, T, A, O, I, N 문자가 freqOrder의 앞 여섯 글자 안에서 존재하면 70행은 True가 되고 71행에서 matchScore를 증가시킨다.

73~75행은 69~71행과 비슷한데 ETAOIN의 문자열의 마지막 6글자 (V, K, J, X, Q, Z)와 freqOrder 문자열의 마지막 6글자를 비교한다는 점만 다르다. 여기에서도 공통 글자가 발견되면 matchScore를 증가시킨다.

```
72.     # 가장 빈도가 적은 글자의 일치 횟수를 구한다.
73.     for uncommonLetter in ETAOIN[-6:]:
74.         if uncommonLetter in freqOrder[-6:]:
75.             matchScore += 1
```

77행은 정수 값 matchScore를 리턴한다.

```
77.     return matchScore
```

빈도순으로 정렬된 문자열의 가운데 14글자는 빈도 일치 점수를 계산하지 않았다. 가운데 글자들의 빈도는 의미 있는 정보를 주기에는 차이가 적다.

요약

19장에서는 sort( ) 함수를 사용해 리스트 값을 알파벳 순서나 숫자 순서로 정렬하는 법을 배웠고 reverse와 key 키워드 아규먼트를 이용해 정렬 방식을 변경할 수 있는 법도 다뤘다. keys( ), values( ), items( ) 딕셔너리 메소드를 이용해 딕셔너리를 리스트로 변환하는 방법도 다뤘으며 함수를 호출할 때 다른 함수도 파라미터로 넘길 수 있다는 사실도 알았다.

20장에서는 지금까지 학습한 빈도 분석 모듈을 이용해 비즈네르 암호를 해킹해볼 것이다.

1. 빈도 분석이란 무엇인가?

2. 영어에서 가장 자주 사용하는 글자 6개는 무엇인가?

3. 다음 코드를 수행한 후 변수 spam에 들어 있는 값은?

```
spam = [4, 6, 2, 8]
spam.sort(reverse=True)
```

4. 변수 spam이 딕셔너리를 담고 있을 때, 딕셔너리에 있는 키들을 리스트 값으로 얻는 방법은?

20

비즈네르 암호 해킹
HACKING THE VIGENÈRE CIPHER

"사생활은 인간 고유의 권리로,
인간으로서 존엄과 존중을 갖는 기본 요건이다."

– 브루스 슈나이어(Bruce Schneier), 2006년

비즈네르 암호를 해킹하는 방법은 두 가지가 있다. 첫 번째는 사전 파일의 모든 단어를 비즈네르 키로 무차별 대입을 해 RAVEN, DESK와 같은 영어 단어를 찾는 방법이다. 두 번째는 19세기 수학자 찰스 배비지가 사용했던 좀 더 정교한 방법으로서, 키가 VUWFE나 PNFJ와 같이 사전에 없는 임의의 문자 모음일 때도 동작한다. 이 장에서는 두 가지 방법을 모두 이용해 비즈네르 암호를 해킹하는 프로그램을 만들 것이다.

무차별 대입 사전 공격을 이용한 비즈네르 암호 해킹

먼저 사전 공격으로 비즈네르 암호를 해킹할 것이다. dictionary.txt(이 책의 웹사이트 https://www.nostarch.com/crackingcodes/에서 구할 수 있다)에는 약 45,000개의 영어 단어가 있다. 긴 문단 수준의 메시지에 대해 모든 복호화를 수행하는 것은 보통 컴퓨터로도 5분도 걸리지 않는다. 이는 영어 단어로 비즈네르 암호문을 암호화하면 사전 공격에 취약하다는 뜻이다. 사전 공격으로 비즈네르 암호를 해킹하는 프로그램의 소스 코드를 살펴보자.

비즈네르 사전 공격 프로그램의 소스 코드

새 파일 편집기 창을 열고 File ❯ New File을 선택한다. 다음 코드를 파일 편집기에 입력하고 vigenereDictionaryHacker.py로 저장한다. detectEnglish.py, vigenereCipher.py, pyperclip.py가 같은 디렉터리에 있어야 한다. F5를 눌러 프로그램을 실행한다.

vigenereDictionaryHacker.py

```
1. # 비즈네르 암호 사전 공격
2. # https://www.nostarch.com/crackingcodes/ (BSD Licensed)
3.
```

```
 4. import detectEnglish, vigenereCipher, pyperclip
 5.
 6. def main():
 7.     ciphertext = """Tzx isnz eccjxkg nfq lol mys bbqq I lxcz."""
 8.     hackedMessage = hackVigenereDictionary(ciphertext)
 9.
10.     if hackedMessage != None:
11.         print('Copying hacked message to clipboard:')
12.         print(hackedMessage)
13.         pyperclip.copy(hackedMessage)
14.     else:
15.         print('Failed to hack encryption.')
16.
17.
18. def hackVigenereDictionary(ciphertext):
19.     fo = open('dictionary.txt')
20.     words = fo.readlines()
21.     fo.close()
22.
23.     for word in words:
24.         word = word.strip() # Remove the newline at the end.
25.         decryptedText = vigenereCipher.decryptMessage(word, ciphertext)
26.         if detectEnglish.isEnglish(decryptedText, wordPercentage=40):
27.             # 복호화된 키를 발견했는지 사용자가 확인할 수 있게 한다.
28.             print()
29.             print('Possible encryption break:')
30.             print('Key ' + str(word) + ': ' + decryptedText[:100])
31.             print()
32.             print('Enter D for done, or just press Enter to continue
                    breaking:')
33.             response = input('> ')
34.
35.             if response.upper().startswith('D'):
36.                 return decryptedText
37.
38. if __name__ == '__main__':
39.     main()
```

비즈네르 사전 해킹 프로그램 실행 예제

vigenereDictionaryHacker.py 프로그램을 실행하면 다음과 같은 화면을 볼 수 있다.

```
Possible encryption break:
Key ASTROLOGY: The recl yecrets crk not the qnks I tell.
Enter D for done, or just press Enter to continue breaking:
>
Possible encryption break:
Key ASTRONOMY: The real secrets are not the ones I tell.
Enter D for done, or just press Enter to continue breaking:
> d
Copying hacked message to clipboard:
The real secrets are not the ones I tell.
```

프로그램이 첫 번째로 제안한 키워드는 (ASTROLOGY)인데, 제대로 동작하지 않았으므로 사용자가 엔터 키를 눌러 해킹을 계속한다. 이 과정을 올바른 복호화 키 (ASTRONOMY)를 발견할 때까지 계속했다.

비즈네르 사전 해킹 프로그램 설명

vigenereDictionaryHacker.py 프로그램 소스 코드는 이 책에서 다룬 다른 프로그램과 비슷하므로 줄별로 전부 설명하지는 않는다. 간략히 요약하면 ackVigenereDictionary() 함수는 사전 파일의 각 단어로 암호문 복호화를 시도해 복호화된 텍스트가 영어처럼 보이면 (detectEnglish 모듈에 의해) 복호화된 내용을 출력해 사용자에게 계속할 것인지 멈출 것인지 묻는다.

이 프로그램에서는 open()이 리턴한 파일 객체의 readlines() 메소드를 사용한다.

```
20.    words = fo.readlines()
```

파일의 전체 내용을 리턴하는 read() 메소드와는 달리 readlines() 메소드는 문자열의 리스트를 리턴하는데, 각 줄은 파일의 한 줄에 해당한다. 사전 파일의 각 줄에는 단어

한 개가 있으므로 변수 words는 Aarhus에서 Zurich까지 모든 영어 단어의 리스트를 담고 있다.

프로그램의 나머지 부분, 23행에서 26행은 12장의 전치 암호 해킹 프로그램과 비슷하게 동작한다. for 루프가 words 리스트의 각 단어 전체를 순회하면서 그 단어를 암호 키로 message를 복호화한 다음, detectEnglish.isEnglish( )를 호출해 그 결과를 영어로 해석할 수 있는지 확인한다.

지금까지 사전 공격을 통한 비즈네르 암호 해킹 프로그램을 작성해봤다. 이제 암호 키가 사전에 있는 단어가 아닌 임의의 문자 집합일 때 비즈네르 암호를 해킹하는 방법에 대해 살펴보자.

카시스키 분석을 통한 키 길이 찾기

카시스키 분석Kasiski Examination은 암호문을 암호화할 때 사용한 비즈네르 키의 길이를 찾는 기법이다. 암호 키의 길이를 찾으면 빈도 분석을 통해 각 하위 키를 독립적으로 깰 수 있다. 찰스 배비지는 이 기법으로 비즈네르 암호를 깬 최초의 인물이었지만 성과를 발표하지는 않았다. 그의 기법은 후에 20세기 초 수학자인 프리드리히 카시스키Friedrich Kasiski에 의해 출판됐는데, 그가 이 기법의 이름을 획득했다. 이제 비즈네르 해킹 프로그램에 이 기법의 각 과정을 적용해보자.

반복 시퀀스 찾기

카시스키 분석의 첫 번째 단계는 암호문에서 최소 세 글자 이상 반복되는 모든 집합을 찾는 것이다. 이런 반복 시퀀스를 살펴보면, 비즈네르 키의 하위 키로 암호화했을 때 하위 키의 반복 위치와 평문상의 반복 위치가 같을 가능성이 있다.

예를 들어 평문 THE CAT IS OUT OF THE BAG을 SPILLTHEBEANS로 암호화하면 다음과 같은 결과를 얻는다.

```
THECATISOUTOFTHEBAG
SPILLTHEBEANSSPILLT
LWMNLMPWPYTBXLWMMLZ
```

LWM이 두 번 출현한다는 점을 눈여겨보자. 암호문의 LWM은 평문의 THE에 대응하는데, 키 SPI로 암호화했기 때문이며, 두 번째 출현하는 LWM의 위치도 키 SPI와 대응한다. 이제 LWM이 처음 출현한 곳과 두 번째 출현한 곳의 간격은 13임을 알 수 있는데, 이것은 암호화 때 사용한 키가 13글자임을 암시하는 것이다. 반복 시퀀스를 관찰하는 것만으로 키의 길이를 밝힐 수 있는 것이다.

그러나 대부분의 암호문에서는 문자들의 반복 시퀀스가 일관성 있게 나오지 않을 수 있고 어느 반복 시퀀스가 키를 나타내는지 알기 어렵다. 이는 반복 시퀀스가 우연히 일치할 가능성이 있다는 것을 의미한다. 이 문제를 정확히 알기 위해서 키를 알 수 없는 더 긴 예제를 살펴보자.

암호문 PPQCA XQVEKG YBNKMAZU YBNGBAL JON I TSZM JYIM. VRAG VOHT VRAU C TKSG. DDWUO XITLAZU VAVV RAZ C VKB QP IWPOU에서 기호 문자를 제거하면 이 문자열은 그림 20-1처럼 보일 것이다. 이 그림에는 반복 시퀀스 VRA, AZU, YBN이 있고, 각 반복 시퀀스 사이의 글자 수도 있다.

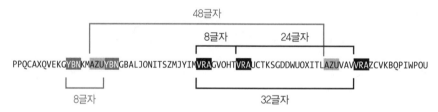

그림 20-1 예제 문자열 속의 반복 시퀀스

이 예제를 살펴보면 키 길이가 될 수 있는 후보가 여럿이다. 카시스키 분석의 다음 단계는 모든 요인을 계산해서 잠재 키 길이의 후보를 좁히는 것이다.

간격 값의 약수(인수) 얻기

이 예제에서 각 반복 시퀀스 사이의 글자 수는 8, 8, 24, 32, 48이다.

간격의 약수들이 간격 값 그 자체보다 중요하다. 표 20-1는 메시지 THEDOGAND THECAT를, 9글자 키 ABCDEFGHI와 3글자 키 XYZ로 각각 암호화한 것이다. 각 키는 message 길이만큼 반복한다.

표 20-1 키 두 개로 THEDOGANDTHECAT을 암호화한 예

	ABCDEFGHI로 암호화	XYZ로 암호화
평문	THEDOGANDTHECAT	THEDOGANDTHECAT
키(반복)	ABCDEFGHIABCDEF	XYZXYZXYZXYZXYZ
암호문	TIGGSLGULTIGFEY	QFDAMFXLCQFDZYS

키 두 개는 각각 다른 암호문을 생성했다. 해커는 원래의 메시지나 키는 당연히 알 수 없지만, 암호문 TIGGSLGULTIGFEY에 TIG가 0번째, 9번째 위치에 출현한다는 것은 파악할 수 있다. 9 – 0 = 9이므로 반복 시퀀스의 간격은 9다. 이를 통해 원래의 키가 9글자라고 추정할 수 있으며 여기에서는 타당한 추론이다.

한편으로 암호문 QFDAMFXLCQFDZYS에서는 QFD가 인덱스 0과 9에서 출현한다. 즉, 간격도 9로 같으므로 암호문에서 사용한 키가 9글자라고 추론할 수 있는데, 사실 키는 단 3글자 XYZ임을 알 수 있다.

이 예제에서 message의 글자들 중 THE를 암호화할 때 키 ABC와 XYZ에 의한 패턴의 출현 위치는 같다. 결과적으로 이런 반복 시퀀스는 실제 키 길이의 배수(3, 6, 9, 12 등)로 등장할 수밖에 없으므로 3글자의 키가 9칸의 반복 시퀀스도 만들어내는 상황이 벌어진다.

따라서 가능한 키 길이는 키의 출현 간격뿐만 아니라 간격 값의 약수일 가능성 또한 존재한다. 9의 약수는 9, 3, 1이다. 그러므로 9칸마다 등장하는 반복 시퀀스를 찾아냈다면 키의 길이가 9나 3이 될 수 있다고 고려해야 한다. 비즈네르 암호에서 1칸짜리 키는 무시한다. 키가 1글자일 경우 이것은 카이사르 암호나 마찬가지다.

가시스키 분석의 두 번째 단계는 1을 제외한 간격 값의 약수 값을 찾는 것이다. 표 20-2는 이것을 나타낸 것이다.

표 20-2 간격 값의 약수

간격	약수
8	2, 4, 8
24	2, 4, 6, 8, 12, 24
32	2, 4, 8, 16
48	2, 4, 6, 8, 12, 24, 48

간격 값이 8, 8, 24, 32, 48이라면 약수의 종류는 2, 2, 2, 2, 4, 4, 4, 4, 6, 6, 8, 8, 8, 8, 12, 12, 16, 24, 24, 48이 된다.

가장 빈도가 높은 약수가 키의 길이일 가능성이 가장 높다. 따라서 이것을 직접 세서 결정할 수 있다. 2, 4, 8은 간격 값에서 가장 빈도가 높다. 따라서 비즈네르 키는 2, 4, 8의 길이일 가능성이 높다.

문자열에서 N번째마다 등장하는 글자 얻기

이제 비즈네르 키의 길이 중 가능한 길이를 알았으므로 message를 한 번에 하나의 하위 키로 복호화할 때 이 정보를 사용할 수 있다. 이 예제에서는 키의 길이를 4로 가정한다. 만약 이 길이로 암호문을 깰 수 없다면 다시 2나 8로 다시 시도해볼 수 있다.

평문을 암호화할 때 키는 반복해서 사용하므로, 키 길이가 4인 경우 암호문상에서 매 4글자마다 첫 번째 하위 키로 암호화를 시행할 것이다. 마찬가지로 매 4글자마다 두 번째 글자를 두 번째 하위 키로 암호화할 것이다. 이 정보를 응용하면 같은 하위 키로 암호화한 암호문의 글자들로 암호문을 만들어볼 수 있다. 그런 다음 글자들을 단일 문자열로 바꾼다. 이 예제에서는 4글자 마다 등장하는 글자를 굵게 처리했다.

첫 번째 글자부터 시작해서 매 네 번째 글자를 모두 나열해보면 다음과 같다.

PPQCA**X**QVE**K**GYB**N**KMA**Z**UYB**N**GBA**L**JON**I**TSZ**M**JYI**M**VRA**G**VOH**T**VRA**U**CTK**S**GDD**W**UOX**I**TLA**Z**UVA**V**VRA**Z**CVK**B**QPI**W**POU

다음으로, 두 번째 글자부터 시작해서 매 네 번째 글자를 모두 나열해보면 다음과 같다.

P**P**QCA**X**QVE**K**GYB**N**KMA**Z**UYB**N**GBA**L**JON**I**TSZ**M**JYI**M**VRA**G**VOH**T**VRA**U**CTK**S**GDD**W**UOX**I**TLA**Z**UVA**V**VRA**Z**CVK**B**QPI**W**POU

마찬가지로 세 번째 글자에서 시작해 매 네번째 글자를 얻을 수 있으며 우리가 확인하려는 하위 키의 길이에 도달할 때까지 이 작업을 반복한다. 표 20-3은 각 반복에서 굵은 글자만 묶은 문자열이다.

표 20-3 매 네 번째 글자마다 등장하는 글자들의 문자열

시작 위치	문자열
첫 번째 글자	PAEBABANZIAHAKDXAAAKIU
두 번째 글자	PXKNZNLIMMGTUSWIZVZBW
세 번째 글자	QQGKUGJTJVVVCGUTUVCQP
네 번째 글자	CVYMYBOSYRORTDOLVRVPO

빈도 분석으로 각 하위 키 깨기

키 길이를 올바르게 추정했다면 앞 절에서 만든 네 개의 문자열 각각은 하나의 하위 키로 암호화됐을 것이다. 즉, 문자열을 올바른 하위 키로 복호화해 빈도 분석을 시행한다면 복호화된 글자들은 통상 영어와 빈도 일치 점수가 높을 가능성이 있음을 의미한다. 첫 번째 예제 문자열인 PAEBABANZIAHAKDXAAAKIU를 통해서 이 과정을 자세히 살펴보자.

먼저 이 문자열을 26번 복호화한다(가능한 하위 키 26개를 각각 적용하는 것이다). 이때 18장의 비즈네르 복호화 함수 vigenereCipher.decryptMessage()를 사용한다. 그런 다음 각 복호화된 문자열을 19장의 영어 빈도 분석 함수 freqAnalysis.englishFreqMatchScore()로 테스트한다.

다음 코드를 대화형 셸에서 실행해본다.

```
>>> import freqAnalysis, vigenereCipher
>>> for subkey in 'ABCDEFGHIJKLMNOPQRSTUVWXYZ':
... decryptedMessage = vigenereCipher.decryptMessage(subkey,
    'PAEBABANZIAHAKDXAAAKIU')
... print(subkey, decryptedMessage,
    freqAnalysis.englishFreqMatchScore(decryptedMessage))
...
A PAEBABANZIAHAKDXAAAKIU 2
B OZDAZAZMYHZGZJCWZZZJHT 1
--중략--
```

표 20-4는 결과를 나타낸 것이다.

표 20-4 각 복호화에 대한 영어 빈도 일치 점수

하위 키	복호화 문자열	영어 빈도 일치 점수
'A'	'PAEBABANZIAHAKDXAAAKIU'	2
'B'	'OZDAZAZMYHZGZJCWZZZJHT'	1
'C'	'NYCZYZYLXGYFYIBVYYYIGS'	1
'D'	'MXBYXYXKWFXEXHAUXXXHFR'	0
'E'	'LWAXWXWJVEWDWGZTWWWGEQ'	1
'F'	'KVZWVWVIUDVCVFYSVVVFDP'	0
'G'	'JUYVUVUHTCUBUEXRUUUECO'	1
'H'	'ITXUTUTGSBTATDWQTTTDBN'	1
'I'	'HSWTSTSFRASZSCVPSSSCAM'	2
'J'	'GRVSRSREQZRYRBUORRRBZL'	0
'K'	'FQURQRQDPYQXQATNQQQAYK'	1
'L'	'EPTQPQPCOXPWPZSMPPPZXJ'	0
'M'	'DOSPOPOBNWOVOYRLOOOYWI'	1
'N'	'CNRONONAMVNUNXQKNNNXVH'	2
'O'	'BMQNMNMZLUMTMWPJMMMWUG'	1
'P'	'ALPMLMLYKTLSLVOILLLVTF'	1
'Q'	'ZKOLKLKXJSKRKUNHKKKUSE'	0
'R'	'YJNKJKJWIRJQJTMGJJJTRD'	1
'S'	'XIMJIJIVHQIPISLFIIISQC'	1
'T'	'WHLIHIHUGPHOHRKEHHHRPB'	1
'U'	'VGKHGHGTFOGNGQJDGGGQOA'	1
'V'	'UFJGFGFSENFMFPICFFFPNZ'	1
'W'	'TEIFEFERDMELEOHBEEEOMY'	2
'X'	'SDHEDEDQCLDKDNGADDDNLX'	2
'Y'	'RCGDCDCPBKCJCMFZCCCMKW'	0
'Z'	'QBFCBCBOAJBIBLEYBBBLJV'	0

어떤 하위 키로 복호화했을 때 영어와 빈도 일치가 높을수록 실제 하위 키일 가능성
이 가장 높다. 표 20-4에서는 하위 키 'A', 'I', 'N', 'W', 'X'가 첫 번째 문자열에 대한 빈
도 일치 점수가 가장 높다. 이 점수들은 큰 문장 표본에 있어서는 좋은 점수가 아니지만
이 예제에 대해서는 괜찮은 점수다.

다음 단계는 나머지 세 개의 문자열에 대해서도 이 과정을 반복해 더 가능성이 높은 하위 키를 찾는 것이다. 표 20-5는 최종 결과를 나타낸 것이다.

표 20-5 각 예제 문자열에서 가능성이 가장 높은 하위 키들

암호문	가장 가능성이 높은 하위 키
PAEBABANZIAHAKDXAAAKIU	A, I, N, W, X
PXKNZNLIMMGTUSWIZVZBW	I, Z
QQGKUGJTJVVVCGUTUVCQP	C
CVYMYBOSYRORTDOLVRVPO	K, N, R, V, Y

첫 번째 하위 키의 후보 키는 다섯 개, 두 번째 하위 키의 후보 키는 두 개, 세 번째 하위 키는 세 개, 네 번째 하위 키는 다섯 개가 있으므로 가능한 전체 조합은 50개이다(가능한 하위 키의 수를 모두 곱한 것이다. 즉, 5 × 2 × 1 × 5). 이것은 50개의 후보 키로 무차별 대입 공격을 시행하면 된다는 뜻이다. 후보 하위 키의 목록을 좁히지 않았다면 26 × 26 × 26 × 26(곧 456,976)개의 후보 키로 무차별 대입법을 시행해야 하므로 그보다는 훨씬 좋은 결과다. 비즈네르 키가 길면 길수록 이 차이는 더욱 커진다.

후보 키를 이용한 무차별 대입 공격

키에 대한 무차별 대입 공격을 위해서 모든 하위 키의 조합을 시행해볼 것이다. 가능한 50개의 하위 키 조합은 다음과 같다.

AICK	IICK	NICK	WICK	XICK
AICN	IICN	NICN	WICN	XICN
AICR	IICR	NICR	WICR	XICR
AICV	IICV	NICV	WICV	XICV
AICY	IICY	NICY	WICY	XICY
AZCK	IZCK	NZCK	WZCK	XZCK
AZCN	IZCN	NZCN	WZCN	XZCN
AZCR	IZCR	NZCR	WZCR	XZCR
AZCV	IZCV	NZCV	WZCV	XZCV
AZCY	IZCY	NZCY	WZCY	XZCY

비즈네르 암호 해킹 프로그램의 마지막 단계는 이들 50개의 복호화 키를 이용해 생성한 결과가 통상 영어인지 확인하는 것이다. 결과적으로 "PPQCAXQVEKG..." 암호문의 키는 WICK으로 확정할 수 있다.

비즈네르 해킹 프로그램의 소스 코드

새 파일 편집기 창을 열고 File ➤ New File을 선택한다. detectEnglish.py, freqAnalysis.py, vigenereCipher.py, pyperclip.py는 vigenereHacker.py와 같은 디렉터리에 존재해야 한다. 다음 코드를 파일 편집기에 입력하고 vigenereHacker.py로 저장한 다음 F5를 눌러서 실행한다.

이 프로그램의 17행에 있는 암호문을 책에서 옮기는 것은 어려운 일이다. 일일이 타이핑하지 말고 이 책의 웹사이트 https://www.nostarch.com/crackingcodes/에서 복사후 붙여넣기하는 것을 권장한다. 책에 있는 코드와 입력한 코드에 차이가 있는지 확인하려면 이 책의 웹사이트에 있는 온라인 diff 도구를 활용하라.

vigenereHacker.py

```
1. # 비즈네르 암호 해킹 프로그램
2. # https://www.nostarch.com/crackingcodes/ (BSD Licensed)
3.
4. import itertools, re
5. import vigenereCipher, pyperclip, freqAnalysis, detectEnglish
6.
7. LETTERS = 'ABCDEFGHIJKLMNOPQRSTUVWXYZ'
8. MAX_KEY_LENGTH = 16 # 최대 키 길이
9. NUM_MOST_FREQ_LETTERS = 4 # 하위 키당 시도할 최대 글자 수
10. SILENT_MODE = False # 이 변수를 True로 할당하면 프로그램이 화면에 아무것도 출력하지 않는다.
11. NONLETTERS_PATTERN = re.compile('[^A-Z]')
12.
13.
14. def main():
15.     # 암호문을 일일이 타이핑하지 말고 웹사이트에서 복사 후 붙여넣기하는 것을 추천한다.
16.     # from https://www.nostarch.com/crackingcodes/:
17.     ciphertext = """Adiz Avtzqeci Tmzubb wsa m Pmilqev halpqavtakuoi,
```

lgouqdaf, kdmktsvmztsl, izr xoexghzr kkusitaaf. Vz wsa twbhdg
ubalmmzhdad qz
--중략--
azmtmd'g widt ion bwnafz tzm Tcpsw wr Zjrva ivdcz eaigd yzmbo
Tmzubb a kbmhptgzk dvrvwz wa efiohzd."""

```
18.     hackedMessage = hackVigenere(ciphertext)
19.
20.     if hackedMessage != None:
21.         print('Copying hacked message to clipboard:')
22.         print(hackedMessage)
23.         pyperclip.copy(hackedMessage)
24.     else:
25.         print('Failed to hack encryption.')
26.
27.
28. def findRepeatSequencesSpacings(message):
29.     # message를 살펴서 3~5글자 시퀀스의 반복을 찾는다.
30.     # 시퀀스의 반복을 찾으면 그 시퀀스를 키 값으로 하고
31.     # 간격(반복 사이의 글자 수)을 값으로 하는 딕셔너리를 리턴한다.
32.
33.     # 정규표현식을 통해 message에서 글자가 아닌 문자(알파벳 외)를 제거한다.
34.     message = NONLETTERS_PATTERN.sub('', message.upper())
35.
36.     # message에서 찾은 시퀀스의 반복을 찾아서 시퀀스의 길이-글자의 리스트로 묶는다.
37.     seqSpacings = {} # 키는 시퀀스 문자열이고, 값은 반복 간격 정수 값의 리스트다.
38.     for seqLen in range(3, 6):
39.         for seqStart in range(len(message) - seqLen):
40.             # 시퀀스의 구간을 결정해 seq에 넣는다.
41.             seq = message[seqStart:seqStart + seqLen]
42.
43.             # message의 남은 부분에서 이 반복을 찾는다.
44.             for i in range(seqStart + seqLen, len(message) - seqLen):
45.                 if message[i:i + seqLen] == seq:
46.                     # 반복이 있다는 것을 발견했다면
47.                     if seq not in seqSpacings:
48.                         seqSpacings[seq] = [] # 빈 리스트로 초기화한다.
49.
50.                     # 새로 찾은 반복 글자와
51.                     # 원래의 글자들 사이의 발생 간격을 추가한다.
52.                     seqSpacings[seq].append(i - seqStart)
```

```
53.    return seqSpacings
54.
55.
56. def getUsefulFactors(num):
57.    # 숫자의 약수를 구해서 리스트로 리턴한다.
58.    # MAX_KEY_LENGTH + 1 이하이고 1은 아닌 조건을 충족해야 한다.
59.    # 예를 들어 getUsefulFactors(144)는 [2, 3, 4, 6, 8, 9, 12, 16]을 리턴한다.
60.
61.    if num < 2:
62.        return [] # 2 이하의 경우 약수가 없다.
63.
64.    factors = [] # 찾은 약수의 리스트
65.
66.    # 약수를 찾으면, 이 정수가 MAX_KEY_LENGTH를 넘는지 확인해야 한다.
67.
68.    for i in range(2, MAX_KEY_LENGTH + 1): # 1은 테스트하지 않는다. 1은 사용하지 않는다.
69.        if num % i == 0:
70.            factors.append(i)
71.            otherFactor = int(num / i)
72.            if otherFactor < MAX_KEY_LENGTH + 1 and otherFactor != 1:
73.                factors.append(otherFactor)
74.    return list(set(factors)) # 약수 집합에서 중복을 제거한다.
75.
76.
77. def getItemAtIndexOne(x):
78.    return x[1]
79.
80.
81. def getMostCommonFactors(seqFactors):
82.    # 먼저 seqFactors에 약수가 발생한 횟수를 구한다.
83.    factorCounts = {} # 약수가 키 값이고, 발생 횟수가 값인 딕셔너리이다.
84.
85.    # seqFactors의 키는 반복 시퀀스이고, 값은 간격들의 리스트다.
86.    # seqFactors가 갖는 값은 이런 형태다. {'GFD': [2, 3, 4, 6, 9, 12,
87.    # 18, 23, 36, 46, 69, 92, 138, 207], 'ALW': [2, 3, 4, 6, ...], ...}.
88.    for seq in seqFactors:
89.        factorList = seqFactors[seq]
90.        for factor in factorList:
91.            if factor not in factorCounts:
92.                factorCounts[factor] = 0
```

```
93.                factorCounts[factor] += 1
94.
95.     # 그다음, 약수와 그 횟수를 튜플에 넣고 리스트로 만들어서 정렬할 수 있도록 한다.
96.
97.     factorsByCount = []
98.     for factor in factorCounts:
99.         # MAX_KEY_LENGTH보다 큰 약수는 제외한다.
100.        if factor <= MAX_KEY_LENGTH:
101.            # factorsByCount는 튜플의 리스트다(factor, factorCount).
102.            # factorsByCount의 값은 이런 형태다[(3, 497), (2, 487), ...].
103.            factorsByCount.append( (factor, factorCounts[factor]) )
104.
105.    # 약수의 횟수로 리스트를 정렬한다.
106.    factorsByCount.sort(key=getItemAtIndexOne, reverse=True)
107.
108.    return factorsByCount
109.
110.
111. def kasiskiExamination(ciphertext):
112.    # 암호문에서 여러 번 등장하는 3~5글자 반복을 찾는다.
113.    # repeatedSeqSpacings의 값은 이런 형태다.
114.    # {'EXG': [192], 'NAF': [339, 972, 633], ... }:
115.    repeatedSeqSpacings = findRepeatSequencesSpacings(ciphertext)
116.
117.    # (getMostCommonFactors( )에서 seqFactors의 설명을 참조한다)
118.    seqFactors = {}
119.    for seq in repeatedSeqSpacings:
120.        seqFactors[seq] = []
121.        for spacing in repeatedSeqSpacings[seq]:
122.            seqFactors[seq].extend(getUsefulFactors(spacing))
123.
124.    # (getMostCommonFactors( )에서 factorsByCount의 설명을 참조한다)
125.    factorsByCount = getMostCommonFactors(seqFactors)
126.
127.    # 이제 factorsByCount에서 인수 횟수를 추출하고,
128.    # 그 값들을 allLikelyKeyLengths에 넣어서 나중에 쓰기 쉽게 만든다.
129.
130.    allLikelyKeyLengths = []
131.    for twoIntTuple in factorsByCount:
132.        allLikelyKeyLengths.append(twoIntTuple[0])
```

```
133.
134.     return allLikelyKeyLengths
135.
136.
137. def getNthSubkeysLetters(nth, keyLength, message):
138.     # 텍스트에서 keyLength 단위마다 매 n번째 글자 전체를 리턴한다.
139.     # 예를 들어 getNthSubkeysLetters(1, 3, 'ABCABCABC')는 'AAA'를 리턴한다.
140.     # getNthSubkeysLetters(2, 3, 'ABCABCABC')는 'BBB'를 리턴한다.
141.     # getNthSubkeysLetters(3, 3, 'ABCABCABC')는 'CCC'를 리턴한다.
142.     # getNthSubkeysLetters(1, 5, 'ABCDEFGHI')는 'AF'를 리턴한다.
143.
144.     # 정규표현식으로 글자가 아닌 (알파벳이 아닌) 문자를 제거한다.
145.     message = NONLETTERS_PATTERN.sub('', message)
146.
147.     i = nth - 1
148.     letters = []
149.     while i < len(message):
150.         letters.append(message[i])
151.         i += keyLength
152.     return ''.join(letters)
153.
154.
155. def attemptHackWithKeyLength(ciphertext, mostLikelyKeyLength):
156.     # 키에 속한 각 글자 중에서 키가 될 가능성이 가장 높은 글자를 결정한다.
157.     ciphertextUp = ciphertext.upper()
158.     # allFreqScores는 리스트이며 리스트들의 mostLikelyKeyLength 수의 리스트 한 개다.
159.     # 이 내부 리스트들은 freqScores 리스트다.
160.     allFreqScores = []
161.     for nth in range(1, mostLikelyKeyLength + 1):
162.         nthLetters = getNthSubkeysLetters(nth, mostLikelyKeyLength,
ciphertextUp)
163.
164.         # freqScores는 튜플의 리스트이며 형태는 이렇다.
165.         # [(<letter>, <Eng. Freq. match score>), ... ]
166.         # 리스트는 일치 점수로 정렬한다. 높은 점수가 더 높은 일치를 뜻한다.
167.         # freqAnalysis.py의 englishFreqMatchScore()를 참고한다.
168.         freqScores = []
169.         for possibleKey in LETTERS:
170.             decryptedText = vigenereCipher.decryptMessage(possibleKey, nthLetters)
171.             keyAndFreqMatchTuple = (possibleKey,freqAnalysis.englishFreqMatchScor
```

```
e(decryptedText))
172.            freqScores.append(keyAndFreqMatchTuple)
173.            # 일치 점수로 정렬
174.            freqScores.sort(key=getItemAtIndexOne, reverse=True)
175.
176.            allFreqScores.append(freqScores[:NUM_MOST_FREQ_LETTERS])
177.
178.        if not SILENT_MODE:
179.            for i in range(len(allFreqScores)):
180.                # i + 1을 쓰는 이유는 첫 번째 글자를 0번째 글자라고 부르지 않기 때문이다.
181.                print('Possible letters for letter %s of the key: ' % (i + 1),
end='')
182.                for freqScore in allFreqScores[i]:
183.                    print('%s ' % freqScore[0], end='')
184.                print() # Print a newline.
185.
186.        # 키의 각각의 위치에 대해 가장 가능성이 있는 모든 조합을 시도한다.
187.
188.        for indexes in itertools.product(range(NUM_MOST_FREQ_LETTERS),
repeat=mostLikelyKeyLength):
189.            # allFreqScores의 글자들에서 가능한 키를 생성한다.
190.            possibleKey = ''
191.            for i in range(mostLikelyKeyLength):
192.                possibleKey += allFreqScores[i][indexes[i]][0]
193.
194.            if not SILENT_MODE:
195.                print('Attempting with key: %s' % (possibleKey))
196.
197.            decryptedText = vigenereCipher.decryptMessage(possibleKey,
ciphertextUp)
198.
199.            if detectEnglish.isEnglish(decryptedText):
200.                # 원본 대소문자에 맞는 암호문 해킹
201.                origCase = []
202.                for i in range(len(ciphertext)):
203.                    if ciphertext[i].isupper():
204.                        origCase.append(decryptedText[i].upper())
205.                    else:
206.                        origCase.append(decryptedText[i].lower())
207.                decryptedText = ''.join(origCase)
```

```
208.
209.                    # 키를 찾았다면 사용자에게 확인을 요청한다.
210.                    print('Possible encryption hack with key %s:' % (possibleKey))
211.                    print(decryptedText[:200]) # 앞 200글자만 보여준다.
212.                    print()
213.                    print('Enter D if done, anything else to continue hacking:')
214.                    response = input('> ')
215.
216.                    if response.strip().upper().startswith('D'):
217.                        return decryptedText
218.
219.        # 영어로 보이는 복호화 텍스트를 찾을 수 없다면 None을 리턴한다.
220.        return None
221.
222.
223. def hackVigenere(ciphertext):
224.        # 카시스키 분석을 시행하려면 먼저 암호문의 암호 키의 길이를 알아내야 한다.
225.
226.        allLikelyKeyLengths = kasiskiExamination(ciphertext)
227.        if not SILENT_MODE:
228.            keyLengthStr = ''
229.            for keyLength in allLikelyKeyLengths:
230.                keyLengthStr += '%s ' % (keyLength)
231.            print('Kasiski examination results say the most likely key lengths
                are: ' + keyLengthStr + '\n')
232.        hackedMessage = None
233.        for keyLength in allLikelyKeyLengths:
234.            if not SILENT_MODE:
235.                print('Attempting hack with key length %s (%s possible keys)
                    ...' % (keyLength, NUM_MOST_FREQ_LETTERS ** keyLength))
236.            hackedMessage = attemptHackWithKeyLength(ciphertext, keyLength)
237.            if hackedMessage != None:
238.                break
239.
240.        # 카시스키 분석에서 사용할 수 있는 적절한 키가 없다면,
241.        # 키 길이에 대해 무차별 대입법을 시행한다.
242.        if hackedMessage == None:
243.            if not SILENT_MODE:
244.                print('Unable to hack message with likely key length(s).
                    Brute-forcing key length...')
```

```
245.        for keyLength in range(1, MAX_KEY_LENGTH + 1):
246.            # 카시스키에서 이미 시행한 키 길이는 다시 확인하지 않는다.
247.            if keyLength not in allLikelyKeyLengths:
248.                if not SILENT_MODE:
249.                    print('Attempting hack with key length %s
                          (%s possible keys)...' % (keyLength, NUM_MOST_FREQ_LETTERS
**keyLength))
250.                hackedMessage = attemptHackWithKeyLength(ciphertext, keyLength)
251.                if hackedMessage != None:
252.                    break
253.    return hackedMessage
254.
255.
256. # vigenereHacker.py가 모듈이 아니라면 main() 함수를 호출한다.
257.
258. if __name__ == '__main__':
259.    main()
```

비즈네르 해킹 프로그램 실행 예제

vigenereHacker.py 프로그램을 실행하면 다음과 같은 출력을 볼 수 있다.

```
Kasiski examination results say the most likely key lengths are: 3 2 6 4 12
Attempting hack with key length 3 (27 possible keys)...
Possible letters for letter 1 of the key: A L M
Possible letters for letter 2 of the key: S N O
Possible letters for letter 3 of the key: V I Z
Attempting with key: ASV
Attempting with key: ASI
--중략--
Attempting with key: MOI
Attempting with key: MOZ
Attempting hack with key length 2 (9 possible keys)...
Possible letters for letter 1 of the key: O A E
Possible letters for letter 2 of the key: M S I
Attempting with key: OM
```

```
Attempting with key: OS
--중략--
Attempting with key: ES
Attempting with key: EI
Attempting hack with key length 6 (729 possible keys)...
Possible letters for letter 1 of the key: A E O
Possible letters for letter 2 of the key: S D G
Possible letters for letter 3 of the key: I V X
Possible letters for letter 4 of the key: M Z Q
Possible letters for letter 5 of the key: O B Z
Possible letters for letter 6 of the key: V I K
Attempting with key: ASIMOV
Possible encryption hack with key ASIMOV:
ALAN MATHISON TURING WAS A BRITISH MATHEMATICIAN, LOGICIAN, CRYPTANALYST, AND
COMPUTER SCIENTIST. HE WAS HIGHLY INFLUENTIAL IN THE DEVELOPMENT OF COMPUTER
SCIENCE, PROVIDING A FORMALISATION OF THE CON
Enter D for done, or just press Enter to continue hacking:
> d
Copying hacked message to clipboard:
Alan Mathison Turing was a British mathematician, logician, cryptanalyst, and
computer scientist. He was highly influential in the development of computer
--중략--
```

모듈 Import와 main() 함수 설정

이제 비즈네르 해킹 프로그램의 소스 코드를 살펴보자. 이 해킹 프로그램은 여러 모듈을 import하는데 새롭게 등장하는 itertools 모듈도 있다. 이에 대해서는 곧 다룬다.

```
1. # 비즈네르 암호 해킹 프로그램
2. # https://www.nostarch.com/crackingcodes/ (BSD Licensed)
3.
4. import itertools, re
5. import vigenereCipher, pyperclip, freqAnalysis, detectEnglish
```

이 프로그램에서는 추가적으로 7~11행에 상수 몇 개를 설정하는데 실제 사용하는 곳에서 설명한다.

이 해킹 프로그램의 main() 함수는 앞에서 소개한 해킹 함수들의 main() 함수와 유사하다.

```
14. def main():
15.     # 암호문을 일일이 타이핑하지 말고 웹사이트에서 복사 후 붙여넣기하는 것을 추천한다.
16.     # from https://www.nostarch.com/crackingcodes/:
17.     ciphertext = """Adiz Avtzqeci Tmzubb wsa m Pmilqev halpqavtakuoi,
        lgouqdaf, kdmktsvmztsl, izr xoexqhzr kkusitaaf. Vz wsa twbhdg
        ubalmmzhdad qz
        --중략--
        azmtmd'g widt ion bwnafz tzm Tcpsw wr Zjrva ivdcz eaigd yzmbo
        Tmzubb a kbmhptgzk dvrvwz wa efiohzd."""
18.     hackedMessage = hackVigenere(ciphertext)
19.
20.     if hackedMessage != None:
21.         print('Copying hacked message to clipboard:')
22.         print(hackedMessage)
23.         pyperclip.copy(hackedMessage)
24.     else:
25.         print('Failed to hack encryption.')
```

hackVigenere() 함수에 암호문을 넘기면 복호화에 성공했을 경우 복호화된 문자열을, 실패했을 경우 None을 리턴한다. 해킹에 성공했다면 해킹된 message를 화면에 출력하고 클립보드에 복사한다.

반복 문자열 찾기

findRepeatSequencesSpacings() 함수는 카시스키 분석의 첫 번째 단계로서 message 문자열 안에 특정 글자 시퀀스가 반복적으로 출현하는 위치를 모두 찾고 각 시퀀스 사이의 간격을 센다.

```
28. def findRepeatSequencesSpacings(message):
      --중략--
33.       # 정규표현식을 통해 message에서 글자가 아닌 문자(알파벳 외)를 제거한다.
34.       message = NONLETTERS_PATTERN.sub('', message.upper())
35.
36.       # message에서 찾은 시퀀스의 반복을 찾아서 시퀀스의 길이-글자의 리스트로 묶는다.
37.       seqSpacings = {} # 키는 시퀀스 문자열이고, 값은 반복 간격 정수 값의 리스트다.
```

34행은 message를 대문자로 변환하고 특수문자들을 sub() 정규표현식으로 제거한다.

37행의 seqSpacings 딕셔너리는 반복 시퀀스가 출현하면 그 문자열을 키로 하고 반복 시퀀스 사이의 간격의 글자 수를 리스트로 담을 것이다. 예를 들어 message에 예제 문자열 'PPQCAXQV...'를 넘기면 함수 findRepeatSequenceSpacings()는 {'VRA': [8, 24, 32], 'AZU': [48], 'YBN': [8]}을 리턴한다.

38행의 루프는 각 반복 시퀀스가 message 안에서 재차 출현하는지 찾아서 간격을 계산한다.

```
38.       for seqLen in range(3, 6):
39.           for seqStart in range(len(message) - seqLen):
40.               # 시퀀스의 구간을 결정해 seq에 넣는다.
41.               seq = message[seqStart:seqStart + seqLen]
```

루프의 첫 번째 순회에서는 세 글자가 일치하는지 본다. 다음 순회에서는 네 글자를, 그다음 순회에서는 다섯 글자가 일치하는지 찾는다. 38행의 range(3, 6)을 수정하면 찾을 문자열의 일치 길이를 바꿀 수 있다. 그러나 3, 4, 5글자의 반복 시퀀스만 찾으면 대부분의 암호문에서 쓸 수 있다. 암호문에서 우연의 일치로 이런 반복이 출현할 가능성은 매우 낮을 뿐더러, 이 정도로 짧은 반복을 찾는 것이 더 쉽기 때문이다. for 루프에서 반복의 길이는 seqLen에 저장해 확인한다.

39행의 for 루프에서는 message를 seqLen 길이에 맞춰서 가능한 모든 조각을 만들어 낸다. 이 for 루프를 통해 문자열 조각을 만들어낼 시작 위치를 결정하고 seqLen 길이의 문자열 조각을 얻는다. 예를 들어 seqLen이 3이고 message가 'PPQCAXQ'이면 루프를 시작하면 첫 번째 인덱스가 0이므로 문자열 조각은 3글자 길이로 얻어서 'PPQ'가 된다. 다음 순회에서는 인덱스가 1이므로 'PPQ'를 얻는다. 마지막 세 글자까지 모든 인덱스를 시행할 때 인덱스 값은 len(message) - seqLen이 된다. 이 과정을 그림 20-2로 살펴볼 수 있다.

그림 20-2 seqStart의 값에 따라 message에서 얻는 seq 값들

39행의 for 루프를 len(message) - seqLen까지 순회할 때 문자열 조각을 시작할 현재 인덱스 값은 변수 seqStart가 된다. 인덱스 시작 값을 얻으면 41행에서 변수 seq에 문자열 조각을 넣는다.

이제 44행의 for 루프를 통해 message에서 이 문자열 조각이 반복되는지 찾을 수 있다.

```
43.            # message의 남은 부분에서 이 반복을 찾는다.
44.            for i in range(seqStart + seqLen, len(message) - seqLen):
45.                if message[i:i + seqLen] == seq:
```

44행의 for 루프는 39행의 for 루프 안에 있고, message에서 seqLen길이의 모든 문자열 조각을 시험하기 위해 i를 인덱스 값으로 설정한다. 이 인덱스는 seqStart + seqLen 에서 시작하는데 이것은 현재 seq의 다음 위치이며, seqLen 길이의 마지막 문자열 조각인 len(message) - seqLen까지 증가한다. 예를 들어 message가 'PPQCAXQVEKGYBNKMAZUYBN' 이고 seqStart가 11이고, seqLen은 3이면 41행의 seq는 'YBN'이다. 이때 for 루프는 message의 14번째 인덱스에서 탐색을 시작할 것이다.

45행의 message[i:i + seqLen]는 message의 문자열 조각을 얻는데, 이것을 seq와 비교해 seq가 message내에서 반복되는 문자열인지 확인한다. 문자열의 반복을 확인했다면, 46행에서 52행에서 반복 사이의 간격을 계산해 그 값을 딕셔너리 seqSpacing에 더한다. 첫 번째 순회에서는 45행에서 seq를 'KMA'와 비교할 것이다. 그다음은 'MAZ'를, 그다음은 'AZU' 식으로 비교를 계속할 것이다. i가 19에 이르면 45행은 'YBN'과 seq가 같다는 것을 판단해 46행에서 52행을 실행한다.

```
46.                # 반복이 있다는 것을 발견했다면
47.                if seq not in seqSpacings:
48.                    seqSpacings[seq] = [] # 빈 리스트로 초기화한다.
49.
50.                # 새로 찾은 반복 글자와
51.                # 원래 글자들 사이의 발생 간격을 추가한다.
52.                seqSpacings[seq].append(i - seqStart)
```

47, 48행은 변수 seq가 seqSpacings에 존재하는 키인지 확인한다. 존재하지 않는다면, seqSpacings[seq]를 통해 seq를 키로 하고 값을 비어 있는 리스트로 설정한 딕셔너리를 생성한다. 이제 원래 비교하려는 문자열 조각(message[i:i + seqLen])과 발견한 문자열(message[i:i + seqLen]) 조각 사이의 간격을 계산하면 되는데, 단순히 i - seqStart를 계산하면 된다. i와 seqStart는 콜론 전의 인덱스에서 시작한다는 점을 유의한다. 그러므로 i - seqStart는 두 반복 사이의 간격 값이 되며 이 값은 seqSpacings[seq]에 들어 있는 리스트에 추가된다.

이 for 루프들을 모두 마치면 seqSpacings 딕셔너리는 길이가 3, 4, 5인 모든 반복 시퀀스 문자열과 그 문자열이 반복적으로 출현한 간격을 담는다. seqSpacings 딕셔너리는 53행에서 findRepeatSequencesSpacings()의 리턴 값이 된다.

```
53.        return seqSpacings
```

지금까지 카시스키 분석의 첫 번째 단계에서 암호문 안에서 반복이 발생하는 문자열과 그 반복 사이의 간격을 구하는 과정을 알아봤다. 이제 카시스키 분석의 다음 단계로 넘어가보자.

간격 값의 약수 구하기

앞에서 설명한 바와 같이 카시스키 분석의 다음 단계는 각 간격들의 약수를 구하는 것이다. 약수는 길이 값에서 2와 MAX_KEY_LENGTH 사이의 값 중에 찾을 것이다. getUseful

Factors(num) 함수를 통해서 이 작업을 시행할 것인데, 이 함수는 파라미터로 num을 받고 조건에 맞는 약수들만 리스트로 리턴한다.

```
56. def getUsefulFactors(num):
- 중략 -
61.     if num < 2:
62.         return [] # 2 이하의 경우 약수가 없다.
63.
64.     factors = [] # 찾은 약수의 리스트
```

61행은 num이 2보다 작은 특수한 경우를 점검한다. 2보다 작으면 62행에서 빈 리스트를 리턴하는데, num이 2보다 작으면 쓸 수 있는 약수가 없기 때문이다.

num이 2보다 크면 num의 모든 약수를 구해서 리스트에 저장해야 한다. 64행에서는 약수들을 저장할 변수 factors를 빈 리스트로 초기화한다.

68행의 for 루프에서는 2에서 MAX_KEY_LENGTH 이하까지의 정수를 순회한다. range( )는 for 루프를 순회할 때 두 번째 아규먼트의 값까지 순회하지는 않으므로 MAX_KEY_LENGTH + 1를 전달해 MAX_KEY_LENGTH까지 포함시켰다. 이 루프가 num의 모든 약수를 찾는다.

```
68.     for i in range(2, MAX_KEY_LENGTH + 1): # 1은 테스트하지 않는다. 1은 사용하지 않는다.
69.         if num % i == 0:
70.             factors.append(i)
71.             otherFactor = int(num / i)
```

69행은 num % i가 0인지 확인한다. 나머지가 0이라면 num이 i로 나누어 떨어진다는 뜻이므로 i는 num의 약수다. 약수임이 확인되면 70행에서 i를 변수 factors에 리스트의 요소로서 추가한다. 이때 num / i도 약수임이 분명하므로 71행에서 이 또한 otherFactor에 저장한다(/ 연산자는 항상 실수 값을 리턴한다. 예를 들어 21 / 7은 정수 3이 아니라 실수 3.0이다). 결괏값이 1이라면 이 값은 리스트 factors에 저장하지 않아야 하므로 72행에서 이를 확인한다.

```
72.         if otherFactor < MAX_KEY_LENGTH + 1 and otherFactor != 1:
73.             factors.append(otherFactor)
```

계산된 값이 1이 아니라면 73행에서 이를 저장한다. 값이 1이라면 비즈네르 키의 길이가 1이라는 뜻이므로 이는 카이사르 암호와 같기 때문에 1은 넣지 않는다.

set() 함수로 중복 제거하기

카시스키 분석에서는 가장 자주 출현하는 약수가 비즈네르 키의 길이가 될 확률이 크다는 점을 이용하므로 가장 자주 출현하는 약수를 구할 필요가 있다. 그러나 빈도 분석을 하려면 먼저 리스트 factors의 중복을 제거할 필요가 있으며 함수 set()을 이용한다.

예를 들어 getUsefulFactors()의 num 파라미터에 9를 전달해 실행하면 9 % 3 == 0이 True이므로 i와 otherFactor에 이 약수를 모두 더할 것이다. i와 int(num / i)는 둘 다 3이므로 리스트에 3이 두 번 들어가는 것이다. 이런 중복을 막으려면 리스트를 set()에 전달하면 된다. set()은 리스트를 집합 데이터 유형으로 변환해 리턴한다. 집합 데이터 유형은 리스트 데이터 유형과 비슷하나 집합의 값들은 항상 유일한 값만 담고 있다.

set() 함수에는 어떤 리스트 값을 넣든 간에 중복이 없는 집합 값을 얻을 수 있다. 이 집합 값을 다시 list()에 넣으면 집합을 리스트로 변환한 값을 얻을 수 있다. 이 과정을 예제로 살펴보기 위해 다음을 대화형 셸에 입력해본다.

```
>>> set([1, 2, 3, 3, 4])
set([1, 2, 3, 4])
>>> spam = list(set([2, 2, 2, 'cats', 2, 2]))
>>> spam
[2, 'cats']
```

리스트일 때에는 존재하던 중복 값들이 집합으로 변환해 유일한 값으로 정리된 것을 알 수 있다. 리스트에서 집합으로 변환한 후 다시 리스트로 변환하면 결과적으로 중복이 제거된다.

중복 약수 제거와 리스트 정렬

74행에서 factors의 리스트 값을 set()에 전달해 중복이 있는 약수를 제거한다.

```
74.     return list(set(factors)) # 약수 집합에서 중복을 제거한다.
```

77행의 함수 getItemAtIndexOne( )는 19장에서 작성해본 freqAnalysis.py 프로그램의
getItemAtIndexZero( )와 같다('튜플의 첫 번째 요소 얻기' 절을 참고한다).

```
77. def getItemAtIndexOne(x):
78.     return x[1]
```

이 함수를 프로그램 뒷부분의 sort( )에 전달해 요소들 중 첫 번째 인덱스에 있는 요소
를 기반으로 정렬할 수 있다.

가장 빈번한 약수 찾기

가장 자주 등장하는 약수는 키의 길이가 될 가능성이 가장 높으며 이를 찾기 위해서 함수
getMostCommonFactors( )를 작성했다. 이 함수는 81행에서 시작한다.

```
81. def getMostCommonFactors(seqFactors):
82.     # 먼저 seqFactors에 약수가 발생한 횟수를 구한다.
83.     factorCounts = {} # 약수가 키 값이고, 발생 횟수가 값인 딕셔너리다.
```

81행의 파라미터 seqFactors는 kasiskiExamination( ) 함수로 생성한 딕셔너리 값으로
써 간략히 설명하면 이 딕셔너리는 키가 반복 문자열이고 값이 각 키에 대한 약수 정수
값의 리스트다(즉, 앞의 findRepeatSequencesSpacings( )가 리턴한 간격 값의 약수들). 예를 들어
seqFactors는 다음과 같은 형태의 딕셔너리 값을 담는다.

```
{'VRA': [8, 2, 4, 2, 3, 4, 6, 8, 12, 16, 8, 2, 4], 'AZU': [2,
 3, 4, 6, 8, 12, 16, 24], 'YBN': [8, 2, 4]}
```

getMostCommonFactors( ) 함수는 seqFactors에서 빈도가 높은 순에서 낮은 순으로 약수
를 정렬해 두 정수의 튜플의 리스트를 리턴한다. 튜플의 첫 번째 정수는 약수이고 두 번
째 정수는 seqFactors에서 출현한 횟수다.

예를 들어 getMostCommonFactors( )는 다음과 같은 리스트 값을 리턴한다.

[(3, 556), (2, 541), (6, 529), (4, 331), (12, 325), (8, 171), (9, 156), (16, 105), (5, 98), (11, 86), (10, 84), (15, 84), (7, 83), (14, 68), (13, 52)]

이 리스트를 보면 getMostCommonFactors( )에 딕셔너리 seqFactors를 전달했을 때 약수 3이 556번 출현하고 약수 2가 541번 출현하고, 약수 6은 529번 출현한다는 사실을 알 수 있다. 리스트의 처음에 3이 오는 이유는 출현 횟수가 가장 많기 때문이며 13이 마지막에 있는 이유는 가장 드물게 출현했기 때문이다.

getMostCommonFactors( )의 첫 번째 단계는 83행에서 딕셔너리 factorCounts를 초기화하는 것이다. 이 변수에 각 약수의 출현 횟수를 저장할 것이다. factorCounts의 키는 약수이고 값은 이 약수의 출현 횟수다.

다음으로 88행의 for 루프를 통해 seqFactors의 모든 반복 시퀀스 문자열을 순회하는데, 각 순회마다 변수 seq에 반복 시퀀스 문자열을 저장한다. seqFactors의 seq에 해당하는 약수 리스트는 89행에서 변수 factorList에 저장된다.

```
88.     for seq in seqFactors:
89.         factorList = seqFactors[seq]
90.         for factor in factorList:
91.             if factor not in factorCounts:
92.                 factorCounts[factor] = 0
93.             factorCounts[factor] += 1
```

이 리스트 값의 약수들을 다시 90행의 for 루프에서 순회한다. 약수가 factorCounts에 존재하지 않으면 92행에서 0으로 초기화하고 존재하면 93행에서 factorCounts[factor]를 증가시킨다. 이 값은 factorCounts상의 해당 약수가 갖는 출현 빈도 값이다.

getMostCommonFactors( )의 다음 단계는 factorCounts 딕셔너리의 값들을 출현 횟수 순으로 정렬하는 것이다. 딕셔너리 값은 순서가 없으므로 정렬을 하려면 먼저 딕셔너리를 두 정수로 구성된 튜플의 리스트로 변환해야 한다(이와 비슷한 작업을 19장의 freqAnalaysis.py 모듈에 있는 함수 getFrequencyOrder( )에서 다룬 바 있다). 이 리스트 값은

factorsByCount 변수에 저장하는데 97행에서 빈 리스트로 시작한다.

```
97.        factorsByCount = []
98.        for factor in factorCounts:
99.            # MAX_KEY_LENGTH다 큰 약수는 제외한다.
100.           if factor <= MAX_KEY_LENGTH:
101.               # factorsByCount는 튜플의 리스트다(factor, factorCount).
102.               # factorsByCount의 값은 이런 형태다[(3, 497), (2, 487), ...].
103.               factorsByCount.append( (factor, factorCounts[factor]) )
```

그런 다음 98행의 for 루프에서 factorCounts의 각 약수들을 이 튜플(factor, factor Counts[factor])에 더하는데, 약수가 MAX_KEY_LENGTH 이하인 경우로 한정한다.

루프를 마치면 factorsByCount에 모든 튜플이 구축됐고, 106행에서 getMostCommon Factors() 함수의 마지막 단계는 factorsByCount 정렬을 시행한다.

```
106.       factorsByCount.sort(key=getItemAtIndexOne, reverse=True)
107.
108.       return factorsByCount
```

sort 함수의 key 아규먼트에는 getItemAtIndexOne 함수를 전달하고 reverse에는 True 를 전달해 약수 리스트를 정렬할 때 출현 횟수가 큰 값에서 작은 값 순으로 정렬하도록 한다. 즉 가장 빈번하게 출현하는 약수에서 가장 드물게 출현하는 약수로 정렬한 것이다. 가장 빈번하게 출현한 약수는 비즈네르 키의 길이 값이 될 가능성이 가장 크다.

가장 가능성이 높은 키 길이 찾기

암호문에서 가장 가능성이 높은 하위 키를 찾기 전에 먼저 하위 키의 개수를 알아야 한다. 이는 키의 길이를 알아야 한다는 뜻이다. 111행의 kasiskiExamination() 함수는 아규먼트로 암호문을 전달하면 가능성이 높은 키 길이 리스트를 리턴한다.

```
111. def kasiskiExamination(ciphertext):
     - 중략 -
115.     repeatedSeqSpacings = findRepeatSequencesSpacings(ciphertext)
```

리스트상의 키 길이는 정수 값이며 리스트의 첫 번째 정수는 가장 가능성이 높은 값이고 두 번째는 두 번째로 높은 값이다.

키 길이를 찾는 첫 번째 단계는 암호문상에서 반복되는 문자열 사이의 간격을 찾는 것이다. 이 값은 findRepeatSequencesSpacings() 함수를 통해 얻는데 리턴 값은 키가 반복 문자열이고 값이 간격 정수 값인 딕셔너리다. findRepeatSequencesSpacings() 함수에 대해서는 '반복 문자열 찾기' 절에서 다뤘다.

다음 코드를 계속 진행하기 전에 리스트 메소드 extend()에 대해서 알아보자.

리스트 메소드 extend()

리스트의 끝에 값을 여러 개 추가하고 싶을 때 루프를 돌며 append()를 호출하는 것보다 쉬운 방법이 있다. 리스트 메소드인 extend()는 리스트의 끝에 여러 개의 값을 추가하며, 리스트 메소드 append()와 유사하다. append() 메소드는 리스트를 넘기면 리스트 전체를 요소 한 개로 취급해 리스트의 끝에 추가한다. 실제 모습은 다음과 같다.

```
>>> spam = ['cat', 'dog', 'mouse']
>>> eggs = [1, 2, 3]
>>> spam.append(eggs)
>>> spam
['cat', 'dog', 'mouse', [1, 2, 3]]
```

extend() 메소드는 이와 달리 아규먼트로 들어오는 리스트의 각 요소를 리스트의 끝에 추가한다. 다음 코드를 대화형 셸에 입력하고 결과를 살펴보자.

```
>>> spam = ['cat', 'dog', 'mouse']
>>> eggs = [1, 2, 3]
>>> spam.extend(eggs)
```

```
>>> spam
['cat', 'dog', 'mouse', 1, 2, 3]
```

예제에서 보이는 바와 같이, eggs의 값 (1, 2, 3)이 spam에 분리돼 별건으로 추가됐다.

repeatedSeqSpacings 딕셔너리 확장하기

repeatedSeqSpacings는 반복 문자열과 간격 정수 값의 리스트를 짝지은 딕셔너리다. 그러나 실제로 필요한 것은 반복 문자열과 간격 정수 값의 약수들의 리스트를 짝지은 딕셔너리가 필요하다('간격 값의 약수 구하기' 절을 참고하면 그 이유를 알 수 있다). 118행에서 122행은 다음과 같다.

```
118.    seqFactors = {}
119.    for seq in repeatedSeqSpacings:
120.        seqFactors[seq] = []
121.        for spacing in repeatedSeqSpacings[seq]:
122.            seqFactors[seq].extend(getUsefulFactors(spacing))
```

118행에서는 seqFactors를 빈 딕셔너리로 초기화했다. 119행의 for 루프는 반복 문자열인 딕셔너리 repeatedSeqSpacings의 모든 키를 순회한다. 각 키에 대해 seqFactors의 값은 빈 리스트로 초기화한다.

121행의 for 루프는 getUsefulFactors()를 호출할 때 넘길 모든 간격 정수 값을 순회한다. getUsefulFactors()가 리턴한 리스트의 요소들은 extend() 메소드를 통해 seqFactors[seq]에 분리된 요소로 추가된다.

모든 for 루프가 완료되면 seqFactors는 반복 문자열과 간격 정수 값의 약수를 담은 리스트를 짝지은 딕셔너리가 된다. 이제 단순한 간격 값이 아닌 간격 값의 약수들을 확보했다.

125행에서는 seqFactors 딕셔너리를 getMostCommonFactors()에 넘겨서 두 정수로 구성된 튜플을 리턴받는데, 이 튜플의 첫 번째 정수는 약수를 의미하고 두 번째 정수는 seqFactors상에 약수가 출현된 빈도를 의미한다. 그런 다음 factorsByCount에 저장된 튜플을 얻는다.

```
125.        factorsByCount = getMostCommonFactors(seqFactors)
```

kasiskiExamination() 함수는 약수와 출현 빈도를 담은 튜플이 아니라 정수 약수의 리스트를 리턴해야 하는데, factorsByCount에 들어 있는 튜플 리스트의 첫 번째 요소가 약수들이므로 튜플에서 이 약수들만 꺼내서 분리된 리스트에 넣어야 한다.

factorsByCount에서 약수 리스트 얻기

130에서 134행은 약수들의 분리된 리스트를 allLikelyKeyLengths에 저장한다.

```
130.        allLikelyKeyLengths = []
131.        for twoIntTuple in factorsByCount:
132.            allLikelyKeyLengths.append(twoIntTuple[0])
133.
134.        return allLikelyKeyLengths
```

131행의 for 루프는 factorsByCount의 각 튜플을 순회하며 튜플의 0번째 인덱스의 요소를 allLikelyKeyLengths의 끝에 더한다. 이 루프를 마치면 변수 allLikelyKeyLengths는 factorsByCount에 들어 있는 모든 정수 약수가 들어가며 이를 kasiskiExamination() 함수가 리스트로 리턴한다.

이제 message를 암호화할 때 사용한 키의 길이 중 가장 가능성이 높은 키 길이를 확보했으므로 message를 암호화할 때 사용한 하위 키의 글자들을 분리해볼 수 있다. 'THEDOGANDTHECAT'을 키 'XYZ'로 암호화하면 message를 키 'X'로 암호화한 글자가 인덱스 0, 3, 6, 9, 12에 등장할 것임을 예상할 수 있다. 이 글자들은 원래의 영어 메시지를 암호화할 때 하위 키('X')가 같은 글자들이며, 복호화된 문장은 글자 빈도가 영어와 유사할 것이다. 우리는 이 정보를 이용해서 하위 키를 찾을 수 있다.

같은 하위 키로 암호화한 글자 찾기

같은 하위 키로 암호화한 암호문상의 글자들을 찾으려면 message의 첫 번째, 두 번째, n번째 글자를 사용한 문자열을 생성하는 함수를 작성해야 한다. 이 함수가 시작 인덱스, 키 길이, message를 받으면 첫 번째 단계로 message에서 글자가 아닌 특수문자들을 정리하는데, 145행의 정규표현식과 sub( ) 메소드를 통해 이 작업을 수행한다.

정규표현식은 '정규표현식으로 글자 찾기' 절에서 다룬 바 있다.

이제 message에서 글자만 추출한 새 값을 message에 다시 저장한다.

```
137. def getNthSubkeysLetters(nth, keyLength, message):
     --중략--
145.     message = NONLETTERS_PATTERN.sub('', message)
```

다음으로 리스트에 글자들을 더하고, join( )을 통해 이 리스트를 단일 문자열로 합친다.

```
147.     i = nth - 1
148.     letters = []
149.     while i < len(message):
150.         letters.append(message[i])
151.         i += keyLength
152.     return ''.join(letters)
```

변수 i는 message상의 글자를 가리키는 인덱스이며 문자열을 만들기 위한 리스트(변수 letters)에 더할 글자에 해당한다. 변수 i는 147행의 nth - 1에서 시작하고 변수 letters는 148행에서 빈 리스트로 시작한다.

149행의 while 루프는 i가 message 길이보다 작은 동안 순회한다. 각 순회에서 message[i]의 글자는 letters에 리스트의 요소로 추가된다. 그런 다음 i는 151행에서 keyLength를 더해 하위 키의 다음 글자로 갱신된다.

이 루프를 마치면 152행에서 join을 통해 단일 문자의 문자열로 구성된 letters 리스트를 문자열 하나로 합치고 이 문자열을 getNthSubkeysLetters( ) 함수의 리턴 값으로 한다.

이제 같은 하위 키로 암호화한 글자들을 꺼낼 수 있으므로 getNthSubkeysLetters()를 사용해 가능성이 높은 키 길이에 맞춰 복호화를 시행해볼 수 있다.

후보 키 길이를 이용한 복호화 시도

kasiskiExamination() 함수는 리턴한 키 길이가 실제 비즈네르 키 길이와 일치한다는 보장을 하지는 않는다. 가장 가능성이 높은 키 길이에서 낮은 키 길이 순으로 정렬한 키 길이의 리스트를 리턴할 뿐이다. 코드가 키 길이를 잘못 결정했다면 키 길이를 바꿔서 다시 시도해야 한다.

함수 attemptHackWithKeyLength()는 암호문을 전달하면 키 길이를 결정한다. 만약 성공했다면 이 함수는 해킹된 메시지 문자열을 리턴할 것이다. 해킹에 실패하면 None을 리턴한다.

지금까지의 해킹 코드는 대문자에 대해서만 동작하는데, 우리는 복호화된 문자열이 원래의 대소문자 구성을 따르길 원한다. 즉, 원문을 얻고 싶은 것이다. 이것을 처리하기 위해 157행에서 따로 준비한 변수인 ciphertextUp에 암호문의 대문자 변환을 저장해둔다.

```
155. def attemptHackWithKeyLength(ciphertext, mostLikelyKeyLength):
156.     # 키에 속한 각 글자 중에서 키가 될 가능성이 가장 높은 글자를 결정한다.
157.     ciphertextUp = ciphertext.upper()
```

mostLikelyKeyLength에 추정한 값이 올바른 키 길이이면 해킹 알고리즘은 각 하위 키에 대해 getNthSubkeysLetters()를 호출해 가능한 26글자를 무차별 대입하고 복호화된 문장이 같은 하위 키로 암호화한 영어와 글자 빈도가 비슷한지 살펴본다.

160행에서 먼저 allFreqScores에 빈 리스트를 저장하는데, 이 리스트는 freqAnalysis.englishFreqMatchScore()가 리턴하는 빈도 일치 점수를 저장할 공간이다.

```
160.     allFreqScores = []
161.     for nth in range(1, mostLikelyKeyLength + 1):
162.         nthLetters = getNthSubkeysLetters(nth, mostLikelyKeyLength,
ciphertextUp)
```

161행의 for 루프에서는 변수 nth에 1부터 mostLikelyKeyLength 값까지의 각 정수가 들어간다. range()의 두 번째 아규먼트는 루프에 포함되지 않으므로 코드에서는 + 1을 했다. 따라서 mostLikelyKeyLength의 정수 값 자체도 range 객체의 리턴 값에 포함된다.

162행에서는 nth 하위 키의 글자들을 저장하는데, getNthSubkeysLetters()의 리턴 값을 넣는다.

다음으로 하위 키로 가능한 26글자 전부를 nth 하위 키의 글자들로 복호화해 생성한 각각의 글자가 영어의 글자 빈도인지 살펴본다. 영어 빈도 일치 점수의 리스트는 freqScores 변수에 저장된다. 이 변수는 168행에서 빈 리스트로 시작해 169행의 for 루프를 통해 LETTERS 문자열의 대문자 26개를 각각 순회한다.

```
168.    freqScores = []
169.    for possibleKey in LETTERS:
170.        decryptedText = vigenereCipher.decryptMessage(possibleKey, nthLetters)
```

170행의 possibleKey 값은 vigenereCipher.decryptMessage()에 전달해 암호문을 복호화할 때 쓰는 키 값이다. possibleKey의 하위 키는 단 한 글자이지만 nthLetters에 들어있는 문자열은 올바른 키 길이를 결정했을 때의 하위 키로 복호화한 message의 글자들로 구성된다.

이제 복호화된 문장은 freqAnalysis.englishFreqMatchScore()에 전달돼 decryptedText의 글자들의 빈도가 일반 영어의 글자 빈도와 유사한지 살펴볼 차례다. 19장에서 배운 바와 같이 이 함수의 리턴 값은 0~12이다. 값이 클수록 일치할 가능성이 높다.

171행에서는 변수 keyAndFreqMatchTuple에 빈도 일치 점수와 키를 튜플로 구성한다. 이 튜플을 172행에서 freqScores의 끝에 추가한다.

```
171.        keyAndFreqMatchTuple = (possibleKey,
               freqAnalysis.englishFreqMatchScore(decryptedText))
172.        freqScores.append(keyAndFreqMatchTuple)
```

freqScores 리스트는 26개의 키-빈도 인치 점수 튜플을 보유한다.

169행의 for 루프를 완료하고 나면, freqScores 리스트에는 26개의 키와 빈도 일치 점수 튜플이 들어간다. 즉, 26개의 하위 키 각각에 대해 한 개의 튜플이 있어야 한다. 이 리스트를 정렬해서 가장 높은 영어 빈도 일치 점수의 튜플이 가장 앞에 오도록 해야 하는데, freqScores의 튜플을 인덱스 1의 값을 기준으로 역순으로 정렬하면 된다.

freqScores에 대해 메소드 sort()를 호출할 때, 아규먼트 key에는 getItemAtIndexOne를 전달한다. 괄호가 없으므로 함수를 호출하는 것이 아니다. 아규먼트 reverse에는 True를 전달했는데 True를 전달하면 sort() 함수가 역순으로 정렬을 시행한다.

```
174.        freqScores.sort(key=getItemAtIndexOne, reverse=True)
```

상수 NUM_MOST_FREQ_LETTERS의 초깃값은 9행에서 4로 설정했다. freqScores 안에 있는 튜플들을 역순으로 정렬하고 나면 176행에서 최초 튜플 3개 즉, 영어 빈도 일치 점수가 가장 높은 3개의 튜플만 리스트 allFreqScores에 더한다. 결과적으로 allFreqScores[0]는 첫 번째 하위 키에 대한 빈도 점수를 담고, allFreqScores[1]은 두 번째 하위 키에 대한 빈도 점수를 담는다.

```
176.        allFreqScores.append(freqScores[:NUM_MOST_FREQ_LETTERS])
```

161행의 for 루프를 마치면 allFreqScores 리스트의 길이는 mostLikelyKeyLength의 정수 값 길이가 된다. 예를 들어 mostLikelyKeyLength가 3이면 allFreqScores는 리스트를 3개 보유한 리스트가 된다. 첫 번째 리스트 값은 전체 비즈네르 키의 첫 번째 하위 키와 가장 일치하는 하위 키의 튜플 3개가 들어간다. 두 번째 리스트 값은 전체 비즈네르 키의 두 번째 하위 키와 가장 일치하는 하위 키의 튜플 3개가 들어간다.

비즈네르 키 전체에 대해 무차별 대입 공격을 시행하려면 원칙적으로는 26을 키 길이만큼 제곱한 횟수의 키가 존재한다. 예를 들어 키가 ROSEBUD라면 길이는 7이고 26^7을 계산하면 가능한 키의 개수는 8,031,810,176개이다.

그러나 영어 빈도 일치 점수를 통해 각 하위 키에 대해 가장 가능성 있는 글자를 결정할 수 있다. ROSEBUD 예제에서는 4^7에 대해서만 시행하면 되므로 가능한 키의 개수는 16,384개이다. 이것은 80개에 비하면 엄청난 향상이 있는 것이다.

print() 함수의 end 키워드

이제 사용자에게 출력할 차례다. print()에는 옵션 파라미터가 존재한다. 함수 print()를 호출하면 화면에는 항상 개행 문자와 함께 문자열이 출력된다. 개행 문자 대신 문자열의 끝에 다른 문자열을 출력하고 싶다면 함수 print()의 end 파라미터를 지정하면 된다. 다음 코드를 대화형 셸에 입력하고 함수 print()의 end 아규먼트 사용법을 확인해보자.

```
>>> def printStuff():
❶ print('Hello', end='\n')
❷ print('Howdy', end='')
❸ print('Greetings', end='XYZ')
  print('Goodbye')
>>> printStuff()
Hello
HowdyGreetingsXYZGoodbye
```

end='\n'를 넘기면 통상적인 출력과 같다 ❶. 그러나 end=''나 ❷ end='XYZ'를 넘기면 ❸ 개행 문자가 들어갈 자리에 그 문자들이 들어간다. 결과적으로 print()가 개행 문자를 출력하지 않는다.

프로그램을 실행할 때 화면에 많은 정보 보여주기

여기까지 오면 우리는 각 하위 키에 대해 가장 가능성이 높은 후보 글자 3씩을 알 수 있다. 상수 SILENT_MODE에 False를 프로그램 앞에 선언하면 178에서 184행에서 allFreq Scores의 값들을 화면에 출력한나.

```
178.    if not SILENT_MODE:
179.        for i in range(len(allFreqScores)):
180.            # i + 1을 쓰는 이유는 첫 번째 글자를 0번째 글자라고 부르지 않기 때문이다.
181.            print('Possible letters for letter %s of the key: ' % (i + 1),
                  end='')
182.            for freqScore in allFreqScores[i]:
183.                print('%s ' % freqScore[0], end='')
184.            print() # Print a newline.
```

SILENT_MODE를 True로 설정하면 앞의 if 구문 블록 코드는 실행하지 않고 넘긴다.

이제 우리는 무차별 대입법을 시행할 하위 키의 개수를 줄이는 데 성공했다. 이제 함수 itertools.product()에 대해 알아보고 이를 통해 무차별 대입법을 시행할 모든 하위 키 조합을 생성해보자.

후보 하위 키 조합 찾기

후보 하위 키들을 얻었으므로 전체 키를 찾기 위해 모든 하위 키의 조합을 찾아야 한다. 문제는 우리가 찾은 하위 키가 가능성이 높긴 하지만 실제 올바른 키 글자는 아닐 수도 있다는 점이다. 첫 번째 후보 하위 키가 아닌 두 번째나 세 번째 글자가 올바른 하위 키일 수도 있다. 즉, 각 하위 키에 대한 후보 키들을 단순히 하나의 키로 조립할 수는 없다. 따라서 모든 후보 하위 키의 조합을 통해 올바른 키를 찾아야 한다.

vigenereHacker.py 프로그램은 가능한 모든 하위 키의 조합을 확인하기 위해 itertools.product() 함수를 사용한다.

itertools.product() 함수

itertools.product() 함수는 리스트 또는 문자열이나 튜플 같이 리스트와 비슷한 값에 대해 그 안의 요소들의 가능한 모든 요소의 조합을 생성한다. 이런 요소의 조합을 곱집합^{Cartesian product}이라고 하며, 이 함수의 이름은 여기서 온 것이다. 이 함수는 itertools.product 객체 값을 리턴하는데, 이 객체를 list()에 넣어서 리스트로 변환할 수 있다. 다음 코드를 대화형 셀에 입력해보자.

```
>>> import itertools
>>> itertools.product('ABC', repeat=4)
<itertools.product object at 0x02C40170>
>>> list(itertools.product('ABC', repeat=4))
[('A', 'A', 'A', 'A'), ('A', 'A', 'A', 'B'), ('A', 'A', 'A', 'C'), ('A', 'A',
'B', 'A'), ('A', 'A', 'B', 'B'), ('A', 'A', 'B', 'C'), ('A', 'A', 'C', 'A'),
('A', 'A', 'C', 'B'), ('A', 'A', 'C', 'C'), ('A', 'B', 'A', 'A'), ('A', 'B',
'A', 'B'), ('A', 'B', 'A', 'C'), ('A', 'B', 'B', 'A'), ('A', 'B', 'B', 'B'),
--중략--
```

❶ <itertools.product object at 0x02C40170>

```
('C', 'B', 'C', 'B'), ('C', 'B', 'C', 'C'), ('C', 'C', 'A', 'A'), ('C', 'C',
'A', 'B'), ('C', 'C', 'A', 'C'), ('C', 'C', 'B', 'A'), ('C', 'C', 'B', 'B'),
('C', 'C', 'B', 'C'), ('C', 'C', 'C', 'A'), ('C', 'C', 'C', 'B'), ('C', 'C',
'C', 'C')]
```

itertools.product()에 'ABC'와 repeat 아규먼트에 정수 4를 넘기면 itertools.product 객체를 리턴하는데 ❶ 이 객체를 list로 변환하면 'A', 'B', 'C'를 이용해 값이 4개인 튜플의 모든 조합이 들어간다. 결과적으로 이 리스트는 3^4, 즉 81개의 요소를 갖는다.

itertools.product()에는 리스트 값 외에도 리스트와 비슷한 range 객체(range 함수의 리턴 값)같은 것도 적용할 수 있다. 다음 코드를 대화형 셸에 입력하고 리스트를 넣었을 때와 유사 리스트를 넣었을 때의 결과를 비교해보자.

```
>>> import itertools
>>> list(itertools.product(range(8), repeat=5))
[(0, 0, 0, 0, 0), (0, 0, 0, 0, 1), (0, 0, 0, 0, 2), (0, 0, 0, 0, 3), (0, 0, 0,
0, 4), (0, 0, 0, 0, 5), (0, 0, 0, 0, 6), (0, 0, 0, 0, 7), (0, 0, 0, 1, 0), (0,
0, 0, 1, 1), (0, 0, 0, 1, 2), (0, 0, 0, 1, 3), (0, 0, 0, 1, 4),
--중략--
(7, 7, 7, 6, 6), (7, 7, 7, 6, 7), (7, 7, 7, 7, 0), (7, 7, 7, 7, 1), (7, 7, 7,
7, 2), (7, 7, 7, 7, 3), (7, 7, 7, 7, 4), (7, 7, 7, 7, 5), (7, 7, 7, 7, 6), (7,
7, 7, 7, 7)]
```

itertools.product()에 range(8)이 리턴한 range 객체를 넘길 때 repeat 아규먼트에 5를 지정하면 값이 5개인 튜플의 리스트를 생성하는데, 0~7 범위의 정수의 조합이 모두 생성된다.

itertools.product()에 후보 하위 키의 글자 리스트를 단순히 넘길 수는 없다. 이 함수는 값이 같은 조합을 생성하는 한편, 하위 키 각각은 서로 다른 후보 글자들을 갖기 때문이다.

우리가 얻은 하위 키들을 allFreqScores의 튜플로 저장하지 않고, 각 글자들을 0에서 시작해 글자 수보다 1 작은 값 사이의 인덱스로 접근해볼 수 있다. 각 튜플의 글자 개수는 NUM_MOST_FREQ_LETTERS라는 사실을 이미 알고 있으므로 176행에서는 각 튜플의 NUM_MOST_FREQ_LETTERS보다 앞의 후보 글자 개수만 저장하면 된다.

따라서 인덱스의 범위는 실제로 접근이 필요한 0에서 NUM_MOST_FREQ_LETTERS 사이의 구간이 되고, 이 구간을 itertools.product()에 넘기면 된다. 이때, 두 번째 아규먼트로 후보 키 길이도 넘겨야 한다. 그러면 후보 키 길이의 튜플들이 생성될 것이다.

예를 들어 각 하위 키의 가장 가능성 높은 글자 세 개(NUM_MOST_FREQ_LETTERS로 정한 것)에 대해 키를 시험하되, 키의 길이가 다섯 글자로 추정된다면 itertools.product()가 만드는 첫 번째 값은 (0, 0, 0, 0, 0), 그다음 값은 (0, 0, 0, 0, 1), 그다음 값은 (0, 0, 0, 0, 2)가 될 것이며, (2, 2, 2, 2, 2)에 도달할 때까지 계속할 것이다.

값이 다섯 개인 튜플들의 각 정수 값은 allFreqScores의 인덱스를 나타낸다.

allFreqScores의 하위 키 접근

allFreqScores의 값은 가능성이 높은 각 하위 키 글자와 빈도 일치 점수가 들어 있는 리스트다. 이 리스트의 동작 원리를 살펴보기 전에 IDLE에서 가상의 값을 만들어보자. 예를 들어 allFreqScores는 각 하위 키의 후보 글자로 4개를 찾았을 때 아래와 같은 키 여섯 개를 만들어볼 수 있다.

```
>>> allFreqScores = [[('A', 9), ('E', 5), ('O', 4), ('P', 4)], [('S', 10),
('D', 4), ('G', 4), ('H', 4)], [('I', 11), ('V', 4), ('X', 4), ('B', 3)],
[('M', 10), ('Z', 5), ('Q', 4), ('A', 3)], [('O', 11), ('B', 4), ('Z', 4),
('A', 3)], [('V', 10), ('I', 5), ('K', 5), ('Z', 4)]]
```

꽤 복잡해 보이므로, 리스트의 인덱스를 통해서 특정 값의 튜플들만 살펴보자. allFreqScores를 인덱스로 접근하면 하위 키 하나에 대한 후보 글자들의 튜플 리스트를 얻을 수 있다. 예를 들어 allFreqScores[0]는 첫 번째 하위 키에 대한 튜플들을 나타내는데, 후보 글자와 빈도 일치 점수로 구성된 튜플들의 리스트다. 마찬가지로 allFreqScores[1]는 두 번째 하위 키에 대한 튜플들의 리스트다.

```
>>> allFreqScores[0]
[('A', 9), ('E', 5), ('O', 4), ('P', 4)]
>>> allFreqScores[1]
[('S', 10), ('D', 4), ('G', 4), ('H', 4)]
```

이때 가져올 인덱스를 한 차원 더 깊이 접근하면 각 하위 키 후보 글자의 튜플에 직접 접근할 수 있다. 예를 들어 두 번째 하위 키의 가장 가능성이 높은 후보 글자의 튜플은 allFreqScores[1][0]로 얻을 수 있다. 두 번째 하위 키의 두 번째로 가능성이 높은 후보 글자의 튜플은 allFreqScores[1][1]로 얻을 수 있다.

```
>>> allFreqScores[1][0]
('S', 10)
>>> allFreqScores[1][1]
('D', 4)
```

이 값들은 튜플이고 이 튜플의 첫 번째 값은 후보 글자인데, 빈도 점수를 제외하고 후보 글자만 얻으려면 튜플의 첫 번째 인덱스로 접근하면 된다. 즉, allFreqScores[1][0][0]는 첫 번째 하위 키의 가장 가능성 높은 후보 글자이고 allFreqScores[1][1][0]는 두 번째 하위 키의 가장 가능성 높은 글자이다.

```
>>> allFreqScores[1][0][0]
'S'
>>> allFreqScores[1][1][0]
'D'
```

allFreqScores의 하위 키 후보에 접근하는 방법을 알았다면 이제 후보 키를 찾기 위해 이들을 조합할 차례다.

itertools.product()로 하위 키 조합 생성하기

itertools.product()으로 생성한 튜플들을 접근할 때 allFreqScores의 첫 번째 인덱스로 접근하면 각각 키 한 개를 나타내며, allFreqScores의 두 번째 인덱스로 접근하면 튜플 한 개를 나타낸다.

앞에서 NUM_MOST_FREQ_LETTERS에 4를 넣었으므로 188행의 itertools.product(range(NUM_MOST_FREQ_LETTERS), repeat=mostLikelyKeyLength)을 통해 순회하는 for 루프에서

indexes는 각 하위 키의 가장 가능성이 높은 글자들 4개가 들어 있는 튜플이 되고, 이 튜플은 0~3 정수의 조합으로 구성된다.

```
188.    for indexes in itertools.product(range(NUM_MOST_FREQ_LETTERS),
        repeat=mostLikelyKeyLength):
189.        # allFreqScores의 글자들에서 가능한 키를 생성한다.
190.        possibleKey = ''
191.        for i in range(mostLikelyKeyLength):
192.            possibleKey += allFreqScores[i][indexes[i]][0]
```

이제 각 순회에서 itertools.product()로 생성한 튜플 하나인 indexes는 완전한 비즈네르 키가 된다. 이 키는 190행에서 빈 문자열로 시작하고 191행의 for 루프를 0에서 mostLikelyKeyLength 미만까지 순회하며 각 튜플로 키를 구축한다.

for 루프의 각 순회에서 i 값이 변동됨에 따라 indexes[i]의 값은 allFreqScores[i]에서 사용하고자 하는 튜플의 인덱스 값이다. 즉, allFreqScores[i][indexes[i]]가 우리가 원하는 바로 그 튜플이다. 제대로 된 튜플을 얻었다면 튜플 인덱스 0을 접근해 하위 키 글자를 얻는다.

SILENT_MODE가 False이면 195행에서 191행의 for 루프에서 생성한 키를 출력한다.

```
194.        if not SILENT_MODE:
195.            print('Attempting with key: %s' % (possibleKey))
```

이제 완전한 비즈네르 키를 얻었으므로 197~208행에서 암호문을 복호화해보고 복호화된 텍스트가 읽을 수 있는 영어인지 확인한다. 읽을 수 있다면 사용자에게 그 사실을 출력해 실제 영어인지 잘못 판단한 것인지 확인받는다.

복호화된 텍스트를 올바른 대소문자 구분으로 출력하기

decryptedText는 전부 대문자이므로 201~207행에서는 대소문자를 전환해 리스트 origCase에 새로 구성한다.

```
197.        decryptedText = vigenereCipher.decryptMessage(possibleKey,
ciphertextUp)
198.
199.        if detectEnglish.isEnglish(decryptedText):
200.            # 원본 대소문자에 맞는 암호문 해킹
201.            origCase = []
202.            for i in range(len(ciphertext)):
203.                if ciphertext[i].isupper():
204.                    origCase.append(decryptedText[i].upper())
205.                else:
206.                    origCase.append(decryptedText[i].lower())
207.            decryptedText = ''.join(origCase)
```

202행의 for 루프는 ciphertext 문자열의 각 인덱스 전체를 순회한다. ciphertext 문자열은 ciphertextUp과는 달리 원래의 대소문자 구성을 갖추고 있다. ciphertext[i]가 대문자이면, decryptedText[i]를 대문자로 전환해 origCase에 더한다. 반대로 소문자이면 소문자로 전환해 더한다. 그런 다음 리스트 207행에서 origCase를 문자열로 합치고 decryptedText에 저장한다.

다음 행부터는 복호화된 출력을 사용자에게 보여주고 키를 찾았는지 확인한다.

```
210.        print('Possible encryption hack with key %s:' % (possibleKey))
211.        print(decryptedText[:200]) # 앞 200글자만 보여준다.
212.        print()
213.        print('Enter D if done, anything else to continue hacking:')
214.        response = input('> ')
215.
216.        if response.strip().upper().startswith('D'):
217.            return decryptedText
```

대소문자를 적절하게 변환한 복호화 텍스트를 화면에 출력한 후 사용자에게 이것이 영어인지 확인한다. 사용자가 D를 입력하면 decryptedText를 리턴한다.

D가 아니면 복호화된 내용이 영어가 아니라는 뜻이므로 해킹에 실패한 것이고 None 값을 리턴한다.

```
220.    return None
```

해킹한 메시지 리턴

이제 마지막이다. 지금까지 설명한 모든 함수는 hackVigenere() 함수에서 사용한다. 이 함수는 아규먼트로 암호문을 받고 해킹에 성공했다면 해킹한 메시지를, 실패했다면 None 을 리턴한다. 이 함수는 kasiskiExamination()으로 가능성이 높은 키 길이를 얻는 것부터 시작한다.

```
223. def hackVigenere(ciphertext):
224.    # 카시스키 분석을 시행하려면 먼저 암호문의 암호 키의 길이를 알아내야 한다.
225.
226.    allLikelyKeyLengths = kasiskiExamination(ciphertext)
```

hackVignere() 함수는 SILENT_MODE에 따라 화면 출력을 결정한다.

```
227.    if not SILENT_MODE:
228.        keyLengthStr = ''
229.        for keyLength in allLikelyKeyLengths:
230.            keyLengthStr += '%s ' % (keyLength)
231.        print('Kasiski examination results say the most likely key lengths
              are: ' + keyLengthStr + '\n')
```

SILENT_MODE가 False이면 가능성이 있는 키 길이들을 화면에 출력한다.

그다음, 각 키 길이에 대해 하위 키 후보 글자들을 찾는다. 즉, 앞서 발견한 각 키 길이 에 대해 루프를 순환하며 암호 해킹을 시도하는 것이다.

후보 키를 찾았을 때 루프 탈출하기

적절한 키 길이를 찾을 때까지 루프를 계속하는데, 키 길이가 적절하다고 판단되면 break 구문을 통해 루프를 멈출 수 있다.

continue 구문은 루프의 처음으로 돌아가 루프를 계속할 때 쓰고 break 구문은 루프 안에서 밖으로 즉시 탈출할 때 쓴다. 프로그램 실행 위치가 루프의 밖으로 이동하면 루프 가 끝나는 바로 다음의 첫 행부터 실행을 시작한다. 이와 같은 방법을 통해 적절한 키를 발견했을 때 루프를 바로 탈출해 사용자에게 키가 올바른지 확인받을 수 있다.

```
232.    hackedMessage = None
233.    for keyLength in allLikelyKeyLengths:
234.        if not SILENT_MODE:
235.            print('Attempting hack with key length %s (%s possible keys)
                    ...' % (keyLength, NUM_MOST_FREQ_LETTERS ** keyLength))
236.        hackedMessage = attemptHackWithKeyLength(ciphertext, keyLength)
237.        if hackedMessage != None:
238.            break
```

236행에서는 각 후보 키 길이에 대해 attemptHackWithKeyLength( )를 호출한다. attemp tHackWithKeyLength( )가 None을 리턴하지 않으면, 해킹이 성공한 것이므로 프로그램은 238행의 break 구문을 통해 루프를 탈출한다.

다른 모든 키 길이에 대해 무차별 대입법 시행하기

kasiskiExamination( )이 리턴한 후보 키가 해킹에 모두 실패했다면 hackedMessage가 None 이므로 242행의 if 구문을 통해 키 길이를 MAX_KEY_LENGTH까지 증가시키며 다른 모든 키 에 대해서 해킹을 시도한다.

적절한 키 길이를 계산하기 위한 카시스키 분석이 실패했다면 245행의 for 루프로 키 길이에 대한 무차별 대입법을 시도해볼 수 있다.

```
242.     if hackedMessage == None:
243.         if not SILENT_MODE:
244.             print('Unable to hack message with likely key length(s).
                 Brute-forcing key length...')
245.         for keyLength in range(1, MAX_KEY_LENGTH + 1):
246.             # 카시스키에서 이미 시행한 키 길이는 다시 확인하지 않는다.
247.             if keyLength not in allLikelyKeyLengths:
248.                 if not SILENT_MODE:
249.                     print('Attempting hack with key length %s
                         (%s possible keys)...' % (keyLength, NUM_MOST_FREQ_LETTERS
**keyLength))
250.                 hackedMessage = attemptHackWithKeyLength(ciphertext, keyLength)
251.                 if hackedMessage != None:
252.                     break
```

245행은 1부터 MAX_KEY_LENGTH에 이르는 각 키 길이에 대해 attemptHackWith
KeyLength()를 호출하는데, allLikelyKeyLengths에 있는 값이면 그냥 통과한다.
allLikelyKeyLengths에 있는 키 길이는 이미 233~238행에서 시도한 값이기 때문이다.

마지막으로 253행에서 hackedMessage의 값을 리턴한다.

```
253.     return hackedMessage
```

main() 함수 호출

258, 259행에서는 이 프로그램이 다른 프로그램의 모듈로 import된 것인지 확인해 프로
그램 자체를 실행하고 있는 상황이라면 main() 함수를 호출한다.

```
256. # vigenereHacker.py가 모듈이 아니라면 main() 함수를 호출한다.
257.
258. if __name__ == '__main__':
259.     main()
```

여기까지가 비즈네르 해킹 프로그램의 전부다. 이 프로그램은 암호문의 특징에 따라 성공 여부가 결정된다. 원래의 평문 글자들의 빈도가 통상 영어의 글자 빈도와 유사하고 충분히 길다면 해킹 프로그램의 성공 가능성이 높다.

해킹 프로그램 상수 값 변경하기

이 해킹 프로그램이 잘 동작하지 않는다면 몇 가지 작은 수정을 가해볼 수 있다. 8~10행에는 이 해킹 프로그램을 실행할 때 영향을 미치는 상수 값 3개를 선언했다.

```
 8. MAX_KEY_LENGTH = 16 # 최대 키 길이
 9. NUM_MOST_FREQ_LETTERS = 4 # 하위 키당 시도할 최대 글자 수
10. SILENT_MODE = False # 이 변수를 True로 할당하면 프로그램이 화면에 아무것도 출력하지 않는다.
```

비즈네르 키 길이가 8행에서 선언한 MAX_KEY_LENGTH 정수 값보다 길다면 이 해킹 프로그램이 올바른 키를 찾을 방도가 없다. 암호문 해킹에 실패했다면 이 값을 증가시켜서 프로그램을 다시 실행해본다.

적절하지 않은 키 길이를 짧게 설정했다면 해킹이 실패했다는 리턴을 할 때까지 소요되는 시간은 길지 않다. 그러나 MAX_KEY_LENGTH를 매우 큰 수로 설정하고 kasiskiExamination() 함수가 그런 큰 값을 키 길이로 판단한다면, 잘못된 키 길이를 사용해 해킹에 수시간이나 수개월이 걸릴 수 있다.

이런 상황을 막으려면 9행의 NUM_MOST_FREQ_LETTERS를 통해 각 하위 키에 대한 후보 글자의 숫자를 제한할 필요가 있다. 이 값을 증가시기면 이 해킹 프로그램은 더 많은 키를 시도할 것이고 freqAnalysis.englishFreqMatchScore()의 원문에 대한 정확도가 떨어지는 경우 프로그램 전체가 느려질 수 있다. 또한 NUM_MOST_FREQ_LETTERS를 26으로 설정한다면 각 하위 키에 대한 후보 글자를 좁히는 과정을 완전히 생략해 버릴 수도 있다.

MAX_KEY_LENGTH, NUM_MOST_FREQ_LETTERS 두 값이 작을수록 프로그램이 더 빠르게 동작할 것이나, 암호문 해킹의 가능성은 낮아진다. 이 두 값을 크게 설정할수록 프로그램이 느려지지만 성공 가능성은 높아진다.

마지막으로 프로그램의 속도를 높이기 위해 10행의 SILENT_MODE를 True로 설정해볼 수 있다. 그렇게 하면 프로그램이 관련 정보를 출력하는 데 소요되는 시간을 아낄 수 있다. 프로그램이 계산 자체는 빠르게 수행하지만 화면에 문자들을 출력하는 것은 상대적으로 느릴 수 있기 때문이다. 한편으로 관련 정보를 출력하지 않으면 프로그램이 완전히 종료될 때까지 무슨 일이 일어나는지 알기 어렵다.

요약

비즈네르 암호 해킹은 여러 단계로 구성되는데, 해킹 프로그램의 여러 구간에서 실패가 일어날 수 있다. 예를 들어 비즈네르 키의 길이가 MAX_KEY_LENGTH보다 긴 길이로 암호화하거나, 원문이 통상적인 글자 빈도로 구성되지 않아서 영어 빈도 일치 함수로부터 정확하지 않은 값을 얻거나 원문에 사전 파일에 존재하지 않는 단어가 꽤 많이 등장해 isEnglish( )가 원문을 영어로 인식할 수 없는 경우들이 그렇다.

이 해킹 프로그램이 해킹에 실패하는 다른 경우들도 찾아보려면, 각 경우에 대해 코드를 바꿔 볼 수 있다. 그러나 이 책의 해킹 프로그램은 수십, 수백억의 후보 키를 수천 정도로 줄이는 데에는 괜찮은 성능을 보장한다.

그러나 해킹 프로그램을 아무리 지능적으로 만들고 강력한 컴퓨터를 이용한다 해도, 해킹하는 것이 수학적으로 불가능한 비즈네르 암호를 만드는 방법이 있다. 일회용 암호표라고 부르는 기법이다. 이에 대해서 21장에서 다룬다.

연습 문제

연습 문제의 정답은 이 책의 웹사이트 https://www.nostarch.com/crackingcodes/에서 제공한다.

1. 사전 공격이란 무엇인가?

2. 카시스키 분석으로 암호문에서 알 수 있는 것은 무엇인가?

3. 리스트 값을 set() 함수를 통해 집합 값으로 바꿀 때 일어나는 변화 두 가지는 무엇인가?

4. 변수 spam에 ['cat', 'dog', 'mouse', 'dog']가 있을 때, 이 리스트는 요소가 4개 있다. list(set(spam))의 리턴 값이 갖는 요소의 개수는?

5. 다음 코드가 출력하는 것은?

```
print('Hello', end='')
print('Worl d')
```

21

일회용 암호
THE ONE-TIME PAD CIPHER

워터하우스가 말했다.
"천 번이 넘었다. 그들은 메시지를 거대한 이진수로 바꾸고
커다란 일회용 이진수 암호와 결합했다고밖에는 생각할
수밖에 없다." 그러자 앨런이 말했다. "그렇다면 그 프로젝트는
실패한 것이다. 일회용 암호는 깰 수 없기 때문이다."
– 닐 스티븐슨(Neal Stephenson), 『크립토노미콘(Cryptonomicon)』 중에서

21장에서는 무한히 강력한 컴퓨터나 무한한 시간과 지능적인 해킹 기법을 동원하더라도
깰 수 없는 암호에 대해서 배운다. 이것을 일회용 암호라고 부르는데, 좋은 소식은 프로
그램을 새로 짤 필요가 없다는 것이다. 18장에서 작성한 비즈네르 암호 프로그램을 변경
하지 않고 일회용 암호를 구현할 수 있다. 그러나 일회용 암호는 일반적인 용도로는 사용
이 불편해 가장 중요한 기밀을 다룰 때에 한정적으로 사용한다.

21장에서 다루는 내용

- 해킹이 불가능한 일회용 암호
- 일회용 암호를 반복적으로 사용할 때 비즈네르 암호와의 연관성

해킹이 불가능한 일회용 암호

다음과 같은 조건을 갖는 일회용 암호를 사용하면 비즈네르 암호를 해킹할 수 없다.

1. 암호화된 메시지와 정확하게 길이가 같아야 한다.
2. 임의의 심볼로 구성돼야 한다.
3. 한 번 사용한 후에는 어떠한 메시지에서도 다시 사용해서는 안 된다.

이 규칙 세 가지를 준수하는 한 우리가 암호화한 메시지는 어떠한 암호학자의 공격도 통하지 않는다. 무한한 컴퓨팅 자원이 있어도 이 암호를 깰 수 없다.

일회용 암호의 핵심은 종이에 인쇄한 키의 모음을 사용하는 것이다. 이 종이의 맨 윗부분에 있는 키를 사용하고 나면 그 키를 찢어 없애고 다음 키를 사용한다. 커다란 일회용 암호 키를 만든 후에 사람이 직접 공유하고, 이 키들은 특정 날짜에 표시를 갖는다. 예를 들어 동료에게서 10월 31일에 메시지를 받았다면 일회용 암호표에서 그날에 해당하는 키를 찾아 쓴다.[1]

메시지 길이와 키 길이 일치시키기

일회용 암호가 해킹 불가능한 이유를 이해하려면 비즈네르 암호를 모든 공격으로부터 지키는 방법을 고민해볼 필요가 있다. 비즈네르 암호 해킹 프로그램이 빈도 분석에 근거한다는 점을 상기해보자. 키의 길이가 메시지의 길이와 같다면 각 평문의 글자의 하위 키는 유일하며 이것은 각 평문의 글자를 암호화한 글자는 모두 같은 분포로 존재한다는 것을 의미한다.

예를 들어 IF YOU WANT TO SURVIVE OUT HERE, YOU'VE GOT TO KNOW WHERE YOUR TOWEL IS를 암호화할 때, 공백과 특수문자를 제외한 메시지는 55글자이다. 이 메시지를 일회용 암호로 암호화하려면 55글자가 필요하다. 예제 키 KCQYZHEPXAUTIQE KXEJMORETZHZTRWWQDYLBTTVEJMEDBSANYBPXQIK를 사용해 암호호화면 암호문은 SHOMTDECQTILCHZSSIXGHYIKDFNNMACEWRZLGHRAQQVHZGUERPL

---

1   원서에서는 '일회용 암호판(one-time pad)'이라는 용어로 기술하고 있다. 이것은 은행용 OTP 카드(one-time password)나 OTP 토큰을 칭하는 것으로서, 독해의 용이성을 위해 '일회용 암호'라는 용어로 축약 번역했다. – 옮긴이

BBQC가 된다. 그림 21-1은 이를 나타낸 것이다.

평문	IFYOUWANTTOSURVIVEOUTHEREYOUVEGOTTOKNOWWHEREYOURTOWELIS
키	KCQYZHEPXAUTIQEKXEJMORETZHZTRWWQDYLBTTVEJMEDBSANYBPXQIK
암호문	SHOMTDECQTILCHZSSIXGHYIKDFNNMACEWRZLGHRAQQVHZGUERPLBBQC

그림 21-1 일회용 암호를 사용한 메시지 암호 예제

암호 분석가가 암호문을 입수한 상황을 상상해보자(SHOMTDEC...). 이 암호를 어떻게 깰 수 있을까? 무차별 대입법을 쓸 수는 없다. 너무나 큰 컴퓨팅 자원이 필요하기 때문이다. 가능한 키의 개수는 26을 메시지의 전체 글자 수만큼 제곱한 수와 같다. 이 메시지의 경우 55글자이므로 가능한 키의 개수는 26^{55} 즉 666,091,878,431,395,624,153,823,182,526,730,590,376,250,379,528,249,805,353,030,484,209,594,192,101,376개가 된다.

암호 분석가가 모든 키를 시험할 수 있는 강력한 컴퓨터를 보유했더라도, 여전히 일회용 암호를 깰 수 없다. 어떤 암호문이건 가능한 평문 메시지의 분포와 동일성을 갖기 때문이다.

예를 들어 암호문 SHOMTDEC...는 글자 길이가 같고 내용이 완전히 다른 평문의 암호 결과일 수 있다. 예를 들어 THE MYTH OF OSIRIS WAS OF IMPORTANCE IN ANCIENT EGYPTIAN RELIGION은 키 ZAKAVKXOLFQDLZHWSQJBZMTWMMNAK WURWEXDCUYWKSGORGHNNEDVTCP로 암호화된다. 그림 21-2는 이를 나타낸 것이다.

평문	THEMYTHOFOSIRISWASOFIMPORTANCEINANCIENTEGYPTIANRELIGION
키	ZAKAVKXOLFQDLZHWSQJBZMTWMMNAKWURWEXDCUYWKSGORGHNNEDVTCP
암호문	SHOMTDECQTILCHZSSIXGHYIKDFNNMACEWRZLGHRAQQVHZGUERPLBBQC

그림 21-2 메시지와 키가 다르지만 앞의 암호문과 같은 암호문을 생성했다.

우리가 어떤 암호를 해킹할 수 있을 때 해킹이 가능한 이유는 하나의 키로 암호화를 시행했고, 그 암호문을 복호화했을 때 영어로 인식할 수 있다는 사실을 알고 있기 때문이다. 그러나 앞의 예제처럼 서로 다른 두 평문에서 같은 암호문이 나올 수 있다. 일회용 암호를 사용하면 암호 분석가는 원문에 대해서 알 수 있는 것이 아무것도 없다. 즉, 55글자

로 구성된 읽을 수 있는 영어 평문이라면 무엇이든 원래의 평문일 가능성이 있는 것이다. 어떤 키를 통해서 암호문을 읽을 수 있는 영어로 복호화할 수 있다는 사실만으로는 그 키가 원래의 암호화 키라고 말할 수 없는 것이다.

어떤 영어 평문이라도 같은 암호문을 생성할 가능성은 있다. 따라서 일회용 암호를 사용해 암호화한 메시지를 해킹하는 것은 불가능하다.

완전한 임의의 키 만들기

9장에서 파이썬의 내장 random 모듈에 대해서 다룬 바 있는데, 이 모듈이 생성하는 난수가 완전한 난수가 아니라는 사실을 기억할 것이다. 즉, 파이썬의 난수는 알고리즘적으로 계산한 결과이며 대부분의 용도에서는 문제가 없고, 난수처럼 보이지만 완전한 난수는 아니다. 그러나 일회용 암호를 구현하려면 완전한 난수가 필요하다. 완전한 난수가 없다면 일회용 암호의 보안성은 수학적으로 완벽하지는 않다.

파이썬 3.6 이후 버전은 secrets 모듈이 있다. 이 모듈은 시스템 차원의 완전한 난수 생성기를 응용한다(예를 들어 사용자의 키 입력 사이의 시간 값과 같은 임의의 이벤트로부터 취득한 데이터를 이용한다).

함수 secrets.randbelow( )는 0에서 아규먼트로 넘긴 숫자 이하의 값 사이의 완전한 난수를 생성하는데 예제는 다음과 같다.

```
>>> import secrets
>>> secrets.randbelow(10)
2
>>> secrets.randbelow(10)
0
>>> secrets.randbelow(10)
6
```

secrets 모듈의 함수들은 random 모듈의 함수들보다 느리다. 군이 완전한 난수가 필요 없다면 random 모듈의 함수들을 쓰는 것이 낫다. secrets.choice( ) 함수는 문자열이나 리스트를 넘기면 임의의 값을 선택해 리턴한다. 예제는 다음과 같다.

```
>>> import secrets
>>> secrets.choice('ABCDEFGHIJKLMNOPQRSTUVWXYZ')
'R'
>>> secrets.choice(['cat', 'dog', 'mouse'])
'dog'
```

완전한 임의의 일회용 암호표를 55글자 길이로 생성하려면 다음과 같은 방법으로 할수 있다.

```
>>> import secrets
>>> otp = ''
>>> for i in range(55):
otp += secrets.choice('ABCDEFGHIJKLMNOPQRSTUVWXYZ')
>>> otp
'MVOVAAYDPELIRNRUZNNQHDNSOUWWNWPJUPIUAIMKFKNHQANIIYCHHDC'
```

일회용 암호표를 사용할 때 주의해야 할 사항이 하나 더 있다. 같은 일회용 암호를 한번 이상 사용하지 않는 것이다. 그 이유를 살펴보자.

일회용 암호 재사용하지 않기

같은 일회용 암호로 서로 다른 두 메시지를 암호화하면 암호화에 취약점이 생긴다.

앞에서 언급한 것처럼 일회용 암호표의 특정 키 하나로 복호화한 내용이 읽을 수 있는 영어라고 해서 그 크기에 맞는 키임을 의미하지는 않는다. 한편 같은 키로 서로 다른 두 메시지를 암호화하면 이것은 해커에게 중대한 정보를 제공하는 것과 다름없다. 같은 키로 서로 다른 두 메시지를 암호화하고 해커가 첫 번째 암호문은 읽을 수 있는 영어로, 두 번째 메시지는 임의의 뒤섞인 문장으로 복호화하는 키를 찾는다면 해커는 이 키가 원래의 정확한 키가 아니라는 사실을 알 수 있다. 실제로는 두 메시지를 모두 영어로 복호화하는 키는 단 하나일 가능성이 매우 높기 때문이다. 이에 대해서 다음 절에서 설명한다.

해커가 두 메시지 중 하나를 입수했다면, 그 메시지는 여전히 완벽하게 암호화된 상태다. 그러나 해커나 어떤 기관이 암호문을 탈취할 수 있을 것이라고 항상 가정하고 있어야 한다. 그런 가정이 없다면 우리는 애초부터 메시지를 암호화하지 않았을 것이다. 섀넌의 격언을 명심해야 한다. 적들은 시스템을 알고 있다. 우리의 암호문 전체도 당연히 알고 있다.

일회용 암호를 반복해 사용할 때, 비즈네르 암호와 같은 이유는 무엇인가?

우리는 이미 비즈네르 암호를 해킹하는 방법을 배운 바 있다. 일회용 암호를 반복적으로 사용하면 비즈네르 암호나 마찬가지라는 것을 입증한다면 비즈네르 암호를 깬 기법과 같은 기법으로 암호를 깰 수 있다는 뜻이 된다.

일회용 암호를 반복적으로 사용할 때 비즈네르 암호처럼 해킹할 수 있는 이유를 밝히려면 키보다 긴 메시지를 암호화할 때 비즈네르 암호가 동작하는 원리를 다시 살펴봐야 한다. 암호화할 때 그에 맞는 키를 모두 소진해버리면 키의 첫 번째 글자로 돌아가서 암호화를 계속한다. 예를 들어 BLUE IODINE INBOUND CAT와 같은 20글자 메시지 YZNMPZXYXY와 같은 10글자 키로 암호화하면, 첫 번째 10글자(BLUE IODINE)가 YZNMPZXYXY로 암호화되고, 그다음 10글자(INBOUND CAT)도 YZNMPZXYXY로 암호화된다. 그림 21-3은 이런 되돌림 효과에 대해 나타낸 것이다.

평문	BLUEIODINEINBOUNDCAT
비즈네르 키	YZNMPZXYXYYZNMPZXYXY
비즈네르 암호문	ZKHQXNAGKCGMOAJMAAXR

그림 21-3 비즈네르 암호의 되돌림 효과

일회용 암호를 사용한다는 것은, 10글자 메시지 BLUE IODINE를 일회용 암호 키 YZNMPZXYXY로 암호화한다는 뜻이다. 두 번째 10글자인 INBOUND CAT에 대해서도 같은 암호 키 YZNMPZXYXY를 사용한다면, 이것은 명백한 실수다. 그림 21-4는 이것을 나타낸 것이다.

	메시지 1	메시지 2
평문	BLUEIODINE	INBOUNDCAT
일회용 암호표의 암호	YZNMPZXYXY	YZNMPZXYXY
일회용 암호표에 의한 암호문	ZKHQXNAGKC	GMOAJMAAXR

그림 21-4 일회용 암호표로 암호화한 결과가 비즈네르 암호의 결과와 같다.

그림 21-3에 나온 (ZKHQXNAGKCGMOAJMAAXR) 비즈네르 암호문과 그림 21-4의 일회용 암호에 의한 암호문이 같다는 사실을 알 수 있다. 이것은 일회용 암호표를 반복적으로 사용하면 이것이 비즈네르 암호나 같다는 뜻이며, 결과적으로 해킹이 가능한 것이다.

요약

일회용 암호를 간단히 요약하면 메시지의 길이와 같은 키를 사용하되 키는 완전히 임의의 값으로 구성하고 그 키를 단 한 번만 사용해 비즈네르 암호를 해킹할 수 없게 만드는 기법이다. 일회용 암호를 깰 수 없으려면 조건이 세 가지다. 이 암호는 꽤 단순하지만 모든 암호에서 사용하지는 않는다. 일반적으로 일회용 암호표는 사람이 직접 배포하고 키의 목록을 담고 있다. 이 표가 적절하지 않은 사람의 손에 들어가는 일은 절대로 없어야 한다.

연습 문제

연습 문제의 정답은 이 책의 웹사이트 https://www.nostarch.com/crackingcodes/에서 제공한다.

1. 21장에서 일회용 암호의 프로그램 코드를 소개하지 않은 이유는 무엇인가?
2. 일회용 암호를 반복적으로 사용하면 어떤 암호와 같은가?
3. 평문의 길이보다 두 배 긴 키를 사용하면 일회용 암호의 보안성보다 두 배 강력하다고 할 수 있는가?

22

소수 찾기 및 생성
FINDING AND GENERATING PRIME NUMBERS

"오늘날까지 수학자들은 소수의 순서에 어떤 질서가 있는지
찾으려 노력했으나 허사였다.
인간의 의지만으로는 결코 풀어낼 수 없는 미스터리라고
생각하기도 한다."

– 레온하르트 오일러(Leonhard Euler), 18세기 수학자

이 책에서 설명하는 모든 암호들은 수백 년은 된 것들이다. 이 암호들은 해커가 펜과 종이에만 의존하던 시절에는 잘 동작했으나 사람보다 수조 배 빠른 컴퓨터의 등장과 함께 취약해졌다. 전통적인 암호의 또 다른 문제 중 하나는 암호화와 복호화에 있어 같은 키를 사용한다는 것이다. 키가 하나라는 점은 암호화된 메시지를 어딘가로 전송할 때 문세가 있다.

이를테면 암호문을 복호화하기 위한 키 자체는 어떻게 안전하게 전송할 수 있을 것인가?

23장에서는 매우 큰 소수를 사용해 암호 키 두 개를 생성하고 이를 통해 고전적인 암호를 개선한 공개 키 암호에 대해서 배울 것이다. 공개 키 암호의 키로 사용하는 소수를 얻으려면, 먼저 암호에서 쓸 수 있는 소수의 특성과 큰 수를 다루기 위한 난제들에 대해서 알아볼 것이다. 22장에서는 어떤 숫자가 소수인지 빠르게 판별해 키를 생성할 수 있는 primeNum.py 모듈을 작성해보고, 이를 통해 소수의 암호학적 특징을 정복해볼 것이다.

소수란 무엇인가?

소수는 1보다 크고 약수가 단 두 개(1과 그 자신)인 정수를 말한다. 앞에서 여러 번 언급한 바와 같이 약수란 그 자신을 여러 번 곱해서 원래의 값이 되는 수다. 예를 들어 3과 7은 21의 약수다. 12는 2와 6, 3과 4가 약수다.

모든 수는 1과 그 자신을 약수로 갖는다. 1을 곱하면 항상 원래의 값과 같기 때문이다. 1과 21은 21의 약수이고 1과 12는 12의 약수다. 어떤 수의 약수가 더 이상 존재하지 않을 때 이 수를 소수라고 부른다. 예를 들어 2는 약수가 1과 2뿐이므로 소수다.

소수의 예를 몇 개만 들어보자(1은 소수로 취급하지 않는다). 2, 3, 5, 7, 11, 13, 17, 19, 23, 29, 31, 37, 41, 43, 47, 53, 59, 61, 67, 71, 73, 79, 83, 89, 97, 101, 103, 107, 109, 113, 127, 131, 137, 139, 149, 151, 157, 163, 167, 173, 179, 181, 191, 193, 197, 199, 211, 223, 227, 229, 233, 239, 241, 251, 257, 263, 269, 271, 277, 281 등은 약수다.

소수의 개수는 끝이 없다. 즉, 가장 큰 소수는 존재하지 않는다는 뜻이다. 따라서 일반적인 숫자처럼 소수 역시 더 큰 소수가 계속해서 있다. 공개 키 암호는 무차별 대입 공격을 할 수 없을 정도로 큰 소수를 키로 사용한다.

공개 키 암호에 쓸 정도로 큰 소수는 찾기가 어려운데, 클 수록 더욱 어렵다. 공개 키에 쓸 만한 큰 소수를 얻으려면 임의의 큰 수를 얻은 다음, 그 수가 소수 검증을 통과하는지 알아보는 방식을 쓸 수 있다. 그 수가 소수 검증을 통과한 소수라면 그 값을 사용할 수 있다. 소수 검증을 통과하지 못했다면 우리가 찾은 임의의 큰 수가 소수일 때까지 반복한다.

공개 키 암호에서 사용하는 소수가 얼마나 큰 지 지면에 적어 보겠다. 구골googol은 10의 100제곱인 수로서 1 다음에 0이 100개 있다.

10,000,000,000,000,000,000,000,000,000,000,000,000,000,

000,000,000,000,000,000,000,000,000,000,000,000,000,

000,000,000,000

10억의 10억의 10억의 구골은 구골보다 0이 27개 더 있다.

10,000,000,000,000,000,000,000,000,000,000,000,000,000,

000,000,000,000,000,000,000,000,000,000,000,000,000,000,

000,000,000,000,000,000,000,000,000,000,000,000,000,000

이 수는 공개 키 암호에서 사용하는 소수에 비교하면 꽤 귀여운 수다. 예를 들어 공개 키 프로그램에서 사용하는 잘 알려진 소수는 다음과 같이 수백 개의 숫자로 구성된다.

112,829,754,900,439,506,175,719,191,782,841,802,172,556,768,

253,593,054,977,186,2355,84,979,780,304,652,423,405,148,425,

447,063,090,165,759,070,742,102,132,335,103,295,947,000,718,

386,333,756,395,799,633,478,227,612,244,071,875,721,006,813,

307,628,061,280,861,610,153,485,352,017,238,548,269,452,852,

733,818,231,045,171,038,838,387,845,888,589,411,762,622,041,

204,120,706,150,518,465,720,862,068,595,814,264,819

이 수는 제대로 받아쓰기도 벅찬 큰 수다.

소수를 찾을 때 유용한 소수의 특징 몇 가지가 더 있다. 모든 짝수는 2의 배수다. 따라서 2는 모든 짝수 중 유일한 소수다. 그리고 소수 두 개를 곱하면 1과 곱한 값의 수 그리고 두 개의 소수만 약수로 갖는다(예를 들어 소수 3과 7을 곱하면 결과는 21이고 21의 약수는 1, 21, 3, 7뿐이다).

소수가 아닌 정수는 합성수라고 부른다. 1과 그 자신에 더해 적어도 2개 이상의 약수의 합성이기 때문이다. 모든 합성수는 소수로만 구성된 소인수의 곱으로 합성할 수 있다. 예를 들어 합성수 1386을 소인수분해하면 소인수 2,3,7,11을 갖는다(2 × 3 × 3 × 7 × 11 = 1386).

각 합성수의 소인수분해는 전체 합성수에 대해 유일하다.

우리는 이 정보들을 이용해 어떤 작은 숫자가 소수인지 판별하고 소수들을 생성하는 모듈을 작성해볼 것이다.

primeNum.py 모듈에서 정의하는 함수들은 다음과 같다.

isPrimeTrialDiv( )는 나눗셈을 이용한 소수 검사 알고리즘을 통해 전달된 숫자가 소수이면 True를 리턴하고 아니면 False를 리턴한다.

primeSieve( )는 에라토스테네스의 체 알고리즘을 이용해 소수를 생성한다.

rabinMiller( )는 라빈 밀러 알고리즘을 통해 전달된 숫자가 소수인지 판별한다. 이 알고리즘은 나눗셈을 이용한 소수 검사와는 달리 큰 숫자에 대해서도 빠르게 동작한다. 이 함수는 직접 호출하는 것이 아니라 isPrime( )을 통해 호출한다.

isPrime( )은 큰 정수에 대해 소수인지 아닌지 판별할 때에만 호출한다.

generateLargePrime( )는 수백 글자 길이의 큰 소수를 리턴한다. 이 함수는 23장의 makePublicPrivateKeys.py에서 사용할 것이다.

소수 모듈의 소스 코드

13장에서 소개한 cryptomath.py처럼, primeNum.py 프로그램은 다른 프로그램에 import해서 사용하는 모듈이며 그 자체로는 실행했을 때 아무런 일도 일어나지 않는다. primeNum.py 모듈은 소수를 생성하기 위해 파이썬의 math, random 모듈을 import해서 쓴다.

새 파일 편집기 창을 열고 File ❯ New File을 선택한다. 다음 코드를 파일 편집기에 입력하고 primeNum.py로 저장한다.

```
 1. # 소수 체
 2. # https://www.nostarch.com/crackingcodes/ (BSD Licensed)
 3.
 4. import math, random
 5.
 6.
 7. def isPrimeTrialDiv(num):
 8.     # num이 소수면 True를 리턴하고 아니면 False를 리턴한다.
 9.
10.     # 소수 검증을 위해 나눗셈 알고리즘을 사용한다.
11.
12.     # 2보다 작으면 소수가 아니다.
13.     if num < 2:
14.         return False
15.
16.     # num을 num의 제곱근까지 범위의 수로 나눌수 있는지 살펴본다.
17.     for i in range(2, int(math.sqrt(num)) + 1):
18.         if num % i == 0:
19.             return False
20.     return True
21.
22.
23. def primeSieve(sieveSize):
24.     # 에라테네스의 체 알고리즘으로 계산한 소수의 리스트를 리턴한다.
25.
26.
27.     sieve = [True] * sieveSize
28.     sieve[0] = False # 0과 1은 소수가 아니다.
29.     sieve[1] = False
30.
31.     # 체 생성
32.     for i in range(2, int(math.sqrt(sieveSize)) + 1):
33.         pointer = i * 2
34.         while pointer < sieveSize:
35.             sieve[pointer] = False
36.             pointer += i
37.
38.     # 소수 리스트 묶기
```

```
39.        primes = []
40.        for i in range(sieveSize):
41.            if sieve[i] == True:
42.                primes.append(i)
43.
44.     return primes
45.
46.  def rabinMiller(num):
47.      # num이 소수이면 True 리턴
48.      if num % 2 == 0 or num < 2:
49.          return False # Rabin-Miller doesn't work on even integers.
50.      if num == 3:
51.          return True
52.      s = num - 1
53.      t = 0
54.      while s % 2 == 0:
55.          # 홀수가 나올 때까지 계속 반으로 나눔(t에는 그 횟수를 저장함)
56.
57.          s = s // 2
58.          t += 1
59.      for trials in range(5): # 소수 검증을 5회 실시한다.
60.          a = random.randrange(2, num - 1)
61.          v = pow(a, s, num)
62.          if v != 1: # This test does not apply if v is 1.
63.              i = 0
64.              while v != (num - 1):
65.                  if i == t - 1:
66.                      return False
67.                  else:
68.                      i = i + 1
69.                      v = (v ** 2) % num
70.      return True
71.
72.  # num은 소수의 목록에서 처음 수십 개의 소수들로 나눠보고 이를 통해 시간을 꽤 절약할 수 있다.
73.  # 이것은 rabinMiller( )보다도 빠르지만 모든 합성 수를 찾아낼 수 있는 것은 아니다.
74.
75.  LOW_PRIMES = primeSieve(100)
76.
77.
78.  def isPrime(num):
```

```
79.     # num이 소수이면 True를 리턴한다. 이 함수를 rabinMiller()를 호출하기 전에 수행하면 더
        빠른 처리를 할 수 있다.
80.
81.     if (num < 2):
82.         return False # 0, 1, 음수는 소수가 아니다.
83.     # num을 작은 소수들로 나눌 수 있는지 확인한다.
84.     for prime in LOW_PRIMES:
85.         if (num == prime):
86.             return True
87.         if (num % prime == 0):
88.             return False
89.     # 앞에서 함수를 리턴하지 못했다면 rabinMiller()를 호출해 num이 소수인지 검사한다.
90.     return rabinMiller(num)
91.
92.
93. def generateLargePrime(keysize=1024):
94.     # keysize 비트 크기보다 작은 범위에서 임의의 소수를 리턴한다.
95.     while True:
96.         num = random.randrange(2**(keysize-1), 2**(keysize))
97.         if isPrime(num):
98.             return num
```

소수 찾기 모듈의 실행 예제

primeNum.py 모듈의 예제 출력을 살펴보기 위해 다음 코드를 대화형 셸에 입력한다.

```
>>> import primeNum
>>> primeNum.generateLargePrime()
122881168342211041030523683515443239007484290600701555369488271748378054744009
463751312511471291011945732413378446666809140502037003673211052153493607681619
990563076859566835016382556518967124921538212397036345815983641146000671635019
637218348455544435908428400192565849620509600312468757953899553441648428119
>>> primeNum.isPrime(45943208739848451)
False
>>> primeNum.isPrime(13)
True
```

primeNum.py 모듈을 import하면 generateLargePrime() 함수를 통해 매우 큰 소수를 생성할 수 있다. 또한 작든 크든 임의의 숫자를 isPrime() 넘겨서 소수인지 판정할 수 있다.

나눗셈에 의한 소수 판정 알고리즘의 원리

어떤 숫자가 소수인지 판정할 때 나눗셈 알고리즘을 쓸 수 있다. 이 알고리즘은 2, 3과 같은 정수로 계속해서 나눠서 몫이 딱 떨어지는지 나머지가 발생하는지 살펴보는 것이다. 예를 들어 49가 소수인지 판정하려면 이 값을 2부터 시작해서 계속 나눠볼 수 있다.

49 ÷ 2 = 24 나머지 1

49 ÷ 3 = 16 나머지 1

49 ÷ 4 = 12 나머지 1

49 ÷ 5 = 9 나머지 4

49 ÷ 6 = 8 나머지 1

49 ÷ 7 = 7 나머지 0

49를 7로 나눴을 때 나머지가 0이므로 7은 49의 약수다. 소수는 약수가 1과 자기 자신만 있는 수이므로 49는 소수가 아니라는 사실을 알 수 있다.

우리는 이 과정을 합성수가 아닌 소수로만 나누는 방식을 통해 빠르게 처리할 수 있다. 앞에서 언급했듯이 합성수는 소수들의 합성일 뿐이다. 즉, 49를 2로 딱 떨어지게 나눌 수 없으므로, 6처럼 2를 약수로 갖고 있는 합성수 역시 49를 나누지 못한다. 달리 말하면 6으로 나눌 수 있는 수는 2로도 균등하게 나눌 수 있다. 2가 6의 약수이기 때문이다. 그림 22-1은 이 개념을 그림으로 나타낸 것이다.

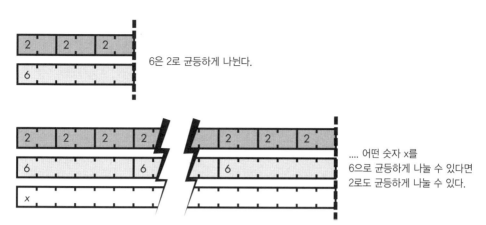

그림 22-1 6으로 나누어 떨어지는 수는 2로도 나누어 떨어진다.

다른 예로 13이 소수인지 확인해보자.

13 ÷ 2 = 6 나머지 1

13 ÷ 3 = 4 나머지 1

우리는 어떤 수의 제곱근(제곱근까지 포함해)까지만 소수 검증을 하면 된다. 어떤 수의 제곱근은 제곱근끼리 곱해 다시 그 수 자체가 된다. 예를 들어 25의 제곱근은 5 × 5 = 25 이므로 5이다. 어떤 수가 있을 때 그 수는 제곱근보다 큰 약수를 갖지 않으므로 나눗셈 알고리즘으로 소수를 찾을 때에는 제곱근 이하까지만 찾으면 된다. 13의 제곱근은 약 3.6이므로 13의 소수를 찾으려면 2와 3으로만 나눠보면 된다.

예제를 하나 더 살펴보자. 16의 제곱근은 4다. 4보다 큰 두 수를 곱하면 항상 16보다 크고, 4보다 큰 모든 약수는 4보다 작은 약수와 곱한 관계가 된다. 예컨대 8 × 2가 그렇다. 그러므로 어떤 수의 제곱근보다 큰 모든 약수는 제곱근보다 작은 약수만 찾으면 자동으로 찾을 수 있다.

파이썬에서 어떤 수의 제곱근을 찾으려면 math.sqrt( ) 함수를 쓰면 된다. 다음 코드를 대화형 셸에 입력하고 몇 가지 예제를 살펴보자.

```
>>> import math
>>> 5 * 5
25
```

```
>>> math.sqrt(25)
5.0
>>> math.sqrt(10)
3.1622776601683795
```

math.sqrt()는 항상 실수형을 리턴한다는 점을 주의한다.

나눗셈 알고리즘을 이용한 소수 검사의 구현

primeNum.py의 7행의 isPrimeTrialDiv() 함수는 파라미터 num에 숫자를 받고, 나눗셈 알고리즘 검사를 통해 이 숫자가 소수인지 검사한다. 숫자가 합성수이면 False를, 소수이면 True를 리턴한다.

```
 7. def isPrimeTrialDiv(num):
 8.     # num이 소수면 True를 리턴하고 아니면 False를 리턴한다.
 9.
10.     # 소수 검증을 위해 나눗셈 알고리즘을 사용한다.
11.
12.     # 2보다 작으면 소수가 아니다.
13.     if num < 2:
14.         return False
```

13행에서는 num이 2보다 작은지 확인한다. 2이하이면 바로 False를 리턴한다. 2보다 작으면 소수가 될 수 없기 때문이다. 17행에서부터 for 루프를 시작해 나눗셈 알고리즘을 구현한다.

이때 math.sqrt()를 사용해 num의 제곱근을 구하고 리턴받은 실수 값을 검사할 정수의 상한 값으로 설정한다.

```
16.     # num을 num의 제곱근까지 범위의 수로 나눌 수 있는지 살펴본다.
17.     for i in range(2, int(math.sqrt(num)) + 1):
18.         if num % i == 0:
19.             return False
20.     return True
```

18행에서는 나머지 연산자(%)를 통해 나머지가 있는지 검사한다. 나머지가 0이라면 num은 i로 나눌 수 있으므로 소수가 아님을 판정해 False를 리턴한다. 17행의 for 루프가 False를 리턴한 적이 없다면 20행에서 True를 리턴해 num이 소수일 수 있다고 알린다. isPrimeTrialDiv()의 나눗셈 알고리즘이 유용하긴 하지만, 소수를 검증하는 유일한 방법은 아니다. 에라토스테네스의 체를 통해서도 검증할 수 있다.

에라토스테네스의 체

'에라토스테네스의 체Sieve of Eratosthenes'는 주어진 범위의 모든 소수를 찾는 알고리즘이나. 이 알고리즘의 동작 원리는 상자의 묶음을 그려서 이해할 수 있다. 그림 22-2에서 각 상자는 1~50의 정수 값을 담고 있고 모두 소수라고 표시를 해두었다.

소수 1	소수 2	소수 3	소수 4	소수 5	소수 6	소수 7	소수 8	소수 9	소수 10
소수 11	소수 12	소수 13	소수 14	소수 15	소수 16	소수 17	소수 18	소수 19	소수 20
소수 21	소수 22	소수 23	소수 24	소수 25	소수 26	소수 27	소수 28	소수 29	소수 30
소수 31	소수 32	소수 33	소수 34	소수 35	소수 36	소수 37	소수 38	소수 39	소수 40
소수 41	소수 42	소수 43	소수 44	소수 45	소수 46	소수 47	소수 48	소수 49	소수 50

그림 22-2 1~50의 에라토스테네스 체 준비

소수 아님 1	소수 2	소수 3	소수 아님 4	소수 5	소수 아님 6	소수 7	소수 아님 8	소수 9	소수 아님 10
소수 11	소수 아님 12	소수 13	소수 아님 14	소수 15	소수 아님 16	소수 17	소수 아님 18	소수 19	소수 아님 20
소수 21	소수 아님 22	소수 23	소수 아님 24	소수 25	소수 아님 26	소수 27	소수 아님 28	소수 29	소수 아님 30
소수 31	소수 아님 32	소수 33	소수 아님 34	소수 35	소수 아님 36	소수 37	소수 아님 38	소수 39	소수 아님 40
소수 41	소수 아님 42	소수 43	소수 아님 44	소수 45	소수 아님 46	소수 47	소수 아님 48	소수 49	소수 아님 50

그림 22-3 1과 모든 짝수 제거

에라토스테네스의 체는 소수만 남을 때까지 범위 상의 모든 비-소수를 제거하는 알고리즘이다. 1은 소수가 아니므로 1에는 "소수 아님"을 표시했다. 그다음 2의 배수(2는 제외) 전체를 "소수 아님"으로 표시한다. 즉, 4(2 × 2), 6(2 × 3), 8(2 × 4), 10, 12에서 50까지 "소수 아님"을 표시한다(그림 22-3).

이 과정을 3의 배수에 대해서도 시행한다. 3은 제외하고 6, 9, 12, 15, 18, 21 등에 "소수 아님"을 표시한다. 이 과정을 4를 제외한 4의 배수, 5를 제외한 5의 배수 등에서 시행하고 8의 배수까지 시행한다. 8에서 멈추는 이유는 8이 7.071보다 크기 때문인데, 이 값은 50의 제곱근이다. 9, 10, 11, 등의 배수는 이미 "소수 아님" 표시가 끝났다. 어떤 수의 제곱근보다 큰 수는 제곱근보다 작은 수와 곱으로 표현할 수 있으므로 이미 처리한 숫자다.

완성된 체는 그림 22-4처럼 하얀 박스에 소수만 남는다.

소수 아님 1	소수 2	소수 3	소수 아님 4	소수 5	소수 아님 6	소수 7	소수 아님 8	소수 아님 9	소수 아님 10
소수 11	소수 아님 12	소수 13	소수 아님 14	소수 아님 15	소수 아님 16	소수 17	소수 아님 18	소수 19	소수 아님 20
소수 아님 21	소수 아님 22	소수 23	소수 아님 24	소수 아님 25	소수 아님 26	소수 아님 27	소수 아님 28	소수 29	소수 아님 30
소수 31	소수 아님 32	소수 아님 33	소수 아님 34	소수 아님 35	소수 아님 36	소수 37	소수 아님 38	소수 아님 39	소수 아님 40
소수 41	소수 아님 42	소수 43	소수 아님 44	소수 아님 45	소수 아님 46	소수 47	소수 아님 48	소수 아님 49	소수 아님 50

그림 22-4 에라토스테네스의 체를 이용해 발견한 소수들

에라토스테네스의 체를 사용해 50 이하의 숫자 중 소수는 2, 3, 5, 7, 11, 13, 17, 19, 23, 29, 31, 37, 41, 43, 47로 판정했다. 이 체 알고리즘은 특정 범위의 숫자에 대해 모든 숫자를 빠르게 찾는 데는 가장 좋다. 각 숫자에 대해 개별적으로 확인하는 나눗셈 알고리즘보다도 훨씬 빠르다.

에라토스테네스의 체로 소수 만들기

primeNum.py 모듈 23행의 primeSieve( ) 함수는 에라토스테네스의 체 알고리즘을 이용해 1과 sieveSize 범위의 모든 소수의 리스트를 리턴한다.

```
23. def primeSieve(sieveSize):
24.     # 에라테네스의 체 알고리즘으로 계산한 소수의 리스트를 리턴한다.
25.
26.
27.     sieve = [True] * sieveSize
28.     sieve[0] = False # 0과 1은 소수가 아니다.
29.     sieve[1] = False
```

27행에서는 sieveSize 길이의 리스트를 생성하고 불리언 True 값을 넣었다. 0과 1은 소수가 아니므로 인덱스 0과 1을 False로 표시해둔다.

32행의 for 루프는 2부터 sieveSize의 제곱근까지 각 정수를 순회한다.

```
31.    # 체 생성
32.    for i in range(2, int(math.sqrt(sieveSize)) + 1):
33.        pointer = i * 2
34.        while pointer < sieveSize:
35.            sieve[pointer] = False
36.            pointer += i
```

pointer 변수는 33행에서 i * 2를 한 값으로부터 시작한다. 이어서 while 루프를 순회하며 sieve 리스트의 pointer 인덱스에 대한 값을 False로 설정하고 36행에서 pointer를 i의 다음 배수로 변경한다.

32행의 for 루프가 끝나면 sieve 리스트는 각 인덱스가 확실히 소수일 때만 True가 된다. 이제 새 리스트를 primes라는 이름으로 만들고 빈 리스트로 시작해 sieve 전체를 순회하면서 sieve[i]가 True일 때 즉, i가 소수일 때에만 그 값을 추가한다.

```
38.    # 소수 리스트 묶기
39.    primes = []
40.    for i in range(sieveSize):
41.        if sieve[i] == True:
42.            primes.append(i)
```

44행에서는 소수의 리스트를 리턴한다.

```
44.    return primes
```

primeSieve() 함수는 작은 범위의 숫자에 대해서는 모든 소수를 찾을 수 있다. isPrimeTrialDiv()은 작은 숫자가 소수인지 빠르게 판정할 수 있다. 그러나 수백 개의 숫자로 구성된 큰 정수 값에 대해서는 어떠한가?

큰 정수 값을 isPrimeTrialDiv( )에 전달하면 소수를 판정하기까지 수초가 걸릴 수도 있다. 23장의 공개 키 암호화 프로그램에서 사용할 만한 수백 개의 숫자로 구성된 큰 숫자라면 소수를 판정하기 위해 수조 년이 걸릴 수도 있다.

다음 절에서는 라빈 밀러 소수 검사법으로 매우 큰 숫자에 대한 소수 판정법을 다룬다.

라빈 밀러 소수 알고리즘

라빈 밀러 알고리즘의 주요한 장점은 소수 판정이 상대적으로 간단하고, 보통 컴퓨터로 노 수초면 계산할 수 있다는 점이다.

이 알고리즘의 파이썬 코드는 몇 줄밖에 되지 않지만, 이 책에서 수학적 증명을 다루기에는 꽤 길다. 라빈 밀러 알고리즘은 소수를 검증하는 확실한 검사법은 아니다. 다만 숫자들이 소수일 가능성이 매우 높은 수를 찾을 수 있고, 그 수가 소수라고 보장하지는 않는다. 소수가 아닌 값을 소수라고 판정할 확률은 매우 낮아서 이 책의 목적에는 적절한 수준이다. 라빈 밀러 알고리즘의 동작 원리에 대해 자세히 알아보고 싶다면 https://en.wikipedia.org/wiki/Miller-Rabin_primality_test를 참고한다.

rabinMiller( ) 함수는 이 알고리즘으로 소수 검증을 구현한 것이다.

```
46. def rabinMiller(num):
47.     # num이 소수이면 True 리턴
48.     if num % 2 == 0 or num < 2:
49.         return False # Rabin-Miller doesn't work on even integers.
50.     if num == 3:
51.         return True
52.     s = num - 1
53.     t = 0
54.     while s % 2 == 0:
55.         # 홀수가 나올 때까지 계속 반으로 나눔(t에는 그 횟수를 저장함)
56.
57.         s = s // 2
58.         t += 1
59.     for trials in range(5): # 소수 검증을 5회 실시한다.
60.         a = random.randrange(2, num - 1)
61.         v = pow(a, s, num)
```

```
62.        if v != 1: # This test does not apply if v is 1.
63.            i = 0
64.            while v != (num - 1):
65.                if i == t - 1:
66.                    return False
67.                else:
68.                    i = i + 1
69.                    v = (v ** 2) % num
70.    return True
```

이 코드의 동작 원리에 대해서는 너무 신경 쓰지 않아도 된다. rabinMiller() 함수가 True를 리턴하면 num이 소수일 가능성이 매우 높다는 것만 짚고 넘어가면 된다. rabinMiller()가 False를 리턴하면 num은 확실하게 합성수다.

큰 소수 찾기

우리는 rabinMiller()를 호출하는 isPrime() 함수를 하나 더 만들 것이다. 라빈 밀러 알고리즘은 어떤 수가 소수인지 판정할 때 항상 효율적인 것은 아니다. 그러므로 isPrime() 함수의 시작 부분에서 파라미터 num이 소수인지 간단한 소수 검증을 먼저 시도해본다. 먼저 상수 LOW_PRIMES에 100보다 작은 모든 소수를 리스트로 저장해둔다. 이 리스트는 primeSieve() 함수로 얻는다.

```
72. # num은 소수의 목록에서 처음 수십 개의 소수들로 나눠보고 이를 통해 시간을 꽤 절약할 수 있다.
73. # 이것은 rabinMiller()보다도 빠르지만 모든 합성 수를 찾아낼 수 있는 것은 아니다.
74.
75. LOW_PRIMES = primeSieve(100)
```

우리는 isPrimeTrialDiv()에서 했던 것처럼 이 리스트를 사용할 것이며, 2보다 작은 숫자도 제외한다(81, 82행)

```
78. def isPrime(num):
79.     # num이 소수이면 True를 리턴한다. 이 함수를 rabinMiller() 호출하기 전에 수행하면 더 빠른
처리를 할 수 있다.
```

```
80.
81.    if (num < 2):
82.        return False # 0, 1, 음수는 소수가 아니다.
```

num이 2보다 작지 않으면 LOW_PRIMES 리스트를 사용해서 num을 빠르게 검증한다. 100 보다 작은 소수들로 num이 나눠진다면 이 숫자는 확실히 소수가 아니고 합성수라고 판정 할 수 있다. isPrime()이 받는 90퍼센트의 큰 정수는 100보다 작은 소수들로 나눠서 합성 수임을 판정할 수 있다. 3과 같은 수처럼 어떤 수가 소수로 나눠 떨어진다면, 3의 배수인 다른 합성수로도 나눠 떨어지는지 확인할 필요가 없다. 작은 소수로 나눠보는 것은 상대 적으로 느린 라빈 밀러 알고리즘을 돌리는 것보다 훨씬 빠르므로 이런 단축 기법을 통해 isPrime()을 호출하는 90퍼센트의 경우에 있어서 더 빠르게 프로그램을 실행시킬 수 있다.

84행은 LOW_PRIMES 리스트의 각 소수에 대해 루프를 순회한다.

```
83.    # num을 작은 소수들로 나눌 수 있는지 확인한다.
84.    for prime in LOW_PRIMES:
85.        if (num == prime):
86.            return True
87.        if (num % prime == 0):
88.            return False
```

num에 들어있는 정수가 prime과 같으면 명백히 소수이므로 86행에서 True를 리턴한다. 87행에서는 num에 들어있는 정수를 각 소수로 나머지를 구해보고 result가 0이면 num이 그 소수로 나누어 떨어진다는 뜻이므로 소수가 아니라고 판정할 수 있다. 그런 경우 88행 에서 False를 리턴한다.

이렇게 세 가지의 빠른 검증으로 어떤 수가 소수인지 판정할 수 있다. 만약 함수가 88 행까지 리턴하지 않았다면, rabinMiller() 함수가 소수 검증을 시작한다.

90행에서는 rabinMiller() 함수를 호출해 소수 검증을 시행한다. 그다음 rabinMiller() 함수의 리턴 값을 isPrime() 함수가 리턴한다.

```
89.    # 앞에서 함수를 리턴하지 못했다면 rabinMiller()를 호출해 num이 소수인지 검사한다.
90.    return rabinMiller(num)
```

지금까지 어떤 수가 소수인지 판정하는 방법을 알아봤다. 이제 소수 검증을 통해 소수를 생성하는 방법을 알아볼 차례다. 이 기법은 23장의 공개 키 프로그램에서 사용할 것이다.

큰 소수 생성하기

93행의 generateLargePrime() 함수에서는 무한루프를 이용해 소수인 정수를 리턴한다. 이 함수에서는 임의의 큰 수를 생성해 num에 저장한 다음, isPrime()에 전달해 소수 검증을 실시한다.

```
93. def generateLargePrime(keysize=1024):
94.     # keysize 비트 크기보다 작은 범위에서 임의의 소수를 리턴한다.
95.     while True:
96.         num = random.randrange(2**(keysize-1), 2**(keysize))
97.         if isPrime(num):
98.             return num
```

num이 소수이면 98행에서 num을 리턴한다. num이 소수가 아니면 무한 루프는 96행으로 돌아가 새로운 난수에 대해 같은 과정을 실시한다. 이 루프는 isPrime() 함수가 소수라고 판정하는 수를 발견할 때까지 계속 실행될 것이다.

generateLargePrime() 함수의 keysize 파라미터는 기본값이 1024이다. 더 큰 keysize를 사용하면, 무차별 대입법으로 깨기 더 어려운 키를 찾을 수 있다. 공개 키의 크기는 비트의 개수로 계산하는데, 23장과 24장에서 이에 대해 다룰 것이다. 지금은 1024비트는 매우 크다는 것 즉, 약 300개의 숫자로 구성된 숫자라는 것만 알아두자.

요약

소수는 수학에서 매혹적인 성질을 갖는 수이며, 23장에서 배울 프로페셔널 암호 소프트웨어의 토대다. 소수의 정의는 간단하다.

소수는 1과 그 자신을 약수로 갖는 숫자다. 그러나 어떤 수가 소수인지 밝히려면 지능적인 코드가 필요하다.

이 장에서 우리는 어떤 수가 소수인지 밝히기 위해 2에서 그 수의 제곱근까지 모든 수를 나눠보고 나머지가 있는지 확인하는 isPrimeTrialDiv( ) 함수를 작성했다. 이것을 나눗셈에 의한 소수 판정법이라고 한다. 소수는 1과 그 자신인 약수가 아닌 수로 나누면 나머지가 0이 아닌 특정이 있다. 따라서 나머지가 0인 경우 소수가 아니라는 것을 알 수 있다.

22장에서는 특정 범위의 모든 수를 빠르게 찾아내는 에라토스테네스의 체에 대해서도 배웠다. 이 기법은 큰 소수를 찾을 때에 많은 메모리가 필요하다.

primeNum.py에 있는 에라토스테네스의 체와 나눗셈에 의한 소수 판정 알고리즘은 큰 소수를 찾을 때에는 적합하지 않으므로, 수백 개의 숫자로 구성된 매우 큰 소수를 사용하는 공개 키 암호를 위한 새로운 알고리즘에 대해서도 다뤘다. 라빈 밀러 알고리즘이 그것이며 이 알고리즘은 복잡한 수학적 원리에 근거하며 매우 큰 수가 소수인지 판정한다.

23장에서는 primeNum.py 모듈을 사용해 공개 키 암호 프로그램을 작성할 것이다. 마지막으로 일회용 암호보다 쓰기 쉬우면서 이 책에서 소개했던 단순한 해킹 기법들로는 깰 수 없는 암호를 만들어볼 것이다.

연습 문제

연습 문제의 정답은 이 책의 웹사이트 https://www.nostarch.com/crackingcodes/에서 제공한다.

1. 얼마나 많은 소수가 존재하는가?
2. 소수가 아닌 정수를 무엇이라고 하는가?
3. 소수를 찾는 알고리즘 두 가지는 무엇인가?

23

공개 키 암호를 위한 키 생성
GENERATING KEYS FOR THE PUBLIC KEY CIPHER

"소수의 '좋은 사람들'만 키를 공유할 수 있는 백도어를
드나들 수 있도록 신중하게 타협했다고 가정해보자.
이런 암호는 사실상 안전하지 않으며
이미 파괴됐거나 깨진 암호나 같다. 누구나 쳐다볼 수 있도록
하늘에 키를 전시하는 것이나 마찬가지다."
– 코리 닥터로(Cory Doctorow), SF 소설가

이 책에서 소개한 모든 암호는 공통적인 특징이 하나 있다. 암호화 키와 복호화 키가 같다는 것이다. 이것은 기술적인 문제점이 하나 있다. 이전에 대화한 적도 없는 모르는 사람에게 암호화 메시지를 공유할 때에는 어찌 해야 할 것인가? 암호화 키와 암호문을 도청하는 일은 매우 쉬운 일이다.

23장에서는 공개 키 암호에 대해서 배울 것이다. 공개 키와 개인 키를 이용하는 이 암호를 통해서 낯선 사람에게도 암호화된 메시지를 공유할 수 있다.

이 책에서 다루는 공개 키 암호는 RSA 암호에 기초한다. RSA 암호는 복잡하고 여러 단계로 구성돼 있기 때문에 프로그램을 두 벌 작성할 것이다. 23장에서는 공개 키와 개인 키를 생성하는 공개 키 생성 프로그램을 작성할 것이다. 그런 다음 23장에서 생성한 키를 사용해 공개 키 암호 방식으로 메시지를 암호화/복호화하는 두 번째 프로그램을 작성할 것이다. 프로그램의 내부를 들여다보기 전에 먼저 공개 키 암호의 동작 원리를 살펴보자.

공개 키 암호

지구 반대편의 누군가가 소통을 원하는 상황을 상상해보자. 첩자들이 이메일, 편지, 텍스트, 전화를 모두 도청하고 있다는 사실도 알고 있는 상태다. 그 사람에게 암호화된 메시지를 보내려면 사용할 암호 키를 양측에서 알고 있어야 한다. 그러나 이 암호 키를 이메일로 보낸다면 첩자가 이 키를 가로챌 수 있다. 이 키로 암호화된 메시지를 보내면 키가 노출됐으므로 첩자가 암호문을 복호화할 수 있다. 서로 키를 교환하기 위해 비밀스럽게 만나는 일은 불가능하다. 암호 키를 보내 달라는 메시지조차 가로챌 수 있기 때문이다.

공개 키 암호는 이런 암호 문제를 해결하기 위해 키를 두 개 사용한다. 하나는 암호화 키이고 하나는 복호화 키다. 공개 키 암호는 비대칭 암호화 기법에 속한다. 이 책의 앞에서 다뤘던 암호들 즉, 같은 키로 암호화/복호화를 하는 암호는 대칭형 암호라고 한다.

메시지를 암호화할 때에는 공개 키를 쓰고 복호화할 때에는 개인 키를 쓴다는 점이 중요하다. 누군가 암호화 키를 얻었다 하더라도, 암호화 키로는 메시지를 복호화할 수 없으므로 원문을 얻을 수 없다.

암호화 키를 공개 키라고 부르는 이유는 이 키 값을 지구상 누구라도 알 수 있기 때문이다. 반면 개인 키 즉, 복호화 키는 보안이 유지돼야 한다.

예를 들어 앨리스가 밥에게 메시지를 보내고 싶을 때 앨리스는 밥의 공개 키를 얻거나 밥이 공개 키를 앨리스에게 보내면 된다. 그런 다음 앨리스가 메시지를 밥의 공개 키로 암호화한다. 공개 키로는 메시지를 복호화할 수 없기 때문에, 누군가 밥의 공개 키를 접근할 수 있다 해도 문제가 없다. 밥이 앨리스로부터 암호문을 받으면, 개인 키를 이용해 암호문을 풀면 된다. 밥의 공개 키로 암호화한 메시지는 밥의 개인 키로만 풀 수 있다. 밥이 앨리스에게 답장을 하고 싶다면 밥이 앨리스의 공개 키를 얻어서 그 키로 암호화한 암호문을 전달하면 된다. 앨리스는 자신의 개인 키를 알고 있으므로 밥에게서 받은 암호화된 답장을 풀 수 있는 유일한 사람이다. 앨리스와 밥이 지구 반대편에 있어도 도청의 위험 없이 메시지를 교환할 수 있는 것이다.

23장에서 구현할 공개 키 암호의 일부는 RSA 암호에 기초한다. 이 암호는 1977년에 고안됐으며 RSA는 발명자들의 이름에서 유래했다(Ron Rivest, Adi Shamir, Leonard Adleman).

RSA 암호는 수백 글자의 숫자로 구성된 큰 소수를 이용한 알고리즘을 사용한다. 22장에서 다룬 소수의 수학적 특징 때문이다. 공개 키 알고리즘은 임의의 소수 두 개를 만든 다음 복잡한 수학적 원리로(13장에서 다룬 모듈러 역수 찾기를 포함) 공개 키와 개인 키를 생성한다.

RSA 텍스트북 사용에 관한 위험성

이 책에서는 공개 키 암호를 해킹하는 프로그램을 작성하지는 않는다. 24장에서 작성할 publicKeyCipher.py 프로그램은 안전하지 않다는 점을 명심해야 한다. 암호의 완전성을 검증하는 일은 매우 어렵다. (그 암호를 구현한 프로그램을 포함해) 어떤 암호가 진짜로 안전한지 검증하는 데에는 많은 경험이 필요하다.

23장의 RSA 기반 프로그램은 RSA 텍스트북에 있는 것이며 기술적으로는 큰 소수들을 이용해 RSA 알고리즘을 정확하게 구현하고 있더라도 해킹에 안전하지는 않다. 예를 들어 완벽한 난수가 아닌 의사 난수를 사용하기 때문에 라빈 밀러 소수 검증이 완벽하지는 않다.

따라서 이 글을 읽는 독자는 publicKeyCipher.py으로 생성한 암호문을 해킹하는 것이 불가능할지 몰라도 어떤 누군가는 해킹이 가능할 수도 있다. 높은 수준의 암호학자로 알려진 브루스 슈나이어의 말을 인용해보자면, 자기가 만들고 자기가 깰 수 없는 암호 알고리즘을 만드는 것은 누구나 가능하지만, 수년 간의 분석에도 그 어떤 누구도 깰 수 없는 알고리즘을 만드는 것은 어려운 일이라는 것이다.

이 책의 프로그램은 RSA 암호의 기초를 배우기 위한 흥미로운 예제에 불과하다. 즉, 중요한 파일을 안전하게 하려면 전문 암호화 소프트웨어를 사용해야 한다. 더 많은 암호화 소프트웨어 목록을 보고 싶다면 https://www.nostarch.com/crackingcodes/를 참고한다.

인증 문제

공개 키 암호는 기발한 방식으로 보이지만 한편으로 약간의 문제점을 갖고 있다. 이메일로 이런 메시지를 받았다고 가정해보자.

"Hello, I am Emmanuel Goldstein, leader of the resistance. I would like to communicate secretly with you about important matters. Attached is my public key(안녕하세요? 나는 저항군의 지도자 이매뉴얼 골드스타인입니다. 중요한 사안에 대해 은밀히 나누고 싶은 이야기가 있습니다. 나의 공개 키를 첨부합니다)."

이 공개 키를 사용해서 공개 키를 보낸 사람 외에는 아무도 읽을 수 없는 메시지를 보낼 수는 있다. 그러나 보낸 이가 진짜로 이매뉴얼 골드스타인인지는 어떻게 알 수 있을 것인가? 이매뉴얼 골드스타인에게 보내는 암호화된 메시지가 이매뉴얼 골드스타인에게 갈 것인지 이매뉴얼 골드스타인처럼 행세하는 첩자에게 갈 것인지 알 방법이 없다.

공개 키 암호화뿐만 아니라 이 책의 모든 암호들은 메시지의 보안을 유지하는 데는 문제가 없으나 메시지를 주고받는 당사자가 누구인지 인증하는 절차에 대해서는 보증하지 않는다.

일반적으로는 어떤 사람과 키를 교환할 때 그 사람이 누구인지 확인할 수 있기 때문에, 이런 문제는 비대칭 암호의 문제는 아니다.

그러나 공개 키 암호를 사용하는 자체에 대해서는, 누군가의 공개 키를 얻어서 그 키로 암호화된 메시지를 보낼 때 그 사람이 누군지 알 필요가 없다. 따라서 사용자 인증은 공개 키 암호를 사용할 때 중요한 문제로 인식해야 한다.

공개 키 기반PKI, Public Key Infrastructure의 모든 영역에서는 사용자 인증을 관리하기 때문에 공개 키와 대상자를 특정 수준의 보안으로 일치시킬 수 있다. 그러나 이 주제는 이 책의 범위를 넘어선다.

디지털 서명

문서에 전자적으로 서명할 수 있는 암호 기법으로 디지털 서명이 있다. 디지털 서명이 왜 필요한지 이해하기 위해 앨리스가 밥에게 보내는 다음 이메일 예제를 살펴보자.

밥에게,

나는 낡고 고장 난 랩톱 컴퓨터를 100만 달러에 구입하기로 약속한다.

앨리스로부터.

밥은 그의 쓸모없는 랩톱 컴퓨터를 몇 푼이든 관계없이 처분하고 싶었기 때문에, 이 것은 엄청난 희소식이다. 그러나 이후 앨리스가 그런 약속을 하지 않았고 밥이 받은 이 메일이 그녀가 보내지 않은 가짜라고 주장한다면 어떨까? 사실 밥은 이런 이메일을 쉽게 만들 수 있다는 것이다.

그들이 사람 대 사람으로 만났다면 앨리스와 밥은 판매에 동의하는 계약서에 서명할 수 있었을 것이다. 손으로 쓴 서명은 위조하기가 쉽지 않고 앨리스가 이 약속을 맺었다는 어떤 증거가 된다. 그러나 앨리스가 그렇게 계약서에 서명을 해 디지털 카메라로 찍어서 밥에게 이미지 파일로 보냈다면 이 이미지 파일이 조작될 가능성은 남아 있다.

RSA 암호(다른 공개 키 암호도 비슷하다)는 메시지만 암호화하는 것뿐만 아니라 파일이 나 문자열에 대한 디지털 서명도 포함한다. 예를 들어 앨리스는 메시지를 그녀의 개인 키 로 암호화할 수 있고, 이 암호문은 앨리스의 공개 키로만 복호화할 수 있다. 이 암호문은 그 파일에 대한 디지털 서명이 된다. 세상의 모든 사람이 앨리스의 공개 키에 접근할 수 있고 그를 이용해 복호화를 할 수 있기 때문에 실제로는 보안성이 없다. 그러나 개인 키 로 메시지를 암호화하는 방식을 쓰면 위조는 할 수 없는 방식으로 디지털 서명을 할 수 있다.

그 이유는 앨리스만이 개인 키에 접근할 수 있기 때문이다. 앨리스만이 이 암호문을 만들 수 있기 때문에, 밥이 이 암호문을 위조했거나 바꿔치기했다고 주장할 수 없기 때문 이다.

메시지를 작성한 사람이 나중에 그 메시지를 작성한 것을 부정할 수 없도록 보증하는 것을 '부인 방지'라고 부른다.

디지털 서명은 암호 화폐, 공개 키 인증, 익명 웹서핑 등에서 매우 중요한 활동이다.

이에 대해 더 많은 것을 알고 싶다면 https://www.nostarch.com/crackingcodes/를 방문한다. 인증이 보안 암호만큼이나 중요한 이유에 대한 읽을거리가 있다.

MITM 공격 주의

우리의 암호화된 메시지를 해킹하는 것보다 훨씬 더 무서운 것은 MITM^{Man-in-the-middle} 공격이다. 이런 유형의 공격에서는 피해자가 누구인지 인지할 수도 없이 메시지를 가로챌 수 있다.

예를 들어 이매뉴얼 골드스타인이 당신과 메시지를 주고받은 상황이다. 이매뉴얼이 암호화되지 않은 메시지와 그의 공개 키를 전송했을 때 감청자의 라우터에서 이를 가로챌 수 있다. 감청자는 이매뉴얼의 공개 키를 자신의 공개 키로 바꾼 다음 이 메시지를 보낸다. 당신은 수신한 이메일의 키가 이매뉴얼의 키인지 감청자의 키인지 알 방법이 없는 것이다.

이제 당신이 이매뉴얼에게 암호화한 답장을 보내면, 이 답장은 실제로는 이매뉴얼의 공개 키가 아니라 감청자의 공개 키로 암호화한 것이다. 감청자는 이 메시지를 가로챌 수 있고, 그것을 복호화해서 읽을 수 있다. 그다음 이매뉴얼에게 당신의 메시지를 보내기 전에 다시 이매뉴얼의 실제 공개 키로 다시 암호화한 후 전송한다. 감청자는 같은 방법으로 이매뉴얼이 당신에게 보내는 회신들도 모두 감청할 수 있다. 그림 23-1은 MITM 공격의 동작 원리를 나타낸 것이다.

그림 23-1 MITM 공격

당신과 이매뉴얼에게는 각각의 메시지 전달에 보안이 유지되고 있는 것처럼 보인다. 그러나 실제로는 당신의 메시지를 암호화한 공개 키가 이매뉴얼의 것이 아니라 감청자의 것이므로 감청자는 모든 메시지를 읽을 수 있는 것이다.

다시 강조하면 공개 키 암호는 인증이 아닌 보안성만 다루기 때문에 이 문제는 여전히 상존한다. 인증 및 공개 키 인프라에 대한 깊은 논의는 이 책의 범위를 벗어난다. 그러나 이제 공개 키 암호화가 어떻게 보안성을 제공하는지 알았으므로, 공개 키 암호를 위한 키를 생성하는 방법을 알아보자.

공개 키와 개인 키의 생성 과정

공개 키 방식에서 각 키는 숫자 두 개로 구성된다. 공개 키는 n과 e 숫자 두 개다. 개인 키도 n과 d 숫자 두 개다.

이 숫자들은 다음과 같은 3단계로 생성된다.

1. 매우 크고 분명한 소수를 임의로 두 개 생성한다: p, q
   이 두 수를 곱한 숫자를 n이라고 부른다.
2. (p - 1) × (q - 1)와 서로 소인 난수 e를 생성한다.
3. e의 모듈러 역수 d를 구한다.

n은 공개 키와 개인 키 양쪽에서 사용한다는 점을 주의한다. 숫자 d는 보안이 유지돼야 하는데 이 키로 메시지를 복호화할 것이기 때문이다. 이제 이 키들을 생성하는 프로그램을 작성할 준비가 끝났다.

공개 키 생성 프로그램 소스 코드

새 파일 편집기 창을 열고 File ❯ New File을 선택한다. primeNum.py, cryptomath.py 모듈은 이 프로그램 파일과 같은 폴더에 있어야 한다. 다음 코드를 파일 편집기에 입력하고 makePublicPrivateKeys.py로 저장한다.

makePublicPrivateKeys.py.

```
1. # 공개 키 생성기
2. # https://www.nostarch.com/crackingcodes/ (BSD Licensed)
3.
```

```
 4. import random, sys, os, primeNum, cryptomath
 5.
 6.
 7. def main():
 8.     # 1024비트 공개 키/개인 키 짝 생성
 9.     print('Making key files...')
10.     makeKeyFiles('al_sweigart', 1024)
11.     print('Key files made.')
12.
13. def generateKey(keySize):
14.     # keySize 비트 크기의 공개 키/개인 키 생성
15.     p = 0
16.     q = 0
17.     # 1단계: 두 소수 p, q를 생성하고 n = p * q를 계산한다.
18.     print('Generating p prime...')
19.     while p == q:
20.         p = primeNum.generateLargePrime(keySize)
21.         q = primeNum.generateLargePrime(keySize)
22.     n = p * q
23.
24.     # (p - q) * (q - 1)과 서로 소인 난수 e를 생성
25.     print('Generating e that is relatively prime to (p-1)*(q-1)...')
26.     while True:
27.         # 2단계: 올바른 난수 e를 얻을 때까지 계속 시도
28.         e = random.randrange(2 ** (keySize - 1), 2 ** (keySize))
29.         if cryptomath.gcd(e, (p - 1) * (q - 1)) == 1:
30.             break
31.
32.     # 3단계: e의 모듈러 역수 d 계산
33.     print('Calculating d that is mod inverse of e...')
34.     d = cryptomath.findModInverse(e, (p - 1) * (q - 1))
35.
36.     publicKey = (n, e)
37.     privateKey = (n, d)
38.
39.     print('Public key:', publicKey)
40.     print('Private key:', privateKey)
41.
42.     return (publicKey, privateKey)
43.
```

```
44.
45. def makeKeyFiles(name, keySize):
46.     # 'x_pubkey.txt', 'x_privkey.txt' 생성, x는 값의 이름이며
46.     # 콤마로 구분해 n, e, d, e 정수를 파일에 쓴다.
47.
48.
49.
50.     # 이전 키 파일을 덮어 쓰지 않기 위해 검사한다.
51.     if os.path.exists('%s_pubkey.txt' % (name)) or os.path.exists('%s_privkey.
txt' % (name)):
52.         sys.exit('WARNING: The file %s_pubkey.txt or %s_privkey.txt
            already exists! Use a different name or delete these files and
            rerun this program.' % (name, name))
53.
54.     publicKey, privateKey = generateKey(keySize)
55.
56.     print()
57.     print('The public key is a %s and a %s digit number.' %
        (len(str(publicKey[0])),
        len(str(publicKey[1]))))
58.     print('Writing public key to file %s_pubkey.txt...' % (name))
59.     fo = open('%s_pubkey.txt' % (name), 'w')
60.     fo.write('%s,%s,%s' % (keySize, publicKey[0], publicKey[1]))
61.     fo.close()
62.
63.     print()
64.     print('The private key is a %s and a %s digit number.' %
        (len(str(publicKey[0])),
        len(str(publicKey[1]))))
65.     print('Writing private key to file %s_privkey.txt...' % (name))
66.     fo = open('%s_privkey.txt' % (name), 'w')
67.     fo.write('%s,%s,%s' % (keySize, privateKey[0], privateKey[1]))
68.     fo.close()
69.
70.
71. # makePublicPrivateKeys.py를 모듈로 import하는 것이 아니라 직접 실행한다면 main()을 호출한다.
72.
73. if __name__ == '__main__':
74.     main()
```

공개 키 생성 프로그램의 실행 예제

makePublicPrivateKeys.py를 실행하면 다음과 유사한 화면을 볼 수 있다(난수에 의해 생성되므로 실제 화면의 숫자가 다를 수 있다).

```
Making key files...
Generating p prime...
Generating q prime...
Generating e that is relatively prime to (p-1)*(q-1)...
Calculating d that is mod inverse of e...
Public key: (2109024063167005024019684914065794174050903967546169261358106212
1611619133808656784074598753554688979280723862705107204438273246714358932748
5839374968506241167761472418211520269463228768694043944839222024078216728642
4247892081318269900084735267117442965485638667684542514049519608052246824254
9897523048895590808649185211634877784953627068508544697095291564005052221220
4221803744494065881010331486468305317449607027884787770315729959789994713265
3113276637761677100770183400366683066126657594172078458234799034405727240681
2521100232929833871861585954209372109725826359561748245019920074018549204468
79130011431505611709, 1746023076917516102173184545923683355383240391086912905
4954200373678580935247606622265764388235752176654737805849023006544732896308
6855136695099174511958226113980989513066766009588891895645995814564600702703
9369327768340435481157568160599065914531707412708455723353750410247993714253
00216777273298110097435989)
Private key: (21090240631670050240196849140657941740509039675461692613581062
1216116191338086567840745987535546889792807238627051072044382732467143589327
4858393749685062411677614724182115202694632287686940439448392220240782167286
4242478920813182699000847352671174429654856386676845425140495196080522468242
5498975230488955908086491852116348777849536270685085446970952915640050522212
2042218037444940658810103314864683053174496070278847877703157299597899947132
6531132766377616771007701834003666830661266575941720784582347990344057272406
8125211002329298338718615859542093721097258263595617482450199200740185492044
6879130011431505611709, 476767357981377104121668849169837650431731202894169
0434129597155228687099187466609993337100807594854900855122476069594266696246
5968168995404993934508399014283053710676760835948902312888639938402686187075
0523607730623641626642761449656525585453311666817359809813844933493130587502
5941768372702963348445191139635826000818122373486213256488077192893119257248
1077942568188460364002867327313529283117017861420681716580281229152831956220
0625082557261680470845607063596018339193179743750316360114321776916471700002
54303682699053973905747464278541693387849989701477748140737132805300183808531
4443545
```

8452190872495446633398589)
```
The public key is a 617 and a 309 digit number.
Writing public key to file al_sweigart_pubkey.txt...
The private key is a 617 and a 309 digit number.
Writing private key to file al_sweigart_privkey.txt...
```

두 키는 매우 큰 수 이므로, al_sweigart_pubkey.txt, al_sweigart_privkey.txt 각자의 파일에 기록한다. 24장에서 작성할 공개 키 암호 프로그램에서는 이 두 파일을 모두 사용해 메시지를 암호화/복호화한다.

파일 이름은 'al_sweigart'에서 온 것이며 프로그램이 10행에서 makeKeyFiles() 함수에 전달한 값이다. 이때 다른 문자열을 전달해 파일 이름을 지정할 수 있다.

makeKeyFiles()에 같은 문자열을 전달하면서 makePublicPrivateKeys.py를 다시 실행하면 프로그램은 다음과 같이 출력한다.

```
Making key files...
WARNING: The file al_sweigart_pubkey.txt or al_sweigart_privkey.txt already
exists! Use a different name or delete these files and rerun this program.
```

(키 파일 생성...

주의: al_sweigart_pubkey.txt 또는 al_sweigart_privkey.txt이 이미 존재합니다. 이름을 바꾸거나 이 파일들을 지우고 프로그램을 다시 실행하세요.)

이 경고는 우리의 키 파일을 우연히 덮어 쓰는 것을 막기 위한 것이다. 키 파일을 잃으면 이 키 파일로 암호화한 모든 파일을 복호화할 수 없다. 키 파일을 반드시 안전하게 보관하라!

main() 함수

makePublicPrivateKeys.py를 실행하면 main() 함수가 호출된다. main() 함수는 makeKeyFiles() 함수를 통해 공개 키와 개인 키를 생성하는 짧은 함수다.

```
 7. def main():
 8.     # 1024 비트 공개 키/개인 키 짝 생성
 9.     print('Making key files...')
10.     makeKeyFiles('al_sweigart', 1024)
11.     print('Key files made.')
```

컴퓨터가 키를 생성하는 동안 makeKeyFiles()를 호출하기 전에 9행에서 메시지를 출력해 프로그램이 무슨 일을 하고 있는지 사용자에게 알린다.

10행에서 호출하는 makeKeyFiles()는 문자열 'al_sweigart'와 정수 1024를 받는다. 이것은 1024비트의 키를 생성하고 그 값을 al_sweigart_pubkey.txt, al_sweigart_privkey.txt 파일에 저장하도록 지시한다. 키 크기를 더 크게 하면 가능한 키가 더 많아지고 암호의 보안성이 더 올라갈 것이다. 그러나 키가 크면 클수록 메시지를 암호화/복호화하는 데 걸리는 시간이 더 길어진다. 1024비트로 결정한 이유는 이 책의 예제로 적합한 속도와 보안성이 있다고 판단했기 때문이다. 그러나 현실에서는 보안성이 있는 공개 키 암호를 위해 2048비트나 3072비트가 필요하다.

generateKey() 함수로 키 생성하기

키를 생성하는 첫 번째 단계는 임의의 소수 p, q를 얻는 것이다. 이 두 값은 매우 크고 명백히 소수이며 서로 다른 값이어야 한다.

```
13. def generateKey(keySize):
14.     # keySize 비트 크기의 공개 키/개인 키 생성
15.     p = 0
16.     q = 0
17.     # 1단계: 두 소수 p, q를 생성하고 n = p * q를 계산한다.
18.     print('Generating p prime...')
19.     while p == q:
20.         p = primeNum.generateLargePrime(keySize)
21.         q = primeNum.generateLargePrime(keySize)
22.     n = p * q
```

generateLargePrime( ) 함수는 22장의 primeNum.py 프로그램에서 이미 작성한 것이다. 이 함수는 20, 21행에서 두 소수를 정수 값으로 리턴하고 이 값들은 변수 p, q에 저장된다. p와 q가 같다면 while 루프를 통해 계속 p, q를 다시 구한다. keySize의 값은 p, q의 크기를 정한다. 22행에서 p, q를 곱하고 n에 저장한다.

그다음으로 두 번째 단계에서는 공개 키의 남은 조각인 e를 계산한다.

e 값 계산

e 값은 (p - 1) × (q - 1)과 서로 소인 값이며 이 값을 찾는 것이다. e를 이런 방식으로 구해 쓰는 자세한 이유는 일단 논외로 하고, (p - 1) × (q - 1)과 서로 소인 e를 구하면 이 값을 통해 항상 유일한 암호문을 구할 수 있을 것이다.

while 루프를 무한 루프로 돌면서 26행에서 p - 1과 q - 1의 곱과 서로 소인 e 값을 구한다.

```
24.    # (p - q) * (q - 1)과 서로 소인 난수 e를 생성
25.    print('Generating e that is relatively prime to (p-1)*(q-1)...')
26.    while True:
27.      # 2단계: 올바른 난수 e를 얻을 때까지 계속 시도
28.      e = random.randrange(2 ** (keySize - 1), 2 ** (keySize))
29.      if cryptomath.gcd(e, (p - 1) * (q - 1)) == 1:
30.        break
```

28행의 random.randrange( )은 e 값에 들어갈 난수 정수를 리턴한다. 29행에서 e 값이 (p - 1) * (q - 1)과 서로 소인지 검사하는데 이 때에는 gcd( ) 함수를 사용한다. e가 서로 소 관계에 있다면 30행에서 break 구문으로 무한 루프를 탈출한다. 서로 소가 아니라면 다시 26행로 돌아가서 (p - 1) * (q - 1)과 서로 소인 값을 찾을 때까지 루프를 계속한다.

이제 다음으로, 개인 키를 계산할 차례다.

d 값 계산하기

세 번째 단계에서는 복호화에 사용할 개인 키 중 나머지 하나인 d를 구한다. d는 e의 모듈러 역수다. 모듈러 역수에 대해서는 13장에서 다뤘으며 cryptomath 모듈의 findModInverse( ) 함수로 쉽게 구할 수 있다.

34행에서는 findModInverse( )를 호출해 결과를 변수 d에 저장한다.

```
32.    # 3단계: e의 모듈러 역수 d 계산
33.    print('Calculating d that is mod inverse of e...')
34.    d = cryptomath.findModInverse(e, (p - 1) * (q - 1))
```

이제 공개 키와 개인 키를 생성하기 위한 모든 수를 구했다.

키 리턴

앞에서 설명한 바와 같이 공개 키 암호는 공개 키와 개인 키로 구성된다. n과 e에 저장된 정수는 공개 키를 만들고, n과 d는 개인 키를 만든다. 36행과 37행에서는 이 정수 값들을 publicKey, privateKey에 튜플 값으로 저장한다.

```
36.    publicKey = (n, e)
37.    privateKey = (n, d)
```

generateKey( ) 함수는 이어서 키 값들을 39, 40행의 print( )로 화면에 출력한다.

```
39.    print('Public key:', publicKey)
40.    print('Private key:', privateKey)
41.
42.    return (publicKey, privateKey)
```

42행의 generateKey( )는 publicKey, privateKey를 담은 튜플을 리턴한다.

지금까지 생성한 공개 키와 개인 키는 파일에 저장한 후 공개 키 암호 프로그램에서 암호화/복호화할 때 사용할 것이다.

키를 파일에 저장하는 것은 매우 유용하다. 수백 글자의 키 값을 어딘가에 기록해두거나 받아 적을 필요가 없기 때문이다.

makeKeyFiles() 함수로 키 파일 생성하기

makeKeyFiles( ) 함수는 파라미터로 파일 이름과 키 크기를 받아서 키 값들을 파일에 저장한다.

```
45. def makeKeyFiles(name, keySize):
46.     # 'x_pubkey.txt', 'x_privkey.txt' 생성, x는 값의 이름이며
46.     # 콤마로 구분해 n, e, d, e 정수를 파일에 쓴다.
47.
48.
```

이 함수는 파일 이름을 ⟨name⟩_pubkey.txt, ⟨name⟩_privkey.txt로 공개 키와 개인 키를 저장한다. name 파라미터는 파일 이름의 <name> 부분에 들어갈 문자열이다. 키 파일이 지워지는 사고를 방지하기 위해 프로그램을 실행할 때마다 51행에서 지정한 파일 이름의 공개 키/개인 키 파일이 이미 존재하는지 확인한다. 이미 존재한다면 경고 메시지를 출력하고 프로그램을 끝낸다.

```
50.     # 이전 키 파일을 덮어 쓰지 않기 위해 검사한다.
51.     if os.path.exists('%s_pubkey.txt' % (name)) or
        os.path.exists('%s_privkey.txt' % (name)):
52.         sys.exit('WARNING: The file %s_pubkey.txt or %s_privkey.txt
            already exists! Use a different name or delete these files and
            rerun this program.' % (name, name))
```

확인한 다음에는 54행에서 generateKey( )에 keySize를 호출해 지정한 크기로 공개 키와 개인 키를 생성한다.

```
54.     publicKey, privateKey = generateKey(keySize)
```

generateKey( ) 함수는 튜플 두 개가 들어 있는 튜플을 리턴하고 이를 각각 publicKey, privateKey 변수에 복수 할당문으로 넣는다. 첫 번째 튜플은 공개 키를 위한 정수 값 두 개가 들어가고 두 번째 튜플에는 개인 키를 위한 정수 값 두 개가 들어간다.

이제 키 파일들을 생성하기 위한 준비 단계를 모두 마쳤으므로 실제 키 파일을 만들 수 있다. 이제 각 키들을 텍스트 파일로 만들기 위한 두 숫자들을 저장할 것이다.

56행은 빈 줄을 출력하고 57행에서는 공개 키에 대한 정보를 사용자에게 출력한다.

```
56.     print()
57.     print('The public key is a %s and a %s digit number.' %
(len(str(publicKey[0])),
        len(str(publicKey[1]))))
58.     print('Writing public key to file %s_pubkey.txt...' % (name))
```

57행에서는 publicKey[0], publicKey[1]의 정수 값이 몇 글자인지 알려주는데, 이때 각 값들을 str( ) 함수로 문자열로 변환한 후, len( ) 함수로 문자열의 길이를 찾는 방법을 쓴다. 그런 다음 58행에서 공개 키를 파일에 쓰고 있다고 알린다.

키 파일에는 키 크기, 콤마, n값, 콤마, e(또는 d)의 정수 값이 차례로 들어 있다. 예를 들어 al_sweigart_pubkey.txt 파일의 내용은 다음과 같이 될 것이다. 키 크기 정수 값, n의 정수 값, e나 d의 정수 값이 순서대로 들어 있다.

```
1024,1411895615710829365534680805113343389409164603953831200692339973536249360526320370249758589377671700328632622913430407820421072899596280944823328208772644183371835647747404240533633287207520733469653530410225698180493180588850258751531087325796653837774040742213790777243761337634294403748158391548973157601450752430714012338584282327252143912951516980441475584541848071057874195191193439532768366941466140613308723567669334421693582089537102318727294869947925951058200693511630663303621911634344734219510829663468609656717892808870204409832799674984801472327344016829108927416194333747039996892015365564628028293530731007181039712947910998367258740125463706809260121858057654010522762625823857151597753664461626599485597536476726638116148137697901641145312931752030296204272437195994689585517456366655589415261645234299654897035299400304656468484497150204791555565612286772112515985605028555023412904336022230634725973056990069
```

59~61행에서는 〈name〉_pubkey.txt 파일을 쓰기 모드로 열고, 파일에 키 값들을 쓰고, 파일을 닫는다.

```
59.    fo = open('%s_pubkey.txt' % (name), 'w')
60.    fo.write('%s,%s,%s' % (keySize, publicKey[0], publicKey[1]))
61.    fo.close()
```

63~68행의 코드는 개인 키를 〈name〉_privkey.txt 파일에 저장한다는 점만 빼고 56~61행의 코드와 같다.

```
63.    print()
64.    print('The private key is a %s and a %s digit number.' %
(len(str(publicKey[0])),
       len(str(publicKey[1]))))
65.    print('Writing private key to file %s_privkey.txt...' % (name))
66.    fo = open('%s_privkey.txt' % (name), 'w')
67.    fo.write('%s,%s,%s' % (keySize, privateKey[0], privateKey[1]))
68.    fo.close()
```

이 키 파일들의 사본이 노출되거나 파일들이 들어 있는 컴퓨터가 해킹되는 일이 있어서는 안 된다. 해커가 개인 키를 입수한다면 모든 메시지를 복호화할 수 있다!

main() 함수 호출

프로그램의 끝 부분에 이르면, 73, 74행에서 makePublicPrivateKeys.py를 모듈로 import하지 않은 경우 main() 함수를 호출한다.

```
71. # makePublicPrivateKeys.py를 모듈로 import하는 것이 아니라 직접 실행한다면 main()을 호출한다.
72.
73. if __name__ == '__main__':
74.     main()
```

이제 공개 키와 개인 키를 생성하는 프로그램 작성을 마쳤다. 공개 키 암호는 어떤 두 사람의 보안을 유지하며 키 교환을 하지 않아도 메시지를 주고받을 수 있지만, 공개 키 암호의 몇몇 취약점들로 인해 모든 암호화 통신에서 사용하지는 않고, 하이브리드 암호 시스템에서 자주 사용한다.

하이브리드 암호 시스템

RSA와 공개 키 암호는 연산에 많은 시간을 필요로 한다. 특히 초당 수천 개의 암호화 연결을 처리하는 서버들의 경우 더욱 그렇다. 해결책으로서 더 빠른 대칭 키 암호화의 키 배포 용도로 공개 키 암호화를 사용할 수 있다. 이때 대칭 키 암호 기법은 암호화/복호화 키가 같은 암호화면 무엇이든 가능하다.

대칭형 암호화의 키를 공개 키를 통해 암호화해 전송하면 보안성이 보장되고 수신자는 추후 메시지를 처리할 때 대칭형 암호를 쓸 수 있다. 대칭 키와 비대칭 키를 같이 쓰는 암호화 기법을 하이브리드 암호 시스템이라고 한다. 하이브리드 암호 시스템에 대한 상세한 내용은 https://en.wikipedia.org/wiki/Hybrid_cryptosystem을 참고한다.

요약

24장에서는 공개 키 암호의 동작 원리를 알아보고 공개 키/개인 키를 생성하는 프로그램을 작성했다. 24장에서는 이 키 값들을 이용해 공개 키 암호를 이용한 암호화/복호화를 수행해볼 것이다.

24

공개 키 암호 프로그래밍
PROGRAMMING THE PUBLIC KEY CIPHER

언젠가 어떤 동료가 내게 말했다. 세상은 응용 암호학을
읽은 적이 있는 사람들이 설계한 잘못된 보안 시스템으로
가득 차 있다고.

– 브루스 슈나이어(Bruce Schneier),

『Applied Cryptography(응용 암호학)』 저자

23장에서는 공개 키 암호의 동작 원리와 공개 키 생성 프로그램으로 공개 키/개인 키 파일을 만드는 방법을 배웠다. 이제 공개 키 파일을 상대방에게 보내고 공개 키 파일을 받은 사람들이 그 파일을 이용해 암호화한 메시지를 당신에게 보낼 수 있는 준비가 끝났다. 24장에서는 앞에서 생성한 공개 키/개인 키를 이용해 메시지를 암호화/복호화하는 공개 키 암호 프로그램을 작성해볼 것이다.

NOTE 주의: 이 책의 공개 키 암호 구현은 RSA 암호에 기반한다. 그러나 이 책에서 다루는 범위로는 실세계에서 사용하기 적합하지 않으며 그보다 더 많은 세부적인 부분이 존재한다. 공개 키 암호는 이 책에서 다루는 암호 분석 기법으로는 깰 수 없지만, 오늘날 전문 암호학자들이 보유한 고등한 기법에 대해서는 취약하다.

공개 키 암호의 동작 원리

우리가 프로그래밍한 이전의 암호들과 유사하게 공개 키 암호도 글자들을 숫자로 바꾼 다음 수학적인 방법으로 암호화를 시행한다. 공개 키 암호는 우리가 다뤘던 이전의 암호들과는 달리 글자 여러 개를 숫자 한 개로 바꾸는데 이것을 블록이라고 칭하고 한 번에 한 블록씩 암호화한다.

공개 키 암호화에서 글자 여러 개 단위의 블록을 통해 구현하는 이유는 단일 글자에 대해 공개 키 암호화를 사용하면 평문의 글자와 암호문의 글자가 항상 일대일로 암호화되기 때문이다. 즉, 공개 키 암호가 좀 더 복잡한 수학으로 치장한 단순 치환 암호나 마찬가지가 되는 것이다.

블록 생성하기

암호학에서 블록이란 고정 길이의 텍스트를 대표하는 큰 정수 값이다. 24장의 publicKey Cipher.py 프로그램은 message 문자열 값을 블록으로 변환하고, 각 블록은 169개의 텍스트 글자들을 대표하는 한 개의 정수 값이다. 최대 블록 크기는 심볼 집합과 키 크기에 따라 다르다. 우리 프로그램에서는 심볼 집합을 문자열 'ABCDEFGHIJKLMNOPQRSTUVWXYZabcd efghijklmnopqrstuvwxyz1234567890 !?.'의 66글자로 제한해 쓴다.

$2^{키 크기} >$ 심볼 집합 크기$^{블록 크기}$ 방정식은 항상 참이어야 한다. 예를 들어 1024 비트 키와 66글자의 심볼 집합을 사용한다면 $2^{1024} > 66^{169}$이므로 최대 블록 크기는 169글자가 된다. 2^{1024}는 66^{170}보다 크지 않다. 이보다 더 큰 블록 크기를 사용하면 공개 키 암호는 수학적으로 동작하지 않고, 프로그램이 암호문을 복호화할 수 없다.

이제 어떻게 message 문자열을 큰 숫자의 블록으로 변환하는지 살펴보자.

문자열을 블록으로 변환하기

이전에 작성한 암호 프로그램들에서는 심볼 집합 문자열의 인덱스를 이용해서 텍스트의 글자들을 정수로 변환하고 그 반대로도 변환할 수 있었다. 우리는 심볼 집합을 SYMBOLS 상수에 저장할 것인데, 'A'가 인덱스 0, 'B'가 인덱스 등등의 순서로 돼 있다. 다음 코드를 대화형 셸에 입력하고 변환되는 과정을 살펴보자.

```
>>> SYMBOLS = 'ABCDEFGHIJKLMNOPQRSTUVWXYZabcdefghijklmnopqrstuvwxyz123456
7890 !?.'
>>> len(SYMBOLS)
66
>>> SYMBOLS[0]
'A'
>>> SYMBOLS[30]
'e'
```

심볼 집합의 정수 인덱스들이 텍스트 글자들을 대표하는 것을 볼 수 있다. 이제 작은 정수들을 묶어서 블록을 나타내는 큰 정수로 바꾸는 방법이 필요하다.

블록을 생성하려면 한 글자의 심볼 집합 인덱스와 심볼 집합 크기를 제곱한 값을 곱해야 한다. 블록은 이 숫자들의 합이다. 예제를 통해 문자열 'Howdy'에 해당하는 작은 정수들을 하나의 큰 블록으로 결합한 과정을 살펴보자.

블록은 정수 값 0으로 시작하고 심볼 집합은 66글자다. 다음 코드를 대화형 셸에 입력하고 이 숫자들을 살펴보자.

```
>>> blockInteger = 0
>>> len(SYMBOLS)
66
```

'Howdy' 메시지의 첫 번째 글자는 'H'이므로 심볼 집합의 인덱스는 다음과 같다.

```
>>> SYMBOLS.index('H')
7
```

이 글자는 메시지의 첫 번째 글자이므로 심볼 집합 인덱스에 66^0을 곱한다(파이썬에서 **는 거듭제곱연산자다). 결괏값은 7이 된다. 이 값을 블록에 더한다.

```
>>> 7 * (66 ** 0)
7
>>> blockInteger = blockInteger + 7
```

'Howdy'의 두 번째 글자인 'o'의 심볼 집합 인덱스를 구한다. 이 글자는 메시지의 두 번째 글자이므로 'o'의 심볼 집합 인덱스에 66^1을 곱한다. 이 값을 블록에 더한다.

```
>>> SYMBOLS.index('o')
40
>>> blockInteger += 40 * (66 ** 1)
>>> blockInteger
2647
```

이제 블록의 값은 2647이다. 각 문자에 대해 심볼 집합 인덱스를 찾고 계산하는 과정을 한 줄로 줄일 수 있다.

```
>>> blockInteger += SYMBOLS.index('w') * (len(SYMBOLS) ** 2)
>>> blockInteger += SYMBOLS.index('d') * (len(SYMBOLS) ** 3)
>>> blockInteger += SYMBOLS.index('y') * (len(SYMBOLS) ** 4)
>>> blockInteger
957285919
```

'Howdy'를 인코딩하면 하나의 큰 정수 블록 957,285,919로 산출되는데, 이는 이 문자열을 지칭하는 유일값이다. 66을 지수적으로 증가시키는 방법에 의해서, 특정 길이의 문자열을 나타내는데 블록의 크기를 키울 수 있다. 예를 들어 277,981은 문자열 '42!'를 나타내는 블록이고, 10,627,106,169,278,065,987,481,042,235,655,809,080,528은 문자열 'I named my cat Zophie.'를 나타내는 블록이다.

우리의 블록 크기는 169이므로 169글자까지만 블록 하나로 처리할 수 있다. 인코딩하려는 메시지가 169글자보다 길다면 더 많은 블록을 쓰면 된다. publicKeyCipher.py 프로그램에서는 블록을 콤마로 구분해 하나의 블록이 끝나고 다음 블록이 시작되는 위치를 식별할 수 있다.

표 24-1은 예제 메시지를 블록으로 분할해 각 블록을 나타내는 정수 값으로 표현한 것이다. 각 블록은 메시지에서 최대 169글자까지만 담는다.

표 24-1 메시지를 블록으로 나눈 모습

	메시지	블록 정수
첫 번째 블록(169글자)	Alan Mathison Turing was a British cryptanalyst and computer scientist. He was highly influential in the development of computer science and provided a formalisation of	3013810338120027658120611166332270159047154 7608326152595431391575797140707837485089852 6592860613956486577124012648480614689799996 8711065254489615586402779944568481071 58423 1620659526332464259859569876277196 31460939 2565956887693059829154012923414594664511373 0935260873543216661377362346098640381 10994 85392482698
두 번째 블록(169글자)	the concepts of algorithm and computation with the Turing machine. Turing is widely considered to be the father of computer science and artificial intelligence. During W	1106890780922147455215935080195634373132680 1027081927136514840854754026777527919 58075 8722720267087026340702811097095557761008584 1376819190225258032442691476944762174257333 9021480641072698716690936550045770 14280290 4244524711751435049117398986044838791597315 0789371948601125747980165875641452702461667 15863348631
세 번째 블록(82글자)	orld War II he worked for the Government Code and Cypher School at Bletchley Park.	1583679754961601914428952447217583697875837 6359748641280475094390565590227320959 18077 29054194485980905328691 5764

이 예제에서는, 420글자의 메시지가 2개의 169글자 블록과 1개의 82글자 블록으로 구성됐다.

공개 키 암호를 이용한 암호화/복호화에서 사용하는 수학식

지금까지 글자들을 블록 정수 값으로 변환하는 방법을 다뤘다. 이제 공개 키 암호로 각 블록을 암호화/복호화하는 수학적 원리를 살펴볼 차례다. 다음은 공개 키 암호의 기본 공식이다.

$$C = M^e \bmod n$$
$$M = C^d \bmod n$$

첫 번째 공식으로 각 정수 블록을 암호화하고, 두 번째 공식으로 복호화한다. M은 메시지 블록 정수 값을 나타내고, C는 암호문 블록 정수 값을 나타낸다. 숫자 e, n은 암호화를 위한 공개 키고, d, n은 개인 키이다. 암호 분석가를 포함한 누구나 공개 키 (e, n)을 알 수 있다는 점을 상기하자.

일반적으로 앞에서 계산한 모든 블록 정수 값에 e를 거듭제곱하고 n과 나눈 나머지를 통해 암호화된 메시지를 생성한다. 이 결괏값은 암호화된 블록 C를 나타내는 정수 값이다. 모든 블록의 결과를 합치면 완전히 암호화된 메시지가 된다.

예를 들어 다섯 글자 문자열 'Howdy'를 암호화해서 앨리스를 보낸다고 가정하자. 정수 블록으로 변환하면 메시지는 [957285919](전체 메시지가 블록 하나에 들어간 상황이다. 리스트 값에 하나의 정수만 있다)이다. 앨리스의 공개 키는 64비트인데 이것은 보안을 유지하기에는 너무 작지만 예제 결과를 간략히 보기 위해 64비트를 사용했다. 이때 n은 116,284,564,958,604,315,258,674,918,142,848,831,759이고, e는 13,805,220,545,651,593,223이다 (이 값들은 1024 비트 키에서는 훨씬 클 것이다).

암호화를 위해 $(957{,}285{,}919^{13{,}805{,}220{,}545{,}651{,}593{,}223})$ % 116,284,564,958,604,315,258,674, 918,142,848,831,759를 파이썬의 pow( ) 함수로 계산한다. 실제 모습은 이렇다.

```
>>> pow( 957285919, 13805220545651593223,
116284564958604315258674918142848831759)
43924807641574602969334176505118775186
```

파이썬의 pow( ) 함수는 모듈러 지수화$^{modular\ exponentiation}$라고 부르는 수학식을 큰 지수 값에 대해 빠르게 계산할 때 사용한다. 사실 파이썬 식으로 (957285919 ** 13805220545651 593223) % 11628456495860431525867491814284883l759를 계산하면 계산을 완료하는 데 수시간이 걸린다.

pow( )가 리턴한 정수 값은 암호화된 메시지를 나타내는 블록 한 개다.

복호화를 위해서는 암호화된 메시지 수신자가 개인 키 (d, n)을 보유하고 있어야 한다. 각 암호화 블록 정수 값에 d를 거듭제곱하고 n으로 나눈 나머지를 구한다. 모든 복호화된 블록을 글자로 디코드하고 합치면, 수신자는 원래의 평문을 얻을 수 있을 것이다.

예를 들어 앨리스가 블록 정수 값 43,924,807,641,574,602,969,334,176,505,118,775,1 86을 복호화하는 상황이다. 그녀의 개인 키 n은 공개 키의 n과 같고, 개인 키의 d는 72,42 4,475,949,690,145,396,970,707,764,378,340,583이다. 앨리스는 다음을 실행해 복호화를 할 수 있다.

```
>>> pow(43924807641574602969334176505118775186,
72424475949690145396970707764378340583,
11628456495860431525867491814284883l759)
957285919
```

블록 정수 값 957285919를 문자열로 변환하면, 원래의 평문인 'Howdy'를 얻을 수 있다. 이제 블록 하나를 문자열로 변환하는 방법을 알아보자.

블록을 문지열로 만들기

원래의 블록 정수 값으로 복호화하려면, 첫 번째 단계는 각 텍스트 글자들을 작은 정수 값들로 변환하는 것이다. 이 과정은 블록에 추가한 마지막 글자에서부터 시작한다. 이제 나눗셈 버림과 나머지 연산으로 각 텍스트 글자에 대한 작은 정수 값을 계산한다.

앞의 'Howdy' 예제의 블록 값은 957285919이었다. 원문은 길이가 다섯 글자이고, 마지막 글자의 인덱스는 4이며, 메시지에 사용한 심볼 집합은 66글자이다. 마지막 글자의 심볼 집합 인덱스를 구하려면 957,285,919 / 66^4를 계산한 값을 내림해야 한다. 결괏값은 50이다. 이 계산은 정수 나눗셈 연산자 (//)로 할 수 있다. 이 연산자는 나눈 후 정수 값이하 소수부는 버린다. 인덱스 50의 글자는 심볼 집합에서 SYMBOLS[50]이므로 'y'이다. 즉 'Howdy' 메시지의 마지막 글자와 일치한다.

대화형 셸에 다음 코드를 입력해 블록 정수 값을 계산해보자.

```
>>> blockInteger = 957285919
>>> SYMBOLS = 'ABCDEFGHIJKLMNOPQRSTUVWXYZabcdefghijklmnopqrstuvwxyz1234567890 !?.'
>>> blockInteger // (66 ** 4)
50
>>> SYMBOLS[50]
'y'
```

다음 단계는 다음 블록 정수 값을 얻기 위해 블록 정수 값을 66^4로 나눈 나머지를 구하는 것이다. $957,285,919$ % (66^4)는 $8,549,119$이며 문자열 'Howd'에 해당하는 블록 정수 값이다. 이 블록의 마지막 글자는 66^3으로 나눗셈 버림을 통해 얻을 수 있다. 다음 코드를 대화형 셸에 입력한다.

```
>>> blockInteger = 8549119
>>> SYMBOLS[blockInteger // (len(SYMBOLS) ** 3)]
'd'
```

이 블록의 마지막 글자는 'd'이다. 이제 지금까지 변환된 문자열은 'dy'가 됐다. 앞에서 한 것과 마찬가지로 블록 정수 값에서 이 글자를 제거할 수 있다.

```
>>> blockInteger = blockInteger % (len(SYMBOLS) ** 3)
>>> blockInteger
211735
```

정수 211735는 문자열 'How'에 해당하는 블록이다. 이 과정을 계속해서 블록에서 전체 문자열을 다음과 같이 얻을 수 있다.

```
>>> SYMBOLS[blockInteger // (len(SYMBOLS) ** 2)]
'w'
```

```
>>> blockInteger = blockInteger % (len(SYMBOLS) ** 2)
>>> SYMBOLS[blockInteger // (len(SYMBOLS) ** 1)]
'o'
>>> blockInteger = blockInteger % (len(SYMBOLS) ** 1)
>>> SYMBOLS[blockInteger // (len(SYMBOLS) ** 0)]
'H'
```

이제 원래의 블록 정수 값 957285919에서 문자열 'Howdy'를 추출하는 과정을 끝냈다.

공개 키 암호를 해킹할 수 없는 이유는 무엇인가?

우리는 이 책에서 여러 암호 공격법을 배웠지만, 공개 키 암호에 대해서는 쓸모가 없다. 다음과 같은 몇 가지 이유가 있다.

1. 검사해야 할 키가 너무나 많아서 무차별 대입 공격을 쓸 수 없다.
2. 키가 단어 기반이 아니라 숫자 기반이므로 딕셔너리 공격도 쓸 수 없다.
3. 같은 평문의 단어라도 그 단어가 블록에 출현하는 위치에 따라 다르게 암호화되므로 단어 패턴 공격도 쓸 수 없다.
4. 하나의 암호화된 블록은 여러 문자에 대응하므로 개별 글자의 출현 빈도를 얻을 수 없다. 즉, 빈도 분석도 쓸 수 없다.

공개 키 (e, n)은 이미 모두에게 공개된 것이므로 암호 분석가가 암호문을 가로챈다면 그들 역시 e, n, C를 알 수 있다. 그러나 d를 모른다면 M을 구하는 것이 수학적으로 불가능하므로 원문을 알 수 없다.

23장에서 설명한 것을 되돌아보면, e는 (p - 1) × (q - 1)과 서로 소 관계이고 d는 e와 (p - 1) × (q - 1)의 모듈러 역수다.

13장에서는 두 수의 모듈러 역수를 구하는 방법을 배웠다. a mod m 모듈러 식의 a와 m이 있을 때, 방정식 (ai) % m = 1에서 i를 찾으면 모듈러 역수를 구할 수 있다. 이것은 암호 분석가가 d가 e mod (p - 1) × (q - 1)의 역수라는 사실을 알고 있다는 뜻이다. 우리는 전체 복호화 키를 알아내기 위해 (ed) mod (p - 1) × (q - 1) = 1을 풀어서 d를 구하면 된다. 그러나 (p - 1) × (q - 1)를 찾아낼 방법은 없다.

우리는 공개 키 파일의 키 크기를 알고 있다. 따라서 암호 분석가도 p, q가 2^{1024} 이하이고 e는 (p - 1) × (q - 1)과 서로 소라는 사실도 알고 있다. 그러나 e는 수많은 수와 서로 소 관계이므로 암호 분석가가 (p - 1) × (q - 1)을 찾으려면 0~ 2^{1024}의 모든 수가 후보가 되기 때문에 무차별 대입으로 찾기에는 너무 크다.

이 암호를 깨기에는 충분하지 않지만, 암호 분석가는 공개 키에서 또 다른 힌트를 얻을 수 있다. 공개 키는 두 숫자 (e, n)으로 구성돼 있다는 사실과, n = p * q라는 사실이다. 23장에서 이 공식으로 공개 키 / 개인 키를 생성했기 때문이다. p, q는 소수이므로 n이 주어지면 p, q도 확정된다.

소수는 1과 그 자신만을 약수로 가지므로 두 소수를 곱한 결괏값은 1과 그 자신, 그리고 곱할 때 사용한 두 소수만을 약수로 갖는다.

그러므로 공개 키 암호를 해킹하려면 n의 약수들을 알아내면 된다. 우리는 두 개의 숫자와, 두 숫자의 곱으로 n을 구한다는 사실을 알고 있기 때문에, 선택할 수 있는 다른 여지가 별로 없다. 우리가 두 소수 p, q를 알아내고, 두 수를 곱해서 n을 얻는다면, (p - 1) × (q - 1)를 계산해 d를 계산할 때 쓸 수 있다. 이 계산은 꽤 쉬워 보인다. 22장에서 작성한 primeNum.py 프로그램의 isPrime( ) 함수를 통해 이 계산을 해보자.

우리는 isPrime( )을 처음으로 찾은 약수만 리턴하도록 변경할 수 있다. 약수가 1과 n을 제외하면 두 개만 있다는 사실을 이미 알고 있기 때문이다.

```
def isPrime(num):
    # p, q가 num의 약수일 때 (p, q)를 리턴한다.
    # num의 제곱근까지 모든 수에 대해 나눠 떨어지는지 살핀다.
    for i in range(2, int(math.sqrt(num)) + 1):
        if num % i == 0:
            return (i, num / i)
    return None # num에서 약수를 찾지 못한 경우다. 약수를 찾지 못하면 num은 소수다.
```

공개 키 암호 해킹 프로그램을 작성한다면 이 함수에 n을 넘겨 호출하면 된다(n값은 공개 키 파일에서 얻을 수 있다). 그리고 약수 p, q를 찾을 때까지 기다린다. 그런 다음 (p - 1) × (q - 1)을 계산할 수 있는데, 이것은 복호화 키인 e mod (p - 1) × (q - 1)의 모듈러 역수 d를 얻을 수 있다는 뜻이다. 결과적으로 평문 메시지인 M을 쉽게 계산할 수 있다.

하지만 문제가 있다. n은 약 600글자 길이의 숫자다. 파이썬의 math.sqrt() 함수는 이런 큰 수를 다룰 수 없어서 에러 메시지를 출력할 것이다. 이 숫자를 처리할 수 있다고 치고 컴퓨터가 50억 년쯤 작업을 한다 해도 n의 약수를 찾을 가능성은 거의 없다. 그 정도로 큰 수인 것이다.

공개 키 암호의 강력함이 바로 여기에 있다. 수학적으로 어떤 숫자의 약수를 찾는 지름길은 없다. 소수 p, q를 곱한 값 n을 얻는 것은 쉽다. 그러나 n에서 p, q를 찾는 것은 거의 불가능하다. 예를 들어 15처럼 작은 숫자에서는 5와 3을 곱해서 15가 된다는 사실을 쉽게 알 수 있다. 그러나 178,565,887,643,607,245,654,502,737 같은 수의 약수를 찾으려면 전부 시도해 보는 수밖에는 없다. 이런 이유로 공개 키 암호는 사실상 깰 방법이 없다.

공개 키 암호 프로그램의 소스 코드

새 파일 편집기 창을 열고 File ❯ New File을 선택한다. 다음 코드를 파일 편집기에 입력하고 publicKeyCipher.py로 저장한다.

publicKeyCipher.py

```
1. # 공개 키 암호
2. # https://www.nostarch.com/crackingcodes/ (BSD Licensed)
3.
4. import sys, math
5.
6. # 이 프로그램의 공개 키와 개인 키는 makePublicPrivateKeys.py으로 생성한 것이다.
7.
8. # 이 프로그램 키 파일들이 있는 폴더에서 실행해야 한다.
9.
10. SYMBOLS = 'ABCDEFGHIJKLMNOPQRSTUVWXYZabcdefghijklmnopqrstuvwxyz12345
    67890 !?.'
11.
12. def main():
13.     # 암호화/복호화할 파일
14.
15.     filename = 'encrypted_file.txt' # 쓰거나 읽을 파일
16.     mode = 'encrypt' # 'encrypt', decrypt' 중에 하나를 설정
```

```
17.
18.    if mode == 'encrypt':
19.        message = 'Journalists belong in the gutter because that is where
           the ruling classes throw their guilty secrets. Gerald Priestland.
           The Founding Fathers gave the free press the protection it must
           have to bare the secrets of government and inform the people.
       Hugo Black.'
20.        pubKeyFilename = 'al_sweigart_pubkey.txt'
21.        print('Encrypting and writing to %s...' % (filename))
22.        encryptedText = encryptAndWriteToFile(filename, pubKeyFilename,
message)
23.
24.        print('Encrypted text:')
25.        print(encryptedText)
26.
27.    elif mode == 'decrypt':
28.        privKeyFilename = 'al_sweigart_privkey.txt'
29.        print('Reading from %s and decrypting...' % (filename))
30.        decryptedText = readFromFileAndDecrypt(filename, privKeyFilename)
31.
32.        print('Decrypted text:')
33.        print(decryptedText)
34.
35.
36. def getBlocksFromText(message, blockSize):
37.    # 문자열 메시지를 블록 숫자들의 리스트로 변환한다.
38.    for character in message:
39.        if character not in SYMBOLS:
40.            print('ERROR: The symbol set does not have the character %s' %
(character))
41.            sys.exit()
42.    blockInts = []
43.    for blockStart in range(0, len(message), blockSize):
44.        # 텍스트에서 이번 블록의 블록 정수 값을 계산한다.
45.        blockInt = 0
46.        for i in range(blockStart, min(blockStart + blockSize, len(message))):
47.            blockInt += (SYMBOLS.index(message[i])) * (len(SYMBOLS) ** (i %
blockSize))
48.        blockInts.append(blockInt)
49.    return blockInts
```

```
50.
51.
52. def getTextFromBlocks(blockInts, messageLength, blockSize):
53.     # 블록 정수 값의 리스트를 원문 메시지 문자열로 변환한다.
54.     # 마지막 블록 정수 값까지 완전히 변환하려면 원문 메시지의 길이가 필요하다.
55.
56.     message = []
57.     for blockInt in blockInts:
58.         blockMessage = []
59.         for i in range(blockSize - 1, -1, -1):
60.             if len(message) + i < messageLength:
61.                 # 현재 블록 정수에서 128글자(blockSize로 지정한 값)의 message 문자열을
얻는다.
62.
63.                 charIndex = blockInt // (len(SYMBOLS) ** i)
64 .                blockInt = blockInt % (len(SYMBOLS) ** i)
65.                 blockMessage.insert(0, SYMBOLS[charIndex])
66.         message.extend(blockMessage)
67.     return ''.join(message)
68.
69.
70. def encryptMessage(message, key, blockSize):
71.     # message 문자열을 블록 정수 값의 리스트로 변환한다.
72.     # 그다음 각 블록 정수 값을 암호화한다. 암호화를 위해 공개 키를 받아야 한다.
73.     encryptedBlocks = []
74.     n, e = key
75.
76.     for block in getBlocksFromText(message, blockSize):
77.         # 암호문 = 평문 ^ e mod n
78.         encryptedBlocks.append(pow(block, e, n))
79.     return encryptedBlocks
80.
81.
82. def decryptMessage(encryptedBlocks, messageLength, key, blockSize):
83.     # 암호화된 블록 정수 값들의 리스트를 원문 message 문자열로 복호화
84.     # 원문 message 길이는 마지막 블록까지 완전히 복호화하기 위해 필요하다.
85.     # 복호화를 위해 개인 키를 받아야 한다.
86.     decryptedBlocks = []
87.     n, d = key
88.     for block in encryptedBlocks:
```

```
89.          # 평문 = 암호문 ^ d mod n
90.          decryptedBlocks.append(pow(block, d, n))
91.      return getTextFromBlocks(decryptedBlocks, messageLength, blockSize)
92.
93.
94. def readKeyFile(keyFilename):
95.      # 파일 이름으로 지정한 파일은 공개 키와 개인 키가 들어 있다.
96.      # (n,e) 또는 (n,d) 튜플 값으로 키들을 리턴한다.
97.      fo = open(keyFilename)
98.      content = fo.read()
99.      fo.close()
100.     keySize, n, EorD = content.split(',')
101.     return (int(keySize), int(n), int(EorD))
102.
103.
104. def encryptAndWriteToFile(messageFilename, keyFilename, message,
     blockSize=None):
105.     # 키 파일의 키를 이용해 message를 암호화하고 파일로 저장한다.
106.     # 암호화된 message 문자열을 리턴한다.
107.     keySize, n, e = readKeyFile(keyFilename)
108.     if blockSize == None:
109.         # blockSize를 지정하지 않으면 키 크기와 심볼 집합 크기가 허용하는 가장 큰 값을 블록
             크기로 정한다.
110.         blockSize = int(math.log(2 ** keySize, len(SYMBOLS)))
111.     # 키 크기가 블록 크기를 처리할 수 있을 정도로 큰지 확인한다.
112.     if not (math.log(2 ** keySize, len(SYMBOLS)) >= blockSize):
113.         sys.exit('ERROR: Block size is too large for the key and symbol set
             size. Did you specify the correct key file and encrypted file?')
114.     # message를 암호화한다.
115.     encryptedBlocks = encryptMessage(message, (n, e), blockSize)
116.
117.     # 큰 정수 값들을 문자열 하나로 변환한다.
118.     for i in range(len(encryptedBlocks)):
119.         encryptedBlocks[i] = str(encryptedBlocks[i])
120.         encryptedContent = ','.join(encryptedBlocks)
121.
122.     # 암호화된 문자열을 파일로 출력한다.
123.     encryptedContent = '%s_%s_%s' % (len(message), blockSize,
     encryptedContent)
124.     fo = open(messageFilename, 'w')
```

```
125.        fo.write(encryptedContent)
126.        fo.close()
127.        # 암호화된 문자열도 리턴한다.
128.        return encryptedContent
129.
130.
131. def readFromFileAndDecrypt(messageFilename, keyFilename):
132.        # 키 파일의 키를 이용해 파일로부터 암호화된 message를 읽고, 복호화한다.
133.        # 복호화된 message 문자열도 리턴한다.
134.        keySize, n, d = readKeyFile(keyFilename)
135.
136.
137.        # 파일로부터 message 길이와 암호화된 message를 읽는다.
138.        fo = open(messageFilename)
139.        content = fo.read()
140.        messageLength, blockSize, encryptedMessage = content.split('_')
141.        messageLength = int(messageLength)
142.        blockSize = int(blockSize)
143.
144.        # 키 크기가 블록 크기를 처리할 수 있을 정도로 큰지 확인한다.
145.        if not (math.log(2 ** keySize, len(SYMBOLS)) >= blockSize):
146.            sys.exit('ERROR: Block size is too large for the key and symbol set
size.
            Did you specify the correct key file and encrypted file?')
147.
148.        # 암호화된 message를 큰 정수 값들로 변환한다.
149.        encryptedBlocks = []
150.        for block in encryptedMessage.split(','):
151.            encryptedBlocks.append(int(block))
152.
153.        # 큰 정수 값들을 복호화한다.
154.        return decryptMessage(encryptedBlocks, messageLength, (n, d), blockSize)
155.
156.
157. # publicKeyCipher.py를 모듈이 아니라 프로그램으로 실행한다면 main() 함수를 호출한다.
158.
159. if __name__ == '__main__':
160.        main()
```

공개 키 암호 프로그램의 실행 예제

이제 publicKeyCipher.py를 실행해 메시지를 암호화해보자. 이 프로그램으로 누군가에게 비밀 메시지를 보내려면 먼저 그 사람의 공개 키 파일을 얻어서 이 프로그램 파일과 같은 디렉터리에 넣어야 한다.

메시지를 암호화하려면 16행의 mode 변수에는 'encrypt' 문자열이 들어 있어야 한다. 19행의 message 변수의 값을 암호화하고 싶은 문자열로 변경하고 20행의 pubKeyFilename에 공개 키 파일의 파일명을 넣는다. 21행의 filename 변수는 암호문을 저장할 파일 이름을 담는다. filename, pubKeyFilename, message 변수를 encryptAndWriteToFile()에 모두 전달하면 메시지를 암호화해 파일로 저장할 것이다.

프로그램을 실행하면 다음과 같은 출력을 볼 수 있다.

```
Encrypting and writing to encrypted_file.txt...
Encrypted text:

258_169_451084515249071382368598160394837212194759075902379039182392377686436994
85666030132315725372497802286170209832442773828422553018621338018888057732963483
392298908904649695569377970724343149165228396922770345794635947138435598984189
307234650088689850744361262707129971782407610450208047927129687841621734776965
701827791849029721578575925729085581222108890701690498302554217447160649477967360
153100891558762342778833813452473536806245856296729397095570161072754693882845
124192568409483737233497304087969624043516158221689454148096020738754656357140
7477246570895860769547912280949858566278506475125423548996873834679564912533843
336975115539761332250402699868835150623017582438116840049236083573741817645933
371945645313365847627117603524859702197231645452654506945283876638759983934054240
668777211355113134542525897339719622190160666149783903786111759644567736698609
429545605901714339082542725015140530985685117232598778176545638141403657010435
385924466009191039109962102819217741519615646997297730521267629374682700298323146
682406932300321410973125564006299615186357994786521960723164249186487875556316
339424948975804660923616682767242948296301678312041828934473786824809308122356133
5398250488808140633890571924929396511995373106352803710
```

프로그램은 이 출력을 파일명 encrypted_file.txt로 저장할 것이다. 이 암호문은 19행에서 지정한 message 변수의 문자열을 암호화한 것이다. 보유한 공개 키는 서로 다를 수

있으므로 출력은 이 화면과 다르게 보일 수 있으나 형식은 같다. 이 예제에서 알 수 있듯 이 암호문은 블록 두 개 즉, 두 개의 큰 정수들로 나뉘어 있으며 콤마로 구분했다.

암호문은 숫자 258로 시작하고 있는데, 이것은 메시지의 길이를 뜻한다. 이어서 밑줄과 숫자 169가 나오는데 이것은 블록 크기를 뜻한다. 이 메시지를 복호화하려면 mode 변수를 'decrypt'로 변경하고 프로그램을 다시 실행한다. 암호화를 할 때처럼 28행의 privKeyFilename에 개인 키 파일 이름을 지정하고 이 파일은 publicKeyCipher.py과 같은 디렉터리에 있어야 한다. 또한 암호문이 들어 있는 파일인 encrypted_file.txt도 같은 디렉터리에 있어야 한다. 프로그램을 실행하면 encrypted_file.txt에 들어 있는 암호화된 메시지를 복호화해 다음과 같은 화면을 출력한다.

```
Reading from encrypted_file.txt and decrypting...
Decrypted text:
Journalists belong in the gutter because that is where the ruling classes throw
their guilty secrets. Gerald Priestland. The Founding Fathers gave the free
press the protection it must have to bare the secrets of government and inform
the people. Hugo Black.
```

publicKeyCipher.py는 단순한 평문 텍스트 파일만 암호화/복호화할 수 있다는 점을 주의한다.

이제 publicKeyCipher.py 소스 코드를 좀 더 자세히 살펴보자.

프로그램 기초 설정

공개 키 암호는 숫자 기반으로 동작하기 때문에, 우리는 문자열 메시지를 숫자로 변환해야 한다. 이 정수 값들은 심볼 집합의 인덱스에 의해 계산하고 심볼 집합은 10행에서 SYMBOLS에 저장한다.

```
1. # 공개 키 암호
2. # https://www.nostarch.com/crackingcodes/ (BSD Licensed)
3.
4. import sys, math
```

```
 5.
 6. # 이 프로그램의 공개 키와 개인 키는 makePublicPrivateKeys.py로 생성한 것이다.
 7.
 8. # 이 프로그램 키 파일들이 있는 폴더에서 실행해야 한다.
 9.
10. SYMBOLS = 'ABCDEFGHIJKLMNOPQRSTUVWXYZabcdefghijklmnopqrstuvwxyz12345
    67890 !?.'
```

암호화/복호화 모드 설정

publicKeyCipher.py가 암호화를 할지 복호화를 할지, 어떤 키 파일을 사용할지 결정하는 것은 변수 설정으로 한다. 변숫값에 따라 암호화/복호화를 결정하므로 이를 프로그램의 동작 모드를 화면 출력으로도 알려줄 수 있다.

main( ) 함수에는 프로그램의 암호화/복호화 모드를 결정하는 변수 설정이 있다.

```
12. def main():
13.     # 암호화/복호화할 파일
14.
15.     filename = 'encrypted_file.txt' # 쓰거나 읽을 파일
16.     mode = 'encrypt' # 'encrypt', decrypt' 중에 하나를 설정
```

16행에서 mode를 'encrypt'로 설정하면 message를 암호화해서 filename 이름으로 저장한다. mode가 'decrypt'이면 filename으로 지정한 암호화 파일의 내용을 읽어서 복호화한다.

18행에서 25행은 사용자가 파일을 암호화하고 싶을 때 프로그램이 암호화할 내용을 지정한다.

```
18.     if mode == 'encrypt':
19.         message = 'Journalists belong in the gutter because that is where
            the ruling classes throw their guilty secrets. Gerald Priestland.
            The Founding Fathers gave the free press the protection it must
            have to bare the secrets of government and inform the people.
```

```
          Hugo Black.'
20.       pubKeyFilename = 'al_sweigart_pubkey.txt'
21.       print('Encrypting and writing to %s...' % (filename))
22.       encryptedText = encryptAndWriteToFile(filename, pubKeyFilename,
          message)
23.
24.       print('Encrypted text:')
25.       print(encryptedText)
```

19행의 message 변수는 암호화할 텍스트를 담고, 20행의 pubKeyFilename는 공개 키 파일의 파일 이름을 넣는다. 이 예제에서 공개 키 파일 이름은 al_sweigart_pubkey. txt이다. message 변수에는 반드시 심볼 집합인 SYMBOLS 변수에 존재하는 글자들만 들어 있어야 한다는 점을 주의한다. 22행에서 공개 키를 사용해 message를 암호화하는 encryptAndWriteToFile()을 호출하면 암호화된 message가 지정한 filename 이름으로 저장된다.

27~28행은 mode를 'decrypt'로 지정했을 때 동작한다. 프로그램은 암호화를 할 때와 달리 28행에서 지정한 privKeyFilename 이름의 개인 키를 읽는다.

```
27.    elif mode == 'decrypt':
28.       privKeyFilename = 'al_sweigart_privkey.txt'
29.       print('Reading from %s and decrypting...' % (filename))
30.       decryptedText = readFromFileAndDecrypt(filename, privKeyFilename)
31.
32.       print('Decrypted text:')
33.       print(decryptedText)
```

filename, privKeyFilename 변수를 readFromFileAndDecrypt() 함수에 전달하면-코드는 프로그램 뒤에 있다-복호화된 메시지를 리턴한다. 30행에서는 readFromFileAndDecrypt() 의 리턴 값을 decryptedText에 저장하고, 33행은 그 내용을 화면에 출력한다.

여기까지 main() 함수가 끝났다.

이제 메시지를 블록으로 변환하는 등 공개 키 암호의 각 단계가 어떻게 동작하는지 살펴보자.

getBlocksFromText()로 문자열을 블록으로 변환하기

이제 프로그램이 message 문자열을 128바이트 블록으로 변환하는 과정을 살펴보자. 36행의 getBlocksFromText() 함수는 message와 블록 크기를 파라미터로 받아서 블록의 리스트를 리턴한다. 이 리스트에는 message를 표현하는 큰 정수 값들이 들어 있다.

```
36. def getBlocksFromText(message, blockSize):
37.     # 문자열 메시지를 블록 숫자들의 리스트로 변환한다.
38.     for character in message:
39.         if character not in SYMBOLS:
40.             print('ERROR: The symbol set does not have the character %s' %
(character))
41.             sys.exit()
```

38~41행은 message 파라미터가 SYMBOLS 변수에 들어 있는 심볼 집합으로만 구성돼 있는지 확인한다. blockSize 파라미터는 옵션값이며 다양한 블록 크기를 지정할 수 있다. 블록을 생성하려면 먼저 문자열을 바이트로 변환한다.

블록을 생성하려면 모든 심볼 집합 인덱스를 하나의 큰 정수 값으로 묶어야 한다. 이에 대해서는 '문자열을 블록으로 변환하기' 절에서 다뤘다.

42행에서는 blockInts를 비어 있는 리스트로 설정했다. 이 리스트에 블록들을 생성해 저장할 것이다.

```
42.     blockInts = []
```

블록을 blockSize 바이트 길이로 만들어야 하지만, message가 blockSize로 정확히 나뉘지 않을 수가 있다. 그런 경우 마지막 블록은 blockSize 길이보다 작을 것이다. 이런 상황을 처리하기 위해 min() 함수를 사용한다.

min(), max() 함수

min() 함수는 아규먼트 값들 중에 가장 작은 값을 리턴한다. 다음을 대화형 셸에 입력하고 min() 함수가 어떻게 동작하는지 살펴본다.

```
>>> min(13, 32, 13, 15, 17, 39)
13
```

min( ) 함수의 아규먼트로 리스트나 튜플 값 한 개를 넘겨도 된다. 대화형 셸에 다음 코드를 입력하고 예제를 살펴보자.

```
>>> min([31, 26, 20, 13, 12, 36])
12
>>> spam = (10, 37, 37, 43, 3)
>>> min(spam)
3
```

이 예제에서는 min(spam)이 리스트나 튜플에서 가장 작은 값을 리턴하고 있다. min( ) 의 반대 개념의 함수로 max( )가 있다. 이 함수는 아규먼트 중에 가장 큰 값을 리턴한다.

```
>>> max(18, 15, 22, 30, 31, 34)
34
```

이제 우리 코드로 돌아와서, message의 마지막 블록을 적절한 크기로 잘라낼 때 publicKeyCipher.py 프로그램이 min( )을 어떻게 쓰는지 살펴보자.

blockInt에 블록 저장하기

43행의 for 루프는 blockStart 값을 블록이 생성될 인덱스로 해 각 블록에 대한 정수 값 을 생성한다.

```
43.    for blockStart in range(0, len(message), blockSize):
44.        # 텍스트에서 이번 블록의 블록 정수 값을 계산한다.
45.        blockInt = 0
46.        for i in range(blockStart, min(blockStart + blockSize, len(message))):
```

이제 blockInt에 생성한 블록을 저장할 것이다. 이 값은 45행에서 0부터 시작한다. 46행의 루프에서는 i에 message에서 블록으로 변환할 모든 글자의 인덱스가 들어간다. 인덱스는 blockStart에서 시작하고 blockStart + blockSize 또는 len(message) 중 작은 값까지 진행한다. 46행에서 min()을 호출하는데, 두 값 중 작은 값을 리턴하기 때문이다.

46행에서 range()의 두 번째 아규먼트는 blockStart + blockSize와 len(message) 중 작은 값이 돼야 하는데, 각 블록은 최대 128글자(또는 blockSize로 지정한 값)가 될 수 있지만 마지막 블록에서는 그보다 작을 수 있기 때문이다. 마지막 블록이 정확히 128글자 일 수도 있지만 128글자를 꽉 채우지 않을 가능성이 높다. 여기에서는 i가 len(message)에서 끝나는데, message의 마지막 인덱스가 len(message)이기 때문이다.

블록을 구성하는 문자들을 확보한 다음에는 수학적인 방법으로 글자들을 큰 정수 값 하나로 바꾼다. '문자열을 블록으로 변환하기' 절을 다시 복기하면, 심볼 집합 인덱스 정수 값에 66$^{문자 인덱스}$를 곱해서 커다란 정수 값 하나를 얻을 수 있다(66은 SYMBOLS 문자열의 길 이다). 이것을 코드로 구현하면 SYMBOLS.index(message[i])(해당 문자의 심볼 집합 인덱스)를 (len(SYMBOLS) ** (i % blockSize)) 곱한 것으로 나타낼 수 있으며 이것을 각 글자에 대해서 수행하고 결괏값을 blockInt에 더하면 된다.

```
47.          blockInt += (SYMBOLS.index(message[i])) * (len(SYMBOLS) **
             (i % blockSize))
```

우리는 이 인덱스가 0에서 blockSize에 이르는 동안 현재 순회의 블록에 대해 상대적인 거듭제곱으로 동작하길 원한다. 변수 i 값을 이 식에서 문자 인덱스로 직접 사용할 수는 없는데, 이 인덱스는 전체 메시지 문자열의 인덱스이므로 0에서 len(message)에 이르는 값이다. 결과적으로 i를 직접 사용하면 66보다 큰 정수 값이 존재한다. i를 blockSize로 나눈 나머지 값으로 사용하면 블록에서 상대적인 인덱스 값을 얻을 수 있는데, 47행에서 len(SYMBOLS) ** i로 계산하지 않고 len(SYMBOLS) ** (i % blockSize)로 계산한 이유가 여기에 있다. 46행의 for 루프를 마치면 블록의 정수 값 계산이 완료된다. 48행의 코드로 이 블록 정수 값을 blockInts 리스트에 추가한다. 43행의 for 루프 다음 순회에서는 message의 다음 블록에 대한 블록 정수 값을 계산한다.

```
48.          blockInts.append(blockInt)
49.      return blockInts
```

43행의 for 루프를 완료하고 나면 모든 블록 정수 값의 계산이 완료되고 blockInts 리스트에 저장된 상태다. getBlocksFromText()는 49행에서 blockInts를 리턴한다.

이 시점에서 우리는 모든 message 문자열을 블록 정수 값으로 변환했다. 이제 블록 정수 값들을 원래의 평문으로 되돌리는 복호화 과정에 대해서 알아볼 차례다.

복호화 함수 getTextFromBlocks() 사용하기

52행의 getTextFromBlocks() 함수는 getBlocksFromText()의 반대 개념에 해당하는 함수다. 이 함수는 블록 정수 값들의 리스트를 blockInts, message의 길이, blockSize를 파라미터로 받아서 각 블록들이 표현하는 문자열 값을 리턴한다. messageLength에는 인코딩된 message의 길이가 필요한데, getTextFromBlocks() 함수는 이 정보를 근거로 마지막 블록 정수 값에서 문자열을 얻을 수 있다. 마지막 블록의 길이는 blockSize와 일치하지 않을 수 있기 때문이다. 이 과정에 대해서는 '블록을 문자열로 변환하기' 절에서 설명한 바 있다.

```
52. def getTextFromBlocks(blockInts, messageLength, blockSize):
53.      # 블록 정수 값의 리스트를 원문 메시지 문자열로 변환한다.
54.      # 마지막 블록 정수 값까지 완전히 변환하려면 원문 메시지의 길이가 필요하다.
55.
56.      message = []
```

56행에서는 message 변수에 빈 리스트를 할당하는데, blockInts의 블록 정수 값을 역산해 각 문자에 대한 문자열 값을 저장할 것이다.

57행의 for 루프는 blockInts 리스트의 각 블록 정수 값을 순회한다. 루프 안의 58~65행의 코드에서 현재 순회 중인 블록의 글자들을 계산한다.

```
57.     for blockInt in blockInts:
58.         blockMessage = []
59.         for i in range(blockSize - 1, -1, -1):
```

getTextFromBlocks()의 코드는 각 블록 정수 값을 blockSize 정수로 분할하고 이 정수들은 글자 하나의 심볼 집합 인덱스를 나타낸다. 우리는 blockInt에서 심볼 집합 인덱스를 거꾸로 추출해야 하는데, message를 암호화했을 때, 작은 쪽부터 거듭제곱을 시행했기 때문이다($66^0, 66^1, 66^2$..)

따라서 복호화를 할 때에는 거듭제곱이 큰 쪽부터 몫과 나머지를 취해야 한다.

따라서 59번째의 for 루프는 blockSize - 1에서 시작하고, 1씩 감소하면서 순회한다. 이때 -1은 포함하지 않는다. 즉, 마지막 순회의 i는 0이 된다.

글자의 심볼 집합 인덱스를 변환하기 전에 디코드하려는 블록이 message의 길이를 넘어서는지 확인해야 한다. 이것은 블록으로 변환된 글자의 길이를 검사해 len(message) + i가 messageLength보다 작은 범위에 들었는지 검사해 알 수 있다(60행).

```
60.         if len(message) + i < messageLength:
61.             # 현재 블록 정수에서 128글자(blockSize로 지정한 값)의 message 문자열을
                얻는다.
62.
63.             charIndex = blockInt // (len(SYMBOLS) ** i)
64.             blockInt = blockInt % (len(SYMBOLS) ** i)
```

블록에서 글자들을 얻기 위해서는 '블록을 문자열로 변환하기' 절에서 설명한 과정을 수행한다. 각 글자를 message 리스트에 넣는다. 앞에서 설명한 것처럼 블록을 인코딩할 때 실제로는 글자들을 뒤집어 넣었기 때문에 디코딩한 글자를 message에 단순히 추가해서는 안 된다. 해당 글자를 message의 앞에 삽입해야 하는데, 이는 insert() 리스트 메소드로 수행할 수 있다.

insert() 리스트 메소드

append() 리스트 메소드는 값을 리스트의 끝에만 추가할 수 있으나 insert() 리스트 메소드는 리스트의 어디에라도 값을 추가할 수 있다. insert() 메소드는 리스트의 정수 인덱스와 삽입할 값을 아규먼트로 받아서 그 위치에 값을 삽입한다. 다음 코드를 대화형 셸에 입력하고 insert() 메소드가 어떻게 동작하는지 살펴보자.

```
>>> spam = [2, 4, 6, 8]
>>> spam.insert(0, 'hello')
>>> spam
['hello', 2, 4, 6, 8]
>>> spam.insert(2, 'world')
>>> spam
['hello', 2, 'world', 4, 6, 8]
```

이 예제에서 우리는 spam 리스트를 생성하고 문자열 'hello'를 인덱스 0 위치에 삽입했다. 예제에서 알 수 있듯이 인덱스 2처럼 이미 리스트상에 존재하는 인덱스 위치 어디에라도 값을 삽입할 수 있다.

message 리스트를 문자열 하나로 합치기

이제 SYMBOLS 문자열을 통해서 charIndex의 심볼 집합 인덱스에 해당하는 글자로 변환하고 이 글자를 리스트의 시작부인 인덱스 0에 삽입한다.

```
65.                blockMessage.insert(0, SYMBOLS[charIndex])
66.          message.extend(blockMessage)
67.      return ''.join(message)
```

그런 다음 getTextFromBlocks() 함수 리턴 값으로 이 문자열을 리턴한다.

encryptMessage() 함수 작성

encryptMessage( ) 함수는 message의 평문 문자열과 readKeyFile( ) 함수(24장의 뒷부분에서 작성할 것이다)로 생성한 key에 저장돼 있는 공개 키 튜플의 두 정수를 사용해 각 블록을 암호화한다. encryptMessage( ) 함수는 암호화된 블록의 리스트를 리턴한다.

```
70. def encryptMessage(message, key, blockSize):
71.     # message 문자열을 블록 정수 값의 리스트로 변환한다.
72.     # 그다음 각 블록 정수 값을 암호화한다. 암호화를 위해 공개 키를 받아야 한다.
73.     encryptedBlocks = []
74.     n, e = key
```

73행에는 encryptedBlocks 변수를 생성해 빈 리스트로 시작하는데, 이 변수에는 블록 정수 값들을 담을 것이다. 74행에서는 key에 들어 있는 두 정수를 각각 변수 n, e에 할당한다. 이제 공개 키의 변숫값들을 얻었으므로 각 메시지 블록에 대한 암호화 수식을 계산할 수 있다.

각 블록을 암호화하려면 몇 가지 수학식을 동원해 암호화된 블록에 해당하는 새로운 정수 값을 구해야 한다. 우리는 각 블록을 e 거듭제곱하고 그 값을 n으로 나머지 연산을 시행하는데, 78행의 pow(block, e, n)으로 처리한다.

```
76.     for block in getBlocksFromText(message, blockSize):
77.         # 암호문 = 평문 ^ e mod n
78.         encryptedBlocks.append(pow(block, e, n))
79.     return encryptedBlocks
```

암호화된 블록 정수 값은 encryptedBlocks에 추가된다.

decryptMessage() 함수 작성

82행의 decryptMessage() 함수는 블록들을 복호화해 복호화된 message 문자열을 리턴한다. 이 함수는 암호화된 블록의 리스트, message 길이, 개인 키, 블록 크기를 파라미터로 받는다.

86행에서 decryptedBlocks 변수를 빈 리스트로 선언하고 이 변수에 복호화된 블록의 리스트를 저장한다. 이때 복수 할당문 기법을 이용해 key 튜플의 두 정수에서 n과 d를 각각 꺼내온다.

```
82. def decryptMessage(encryptedBlocks, messageLength, key, blockSize):
83.     # 암호화된 블록 정수 값들의 리스트를 원문 message 문자열로 복호화
84.     # 원문 message 길이는 마지막 블록까지 완전히 복호화하기 위해 필요하다.
85.     # 복호화를 위해 개인 키를 받아야 한다.
86.     decryptedBlocks = []
87.     n, d = key
```

복호화 식은 블록 정수 값을 e가 아닌 d 거듭제곱한다는 점만 제외하면 암호화 식과 같으며 90행과 같은 모습이 된다.

```
88.     for block in encryptedBlocks:
89.         # 평문 = 암호문 ^ d mod n
90.         decryptedBlocks.append(pow(block, d, n))
```

이제 getTextFromBlocks() 함수에 복호화된 블록, messageLength, blockSize를 파라미터로 넘겨서 리턴 값을 받고 이를 decryptMessage()의 리턴 값으로 리턴한다(91행).

```
91.     return getTextFromBlocks(decryptedBlocks, messageLength, blockSize)
```

지금까지 암호화/복호화 수식 구현에 대한 내용을 학습했다. 이제 readKeyFile() 함수로 공개 키/개인 키 파일을 읽고, encryptMessage(), decryptMessage()에 전달할 튜플 값을 생성하는 과정을 살펴볼 것이다.

키 파일에서 공개 키/개인 키 읽기

readKeyFile( ) 함수는 23장의 makePublicPrivateKeys.py 프로그램으로 생성한 키 파일에서 값을 읽는다.

keyFilename으로 전달된 파일 이름으로 파일을 여는데, 이 파일은 항상 publicKey Cipher.py 프로그램과 같은 위치에 있어야 한다.

97~99행은 이 파일을 열고 내용을 읽어서 content 변수에 문자열로 저장한다.

```
 94. def readKeyFile(keyFilename):
 95.     # 파일 이름으로 지정한 파일은 공개 키와 개인 키가 들어 있다.
 96.     # (n,e) 또는 (n,d) 튜플 값으로 키들을 리턴한다.
 97.     fo = open(keyFilename)
 98.     content = fo.read()
 99.     fo.close()
100.     keySize, n, EorD = content.split(',')
101.     return (int(keySize), int(n), int(EorD))
```

키 파일은 바이트 단위의 키 크기, n, 암호화/복호화에 따라 각각 e 또는 d를 저장하고 있다. 앞 절에서 배운 바와 같이, 이 값들은 텍스트로 저장돼 있고 콤마로 구분되므로 split( ) 문자열 메소드를 이용해 문자열로 된 내용을 콤마로 분리한다. 결과적으로 split( )은 요소가 3개인 리스트를 리턴한다. 100행의 복수 할당문을 통해 이 요소 3개를 각각 keySize , n, EorD에 넣는다.

파일에서 읽은 내용물은 문자열이므로 split( )이 리턴한 리스트의 요소들 역시 문자열 값이다. 이 문자열 값들을 정수 값으로 리턴하기 위해 int( ) 함수에 각각 keySize, n, EorD를 넣는다. 결과적으로 readKeyFile( )는 정수 값 3개를 리턴하는데, int(keySize), int(n), int(EorD)이다. 이때 int(EorD)는 암호화 또는 복호화에 사용할 값이다.

암호화 파일 쓰기

104행의 encryptAndWriteToFile( ) 함수는 encryptMessage( )를 호출해 문자열을 key로 암호화하고 암호화된 내용을 파일로 생성한다.

```
104. def encryptAndWriteToF ile(messageFilename, keyFilename, message,
         blockSize=None):
105.     # 키 파일의 키를 이용해 message를 암호화하고 파일로 저장한다.
106.     # 암호화된 message 문자열을 리턴한다.
107.     keySize, n, e = readKeyFile(keyFilename)
```

encryptAndWriteToFile( ) 함수는 문자열 아규먼트 3개를 취하는데, 각각 암호화된 메시지를 쓸 파일 이름messageFilename, 사용할 공개 키의 파일 이름keyFilename, 암호화할 메시지message이다. blockSize 파라미터는 네 번째 아규먼트로 지정할 수 있다.

암호화 과정의 첫 번째 단계는 키 파일에서 keySize, n, e를 읽는 것이다. 107행에서 readKeyFile( )를 호출해 이 값들을 얻을 수 있다. blockSize 파라미터는 기본값이 None이다.

```
108. if blockSize == None:
109. # If blockSize isn't given, set it to the largest size allowed by
         the key size and symbol set size.
110. blockSize = int(math.log(2 ** keySize, len(SYMBOLS)))
```

blockSize 파라미터로 아규먼트가 전달되지 않으면 blockSize는 심볼 집합과 키 크기가 허용하는 최대 크기로 설정된다. 우리는 식 $2^{키\ 크기}$ > 심볼 집합 크기블록 크기 공식가 참이어야 한다는 사실을 이미 배웠다. 이 식을 통해 최대 블록 크기를 구하기 위해 110행에서 파이썬의 math.log( ) 함수를 호출하는데, 밑이 len(SYMBOLS)인 2^{key} 크기의 로그 값을 계산하면 된다.

공개 키 암호의 수식들이 정상적으로 동작하려면 키 크기가 블록 크기 이상이어야 하므로, 112행에서 이를 반드시 확인하고 다음 단계를 진행해야 한다.

keySize가 너무 작으면 프로그램은 에러 메시지를 출력하고 종료한다. 사용자는 blockSize를 줄이거나 더 큰 키를 사용하는 수밖에 없다. 이제 키에서 n과 e 값을 얻었으니 115행에서 블록 정수 값의 리스트를 리턴하는 encryptMessage() 함수를 호출한다.

encryptMessage() 함수는 두 번째 아규먼트로 키를 받는데, 이 키는 튜플 형태로 변수 n, e가 들어 있다.

다음으로, 암호화한 블록을 파일로 쓸 수 있는 문자열로 변환한다. 이때 콤마를 구분자로 정해 문자열로 합친다. join()은 문자열 값들로 구성된 리스트에서만 동작하므로, ','.join(encryptedBlocks)을 호출하기 전에 encryptedBlocks 리스트에 들어 있는 정수 값들을 문자열로 변환한다.

118행의 for 루프는 encryptedBlocks의 각 인덱스를 순회하며 encryptedBlocks[i]의 정수 값을 숫자 형식의 문자열로 교체한다.

루프가 끝나면 encryptedBlocks은 정수 값의 리스트가 아니라 문자열의 리스트가 된다. 그런 다음 encryptedBlocks에 들어 있는 문자열 리스트를 join() 메소드에 넣으면 리스트의 문자열들이 구분자가 콤마인 하나의 문자열로 병합된다. 120행에서는 병합한 문자열을 encryptedContent 변수에 저장한다.

파일에는 암호화된 블록 값들 외에도 message의 길이, 블록 크기도 써야 한다.

```
122.    # 암호화된 문자열을 파일로 출력한다.
123.    encryptedContent = '%s_%s_%s' % (len(message), blockSize,
encryptedContent)
```

123행에서는 encryptedContent 변수에 message의 길이 즉, len(message)과 이어서 밑줄, blockSize, 밑줄, 암호화된 블록 정수 값 (encryptedContent)를 문자열로 만들어 넣는다.

암호화 과정의 마지막 단계는 파일에 이 모든 것들을 쓰는 것이다. messageFilename 파라미터로 파일 이름을 받아서 124행에서 open()을 호출해 파일을 생성한다. 해당 파일 이름의 파일이 이미 존재하면 새 파일로 덮어 쓴다는 점을 주의한다.

```
124.    fo = open(messageFilename, 'w')
125.    fo.write(encryptedContent)
126.    fo.close()
127.    # 암호화된 문자열도 리턴한다.
128.    return encryptedContent
```

125행에서 write() 메소드를 호출하면 encryptedContent의 문자열이 파일에 기록된다. 파일 기록이 모두 끝나면 126행에서 fo에 들어 있는 파일 객체를 닫는다.

마지막으로, encryptedContent의 문자열을 encryptAndWriteToFile()의 리턴 값으로 리턴한다(128행). 이렇게 리턴 값을 두어서 이 함수를 호출하는 측에서도 리턴 값을 유용하게 쓸 수 있다. 예를 들면 화면에 출력을 할 수도 있다.

지금까지 encryptAndWriteToFile() 함수로 message 문자열을 암호화하고 파일에 기록하는 과정을 배웠다. 이제 readFromFileAndDecrypt() 함수로 암호화된 message를 복호화하는 과정을 살펴볼 차례다.

파일 복호화

encryptAndWriteToFile( )과 비슷하게, readFromFileAndDecrypt( ) 함수는 암호화된 메시지 파일의 파일 이름과 키 파일의 파일 이름을 파라미터로 받는다. 이때 공개 키 파일의 파일 이름이 아니라 개인 키 파일의 파일 이름을 전달해야 한다는 점을 주의한다.

```
131. def readFromFileAndDecrypt(messageFilename, keyFilename):
132.     # 키 파일의 키를 이용해 파일로부터 암호화된 message를 읽고, 복호화한다.
133.     # 복호화된 message 문자열도 리턴한다.
134.     keySize, n, d = readKeyFile(keyFilename)
```

encryptAndWriteToFile( )의 첫 번째 단계는 같다. readKeyFile( ) 함수를 호출해 keySize, n, d를 얻는다. 두 번째 단계는 파일의 내용을 읽는 것이다. 138행에서 파일 이름이 messageFilename인 파일을 읽기 모드로 연다.

```
137.     # 파일로부터 message 길이와 암호화된 message를 읽는다.
138.     fo = open(messageFilename)
139.     content = fo.read()
140.     messageLength, blockSize, encryptedMessage = content.split('_')
141.     messageLength = int(messageLength)
142.     blockSize = int(blockSize)
```

139행의 read( ) 메소드는 파일의 전체 내용을 문자열로 리턴한다. 이 파일은 Notepad 나 TextEdit 같은 프로그램으로 열어서 전체 내용을 클립보드에 복사하고 프로그램에 문자열로 붙여 넣을 수도 있다.

암호화된 파일의 형식은 밑줄로 구분하는 정수 3개로 구성돼 있다는 사실을 이미 알 것이다. 즉, 메시지 길이, 블록 크기, 암호화된 블록 정수 값들이다. 140행에서는 split( ) 메소드를 호출해 이 값들을 리스트로 받는다. 이 값들은 복수 할당문을 통해서 messageLength, blockSize, encryptedMessage에 각각 저장된다.

split( ) 함수가 리턴한 값은 문자열이므로 141, 142행에서는 int( ) 함수를 통해 messageLength, blockSize를 정수로 각각 변환한다.

readFromFileAndDecrypt() 함수 역시 145행에서 블록 크기가 키 크기 이하인지 확인한다.

```
144.    # 키 크기가 블록 크기를 처리할 수 있을 정도로 큰지 확인한다.
145.    if not (math.log(2 ** keySize, len(SYMBOLS)) >= blockSize):
146.        sys.exit('ERROR: Block size is too large for the key and symbol set
size.
           Did you specify the correct key file and encrypted file?')
```

블록 크기와 키 크기 검증을 반드시 통과해야 하는데, 블록 크기가 너무 크면 애초부터 암호화된 파일을 생성할 수 없었을 것이기 때문이다. 이 검증을 통과 못했다면 keyFilename 파라미터로 지정된 개인 키가 올바르지 않을 가능성이 높으며, 이 키로는 적절한 복호화가 불가능할 것이다.

encryptedMessage 문자열은 콤마로 묶인 여러 블록이 들어 있는 문자열이다. 이 블록들을 정수로 바꿔서 encryptedBlocks 변수에 저장해야 한다.

```
148.    # 암호화된 message를 큰 정수 값들로 변환한다.
149.    encryptedBlocks = []
150.    for block in encryptedMessage.split(','):
151.        encryptedBlocks.append(int(block))
```

150행의 for 루프는 split() 메소드를 호출해 생성한 encryptedMessage 리스트 전체를 순회한다. 이 리스트는 개별 블록의 문자열이 들어 있다. 이 문자열을 정수로 바꾸어 encryptedBlocks 리스트에 저장한다. 이 리스트는 149행에서 빈 리스트로 시작하며 151행을 실행할 때 블록을 하나씩 추가한다.

150행의 for 루프를 완료한 후에는 encryptedMessage 문자열에서 온 정수 값들이 encryptedBlocks 리스트에 확보된 상태다. 154행에서는 encryptedBlocks에 들어 있는 리스트를 messageLength와 개인 키(n, d 정수 값 두 개가 들어 있는 튜플), 블록 크기를 decryptMessage() 함수에 전달한다.

```
153.        # 큰 정수 값들을 복호화한다.
154.        return decryptMessage(encryptedBlocks, messageLength, (n, d), blockSize)
```

decryptMessage() 함수는 154행에서 복호화된 메시지의 문자열 값을 리턴하고, 이 값을 readFileAndDecrypt()가 리턴한다.

main() 함수 호출

마지막으로, 159~160행에서는 publicKeyCipher.py를 모듈로 import한 것이 아닌 프로그램으로 실행하는지 확인해 main() 함수를 호출한다.

```
157. # publicKeyCipher.py를 모듈이 아니라 프로그램으로 실행한다면 main() 함수를 호출한다.
158.
159. if __name__ == '__main__':
160.     main()
```

여기까지 publicKeyCipher.py 프로그램이 공개 키 암호 기법을 암호화/복호화하는 과정을 모두 살펴봤다.

요약

축하한다! 이제 이 책을 모두 끝냈다. '공개 키 암호 해킹하기'를 다루지는 않는다. 공개 키 암호를 단순한 공격으로 해킹하려면 수조 년이 걸리기 때문이다.

24장의 RSA 알고리즘은 매우 단순하지만 전문적인 암호 소프트웨어에서도 여전히 사용하고 있는 알고리즘이다. 웹사이트에 로그인하거나 인터넷에서 물건을 살 때, 로그인 암호나 신용카드 번호 등 네트워크 트래픽에서 탈취할 수 있는 보안 사항들을 이런 암호로 지킬 수 있다.

전문 암호 소프트웨어에서 사용하는 기초적인 수학도 본질적으로는 이 책에서 설명한 것과 같지만, 이 프로그램으로 중요 파일의 보안을 유지하는 데 사용할 수는 없다.

publicKeyCipher.py과 같은 암호 프로그램을 해킹하는 것은 매우 복잡하지만, 실제로 해킹 기법이 존재한다(예를 들어 `random.randint()`이 생성하는 난수는 진짜 난수가 아니며 예측이 가능하다. 해커가 개인 키에 사용한 소수들을 찾아낼 수도 있다).

이 책에서 공개 키 암호 이전에 다뤘던 암호들은 해킹이 가능하므로 쓸모없을 수도 있다. 일반적으로 자신의 기밀을 유지하기 위해 자신만의 암호화 코드를 작성하는 것은 피해야 한다. 아마도 그런 프로그램을 구현하는 과정에서 소소한 실수를 낳기 쉽기 때문이다. 해커들은 그런 실수를 찾아 암호화된 메시지를 해킹할 수 있다.

어떤 암호라는 것은 메시지의 비밀을 유지하면서 키를 제외한 모든 것을 밝힐 수 있어야만 안전하다. 암호 분석가는 같은 암호화 소프트웨어를 입수할 수도 있고 어떤 암호를 사용했는지도 알 수 있다고 생각해야 한다. 항상 적이 시스템의 모든 것을 파악하고 있다고 가정하라!

전문적인 암호 소프트웨어는 다양한 암호의 잠재적인 취약점과 수학적인 부분을 연구하는 데 오랜 시간을 투자한 암호학자들이 개발한다. 물론 그런 소프트웨어도 다른 암호학자를 통해 실수나 잠재 취약점에 대한 검수를 받는다. 당신은 이런 암호 시스템과 암호 수학에 대해 완벽하게 배울 수 있다. 그런 공부를 하는데 시간을 투자한다고 해서 가장 영리한 해커가 될 수는 없지만 가장 박식한 해커가 될 수는 있다.

이 책이 당신에게 엘리트 해커와 프로그래머에 이르는 필수적인 기초를 배우는 데 도움이 됐기를 바란다. 프로그래밍과 암호의 분야에는 이 책이 다루는 것보다 더 많은 것들이 있으므로, 꾸준히 탐구하고 배우기를 권한다! 나는 사이먼 싱의 『비밀의 언어(The Code Book)』(인사이트, 2015)를 강력히 추천한다. 이 책은 암호학 역사 일반에 관한 위대한 책이다. https://www.nostarch.com/crackingcodes/에서는 암호학에 관한 더 많은 걸 배울 수 있는 도서와 웹사이트 목록을 제공한다. 프로그래밍이나 암호에 관련한 질문을 이메일 al@inventwithpython.com을 통해 할 수 있다. https://reddit.com/r/inventwithpython/에 올려도 된다.

행운을 빈다!

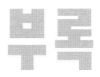

부록

디버깅 파이썬 코드
DEBUGGING PYTHON CODE

IDLE은 내장 디버거를 갖추고 있어서 프로그램을 실행할 때 한 번에 한 줄씩 실행할 수 있다. 이 디버거는 프로그램의 버그를 찾을 때 유용하다. 프로그램을 디버그 모드로 실행하면 프로그램이 실행하는 동안 지정한 위치에서 변수의 값을 관찰할 수 있는 시간을 원하는 만큼 확보할 수 있다.

이 부록에서는 디버깅을 하는 법에 대해서 다루고 이 책의 프로그램을 디버깅하는 실례를 볼 것이다. 마지막으로 디버깅을 좀 더 쉽게 하기 위해 브레이크 포인트[1]를 설정하는 법을 설명한다.

디버거로 디버깅하기

IDLE 디버거를 켜려면 대화형 셸 창에서 Debug ❯ Debugger를 클릭한다. Debug Control 창이 그림 A-1처럼 나타난다.

---

1 프로그램 중지 위치, 통상 브레이크 포인트(BP)라고 부른다. – 옮긴이

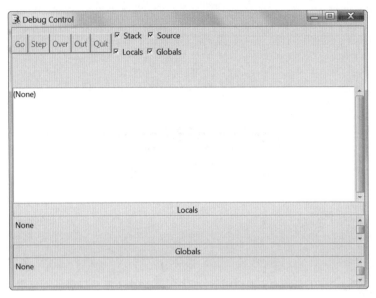

그림 A-1 Debug Control 창

Debug Control 창에서는 디버깅 정보를 표시하기 위해 각각 Stack, Locals, Source, Globals[2] 체크박스를 선택할 수 있다.

Debug Control 창이 보이면 파일 편집기의 프로그램을 실행할 때마다 디버거가 첫 번째 명령어 전에 프로그램 실행을 일시 정지하고 다음을 표시한다.

- 실행하려는 코드라인
- 모든 지역변수의 목록과 값
- 모든 전역변수의 목록과 값

디버그 모드로 프로그램을 실행하면 정의한 적이 없는 전역변수를 목록에서 볼 수 있는데, __builtins__, __doc__, __file__과 같은 것들이다. 이 변수들은 이 책의 범위를 벗어나므로 일단 무시한다.

프로그램은 Debug Control 창에 있는 다섯 버튼(Go, Step, Over, Out, Quit) 중 하나를 클릭할 때까지 일시 정지한 상태로 있을 것이다. 각 버튼에 대해 차례로 알아보자.

---

2   각각 스택, 지역변수, 소스 코드, 전역변수를 뜻한다. – 옮긴이

Go 버튼

Go 버튼은 프로그램이 끝나는 위치 또는 브레이크 포인트까지 실행한다. 브레이크 포인트는 프로그램을 일시 정지시킬 위치에 해당하는 코드 줄이다. 브레이크 포인트에 대한 자세한 내용은 '브레이크 포인트 설정'을 참고한다. 브레이크 포인트에서 일시 정지한 프로그램 실행을 재개하려면 Go 버튼을 다시 클릭한다.

Step 버튼

Step 버튼은 코드의 다음 줄을 실행한다. 그 줄을 실행한 다음 프로그램은 다시 일시 정지한다. Debug Control 창의 전역/지역변수는 값이 변경됐다면 그 시점의 값으로 갱신된다. 코드의 다음 줄이 함수 호출이라면 디버거가 함수 내부로 진입해 함수의 첫 번째 코드 줄로 점프한다. 분리된 모듈에 포함된 함수나, 파이썬의 내장함수 중 하나라도 마찬가지다.

Over 버튼

Step 버튼과 유사하게 Over 버튼도 코드의 다음 줄을 실행하는데, 그 줄이 함수 호출일 때에는 함수 내부의 코드 전체를 실행하는 점이 다르다. 함수 내부의 코드를 풀스피드로 실행한 다음에 함수가 리턴되는 즉시 디버거가 프로그램을 또 일시 정지 시킨다. 예를 들어 코드의 다음 줄이 print( ) 호출일 때에는, 내장함수인 print( )의 내부 코드를 볼 필요 없이, 화면에 출력할 문자열만 알면 될 것이다. 따라서 Over 버튼은 Step 버튼 보다는 드물게 쓴다.

Out 버튼

Out 버튼을 클릭하면 현재 실행 중인 함수가 리턴할 때까지 프로그램을 풀 스피드로 실행한다. Step 버튼으로 함수 안쪽까지 진입한 후, 함수 바깥으로 탈출하는 지점까지 실행하고 싶을 때가 있다. 그럴 때는 Out 버튼을 클릭해 현재 함수 호출의 바깥으로 나올 수 있다.

Quit 버튼

디버깅을 멈추고 프로그램을 정상적으로 종료시키고 싶다면 Quit 버튼을 클릭한다. Quit 버튼은 프로그램을 즉시 종료한다. 프로그램을 정상적으로 다시 실행하고 싶다면 Debug ❯ Debugger를 클릭해 디버거를 끈다.

역방향 암호 프로그램 디버깅

이제 이 책의 프로그램 중 하나를 디버그해보자. 4장의 reverseCipher.py 프로그램을 연다. 아직 4장을 읽지 않았다면 다음 소스 코드를 파일 편집기 창에 입력하고 reverse Cipher.py로 저장한다. 이 파일은 https://www.nostarch.com/crackingcodes/에서 다운로드해도 된다.

reverseCipher.py

```
1. # 역방향 암호
2. # https://www.nostarch.com/crackingcodes/ (BSD Licensed)
3.
4. message = 'Three can keep a secret, if two of them are dead.'
5. translated = ''
6.
7. i = len(message) - 1
8. while i >= 0:
9.     translated = translated + message[i]
10.     i = i - 1
11.
12. print(translated)
```

대화형 셸 창에서 Debug ❯ Debugger를 클릭한다. F5를 누르거나 Run ❯ Run Module을 클릭하며 프로그램을 실행하면 프로그램을 시작한 후 4행에서 일시 정지한다. 이 프로그램에서 1~3행은 주석과 빈 줄이므로 디버거가 자동으로 그 줄들을 넘긴다. 디버거는 항상 실행하려는 코드 줄에서 일시 정지한다. 그림 A-2는 Debug Control 창에서 일어난 상황이다.

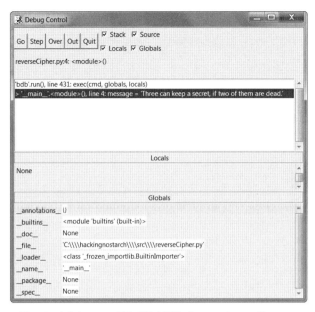

그림 A-2 디버거로 프로그램을 처음 실행할 때 Debug Control 창

Over 버튼을 한 번 클릭하면 4행을 실행해 'Three can keep a secret, if two of them are dead.'를 message 변수에 할당한다. Debug Control 창의 Globals 구역에는 message 와 그 값이 목록으로 보인다.

Debug Control 창은 5행에서 갱신되고 파일 편집기 창의 5행이 그림 A-3처럼 하이라 이팅[3]된다.

그림 A-3 reverseCipher.py 창에서 디버거가 5행에서 프로그램을 일시 정지시킨 화면

---

3 편집기 창의 해당 줄이 반전으로 보이는 것 – 옮긴이

하이라이팅된 줄은 현재 프로그램 실행이 위치한 곳을 나타낸다. Over 버튼을 눌러 한 번에 한 줄씩 실행할 수 있다. 프로그램을 보통 속도로 재개하려면 Go 버튼을 클릭한다.

디버거가 프로그램을 일시 정지시킬 때마다 각 명령어가 변경한 프로그램 변숫값들을 살펴볼 수 있다. 프로그램에 버그가 있거나 예상한 대로 동작하지 않을 때, 프로그램의 실행에 따른 상세한 변화를 살펴볼 수 있어서 어떤 일이 일어났는지 밝힐 수 있다.

브레이크 포인트 설정

브레이크 포인트를 특정 코드 줄에 설정하면 프로그램이 그 코드 줄에 도달할 때마다 디버거가 프로그램을 일시 정지시킬 수 있다. 브레이크 포인트를 설정하면 디버깅을 하고 싶은 코드 근처로 빠르게 이동할 수 있다. 브레이크 포인트를 설정하려면 파일 편집기의 코드 줄에서 우클릭을 한 다음 Set Breakpoint를 클릭하면 된다. 그림 A-4는 reverseCipher.py 프로그램에서 9행에 브레이크 포인트를 잡은 모습이다.

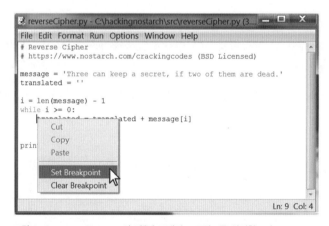

그림 A-4 reverseCipher.py의 9행에 브레이크 포인트를 설정한 모습

브레이크 포인트를 설정한 코드 줄은 이제 노란색으로 하이라이팅된다. 개발자는 원하는 만큼 브레이크 포인트를 여러 개 설정할 수 있다. 디버거로 프로그램을 실행시키면 프로그램은 첫 행에서 일지 정지한 상태로 시작한다. Go를 클릭하면 프로그램이 브레이크 포인트를 잡은 위치까지 풀스피드로 실행된다(그림 A-5).

프로그램 실행을 계속하려면 Go, Over, Step, Out을 클릭하면 된다. Go를 클릭할 때마다 프로그램은 다음 브레이크 포인트를 만나거나 프로그램의 끝까지 실행된다. 이 예제에서는 Go를 클릭할 때마다 Globals 목록의 translated 변수에 암호화된 새로운 글자가 추가되는 것을 볼 수 있다.

그림 A-5 9행의 브레이크 포인트에서 프로그램이 일시 정지된 모습

브레이크 포인트를 제거하려면 파일 에디터의 코드 줄에서 우클릭하고 Clear Breakpoint를 클릭하면 된다. 그러면 노란 하이라이팅이 제거되고 디버거는 그다음 실행부터는 그 코드 줄에서 프로그램을 중단하지 않는다.

요약

디버거는 프로그램을 한 번에 한 줄씩 실행할 수 있는 유용한 도구다. 디버거를 사용해 프로그램에 브레이크 포인트를 설정하면 프로그램을 실행할 때 프로그램이 그 줄에 도달할 때까지 통상 속도로 동작한 후 일시 정지한다. 또한 디버거를 통해 프로그램이 실행 중인 어떤 위치에서도 모든 변숫값의 상태를 볼 수 있다.

아무리 많은 코딩 경험이 있더라도 코드에 예기치 않은 버그가 들어가는 일은 항상 일어난다. 디버거는 프로그램의 버그를 수정할 때 무슨 일이 일어났는지 정확히 알 수 있도록 도움을 준다.

찾아보기

암호 해킹으로 배우는 파이썬의 기초

암호학과 파이썬을 함께 배우자

발 행 | 2019년 7월 31일

지은이 | 알 스웨이가트
옮긴이 | 신 진 철

펴낸이 | 권 성 준
편집장 | 황 영 주
편 집 | 조 유 나
디자인 | 박 주 라

에이콘출판주식회사
서울특별시 양천구 국회대로 287 (목동)
전화 02-2653-7600, 팩스 02-2653-0433
www.acornpub.co.kr / editor@acornpub.co.kr

한국어판 ⓒ 에이콘출판주식회사, 2019, Printed in Korea.
ISBN 979-11-6175-348-5
http://www.acornpub.co.kr/book/cracking-codes-python

이 도서의 국립중앙도서관 출판시도서목록(CIP)은 서지정보유통지원시스템 홈페이지(http://seoji.nl.go.kr)와
국가자료공동목록시스템(http://www.nl.go.kr/kolisnet)에서 이용하실 수 있습니다.(CIP제어번호: CIP2019028543)

책값은 뒤표지에 있습니다.